Politique et pensée

Colloque Hannah Arendt

Politique et pensée

Petite Bibliothèque Payot

À l'origine de ce recueil, le colloque *Hannah Arendt. Politique et pensée*, qui s'est tenu du 14 au 16 avril 1988, à l'initiative du Collège international de philosophie, avec la collaboration du Goethe-Institut de Paris. À l'issue de ce colloque, deux problématiques se sont dégagées qui, sans rendre compte de la totalité de la pensée d'Arendt, cristallisent des interrogations du présent. Arendt prend la philosophie et son histoire « à rebrousse-poil », en démantelant les séquences traditionnelles. Arendt ne cesse de poser la question transcendantale qu'elle confronte à l'expérience : ce que c'est qu'être juive. Penseur de la pluralité, Arendt réinvente, dans une nécessaire dissonance interprétative, la mise en question du lien : ontologie et politique.

Miguel Abensour, Christine Buci-Glucksmann,
Barbara Cassin, Françoise Collin,
Myriam Revault d'Allonnes

La réception d'Arendt en France*

À quel type d'intérêt auront correspondu l'accueil et la réception de Hannah Arendt en France durant ces dernières années, la question mérite désormais d'être posée. Auront-ils contribué à une connaissance effective de l'œuvre de celle-ci, ont-ils favorisé des interprétations originales, des analyses inédites ? Bref, Hannah Arendt a-t-elle été abusivement sollicitée et son travail instrumentalisé, aura-t-elle servi uniquement à précipiter la critique des totalitarismes que la pensée française a particulièrement tardé à concevoir ? n'a-t-elle été reçue qu'en fonction de son travail critique, à moins qu'elle n'ait permis de reprendre des interrogations délaissées ? Dans cette perspective qui se polarise sur la réception, je retiendrai trois étapes qui ne sont pas nécessairement chronologiques et peuvent à l'occasion interférer, ou se superposer.

Dans un premier temps, vers la fin des années 1970, on pourrait croire rétrospectivement que l'intérêt pour les travaux de Hannah Arendt résidait essentiellement dans les essais consacrés au totalitarisme. Mais, paradoxalement, tant dans le travail pionnier d'André

* Je tiens à remercier André Énegren et Joël Roman pour leurs conseils amicaux et les informations qu'ils ont bien voulu me fournir.

Énegren que dans le numéro spécial d'*Esprit* de 1980, le fil conducteur n'était pas la critique du totalitarisme, comme l'avait finement relevé à l'époque Paul Valadier.

La pensée d'Arendt retenait alors l'attention pour un certain nombre de raisons, j'insisterai sur cinq d'entre elles :

– Tout d'abord Arendt intrigue pour la raison qu'elle a déjà pris en compte la question du totalitarisme, ce qu'une minorité d'intellectuels savait depuis le célèbre article de Raymond Aron publié dans *Critique* en janvier 1954[1]. Elle va progressivement croiser les deux variantes de la critique des totalitarismes énoncées dans l'espace intellectuel français : la variante libérale aronienne qui fut la première à reconnaîtrc la valeur du travail d'Arendt, et la variante démocratique représentée par Claude Lefort et son ouvrage *Un homme en trop*[2].

Dans la conjoncture française, la critique du totalitarisme n'est pas à cette époque un privilège arendtien, la pensée d'Arendt représente plutôt une réflexion originale et arborescente dont l'exigence invite à reprendre la question du politique.

– Ensuite le fil comparatiste qui coud le travail d'Arendt suscite un intérêt particulier : le débat sur les deux révolutions française et américaine, voire sur les trois révolutions puisque la polémique entre Thomas Paine et Edmund Burke, à laquelle Arendt fait souvent écho, met en relation les trois révolutions française, américaine et anglaise[3].

– Cette pensée politique réintroduit au sein de la pensée ancienne la question du pouvoir, celle de l'agora à un moment où l'analyse des mythes et le structuralisme avaient occulté la dimension du politique[4].

– Mais surtout, au moment où la critique des idéologies devait conduire à un mutisme fort surprenant, Arendt nous rappelait à l'ordre de l'action. Voilà une pensée rigoureuse, une pensée qui n'a pas failli, et qui ne renonce pas à intervenir, à écrire en fonction de l'événement, à se confronter à sa propre histoire sans se replier dans l'intimité d'un savoir disciplinaire.

– Dernier point, et pour moi ce fut l'illumination, la découverte d'une pensée rigoureuse qui se traduisait dans un style, un ton particulier, par une « attitude » au sens d'Éric Weil. Dans cette optique des écrits comme *Vies politiques* et les essais qui composent *La Crise de la culture* ont peut-être autant d'importance que la critique des totalitarismes. C'est pourquoi la relation initiale avec les revues n'est pas tout à fait un hasard.

Dans un deuxième temps lectures, commentaires mais aussi traductions d'articles et d'ouvrages se multiplient de façon foisonnante. Non sans désordre, à l'image de l'édition française de l'œuvre de Hannah Arendt[5]. Il n'en reste pas moins possible de dessiner des directions sensibles.

– On relève essentiellement les difficultés, voire les apories d'une œuvre que ne saurait résumer la critique des totalitarismes, même si la vulgate arendtienne s'empare avant tout de celle-ci. *La Condition de l'homme moderne* est alors l'objet de lectures qui portent d'une part sur les trois concepts nodaux – travail/œuvre/action –, et d'autre part sur le rôle spécifique de cet ouvrage plus systématique que les autres dans le parcours arendtien[6].

On fait également écho à des polémiques qui avaient retenu plus particulièrement *Eichmann à Jérusalem*[7].

– Autre versant : la réflexion sur la démocratie, point nodal de l'interprétation arendtienne qui recoupe en France l'opposition des Anciens et des Modernes, elle-même reprise de Leo Strauss. Ainsi Castoriadis montre-t-il dans une autre perspective les liens de la pensée politique arendtienne avec la *polis* grecque[8], tandis que Claude Lefort insiste sur les insuffisances de cette réflexion en vue de penser les ressorts de la démocratie moderne[9].

Quant à Alain Finkielkraut, il recourt à Arendt sur un mode apologétique dans la perspective de renforcer son procès de la modernité, ce qui le rapproche des auteurs d'Europe centrale, de Jan Patocka à Milan Kundera.

Dans le cas de Castoriadis et Lefort, l'opposition demeure cependant politique, ce qui respecte l'esprit de la pensée arendtienne ; mais ce n'est pas toujours l'interprétation qui domine, particulièrement quand la question de la technique vient se superposer à celle du politique au profit d'une alternative caricaturale entre l'ancien et le moderne[10]. Mais le débat se polarise parallèlement sur le plan de la réflexion politique autour de la question de l'État et de la représentation, le procès arendtien de l'État, indissociable de la critique hobbesienne des droits de l'individu, ne favorisant pas toujours une approche lucide des démocraties modernes[11].

– Plus concrètement, tandis que certains insistent sur les tensions qui traversent l'œuvre de Hannah Arendt – à commencer par celle qui intervient entre Athènes et Jérusalem[12] – d'autres se contentent de déduire des critiques arendtiennes de la modernité une passion pour les Anciens, à moins qu'ils ne réduisent la complexité de cette pensée à son ancrage phénoménologique, voire à son héritage heideggerien[13].

Cette deuxième étape conduit soit à mettre l'accent sur les tensions arendtiennes, soit à durcir sa pensée, ou bien encore à la défigurer en travestissant certains débats. Elle peut se doubler à l'occasion d'une critique du style d'Arendt, ses faiblesses conceptuelles apparaissant comme la rançon de ce que d'aucuns n'hésitent pas à appeler son journalisme philosophique. Ce qui prête à sourire : imaginons ce que Hannah Arendt aurait écrit à propos des événements qui secouent le monde totalitaire depuis quelques années, et particulièrement la Hongrie durant cette année 1988. Imaginons comment elle aurait redonné souffle à son analyse du droit des minorités en observant les divers mouvements qui se passent en Arménie soviétique, dans les pays baltes et en Estonie.

Il est désormais possible d'anticiper une troisième étape qui vraisemblablement devrait favoriser une reconnaissance effective de l'œuvre d'Arendt en la dissociant progressivement de l'espace intellectuel français dont la capacité d'aspiration n'est pas seulement une légende.

– Ce colloque devrait y contribuer pour sa part, mais trois récents numéros de revue ont déjà rendu manifeste cette tendance. En effet *Les Cahiers de philosophie*, *les Cahiers du Grif* et les *Études phénoménologiques* ont cherché avant tout à mettre Hannah Arendt en rapport avec d'autres pensées – d'Aristote à Habermas –, ce travail minutieux permet d'éviter les raccourcis qui se contentent de présenter Arendt comme une disciple discrète de Leo Strauss ou bien comme une élève de Heidegger[14].

– Mais cette prise de considération qui consiste moins à lire Arendt par elle-même qu'à l'inscrire dans l'histoire de la pensée, *i.e.* à la mettre en confrontation, peut avoir un défaut s'il favorise un climat de consensus autour d'elle. Surtout au moment de la polémique autour de Heidegger, la pensée d'Arendt pouvait apparaître en comparaison comme celle qui n'a pas failli. Sa critique de la modernité se doublerait alors d'une rare lucidité politique puisqu'elle n'aurait pas fauté là ou d'autres se sont trompés.

– La réflexion d'Arendt sur le récit va s'imposer parallèlement. D'une part la trilogie de Paul Ricœur (*Temps et Récit*) se rapproche des intérêts théoriques d'Arendt relatifs à la narration et au récit. D'autre part la publication de la traduction française de la biographie d'Élisabeth Young-Bruehl est l'occasion de se pencher sur le propre récit « biographique » d'Arendt d'où va ressortir essentiellement le rôle de la femme, ce qui n'a rien de bien surprenant de la part de l'auteur de *Rahel Varnhagen*[15]. Dans cette perspective la publication de nombreux articles et reportages d'Arendt devrait également montrer ses talents d'écrivain, ses capacités à relater[16].

En parcourant non sans arbitraire ces diverses étapes, *i.e.* au gré de ma subjectivité et de mes lectures, j'ai volontairement cédé à cette tendance qui revient abusivement à concevoir la réception d'Arendt à travers le prisme des débats et des intérêts intellectuels français. On peut envisager une démarche inverse consistant à se demander comment la pensée d'Arendt est susceptible d'éclairer ces mêmes débats.

Un constat devrait en effet nous instruire : toute une génération a prétendu rompre avec la tradition phénoménologique, en raison même de son incapacité à penser le social et le politique, la relation de domination ; or ce sont paradoxalement des penseurs issus de cette tradition phénoménologique, et plus particulièrement ceux qui ont été marqués par Merleau-Ponty, qui sont à l'origine de la réflexion sur le totalitarisme et du renouvellement de la pensée politique, tant ici qu'à l'Est si l'on pense à Patocka. C'est dans cette perspective de réactiver une phénoménologie de l'action politique qu'il faut lire Arendt, en dépit de ses propres critiques envers la phénoménologie. L'erreur serait donc de croire, comme le fait Thomas Pawel dans *Le Mirage linguistique* (Minuit, 1988), qu'après la mode linguistique et l'intérêt affiché pour tout ce qui touche le langage, on prendrait désormais en considération la question de l'action. Le travail d'Arendt indique que celle-ci ne doit pas être comprise en rupture, qu'il s'agisse du moment phénoménologique ou linguistique. La réflexion sur l'action est difficilement dissociable d'une phénoménologie de l'action, aussi bien que d'une herméneutique du récit. Que l'action ait à voir avec le langage et le récit, Arendt n'a cessé de le répéter, et Ricœur nous l'a confirmé dans *Temps et Récit*.

De fait Arendt alimente la réflexion sur la démocratie moderne en insistant sur le rôle de la délibération et de l'argumentation. Au lieu d'en faire une Grecque attardée dans la modernité, il est peut-être plus fin de la lire à la lumière de Perelman. D'ailleurs sa réflexion sur le pluralisme consubstantiel à la relation politique exige de superposer à l'opposition Anciens/Modernes celle qui distingue monisme et pluralisme. Ces deux couples de notions doivent être pris en compte simultanément, Bernard Manin l'a indiqué dans l'article qu'il a consacré à l'ouvrage de Thomas Pangle sur Montesquieu[17]. Un ancien peut être moniste, et un moderne pluraliste. Ce qui invite à penser la pluralité des fins à l'image d'Isaiah Berlin que l'on découvre en France ces temps-ci[18]. Si l'*interesse* exige la pluralité, il est sûrement délicat de prétendre vouloir lire Arendt avec la loupe straussienne uniquement.

Une autre démarche est fort éclairante, celle qui veut ramener une pensée de la brèche, de l'illumination, du commencement à ce qui la rend possible : à savoir sa passion de l'événement. Très concrètement son intérêt initial pour saint Augustin va perdurer dans toutes ses méditations sur le caractère inédit du présent, ce qui empêche alors de trop concéder à sa critique de la modernité[19]. Elle l'indique d'ailleurs dans sa préface à *La crise de la culture* où elle commente en virtuose une parabole de Kafka : l'homme est sans âge. « Ce n'est que dans la mesure où il pense, et cela veut dire dans la mesure où il est sans âge – un “il” et non un “quelqu'un” – que l'homme dans la pleine réalité de son être concret vit dans cette brèche du temps entre le passé et le futur[20]. »

C'est bien ce petit non-espace-temps au cœur même

du temps qu'Arendt aura frayé pour sa génération, mais aussi pour les nôtres. Certes les questions se déplacent, les arguments sont naturellement amenés à se modifier, mais son apport demeure considérable, décisif. Deux exemples : la réflexion contemporaine sur les deux totalitarismes – nazisme et stalinisme – oblige à nuancer l'usage trop général du concept de totalitarisme, mais il est aisé d'observer qu'Arendt avait anticipé cette évolution des analyses. De même sa critique du moralisme à propos du *Billy Budd* de Melville fournit-elle l'occasion d'une prise en compte de l'éthique qui ne se résume pas à un simple éloge de la foi, comme c'est souvent le cas aujourd'hui.

Olivier Mongin

1. Raymond Aron, « L'essence du totalitarisme selon Hannah Arendt », in *Critique*, janvier 1954. Repris partiellement dans Aron, « Histoire et politique », n° spécial de *Commentaire*, février 1985.

2. Claude Lefort, *Un homme en trop*, Paris, Seuil, 1975 ; rééd. coll. « Points », 1986.

3. J. Habermas. « Die Geschichte von den zwei Revolutionen », 1966, à propos de Hannah Arendt, in *Philosophisch-politische Profile*, Francfort, Suhrkamp, 1981.

4. Nicole Loraux, in *L'Homme*, n° spécial sur l'anthropologie.

5. À commencer par *O. T.* (1951, 1958) dont les trois parties, *S. T.*, *A.*, *I.*, ont dans un premier temps été publiées chez divers éditeurs. Elles sont heureusement reprises désormais dans la collection « Points » au Seuil.

6. *Cf.* notamment Jacques Taminiaux, in *E.*, *E.P.* et *C.P.* *Cf.* également Paul Ricœur, préface à *C.H.M.*, Paris, Calmann-Lévy, 1983.

7. À propos d'*E.J.*, *cf.* les articles de Roger Errera, in *Critique*, mars 1965, Pierre Vidal-Naquet, in *Le Monde* des 13 janvier 1977 et 20 octobre 1972, et surtout Miguel Abensour, in *E.*

8. Cornelius Castoriadis, in *Domaines de l'homme*, *Les Carrefours du labyrinthe II*, Paris, Seuil, 1986.

9. Claude Lefort, « Une interprétation politique de l'antisémitisme : Hannah Arendt », in *Commentaire*, n°s 20 et 21, hiver 1982-1983 et printemps 1983 ; « Hannah Arendt et le totalitarisme », in *L'Allemagne nazie et le génocide juif*, Paris, Gallimard/Seuil, coll. « Hautes études », 1985 ; « Hannah Arendt et la question du politique », in *Essais sur le politique XIX*e*-XX*e *siècles*, Paris, Seuil, coll. « Esprit », 1986.

10. *Cf.* Philippe Lacoue-Labarthe, *La Fiction du politique*, Paris, Bourgois, 1988.

11. Voir Michel Seurat, *L'État de barbarie*, Paris, Seuil, coll. « Esprit », 1989, et Olivier Mongin, « Penser le politique contre la domination au Proche-Orient », in *Les Cahiers de l'Orient*, n° 5.

12. Ce titre renvoie implicitement à l'ensemble des travaux de Leo Strauss qui repose sur l'opposition des Anciens et des Modernes.

13. Le rabattement de la pensée d'Arendt sur celle de Heidegger est commun à Luc Ferry, *Philosophie politique*, I, Paris, PUF, 1985, et à Philippe Lacoue-Labarthe, *op. cit.*

14. *Cf.* les articles réunis dans *E.P.* et C.P. ; *cf.* également A. Énegren, *La Pensée politique de Hannah Arendt*, Paris, PUF, 1984 ; O. Mongin, préface à Élisabeth Young-Bruehl, *Hannah Arendt*, Paris, Anthropos, 1986 ; Joël Roman « Penser la politique sans philosophie de l'histoire : Arendt et Merleau-Ponty », in *Traversées du XX*e *siècle*, Paris, La Découverte, 1988. Voir aussi, à propos des rapports Habermas/Arendt : J.-M. Ferry, *Habermas, Éthique de la communication*, Paris, PUF, 1987.

15. Voir, sous la direction de Françoise Collin, *Les Cahiers du Grif*, Paris, Tierce, n° 33, printemps 1986.

16. *Penser l'événement*, Paris, Belin, coll. « Littérature et politique », 1989.

17. Voir « Montesquieu et la politique moderne », in *Cahiers de philosophie politique*, n° 2/3.

18. Isaiah Berlin, *Essais sur la liberté*, Paris, Calmann-Lévy, 1987 ; *À contre-courant*, Paris, Albin Michel, 1988.

19. *Cf.* H. Arendt, *Le Concept d'amour chez Augustin*, Paris, Tierce (réimp. Rivages), 1996 ; J.-C. Eslin, « Hannah et saint Augustin », *Esprit*, octobre 1988. Dans une autre

optique, celle de la tradition du sens commun liée à Vico, voir l'excellent ouvrage d'Anne-Marie Roviello, *Sens commun et modernité chez Hannah Arendt*, Bruxelles, Ousia, 1987.

20. *Cf. C.C.*, p. 24.

La tradition cachée de la philosophie

Grecs et Romains : les paradigmes de l'Antiquité chez Arendt et Heidegger

Philosophie et pensée politique

Pour comparer Arendt et Heidegger, Arendt et tout philosophe, il convient, je crois, de suivre le fil conducteur qu'elle ne cesse d'indiquer elle-même avec insistance : « Je ne suis pas philosophe », répète-t-elle, ni même « professeur de philosophie politique », mais « professeur de théorie politique », de « pensée politique » ; ou encore, en reprenant les termes de Kant qui représente à ses yeux la grande exception quant au rapport entre philosophie et politique : « Je ne suis pas penseur de profession. » Ainsi, dans « Seule demeure la langue maternelle », un entretien télévisé de 1941[1], à Günter Gaus qui la présente comme philosophe, elle rétorque : « Je crains d'avoir à protester d'emblée : je n'appartiens pas au cercle des philosophes. Mon métier – pour m'exprimer de façon générale – c'est la théorie politique. Je ne me sens nullement philosophe et je ne crois pas non plus que j'aie été reçue dans le cercle des philosophes... » Et lorsque Gaus, mal convaincu, lui demande de préciser la différence entre la philosophie politique et son travail de professeur de théorie politique, elle répond avec une assurance absolue : « La différence, voyez-vous, tient à la chose même... [Le philosophe] ne se tient pas de façon neutre en face de la politique : depuis Platon, ce n'est plus possible... C'est dans l'essence de la chose même, c'est-à-dire dans la question politique comme telle, que réside l'hostilité. » Le tranchant de cette différence entre philosophie politique et pensée politique sert de principe organisateur à l'hommage, « Martin Heidegger a quatre-vingts ans[2] » : « Nous qui voulons honorer les penseurs, bien que notre séjour soit au milieu du monde, nous ne pouvons guère nous empêcher de trouver frappant et peut-être scandaleux, que Platon comme Heidegger, alors qu'ils s'engageaient dans les affaires humaines, aient eu recours aux tyrans et aux dictateurs. Peut-être la cause ne s'en trouve-t-elle pas seulement à chaque fois dans les circonstances de l'époque, et moins encore dans une préformation du caractère, mais plutôt dans ce que les Français nomment une *déformation professionnelle* » (p. 320).

Hannah Arendt instruit de façon, sinon plus philosophique, du moins plus conceptuelle, cette répugnance, au sens propre, dans le tome I de *La Vie de l'esprit*, *La Pensée*, quand elle pose au chapitre 3 la question : « Qu'est-ce qui nous fait penser ? » « Les postulats préphilosophiques de la pensée grecque » (§ 14) et « La réponse de Socrate » (§ 17), elle aussi moins philosophique qu'il n'y paraît, encadrent les deux réponses « professionnelles » de Platon (§ 15) et des Romains (§ 16). La réponse de Platon tient en un mot : θαυμάζειν, « s'étonner ». La philosophie, depuis *Théétète*, 155d, est « fille de Thomas ». Or, ajoute-t-elle, « l'étonnement platonicien, le choc initial qui amorce la démarche du philosophe a été redécouvert, de notre temps, le jour où Heidegger, en 1929, termina une conférence intitulée : “Qu'est-ce que la métaphysique ?” par... “Pourquoi, somme toute, y a-t-il de l'existant plutôt que rien ?” et baptisa cela “la question fondamentale de la métaphysique" » (*V.E.*, I, p. 167). Pour Heidegger, même si la modalité qui fait rapprocher *denken*, « penser », de *danken*, « remercier » (*ibid.*, I, p. 172, *cf.* II, p. 217), ouvrant ainsi à l'intraduisible *Gelassenheit*, n'est évidemment pas platonicienne, philosopher, s'étonner, c'est de toute façon chercher l'invisible dans le visible.

La réponse des philosophes romains, dont les stoïciens fournissent le paradigme, tient quant à elle à la « désunion » entre l'homme et le monde : « le truc découvert par la philosophie stoïcienne est de se servir de l'esprit de façon telle que la réalité n'atteigne pas celui à qui il appartient » (*ibid.*, I, p. 179). C'est pourquoi Hegel, qui transporte le monde entier dans la conscience, est finalement leur héritier : comme le note très finement Arendt, chaque fois que la philosophie est comprise comme « science », il s'agit d'un retour aux vieilles positions stoïciennes.

Mais les deux sources « presque opposées » que constituent l'étonnement platonicien et la désunion stoïque entre l'homme et le monde sont pourtant très largement parentes. En effet dans les deux cas, « la pensée se retire du monde des phénomènes » (*ibid.*, I, p. 186). Ainsi, de Parménide à Platon et des stoïciens à Hegel, « cette mise entre parenthèses de la réalité demeure l'une des grandes tentations des penseurs de profession » : voilà donc la « déformation professionnelle ». On remarque alors que Heidegger n'est pas seulement l'écho de Platon : il est au fond le croisement des deux réponses à la fois. De Parménide à Platon et à Heidegger, il s'agit de chercher l'invisible dans le visible, l'être de l'étant. Mais des stoïciens à Hegel et à Heidegger, se constitue un « amalgame d'agir et de penser » (*ibid.*, II, p. 215). Comme le remarque Arendt lorsqu'elle analyse dans ses *Conclusions* « la Volonté-de-ne-pas-vouloir de Heidegger » et le « retournement » qu'elle situe entre les deux volumes du *Nietzsche*, cette « histoire de l'être » où l'événement sera la mutation du concept de vérité, qu'il s'agit de laisser advenir, mais en aucun cas l'invention du télescope, cette histoire de l'être donc n'est jamais qu'une « nouvelle version un peu plus recherchée de la ruse de la raison ou de l'esprit du monde ». La différence est plutôt dangereuse pour Heidegger : « Chez Heidegger, ce Personne, avec un grand P, censé agir derrière le dos des hommes plongés dans l'action, reçoit une forme en chair et en os dans l'existence du penseur qui agit tout en ne faisant rien, individu à n'en pas douter, que l'on peut même identifier comme "Penseur" – ce qui, cependant, ne veut pas dire qu'il regagne le monde des phénomènes. Il reste le "*solus ipse*" du solipsisme existentiel, à cela près que le destin du monde, l'Histoire de l'Être, repose maintenant sur ses épaules » (*ibid.*, II, p. 216[3]).

Quelle que soit sa répugnance à l'égard des penseurs de profession, cependant Arendt pense, elle fait même, dit-elle, des « expériences de pensée politique » (tel est en effet le sous-titre de *La Crise de la culture*). Et c'est là que s'introduit la thématique de l'Antiquité.

Dans la préface de *La Crise de la culture* – malheureuse traduction, malgré les traducteurs, de *Between Past and Future* –, Hannah Arendt décrit l'activité de penser comme une « installation dans la brèche entre le passé et le futur ». De plus, elle définit l'époque moderne comme celle où la condition du penseur devient la condition de tous : « Lorsque le fil de la tradition se rompit finalement, la brèche entre le passé et le futur cessa d'être une condition particulière à la seule activité de la pensée et une expérience réservée au petit nombre de ceux qui faisaient de la pensée leur affaire essentielle. Elle devint une réalité tangible et un problème pour tous, ce qui veut dire qu'elle devint un fait qui relevait du politique. » En tant que moderne, tout simplement, Arendt est donc, elle aussi comme nous-mêmes, dans la condition du penseur, c'est ainsi qu'il faut interpréter son recours si fréquent à la phrase de Char : « Notre héritage n'est précédé d'aucun testament. »

Cependant, lorsqu'à la fin du volume I de *La Vie de l'esprit*, Arendt veut attirer l'attention non sur sa méthode, non sur ses critères, non sur ses valeurs, mais sur ce qu'elle appelle son « hypothèse fondamentale », voici comment elle monnaye cette activité de penser : « Je me suis clairement rangée sous la bannière de ceux qui depuis pas mal de temps s'efforcent de démanteler la métaphysique, ainsi que la philosophie et ses catégories, telles que nous les connaissons toutes deux, depuis leurs débuts en Grèce et jusqu'à ce jour. Ce genre de mise en pièces n'est possible que si l'on part de l'hypothèse que le fil de la tradition est rompu et qu'on ne pourra pas le renouer. » Chercher à démanteler la métaphysique est une façon de se dire heideggerienne : c'est en effet à Heidegger, « à lui et à lui seul », qu'elle rend grâce de ce que le démantèlement, l'« écroulement se soit déroulé d'un manière digne de ce qui a précédé » (« Martin Heidegger a quatre-vingts ans », *V.P.*, p. 311s.) ; et en cela, précisément, elle est, ou n'est que, penseur. Mais, poursuit-elle : « Dans la perspective de l'histoire, ce qui a cédé, c'est la trinité romaine qui pendant des millénaires a uni religion, autorité et tradition. La disparition de cette trinité n'anéantit pas le passé et le processus de démantèlement lui-même n'est pas destructeur, il ne fait que tirer les conclusions d'une perte qui est un fait, et à ce titre ne fait plus partie de "l'histoire des idées", mais de notre histoire politique, celle du monde » (*V.E.*, I, p. 237). La différence fondamentale avec Heidegger s'exprime aussitôt après la reconnaissance : Arendt ne pense pas, elle pense le politique, notre histoire politique.

C'est sur ces bases seulement, me semble-t-il, qu'il devient possible d'instruire la comparaison avec Heidegger en ce qui concerne leur rapport à l'Antiquité.

Tout d'abord, il ne peut s'agir, pour l'un comme pour l'autre, que d'un rapport « libre » : ni philistinisme, ni érudition, ni, disent-ils, philologie. Ce pour quoi Arendt rend hommage à Heidegger : « [...] Il y a quelqu'un qui [...], précisément parce que pour lui le fil de la tradition est coupé, découvre à nouveau le passé... La pensée est redevenue vivante, il fait parler des trésors culturels du passé qu'on croyait morts et voici qu'ils proposent des choses tout autres que ce qu'on croyait tout en s'en méfiant » (« Martin Heidegger a quatre-vingts ans », *V.P.*, p. 310), elle le dit aussi bien de son propre travail : « Avec la tradition, nous avons perdu notre solide fil conducteur dans les vastes domaines du passé, mais ce fil était aussi la chaîne qui liait chacune des générations successives à un aspect prédéterminé du passé. Il se pourrait qu'aujourd'hui seulement le passé s'ouvrît à nous avec une fraîcheur inattendue et nous dise des choses pour lesquelles personne n'a encore eu d'oreilles » (« Qu'est-ce que l'autorité ? », in *C.C.*, p. 124s.). Que la culture soit un « champ de ruines », telle est en effet la « chance » qui nous permet de « découvrir le passé pour notre propre compte », de lire « ses auteurs comme si personne ne les avait jamais lus avant nous » (« La crise de la culture », in *C.C.*, p. 262 ; *cf.* « La tradition et l'âge moderne », *ibid.*, p. 42).

De plus, pour l'un comme pour l'autre encore, la liberté du rapport tient à ce que l'interprétation ou la critique est une expérimentation. On retrouve ainsi l'écho de ce que Heidegger nomme dès le § 7 de *Sein und Zeit* « la méthode phénoménologique de notre recherche » jusque dans la préface de *La Crise de la culture*, où il s'agit de « découvrir les origines réelles des concepts traditionnels afin d'en extraire à nouveau l'esprit originel qui s'est si tristement évaporé des mots clefs même de la langue politique [...] laissant derrière lui des coquilles vides propres à régler presque tous les comptes, indépendamment de leur réalité phénoménale sous-jacente » (p. 26). L'esprit originel est nécessairement lié à une expérience phénoménale, à une écoute phénoménologique.

C'est d'ailleurs pourquoi l'attention ne cesse de s'arrêter à la langue, au mot clef, à son étymologie. Et nous n'allons cesser d'en avoir des exemples, pour l'un comme pour l'autre. Cependant, c'est toujours la même différence qu'il convient de souligner. Dans *Vies politiques*, à propos de Walter Benjamin, Arendt remarque que « toute époque pour laquelle son propre passé est devenu problématique à un degré tel que le nôtre, doit se heurter finalement au phénomène de la langue ; car dans la langue ce qui est passé a son assise indéracinable, et c'est sur la langue que viennent échouer toutes les tentatives de se débarrasser définitivement du passé ». Arendt heideggerienne jusque-là. Maintenant, Arendt : « La *polis* grecque continuera d'être présente au fondement de notre existence politique, au fond de la mer, donc aussi longtemps que nous aurons à la bouche le mot "politique" » (p. 304). Car il faut entendre ici, sous Arendt, un autre Aristote que le phénoménologue apophantique : « Dès que le rôle du langage est en jeu, le problème devient politique par définition, puisque c'est le langage qui fait de l'homme un animal politique » (*C.H.M.*, p. 10). Ainsi le *logos* n'est pas pris, ni seulement, ni d'abord, dans le même registre de sens.

Cette attention prêtée à la langue implique qu'on puisse s'arrêter, avec Arendt comme pour Heidegger, au fragment. À ces « coquilles vides » que sont les concepts clefs répond, à la fin du premier tome de *La Vie de l'esprit*, *La Tempête* de Shakespeare : « Par cinq brasses sous les eaux/Ton père étendu sommeille./De ses os naît le corail,/De ses yeux naissent les perles/ Rien chez lui de périssable/Que le flot marin ne change/En tel ou tel faste étrange» (p. 237). «C'est sur de tels fragments venus du passé, après que le flot marin les eut changés – ajoute-t-elle – que je me suis arrêtée... Si certains de mes lecteurs ou de mes auditeurs se sentaient tentés de s'essayer aux techniques de démantèlement, qu'ils prennent soin de ne pas détruire le "faste étrange", le "corail" et les "perles" qu'on ne peut sans doute sauvegarder que sous forme de fragments.»

C'est là cependant que la différence avec Heidegger peut à nouveau s'inscrire. Car ce qui compte dans la fragmentation arendtienne, c'est qu'il s'agit d'un récit : il importe en effet non pas tant d'avoir des yeux pour le phénomène que d'avoir des oreilles pour le passé. On aborde par là la conception arendtienne de l'histoire, tout à fait explicite par exemple dans «Compréhension et politique» (*E.*, p. 97) : «Lorsque survient un événement assez important pour éclairer son propre passé, l'histoire (*history*) apparaît. Alors l'amas chaotique du passé se change en un récit (*story*) qui peut être raconté parce qu'il a un commencement et une fin.» Les crises de l'époque moderne permettent de transformer le chaos sublime des coquilles vides et des perles en récit. Comment le passé devient récit : Arendt ne nous propose donc pas l'histoire, ni historique ni historiale, des concepts ou de la pensée, mais elle nous raconte quelque chose comme des histoires de concepts, ou de pensée. *Out of Antiquity*, comme on dit *Out of Africa*.

Grecs et Romains

Je voudrais suivre ce fils conducteur : pensée politique contre pensée professionnelle ou pensée de la pensée, pour analyser de façon plus précise les expériences que font Arendt d'une part et Heidegger de l'autre avec l'Antiquité.

Il faut, je crois, repartir de l'évidence massive que constitue la différence des corpus. Arendt a deux corpus : les Grecs et les Romains, Heidegger n'en a qu'un : les Grecs, et puis encore les Grecs.

Chez Heidegger, pour le dire non sans caricature, le rapport entre Rome et la Grèce est un rapport de traduction trahison. Lorsque Heidegger évoque le latin, c'est en règle générale pour marquer combien la traduction des termes grecs trahit l'expérience grecque de l'*alētheia*. La *veritas* verrouille l'*alētheia*, et le mouvement de l'expérience heideggerienne de la pensée est un « retour amont » des Latins aux Grecs, puis des Grecs à plus grec que les Grecs.

Pour donner le ton et la substance de ce rapport, il suffit peut-être d'une citation, que je tire de *L'Origine de l'œuvre d'art*[4] : « [Les déterminations grecques] ont fondé [...] l'interprétation occidentale de l'être et de l'étant. Elle commence avec la reprise des mots grecs dans la pensée romano-latine. Ὑποκέμενον devient *subjectum* ; ὑπόστασις, *substantia* ; συμβεβηκός vire en *accidens*. Mais il est bien vrai que cette traduction des termes en langue latine n'est nullement ce petit événement inoffensif pour lequel on le prend encore de nos jours. Cette traduction apparemment littérale (et par là apparemment sauvegardante) est bien une véritable traduction, un transfert de l'expérience grecque en un autre univers de pensée. *La pensée romaine reprend les mots grecs sans l'appréhension originale correspondant à ce qu'ils disent, sans la parole grecque*. C'est avec cette traduction que s'ouvre, sous la pensée occidentale, le vide qui la prive désormais de tout fondement. »

Le *Parmenides*, daté de 1942-1943, explicite les répercussions de ce vide dans la pensée du politique[5] :

«Nous pensons le politique de façon romaine, c'est-à-dire impériale» (p. 63), ou : «Depuis l'époque impériale, le mot grec "politique" signifie quelque chose de romain. De grec, il n'y a plus là que le mot» (p. 67). L'*imperium* (*im-parare*, «disposer de»), le *numen* de dieux qui ne font plus signe mais disent «tu dois», le droit qui ne relève plus de *dikē*, la déesse qui montre, mais de *justitia* : autant de termes qui renvoient à la mutation de *l'alētheia* en *veritas*. La différence se marque plus essentiellement encore avec la transposition du *pseudos* (ce qui se dissimule) en *falsum* (ce qui tombe, ce qui échoue). Éliane Escoubas peut justement proposer de mettre en équation : *imperium romanum*, *pax romana* (sur *pango*, «fixer») et *falsum/verum* : de fait, «si l'on considère de plus près le processus par lequel la romanité s'est emparée du dire, de la pensée, du mythe et de la culture des Grecs, on voit que le *falsum*, c'est-à-dire ce qui fait échouer, a transformé selon son sens le *pseudos*, c'est-à-dire ce qui dissimule, l'a ainsi transmuté en soi et par là supplanté. Une telle transmutation est de tout temps la forme la plus dangereuse mais aussi la plus durable de la domination. Depuis lors, l'Occident ne connaît le *pseudos* que sous la figure du *falsum*» (*Parmenides*, p. 67s.). Ainsi, la traduction latine de la Grèce constitue, dans tous les domaines simultanément, une première et définitive restriction de la non-occultation.

Cette réaction contre la latinité et ce souci de l'origine grecque cachée sous la traduction est très certainement l'une des composantes de l'attitude d'Arendt. J'en prendrai simplement deux exemples, particulièrement nets. D'abord, son analyse de la notion de «spectateur», dans *La Vie de l'esprit* : la passion de voir, cette attitude fondamentale des Grecs qui détermine à la fois la *polis* comme espace des apparences et la philosophie comme souci théorique, perd tout son sens avec Lucrèce où il s'agit simplement – «voir à quels maux on échappe est chose douce » – d'assister en sûreté au déchaînement de la tempête : « Il est évident que dans ce passage la portée philosophique du rôle de spectateur se perd totalement – oubli qui fut le lot de bien des concepts grecs lorsqu'ils tombèrent aux mains des Romains » (I, p. 162 ; *cf.* note 72, p. 176). Un deuxième exemple, plus strictement heideggerien, est celui de la traduction latine d'Aristote. Rendre *zōion politikon* par *animal socialis*, avec Sénèque ou saint Thomas, fait perdre complètement de vue l'expérience grecque : c'est substituer en effet la camaraderie de l'espèce humaine, entité biologique et non politique, à la différence entre public et privé, polis et *oikia*, visée par Aristote : « Mieux que toute théorie, cette substitution du social au politique montre jusqu'à quel point s'était perdue la conception originale grecque de la politique » (*C.H.M.*, p. 32). La traduction de *zōion logon ekhon* par *animal rationale* « repose sur un malentendu aussi fondamental » (*ibid.*, p. 36), car il s'agissait là encore, pour Aristote comme pour toute la Grèce, d'une définition exclusivement politique, ainsi qu'en témoigne à l'évidence le fait que barbares et esclaves puissent être dits *aneu logou*, « exclus d'un mode de vivre dans lequel le langage, et le langage seul, a réellement un sens », alors qu'ils parlent. Aussi bien Heidegger, dans le *Parmenides* par exemple, remarque-t-il que le ζῷον, le « vivant », est à penser par rapport à la φύσις, à la « nature », mais non par rapport à la biologie, comme on l'a fait depuis Rome (p. 100).

Ainsi, les Romains n'ont pas d'oreille pour la Grèce, ni philosophique ni politique. Mais cette surdité a, selon Arendt, une bonne raison d'être. Pour elle en effet, l'expérience romaine ne s'analyse pas comme une restriction de l'unique expérience fondamentale originelle, qui serait celle des Grecs, mais elle constitue en tant que telle une expérience non moins fondamentale.

Seulement cette expérience n'est pas une expérience dans la pensée, théorique, philosophique : c'est une expérience exclusivement politique, et c'est d'ailleurs en cela même que réside son originalité.

« La conception courante de la philosophie a été élaborée par les Romains héritiers de la Grèce », et ne porte pas « l'empreinte de l'expérience romaine originale, qui était exclusivement politique » (*V.E.*, I, p. 174). Il est vrai qu'il y a, dans la conservation de « cet héritage grec, que les Romains, mais jamais les Grecs, surent soigner et préserver » (« La crise de la culture », *C.C.*, p. 272), une piste très précise sur la nature de la trahison que constitue la traduction romaine : on peut dire que Rome a conservé la philosophie politique des Grecs comme si c'était la philosophie tout court. C'est d'ailleurs là-dessus que nous vivons : « Aujourd'hui encore, nous croyons qu'Aristote a défini l'homme essentiellement comme un être politique doué de parole ou de raison. Ce qu'il a fait seulement dans un contexte politique, ou que Platon a exposé la signification originelle de sa doctrine des idées dans *La République* où, au contraire, il l'a changée pour des raisons politiques[6]. Malgré la grandeur de la philosophie politique grecque, on peut douter qu'elle aurait perdu le caractère utopique qui lui était inhérent, si les Romains, dans leur recherche infatigable de la tradition et de l'autorité, n'avaient pas décidé de la reprendre et de la reconnaître comme leur plus haute autorité dans toutes les choses de la théorie et de la pensée » (« Qu'est-ce que l'autorité ? », in *C.C.*, p. 158).

Or ce glissement de la philosophie politique grecque à la philosophie tout court, et la soumission de Rome à la Grèce, ne sont jamais qu'un effet de l'expérience politique originale des Romains : celle de la fondation. La « tradition », définie par cette trilogie romaine, autorité-culture-religion, qui est mise en crise dans la modernité, n'est rien d'autre que la décision de soumettre la civilisation romaine à la pensée grecque, autrement dit, de la « fonder ». Dans « Qu'est-ce que l'autorité ? », comme dans *La Condition de l'homme moderne*, Arendt oppose terme à terme, dans une analyse inégalable, *polis* et *patria* : « Il n'y a pas de plus profonde différence entre la Grèce et Rome que leurs attitudes respectives à l'égard du territoire et de la loi » (*C.H.M.*, p. 219). « Où que vous soyez, vous serez une *polis* » : tel est le mot de la colonisation grecque. Au contraire, *ab Urbe condita* enracine dans le sol, c'est le mot d'un Empire romain qui saura faire du monde occidental son arrière-pays. Il y a *des poleis*, *des* cités, il y a *une Urbs*, *une* ville. Le fondateur et le législateur, dans la cité grecque, sont des étrangers, parfois des barbares, car les lois ne sont jamais que le rempart à l'abri duquel il peut y avoir *polis* : c'est après fondation et après législation que commence la vie politique ; au lieu de quoi le législateur et le fondateur sont pour Rome les pères de la patrie. De même, la religion à Rome « lie en arrière », *re-ligat*, par la fondation ; l'*auctoritas*, sur *augere*, « accroît » la fondation ; en politique, l'autorité romaine, c'est celle du Sénat, qui se caractérise par la *gravitas*, c'est-à-dire par l'aptitude à supporter le poids du passé, à lester le navire de l'État. Vieillir, c'est pencher vers le passé, pencher vers la source de l'autorité, et ce qu'il s'agit de faire quand on est romain, c'est d'imiter. Mais quand on est grec, « vieillir », pour reprendre le mot de Goethe cité à cette occasion par Arendt, « c'est se retirer du monde des apparences », et, au lieu d'imiter, il s'agit de « rivaliser ».

Cette opposition fondamentale de deux expériences politiques, espace des apparences dans la *polis* et fondation de la *patria*, nous renvoie au fait, « historiquement capital », que « les Romains pensèrent avoir besoin aussi de pères fondateurs et d'exemples autoritaires dans les choses de la pensée et dans les idées, et admirent les grands ancêtres grecs comme leurs autorités pour la théorie, la philosophie et la poésie» («Qu'est-ce que l'autorité?», *C.C.*, p. 163). Ainsi s'explique le paradoxe même de la fondation romaine : à la différence de la fondation juive pour laquelle la datation part de la création du monde, il faut, pour que le fil de la tradition ne se rompe pas, que la fondation soit tout à la fois première et non première – et c'est ainsi que s'interprète la *Quatrième églogue* de Virgile, où la fondation de Rome est aussi une renaissance de Troie[7].

La soumission de Rome à la Grèce est un effet de cette recherche de l'autorité, qui est elle-même un effet de l'expérience politique fondamentale des Romains. C'est pourquoi la Grèce a fait taire Rome au moins autant que Rome a fait taire la Grèce. «Les concepts grecs, une fois canonisés par les Romains au moyen de la tradition et de l'autorité, ont simplement éliminé de la conscience historique toutes les expériences politiques qui ne pouvaient être intégrées à leur système» («Qu'est-ce que l'autorité?», *C.C.*, p. 178). Toute les expériences politiques, c'est-à-dire, en tout cas, celle de la fondation. La chance que constitue la ruine de la culture, pour en revenir à *Between Past and Future*, c'est qu'il est enfin possible de «regarder le passé avec des yeux que ne distrait aucune tradition, avec une immédiateté qui a disparu de la lecture et de l'écoute occidentales depuis que la civilisation romaine s'est soumise à l'autorité de la pensée grecque» («La tradition et l'âge moderne», *C.C.*, p. 42). On peut enfin avoir de l'oreille pour les Romains : les entendre, avec Arendt, à côté des Grecs, comme deux expériences fondamentales qui ne font pas séquence, deux événements irréductibles, et non pas seulement les penser, avec Heidegger, à la suite des Grecs, comme une simple échéance.

Grecs et Grecs

Là encore, il importe sans doute d'insister sur une ressemblance : on constate, chez Arendt comme chez Heidegger, une structure d'opposition, interne au corpus grec lui-même, un clivage du monde grec, quelque chose comme un rapport entre Grecs et Grecs.

Mais, à dire les choses toujours trop rapidement en ce qui concerne Heidegger, puisqu'il sert ici simplement de point de comparaison, le rapport qui s'instaure chez lui entre les présocratiques d'une part et les autres Grecs comme Platon et Aristote de l'autre, est analogue, *mutatis mutandis*, au rapport entre Grecs et Romains. L'article de Marlène Zarader, « Le miroir aux trois reflets, histoire d'une évolution[8] », distingue utilement trois époques ; une époque où les Grecs s'opposent à Rome et à la tradition qu'elle représente : « les Grecs ont pensé ce que la tradition ultérieure oublia » ; aucun clivage alors entre les présocratiques et Platon, et lorsque Heidegger parle, pendant la période de Marbourg, d'un « pas en arrière », il s'agit de faire retour à l'ontologie grecque, c'est-à-dire essentiellement à Aristote. En un second temps, la différence passe au contraire entre les premiers Grecs, et Platon ou Aristote : privilège du « matin grec », où « les premiers Grecs ont expérimenté ce que nul n'a pensé » ; l'être s'est dispensé dans les paroles de l'origine, φύσις, ἀλήθεοα, μόγος, μôϱα, comme ce qu'il est en vérité, c'est-à-dire comme retrait. « La doctrine de Platon sur la vérité », qui montre comment déjà chez Platon la *mimēsis* fonctionne comme *adaequatio*, fournit donc un parallèle au verrouillement de *l'alētheia* en *veritas*. Je laisse de côté l'éventualité d'une troisième époque, marquée par « La fin de la philosophie et la tâche de la pensée », où l'*alētheia* serait d'emblée *homoiōsis*, et où seul un pas de côté pourrait faire percevoir que tout originel est immédiatement dérivé.

Qu'il suffise de souligner l'ambiguïté fascinante d'Aristote, à la fois présocratique et platonicien, pris tout à la fois dans le dévoilement et dans l'adéquation, comme en témoignent les analyses répétées, et contrastées, de *Métaphysique* Θ et du *Sur l'interprétation*. À l'intérieur d'Aristote, comme entre Grecs et Grecs, comme entre Grecs et Romains, le clivage est constamment échéance, ou déchéance, dans cette histoire de l'être qui est histoire de la vérité.

Chez Arendt, il y a bien un clivage, et un recours analogue aux présocratiques. Mais on retrouve, là encore, très aisément notre fil conducteur, car il ne s'agit pas des mêmes présocratiques : les présocratiques d'Arendt sont le paradigme d'une expérience, non pas plus originelle, mais plutôt « préphilosophique[9] ».

En tant que « philosophique » ou « théorique », le corpus grec va, pour Arendt, de Parménide à Platon et Aristote jusqu'à Heidegger. Il se définit par le primat de la vérité, de la *theōria* et de la *vita contemplativa*. Les présocratiques de Heidegger, y compris Anaximandre[10], sont modernes pour Arendt. Seule est autrement, ou réellement présocratique l'expérience politique, dont on a un écho chez Aristote, dans laquelle il s'agit non pas de vérité, mais de liberté. Car la liberté, par définition, n'est pas un concept philosophique, c'est « un concept exclusivement politique, et même la quintessence de la cité et de la citoyenneté. Notre tradition philosophique de pensée politique, qui commence avec Parménide et Platon, fut fondée explicitement en opposition à cette *polis* et à cette citoyenneté. Le mode de vie choisi par le philosophe fut compris en opposition au βος πολιτικός, au mode de vie politique » (« Qu'est-ce que la liberté ? », *C.C.*, p. 204 s.). L'entrée de la liberté en philosophie se fait seulement en effet beaucoup plus tard, avec saint Paul et l'identification chrétienne entre liberté et libre arbitre ; elle se poursuit, magistralement, jusqu'à

Heidegger, avec la conviction exprimée dans *De l'essence de la vérité*, que l'essence de la vérité, c'est la liberté.

Le Socrate de Hannah Arendt

La charnière entre préphilosophique politique et philosophique au sens strict est représentée par Socrate ; ou, pour le dire de façon plus provocante, le présocratique, chez Arendt, c'est Socrate. Comme le remarque Françoise Collin[11], « l'histoire de la philosophie occidentale est une "succession de notes" ajoutées, non à l'œuvre de Platon, mais à celle de Socrate, ou plutôt, puisqu'il n'en a pas – et il est éminemment politique qu'il n'en ait pas –, à son procès et à sa condamnation. Le procès de Socrate est l'événement qui provoque la scission entre le préphilosophique, *le bios politikos*, et le philosophique, le *bios theōrētikos*.

Arendt nous présente à vrai dire un très étrange Socrate : un Socrate écartelé entre du déjà philosophique et de l'encore présocratique. En tant que présocratique, au sens arendtien et non heideggerien, Socrate me paraît avoir toutes les caractéristiques d'un sophiste. C'est là ce qui ressort, me semble-t-il, de « la réponse de Socrate » à « Qu'est-ce qui nous fait penser ? » (*V.E.*, I, p. 190-219), tout comme du court texte sur « Philosophie et politique » (*C.G.*, p. 85-94).

De fait, si avec Platon, on tient – un peu – Heidegger, avec Socrate, on tient beaucoup d'Arendt. Socrate est l'exemple, le modèle, le type idéal du penseur non professionnel dont Arendt revendique la position. C'est un penseur en effet « qui [sait] rester un homme parmi d'autres, ne [fuit] pas la place publique, [est] un citoyen comme les autres, ne [fait] rien, n'exige rien en dehors de ce que chacun, selon lui, peut attendre et devenir », capable de payer de sa vie « le droit d'analyser les opinions des autres, d'y réfléchir, en demandant à ses interlocuteurs d'en faire autant» (*V.E.*, I, p. 191s.).

Affirmer de Socrate qu'il est penseur non professionnel, c'est finalement tenir deux affirmations en une : dire qu'il est penseur, et dire qu'il est citoyen. Avec le penseur, il s'agit plutôt du Socrate de Platon, de Socrate platonisant ; avec le citoyen, il s'agit plutôt de Socrate sophiste.

Penseur, Socrate l'est certainement au travers de ce qu'Arendt considère, en analysant le *Gorgias* de Platon, comme ses deux affirmations clefs, deux réponses à Calliclès, donc aussi deux professions de foi antisophistiques. Avec la première affirmation : «commettre l'injustice est pire que la subir», ce ne saurait être le citoyen qui parle par la bouche de Socrate, mais seulement le penseur, car pour le citoyen, le crime requiert un châtiment en tant que transgression de la loi. Quant à son second précepte, *homologein auton heautōi*, suivant lequel mieux vaut être en désaccord avec tous que de l'être avec soi-même, il constitue la structure même de la pensée, ce rapport du penseur à lui-même qu'Arendt nomme «le deux-en-un». Seul contre ses juges, seul contre ses amis, mais d'accord avec soi, tel est le philosophe. Socrate est ainsi l'inventeur du principe de non-contradiction sur lequel Aristote a fondé la logique occidentale, et qui résonne jusque dans l'impératif catégorique de Kant : «Parce que je suis, je ne me contredirai pas moi-même. Et je peux me contredire moi-même parce que dans la pensée, je suis deux-en-un» («Philosophie et politique», *C.G.*, p. 90 ; *cf. V.E.*, I, p. 213).

Mais le «deux-en-un» est en soi déjà plus complexe, car avec la pensée, on n'est pas tout à fait dans la philosophie. De fait, le critère du deux-en-un n'est pas la vérité, mais l'accord, et la dualité de l'accord renvoie à la pluralité, c'est-à-dire à la condition même du politique : «Tout comme la métaphore comble le fossé entre le monde des phénomènes et les activités mentales qui s'y déroulent, le deux-en-un socratique apporte un baume à la solitude de la pensée ; sa dualité inhérente laisse entrevoir la pluralité infinie qui est la loi de la terre[12]. » Aussi n'est-il peut-être pas inutile de remarquer ici, bien qu'Arendt ne le note pas, et sans doute ne le sache pas, qu'*homologia* (littéralement : « identité de discours »), avec *homonoia* (« identité de pensée »), est le maître mot de la politique des sophistes, où il désigne à la fois la « concorde » entre les cités, le « consensus » entre les citoyens, qu'il s'agit de susciter occasion après occasion et qui constitue la vie même de la cité, enfin cet « accord » entre soi et soi-même devenu caractéristique de la pensée socratique[13]. Ainsi, en dépit de l'apparence – Socrate dans un coin absorbé par son « démon » –, c'est déjà en tant qu'il pense que Socrate est citoyen.

Aussi me semble-t-il éclairant de proposer à présent une série d'équivalences, lisibles entre les lignes arendtiennes plutôt que thématisées par Arendt, entre Socrate citoyen, Socrate sophiste, et Socrate aristotélicien, ou du moins politique à la manière d'Aristote.

Une polis *sophistique*

Comme le répète Arendt, Aristote ne fait dans ses définitions célèbres : homme, « animal politique », « animal doué de *logos* », que formuler l'opinion courante de la *polis* sur l'homme et la vie politique. C'est assez dire que toute la comparaison Arendt-Heidegger pouvait s'organiser à partir de leur perception d'Aristote : Heidegger a deux Aristote, l'un présocratique et l'autre déjà moderne, comme Arendt a deux Aristote, l'un préphilosophique et politique, l'autre platonicien et théorétique. Mais Jacques Taminiaux, dans « Heidegger et Arendt, lecteurs d'Aristote[14] », a trop bien montré pour qu'on puisse y revenir, comment, pour Arendt qui l'interprète de façon aristotélicienne et non pas platonico-heideggerienne, le *bios theōrētikos* n'absorbe pas en lui tous les traits de la *praxis*. La *praxis*, chez Aristote, est liée à la pluralité humaine et à la *doxa* : Arendt, souligne Jacques Taminiaux, ressuscite le concept aristotélicien de la *polis*, du politique, de la citoyenneté. Je préciserai pour ma part qu'Arendt ressuscite ainsi le concept sophistique de la *polis*, du politique et de la citoyenneté.

Car il y a, à mon sens, un certain nombre de traits communs hautement significatifs entre le politique grec, pensé par Arendt, attribué par elle notamment à Socrate et à Aristote, et la sophistique – même si, répétons-le, la chose est parfois difficile à repérer dans les textes d'Arendt puisqu'elle est, comme Heidegger et très généralement comme nous, tributaire de l'artefact philosophique platonicien qui fait de « sophistique » un terme tellement repoussant qu'il paraît toujours pervers ou scandaleux de le valoriser.

Le premier trait est constitutif, structurel, si massif qu'on risque de l'omettre : c'est justement contre la sophistique/contre le *bios politikos*, que s'est élaborée la *theōria* platonicienne.

Par ailleurs, Arendt reprend, pour définir la *polis*, les termes d'Aristote, « la mise en commun des paroles et des actes[15] », et caractérise ainsi « la solution des Grecs » à la fragilité des affaires humaines. Or les éléments distinctifs de cette solution sont autant de *topoi* sophistiques. Premier élément : la distinction entre public et privé, entre le domaine de la loi et celui de la convention, le domaine de la nature et celui de la nécessité ; avant le premier livre de la *Politique* d'Aristote, avant Calliclès ou Thrasymaque présentés par Platon, c'est l'Antiphon du *Sur la vérité*[16] qui pour la première fois a thématisé cette opposition et ses conséquences : dans la cité, il s'agit de « citoyenner », et le privé se définit comme ce qui échappe à l'emprise du public.

Deuxième élément : la différence entre *doxa* et *alētheia*, pluralité des *doxai* et unicité, contrainte solitaire de la vérité. Dans la *polis* grecque, l'*alētheia* n'existe que comme produit des *doxai* et se confond avec elle. C'est ce contre quoi Platon s'insurge, mais c'est l'essence même de la politique des sophistes, et, dans une certaine mesure, de celle de Socrate. On doit confronter en effet ce qu'Arendt dit de Socrate, en opposition avec les sophistes, dans « Philosophie et politique », avec ce qu'elle dit des sophistes eux-mêmes dans « Le concept d'histoire ». « En opposition avec les sophistes, [Socrate] avait découvert que la *doxa* n'est jamais une illusion subjective ou une distorsion arbitraire, mais que la vérité lui est invariablement liée » (« Philosophie et politique », *C.G.*, p. 90) ; précisons : Socrate, en accouchant chacun de son *dokei moi*, de son « il me semble » irréductiblement singulier, rend cependant manifeste que c'est le *même* monde qui s'ouvre différemment à chaque homme, et c'est cela la vérité de la *doxa* : « cette sorte de compréhension, voir le monde [...] du point de vue de l'autre, est la perception politique par excellence » (*ibid.*, p. 89). Or, dans *La Crise de la culture*, c'est cette fois grâce aux sophistes, « dans un flot d'arguments tout à fait inépuisable, tels que les sophistes en [présentent] aux citoyens d'Athènes », que le Grec apprend « à échanger son propre point de vue, sa propre "opinion" [...] avec ceux de ses concitoyens [...], à envisager le même monde à partir de la perspective d'un autre Grec » (p. 71). Homère, en ce sens, est le premier sophiste en même temps que le premier historien, puisqu'il chante à la fois Achille et Hector, et lui emboîtent le pas Hésiode et Thucydide. En d'autres termes, Socrate, comme tous ceux qui savent rendre manifeste la vérité relative de chaque point de vue pour créer un monde commun, est bel et bien protagoréen.

Le troisième élément est inséparable du précédent : il s'agit de la différence entre apparaître et être, philosophiquement exacerbée, mais politiquement nulle et non avenue. Car dans la *polis*, il y a production de l'être par la pluralité des apparences. Arendt, à cet égard, remarque que Gorgias a critiqué « très tôt » la scission entre être et apparaître, et stigmatisé l'impuissance de l'être comme de l'apparaître seuls, citant même un fragment attribué au sophiste par Proclus (= 82 B26 D.K., II, p. 306 ; *cf. V.E.*, I, p. 40) : « L'être est invisible (ἀφανές) quand il n'arrive pas au paraître, et le paraître est impuissant (ἀσθενές) lorsqu'il n'arrive pas à l'être. »

Tous ces éléments convergent vers un quatrième : le statut du *logos* comme condition du politique. Arendt, reprenant Burckhardt, répète que la *polis* est « le système le plus bavard de tous » : il s'y agit sans cesse d'une compétition entre *logoi*, et d'emporter la conviction en adaptant son *logos* au *kairos*, à l'« opportunité » ; car le *logos* énoncé selon le *kairos* est une *praxis*, une « action », l'action politique par excellence. Le procès de Socrate fait ainsi rupture, marquant la méfiance envers *peithō*, la « persuasion », c'est-à-dire la forme politique du *logos*. Mais Socrate quant à lui, « taon, sage-femme, torpille » (*V.E.*, I, p. 198), « a été le plus grand d'entre [tous les sophistes], parce qu'il pensait qu'il y a, ou pourrait y avoir autant de différents *logoi* qu'il y a d'hommes, et que tous les *logoi* réunis forment le monde humain, dans la mesure où les hommes vivent ensemble sur le mode de la parole » (« Philosophie et politique », in *C.G.*, p. 90). Le discours socratique, en tant que sophistique, représente donc pour Arendt un modèle d'unité qui n'est pas une unité d'unicité, mais une unité constituée par des singularités différenciées, telle que la pluralité puisse apparaître comme la condition du politique.

On retrouve ici, par contraste avec l'organicisme hiérarchisé de la république platonienne, les métaphores aristotéliciennes, respectueuses à la fois de l'égalité et des distinctions, où même les défauts individuels sont favorables à la meilleure tenue du tout, comme dans un chœur, un navire, et comme dans un repas, tel notre pique-nique, « où les convives apportent leur écot, meilleur que ceux dont les frais sont supportés par un seul » (*Politique*, III, 11, 1281b 2s., trad. Tricot). Or on sait, depuis Platon justement, que cette pratique de la persuasion, capable de conférer le pouvoir et même l'argent, n'est pas philosophique : c'est elle, au contraire, qui sut faire des sophistes, pour reprendre l'expression de Hegel, « les maîtres de la Grèce », ou, selon Grote, les initiateurs de la démocratie, et les précurseurs de l'*Aufklärung*.

Plus radicalement, Socrate sophiste, ou les sophistes socratiques qui pratiquent « l'authentique et vraiment noble sophistique » (selon la traduction consacrée du *Sophiste* de Platon, 231b ; *cf. V.E.*, I, p. 197), par leur purgation drastique, nous introduisent à « la plus politique des facultés humaines » : la faculté de juger. Socrate est celui qui fait passer du penser au juger, par l'effet libérateur de la critique, lié au deux-en-un, à l'exigence de conformité avec soi-même. Arendt (*ibid.*, p. 199) reprend le seul texte où Heidegger parle explicitement de Socrate, dans *Qu'est-ce que penser ?* : « Socrate, sa vie durant et presque jusqu'à sa mort n'a rien fait d'autre que de se tenir et de se maintenir dans le vent de ce mouvement [la pensée]. C'est pourquoi il est le plus pur penseur de l'Occident, c'est pourquoi aussi il n'a rien écrit. Car qui commence à écrire au sortir de la pensée doit infailliblement ressembler à ces hommes qui se réfugient à l'abri du vent lorsqu'il souffle trop fort. » Mais c'est pour y mieux répondre, tout à la fin : « La manifestation du vent de la pensée n'est pas le savoir ; c'est l'aptitude à distinguer le bien du mal, le beau du laid.

Aptitude qui, aux rares moments où l'enjeu est connu, peut très bien détourner les catastrophes, pour le moi tout au moins» (*ibid.*, p. 219). En d'autres termes, Socrate, est celui qui pose le problème de la signification par opposition au problème de la vérité. Tout au début du livre (I, p. 30s.), Arendt soulignait déjà que «l'exigence de la raison n'est pas inspirée par la recherche de la vérité mais par celle de la signification. Et vérité et signification ne sont pas une seule et même chose». Heidegger fournissait alors «l'exemple le plus récent et à certains égards le plus frappant» de «l'argument fallacieux par excellence» (*fallacy*, qu'il faut traduire par «sophisme»), «celui qui consiste, comme dans *Être et Temps*, à interpréter la signification ("la question du sens de l'être") selon le modèle de la vérité ("l'essence de l'être [...] c'est-à-dire sa vérité")». C'est de cela même qu'il s'agit encore, lorsqu'en penseur professionnel, il confond dans «le vent de la pensée» la faculté de connaître avec celle de juger.

À vrai dire, plus que Socrate, c'est Protagoras qui devrait ici servir de modèle.

Arendt propose, dans *La Condition de l'homme moderne*, une interprétation complexe, et finalement défavorable, de «l'homme-mesure» : Protagoras y apparaît d'abord «comme le premier précurseur de Kant, car si l'homme est la mesure de tout, l'homme devient le seul objet à échapper aux relations de fins et de moyens, la seule fin en soi à pouvoir utiliser tout le reste comme moyen» (p. 177). Cependant, comme le suggère la réplique paradoxale de Platon dans les *Lois*, pour qui ce n'est pas l'homme mais «le dieu qui est la mesure des objets d'usage» (716d, cité p. 178), Protagoras est tout compte fait le précurseur de Marx, puisqu'il étend, qu'il le veuille ou non, le modèle de l'*homo faber* à l'ensemble du monde, risquant ainsi de transformer ce monde et l'espace public en un simple marché (« le vent sert à [...] » ; *cf.* p. 186).

Il y aurait bien des manières de défendre Protagoras. Heidegger a proposé l'une d'entre elles – interpréter la proposition comme restriction, voire juste mesure, de la non-occultation, c'est-à-dire de la vérité parménidéenne[17] –, mais il est à craindre qu'elle ne constitue une charge supplémentaire, de professionnalisme dans la pensée, aux yeux d'Arendt. Aussi conviendrait-il plutôt de faire remarquer qu'il s'agit exclusivement dans la phrase de χρήματα[18], c'est-à-dire très littéralement des « ustensiles », des biens, des richesses dont on se sert, et non pas des πράγματα de « ce qu'on fait », qui désigne les « choses » en général et relève à la fois de l'œuvre et de l'action. Mais, bien plus radicalement, la meilleure apologie de Protagoras a déjà été prononcée, et par Socrate lui-même, dans le *Théétète* de Platon, dont, à ma connaissance, ni Arendt ni Heidegger n'ont jamais tenu compte ; Socrate-Protagoras y a pourtant la stature politique du Kant de la *Critique du jugement* lue par Arendt. Protagoras, qui s'exprime par la bouche de Socrate, prétend alors, par la seule force thérapeutique de ses discours, soigner l'autre, et lui permettre d'opérer une « conversion des états », en le faisant passer non pas certes d'une opinion fausse à une opinion vraie, ce qui n'est, dit-il, ni possible ni souhaitable, mais bel et bien d'une opinion moins bonne à une opinion meilleure. Respectueux de la distinction entre sens et vérité, Protagoras enseigne ainsi à mieux juger, en se conformant aux deux traits caractéristiques de la pensée kantienne : « courtiser le consentement de l'autre » (πειθειν, et non διαλέγεσθαι, précise Arendt), et penser le jugement à partir du goût ; moyennant quoi, puisque « pour les jugements de goût, c'est le monde qui est premier et non l'homme, non plus que la vie de l'homme ou son moi », le prétendu « arbitraire » du goût caractérise la vie publique et le monde commun, bref, l'entrappartenance de la culture et du politique, la cité même (« La crise de la culture », *C.C.*, p. 284s.).

Enfin, pour reprendre l'analyse d'Étienne Tassin, on pourrait soutenir que Protagoras va au bout, c'est-à-dire au-delà, de Socrate : jusqu'à Machiavel. Dans le *Protagoras* même, il conclut son célèbre mythe où *aidōs* et *dikē* constituent la vertu politique proprement dite, attribuée par Zeus comme un don supplémentaire également réparti entre tous les hommes, en constatant que cette vertu, nous l'apprenons comme la langue maternelle, la suçant avec le lait de notre nourrice : quant à ceux qui ne l'auraient pas, s'ils ne font pas semblant de l'avoir, alors ce sont des fous qui s'excluent ainsi de la communauté des hommes (*Protagoras*, 323bc). Ainsi, la politique est-elle nécessairement politique de l'apparence, et le politique grec parle le langage de la sophistique qui en déploie toutes les conditions de possibilité : pluralité, espace des apparences, persuasion et jugement.

On notera seulement, pour conclure sur Arendt et la sophistique et tenter d'expliquer par l'emprise du philosophique les fluctuations de l'audace dans sa pensée du politique, que dès qu'on prend pied hors du politique, le jugement qu'elle porte sur la persuasion se modifie. C'est ce dont témoigne le mieux son appréciation du menteur, dans « Vérité et politique ». D'une part, le menteur est « acteur par nature », « il tire parti de l'indéniable affinité de notre capacité d'agir, de changer la réalité, avec cette mystérieuse faculté que nous avons, qui nous permet de *dire* “Le soleil brille” quand il pleut des hallebardes » (*C.C.*, p. 319) ; c'est ainsi que notre capacité à mentir est une confirmation de la liberté humaine. D'autre part, la persuasion est une violence, qu'utilisent ceux qui sont au pouvoir ; mais « la persuasion et la violence peuvent détruire la vérité, ils ne peuvent la remplacer » (*ibid.*, p. 330), car « la vérité est le sol sur lequel nous nous tenons et le ciel qui s'étend au-dessus de nous» (p. 336). À ceci près, note Arendt, que «considérer la politique dans la perspective de la vérité [...] veut dire prendre pied hors du domaine politique» (p. 330). Aussi bien est-ce en latin philosophique que s'énonce *fiat veritas et pereat mundus*.

Du transcendantal en politique : Sophocle ou Périclès ?

Qu'il doive s'agir en politique de penser le jugement à partir du goût, pose de manière aiguë le problème du rapport entre esthétique et politique, entre l'œuvre et l'action dans la cité. La différence entre Heidegger et Arendt est là à son point culminant. On la rendra des plus sensibles en comparant l'interprétation du premier chœur de l'*Antigone* de Sophocle, et celle de l'Oraison funèbre prononcée par Périclès au livre II des *Histoires* de Thucydide, non sans retenir déjà comme une indication la nature (poésie tragique/prose historique) de l'œuvre choisie.

L'homme, «ce qu'il y a de plus inquiétant», «l'inexpert sans issue», est aussi ὑψίπολις ἄπολις (v.370). «On traduit πολις par État et cité ; cela ne rend pas le sens plein. Πολις signifie plutôt le site, le là, dans lequel et en vertu duquel l'être-le-là est historial. La πολις est le site de la pro-venance, le là *dans* lequel, *à partir* duquel, et *pour* lequel la pro-venance pro-vient. À ce site de l'histoire appartiennent les dieux, les temples, les prêtres, les fêtes, les jeux, les poètes, les penseurs, le roi, le conseil des anciens, l'assemblée du peuple, l'armée et la marine. Si tout cela appartient à la πολίς, est politique, ce n'est pas parce que tout cela commence par entrer en rapport avec un homme d'État, un stratège, et les affaires de l'État. Au contraire, tout cela est politique, c'est-à-dire dans le site de l'histoire, en tant que par exemples les poètes sont *seulement* des poètes, mais vraiment des poètes, les penseurs *seulement* des penseurs, mais vraiment des penseurs, en tant que les prêtres sont *seulement* des prêtres, mais vraiment des prêtres, les rois *seulement* des rois, mais vraiment des rois. Or *sont* veut dire : emploient la violence (*Gewalt*), en tant qu'ils sont situés activement dans la violence, et deviennent éminents dans l'être historial comme des créateurs, des hommes d'action. Éminents dans le site de l'histoire, ils deviennent en même temps ἄπολις des hommes sans ville ni site, solitaires, in-quiétants, sans issue au milieu de l'étant dans son ensemble, ils deviennent en même temps des hommes sans institutions ni frontières, sans architecture ni ordre, parce que, comme *créateurs*, ils doivent toujours d'abord fonder tout cela[19]. » À travers cette longue citation, on perçoit combien il est essentiel pour Heidegger que la cité soit pensée à partir de son en deçà ou de son au-delà, de sa négation : « a-politisme » de Heidegger. Acteurs, créateurs et fondateurs ne font qu'un. Leur violence est celle-là même qu'explicite, à la même époque, « L'origine de l'œuvre d'art ». « Debout sur le roc, l'œuvre qu'est le temple ouvre un monde, et, en même temps, le réinstalle sur la terre, qui, alors seulement, fait apparition comme sol natal[20]. » À ce point, on constate d'ailleurs que l'expérience grecque de la *polis*, dans la mesure où elle est pensée comme expérience du « site », du « là », ne peut jamais que se confondre, en lui donnant le ton ou en lui empruntant ses métaphores, comme on voudra, avec l'expérience romaine de la *patria*. En tout cas, le politique est pensé comme, ou à partir de, l'œuvre d'art, en tant qu'elle donne lieu.

Cette essence non politique du politique est confirmée par la réinterprétation du même vers dans le *Parmenides*, huit ans plus tard. Heidegger y propose de comprendre πολίς à partir de πέλειν, l'ancien verbe pour ειναι : la cité est en soi le lieu du dévoilement total de l'être, et « la différence entre l'État moderne, la *res publica* romaine et la πολίς grecque est essentiellement la même que celle qu'il y a entre l'essence moderne de la vérité, la *rectitudo* romaine et l'ἀλήθεια grecque » (p. 132). L'essence conflictuelle du dévoilement, contraire de la dissimulation et de l'oubli, a sa manifestation dans la terreur, l'horreur et le malheur qui, comme l'a vu Jacob Burckhardt, appartiennent à la cité grecque : « ce n'est pas par accident que ces mots (ὑψιπολίς ἄπολις) tombent sur les hommes dans la tragédie grecque. Car c'est à partir du fonds unique de l'essence, porteuse de conflit, de l'ἀλήθεια que surgit la possibilité et nécessité de la "tragédie" même » (*ibid.*, p. 134). Si la πολίς n'est en soi que le « pôle du πέλειν », alors « c'est seulement parce que les Grecs sont un peuple absolument non politique » qu'ils ont pu et dû en venir à la fonder (*ibid.*, p. 142).

Pour faire comprendre ce qu'est la *polis*, Arendt a quant à elle coutume de se servir d'une phrase de Périclès : φιλοκαλοῦμέν τε γὰρ μετ'εὐτελείας καί φιλοσοφοῦμεν ἄνευ μαλακίας, qu'elle propose de rendre par quelque chose comme : « Nous aimons la beauté à l'intérieur des limites du jugement politique, et nous philosophons sans le vice barbare de la mollesse[21] ». L'interprétation d'Arendt ne paraîtrait pas moins forcée à l'helléniste qu'une interprétation heideggerienne : son audace tient essentiellement à entendre « justesse de visée » et « mollesse » comme deux termes « strictement politiques » (« La crise de la culture », *C.C.*, p. 273). *Malakia*, qui désigne d'abord la douceur (celle d'un lit, d'une étoffe, d'une prairie, d'une peau, d'un visage ou d'un regard), connote en effet bien souvent la mollesse (celle des mollusques sans carapace justement), la faiblesse physique ou morale, l'effémination : « nous philosophons comme des hommes et non comme des mignons », dit aussi bien Périclès. Mais il est beaucoup plus difficile d'entendre *euteleia* comme un terme positif ; certes le mot en lui-même est magnifique : *eu*, « bien », « de bonne façon », et *teleios*, « achevé », « accompli », « parfait », sur *telos*, « visée », « fin ». C'est l'étymologie qui fait lire à Arendt, sous l'*euteleia*, « la faculté de viser dans le jugement, le discernement et la discrimination », bref, « le goût » (*ibid.*, p. 275). Mais si la privation, *ateleia*, désigne constamment un état d'imperfection, pourtant *euteleia* semble, lui aussi, n'avoir le plus souvent que des connotations très négatives : « médiocrité », « mesquinerie », « vilenie ». Chez Aristote par exemple, dans *Les Parties des animaux*, « la nature n'imite pas les forgerons qui *par économie* font des lampes-broches » (683a 24), ou dans la *Métaphysique*, nul ne songerait à compter Hippon au nombre des physiologues comme Thalès, en raison de la *médiocrité* de sa pensée » (A, 3, 984a 4), ou encore dans la *Poétique*, *euteles* se dit par opposition à *semnos*, « grave », « digne », soit des poètes qui représentent des personnages bas et leurs actions sans grandeur – des *phauloi*, contrastant avec des personnages nobles et leurs actions belles, *spoudaioi*, selon la répartition qui structure toute l'éthique et la politique –, soit du style, de l'expression (*lexis*), « plate » et non élevée (4, 1448b 26 ; 22, 1458b 22). Liddle et Scott proposent « sans extravagance » pour notre passage : c'est sans doute en effet du côté de l'argent qu'il faut chercher ; car, de même que l'*ateleia* peut désigner l'exemption de charge ou d'impôt, l'*eutcleia* désigne aussi le caractère « bon marché » de quelque chose (*telos* en grec signifie la « taxe ») : Périclès affirme, je crois, que les Athéniens « aiment le beau sans se ruiner », c'est-à-dire sans en faire matière à impôts excessifs, ni même, tout simplement, une affaire d'argent. Après tout, c'est là la manière par excellence d'avoir du goût, la manière même de ne pas agir en démocratie comme dans l'empire somptueux et hybristique du grand roi : « Le goût débarbarise le monde du beau en ne se laissant pas submerger par lui » (« La crise de la culture », *C.C.*, p. 286). Aussi Arendt a-t-elle finalement raison d'entendre la phrase de Périclès comme une subordination de l'œuvre à l'action, une subordination de l'amour du beau et de l'amour du vrai, eux qui occupent la première place dans la hiérarchie des âmes décrite dans le mythe du *Phèdre* (248d), à la sphère politique.

C'est pourquoi Arendt a coutume de citer, non moins sélectivement, encore un passage de l'Oraison funèbre : « Nous n'avons pas besoin d'Homère pour faire notre éloge, ni de quiconque dont les mots charmeront sur le moment, mais dont l'interprétation qu'il propose des faits pâtira de la vérité : nous avons contraint toute terre et toute mer à s'ouvrir devant notre audace, et partout nous avons laissé des monuments impérissables qui commémorent maux et biens » (II, 51, 4 ; Arendt traduit, dans *La Condition de l'homme moderne*, p. 231 : « un immortel souvenir de [nos] actes bons et de [nos] actes mauvais »). Athènes n'a plus besoin de poètes ; les cités qu'elle a fondées prennent le relais d'Homère ; elle peut générer des géographes et des historiens.

Mais pas plus qu'Homère, Thucydide ou Pausanias ne font de l'art engagé. « Athènes ne trancha jamais le conflit entre la politique et l'art unilatéralement », et « les Grecs [...] pouvaient dire d'un seul et même souffle : "Celui qui n'a pas vu le *Zeus* de Phidias à Olympie a vécu en vain" et : "Les gens comme Phidias, à savoir les sculpteurs, sont impropres à la citoyenneté" » (« La crise de la culture », *C.C.*, p. 277). Arendt reproduit ce paradoxe qui la fascine : « Ce conflit [entre l'art et la société] ne peut ni ne doit être résolu » (*ibid.*, p. 178), ou encore : « Nous n'avons pas ici à choisir entre Platon et Protagoras » (*C.H.M.*, p. 195). La politique a besoin de l'art ; afin d'être ce que le monde est toujours censé être, patrie des hommes durant leur vie sur terre, l'artifice humain doit pouvoir accueillir l'action et la parole : sans Pindare, pas de Jeux olympiques. Pourtant la *polis* remplace l'art, en élevant l'action, sans nul besoin de la réifier, au premier rang de la hiérarchie dans la *vita activa*, et en désignant la parole comme la distinction décisive entre l'homme et l'animal – « ce qui dans les deux cas a conféré à la politique une dignité qui aujourd'hui même n'a pas complètement disparu » (*ibid.*, p. 231). Ce paradoxe est un effet du paradoxe inhérent au statut de l'œuvre d'art elle-même, à la fois œuvre au sens éminent, c'est-à-dire objet tangible le plus intensément du monde, objet qui appartient au même espace public que la politique, et non-œuvre, qui échappe à la finalisation de l'*homo faber* autant qu'à la nécessité biologique du travail.

Dès lors, et toutes ces précautions prises, il me semble que persiste la différence entre Platon et Protagoras : c'est, si l'on préfère, la différence entre une forte tendance de Heidegger et une forte tendance d'Arendt. Un ultime exemple, celui de la tragédie, pourra tout résumer. La tragédie, qui ne saurait être que grecque, est pour Heidegger, comme en témoigne explicitement le *Parmenides*, tragédie de l'*alētheia*. Pour Arendt, elle est « l'art politique par excellence » (*C.H.M.*, p. 211), non pas qu'elle assure la mise en scène du conflit entre privé et public, mais parce qu'elle est l'imitation la moins réifiée possible de l'action, du *drama*, de ces identités non généralisables que sont les « agissants », les « agents », les « acteurs » de l'histoire, et le chœur, qui dégage la signification, est moins tragique alors que le drame lui-même. C'est pourquoi, contrairement à ce que pense Aristote, histoire et tragédie sont aussi, ou aussi peu, philosophiques l'une que l'autre, dans la mesure où elles sont aussi peu universalisantes, et également impropres à une ruse de la raison.

Ainsi, dans le premier cas, la dignité du politique est de n'être pas lui, mais alors le philosophe risque Syracuse. Dans l'autre, la dignité du politique est de n'être que lui, et le « philosophe », si Arendt il y a, doit seulement penser les conditions de possibilité de cette spécificité du politique.

Barbara Cassin

1. *E.*, p. 18-38.

2. 1969, dans *V.P.*, p. 307-320.

3. Je laisse ici de côté la difficile analyse de *La Parole d'Anaximandre*, dans laquelle Arendt essaie de thématiser un autre retournement, que Heidegger pour sa part ne signale pas comme tel, où il n'y aurait plus de place pour une Histoire de l'Être, mais seulement pour une suite d'époques d'errance, avec ces moments privilégiés que sont les transitions, les crises.

4. *Chemins qui ne mènent nulle part*, traduction W. Brokmeier, Paris, 1962, p. 15 (le texte date de 1935-1936).

5. Je renvoie ici à E. Escoubas, « La question romaine, la question impériale. Autour du Tournant », dans *Heidegger. Questions ouvertes*, Paris, Osiris, 1988, dont je cite les traductions.

6. C'est pour préserver après le procès de Socrate la vie même du philosophe que Platon aurait inventé le philosophe roi, et substitué l'idée du Bien à celle du Beau. Je renvoie sur ce point à l'étrange analyse proposée dans « Qu'est-ce que l'autorité ? », p. 141-152; voir aussi *La Vie de l'esprit*, I, p. 175.

7. Cf. *V.E.*, II, p. 241-244.

8. *Revue de philosophie ancienne*, IV, n° 1, 1986, p. 5-32; *cf. Heidegger et les paroles de l'origine*, Paris, 1986.

9. Sur le terme « préphilosophique », *cf. V.E.*, I, à partir de la p. 149, « Les postulats préphilosophiques de la pensée

grecque » ; « Qu'est-ce que la liberté ? », *C.C.*, p. 214 ; *C.H.M.*, p. 233.

10. Voir *V.E.*, II, p. 216-223.

11. « Du privé et du public », *C.G.*, p. 63 ; *cf. V.E.*, I, p. 198.

12. *V.E.*, trad. corrigée, p. 213 ; je renvoie sur ce point à É. Tassin, « La question de l'apparence », *infra*.

13. Voir en particulier le témoignage de Philostrate sur Gorgias (= 82 Al D.K., II, p. 271s.), et le sens du titre : Πὲϱιόμονόας, d'Antiphon (en particulier 87 B44a D.K., II, p. 356).

14. *C.P.*, p. 41-52.

15. *Éthique à Nicomaque*, IV, 1126b 11s ; *cf. C.H.M.*, p. 221 *e.g.*

16. *Cf.* 87 B44 D.K., ou mieux *Sofisti. Testimonianze e frammenti*, IV, a cura di A. Battegazore e M. Untersteiner, Florence, 1962, p. 72-105.

17. *Cf.* le « Complément 8 » à « L'époque moderne des conceptions du monde », in *Chemins qui ne mènent nulle part*, Paris, Gallimard, 1962, trad. Brockmeier, p. 92-95, et « La proposition de Protagoras », in *Nietzsche II*, Paris, 1971, trad. Klossowski, p. 110-114. Je me permets de renvoyer à mon article : « Peut-on être autrement présocratique ? », *Revue de philosophie ancienne*, IV, n° 2, 1986, p. 211-229.

18. Je rappelle la lettre de la proposition, transmise aussi bien par Sextus Empiricus que par Platon : πάντων ξϱημάτων μέτϱον ἐστὶν ἄνθϱωπος, τῶν μὲν ὄντων ώς οὐκ ἔστιν (= 80 BI D.K., II, p. 263).

19. *Introduction à la métaphysique*, texte prononcé en 1935, traduit en 1958 par G. Kahn, Paris, 1967, p. 159.

20. *Chemins qui ne mènent nulle part*, *op. cit.*, p. 32.

21. Thucydide, *Histoires*, II, 40 ; *cf. C.H.M.*, p. 222-224, 230-232 ; *V.E.*, I, p. 154, 203 ; *C.C.* p. 97, 284, et surtout p. 272-288. On comparera la traduction de J. de Romilly, Paris, Les Belles Lettres, 1962 : « Nous cultivons le beau dans la simplicité, et les choses de l'esprit sans manquer de fermeté. »

Amor mundi : la persévérance du politique

Quoi de plus étranger – au premier abord – que l'idée de persévérance au regard d'une pensée qui, de son propre aveu, s'attache à « mettre en pièces » la métaphysique, d'une pensée qui « s'est rangée sous la bannière de ceux qui s'efforcent de démanteler la métaphysique[1] » ? Si le fil de la tradition s'est rompu et qu'il est désormais impossible à renouer, le processus de démantèlement lui-même ne fait que tirer les conséquences d'une *perte* qui est un *fait*, perte de la continuité d'un passé dont on ne retrouvera jamais que des *fragments*. Ce « démantèlement » (« mise en pièces » ou « mise à bas » écrit aussi Hannah Arendt), qu'on ne peut qu'apparenter, tout au moins formellement, à un mouvement de déconstruction, concerne avant tout le lien, l'intrication, l'entrelacs du philosophique et du politique dans l'histoire de la métaphysique occidentale. Et si l'on veut rendre compte de son idée directrice, il ne s'agit pas moins (toujours de l'aveu explicite d'Arendt elle-même) que de récuser le projet, la visée fondamentale de ce qu'on a appelé, de façon convenue, « philosophie politique ».

Car loin de s'affronter à la tâche de penser le politique, cette dernière n'a eu de cesse que de théoriser la sortie hors du politique, sous couvert de le maîtriser. « Fuir la fragilité des affaires humaines pour se réfugier dans la solidité du calme et de l'ordre, c'est en fait une attitude qui paraît si recommandable que la majeure partie de la philosophie politique depuis Platon s'interpréterait aisément comme une série d'essais en vue de découvrir les fondements théoriques et les moyens pratiques d'une évasion définitive de la politique[2]. » En de multiples passages, Hannah Arendt revient constamment sur cette idée que non seulement la *tradition philosophique est originellement antipolitique* mais que de surcroît ce qui s'est donné sous le nom de « philosophie politique » n'a eu pour objet que de faire le procès de l'existence mondaine. Loin de témoigner d'une expérience réelle de la vie politique, elle n'a cessé, depuis Platon, de vouloir s'en libérer, de vouloir se protéger et s'affranchir de la caverne des affaires humaines et donc de s'interroger sur les conditions les plus propices (ce qu'elle a appelé « la meilleure forme de gouvernement ») à l'activité philosophique.

Car les aventures de l'expérience, les énigmes ou les calamités d'une action imprévisible et immaîtrisable sont étrangères au souci philosophique. Parler philosophiquement du politique (parler philosophiquement politique), c'est vouloir s'en débarrasser et rechercher un *substitut* à l'action sous la figure d'un concept qui est celui de *gouvernement*, lequel requiert que le vivre-ensemble, l'être-en-commun, le partager-le-monde-avec-autrui soit ordonné au schéma commandement-obéissance et donc à la *potestas*. Car la « triple frustration » inhérente à l'action (résultats imprévisibles, processus irréversibles – ce qui a été fait ne peut être défait –, auteurs anonymes) est inhérente à la condition humaine de pluralité, cette « paradoxale pluralité d'êtres uniques » qui est la condition *sine qua non* de l'espace d'apparence qu'est le domaine public. C'est cette pluralité (et ses dangers) qu'il s'agit avant tout de conjurer lorsqu'on pense le politique comme mal nécessaire, le βιος πολιτικος comme mode de vie inférieur, la domination comme remède à la contingence et à la fragilité ou, dans l'époque moderne, la substitution du faire à l'agir. Mais de celle-ci Hannah Arendt repérait la source dès *Le Politique* de Platon, avec le hiatus de l'*arkhein* et du *prattein*[3].

Seul Kant (ou presque) échappe, selon elle, à cette posture du philosophique ainsi qu'à la fascination de la maîtrise et à la tentation du philosophe roi ; non pas qu'il ait fait ouvertement œuvre de « philosophie politique », ni même que les opuscules sur la philosophie de l'histoire renferment la teneur politique de sa philosophie, ni même encore qu'il n'ait pas eu le temps d'écrire une quatrième critique (*Critique de la raison politique*), mais parce qu'il y a une « manière politique » de la philosophie de Kant[4]. C'est elle qui lui permet de résister à la dangereuse combinaison de la raison et du pouvoir : « il ne faut pas s'attendre à ce que les rois philosophent ou que les philosophes deviennent rois parce que la possession du pouvoir corrompt inévitablement le libre jugement de la raison[5]... » La lecture arendtienne du *sensus communis*, notamment à travers le paragraphe 40 de la *Critique de la faculté de juger*[6], lui fait voir en Kant le philosophe de la pluralité humaine, celui qui parle des hommes au pluriel et « attribue à tous les hommes ces capacités de légiférer et de juger qui, selon la tradition, ont été la prérogative de l'homme d'État ». Aussi Kant ne tient-il pas l'intérêt philosophique pour une distraction (avec tout ce que les distractions peuvent avoir de fâcheux : une « fâcheuse distraction », dit-on), distraction au terme de laquelle les philosophes regagnent « la tour d'ivoire de la pure contemplation ». Le philosophe est toujours pressé « d'en finir » avec la politique et se hâte de revenir à de plus nobles occupations[7]... Il peut bien avoir la patience du concept il n'a pas (ou si peu) la patience du politique.

Or Kant ne cède nullement à ce qui est le propre de presque tous les grands penseurs (et pas seulement pour des raisons circonstancielles) : à savoir le « penchant au tyrannique[8] », la paradoxale – en apparence tout au moins – proximité du philosophe et du tyran.

C'est partant de ces prémisses que j'aimerais questionner la possibilité, les conditions de possibilité pour une « philosophie politique » d'échapper à cette posture (à ce qui est aussi plus qu'une posture) et à ses présupposés : maîtriser le politique au lieu de l'affronter, tenter de se défaire de la pluralité (et donc supprimer le domaine public) sous toutes les figures de l'*Arkhē* et de l'absolutisation de l'Un (monarchie, tyrannie, despotisme, une certaine « démocratie » du tous en un où le peuple est érigé en corps collectif), être fasciné par le tyran. En un mot, vouloir que la philosophie légifère sur le politique.

Une hypothèse sera donc avancée à partir des fondements de la « mise en pièces » ou de la « mise à bas » à laquelle procède Hannah Arendt quant à l'histoire et à la destination de la philosophie politique. Et puisqu'il sera ici question de Spinoza (voilà qui, en apparence au moins, est très surprenant), il me faut expliciter quelques préalables, méthodologiques d'abord.

Il ne s'agit nullement de faire de Spinoza un « arendtien » avant la lettre, un « précurseur » qu'elle aurait ignoré ou méconnu (pour autant que l'idée même de précurseur ait une validité, surtout dans la pensée arendtienne de l'histoire[9]...). Ni même de produire une lecture arendtienne de Spinoza, comme il y a une lecture arendtienne de Kant. Je m'autoriserai d'un rapport très libre à Hannah Arendt et la première raison en est évidente : ses références à Spinoza sont rares et lorsqu'elles existent, elles sont ou bien non signifiantes au regard de mon hypothèse ou bien franchement défavorables.

Ainsi, lorsqu'elle évoque la critique spinoziste de la liberté de la volonté (du libre arbitre), elle identifie purement et simplement les positions de Hobbes et de Spinoza. Mentionnant à la fois la *Lettre à Schuller* et le *Léviathan*, elle souligne que « la négation de la volonté est solidement enracinée dans les philosophies respectives de Hobbes et de Spinoza[10] ». Bien évidemment, le pouvoir de cette volonté à laquelle est refusée la liberté (le libre arbitre) renvoie à la conception d'un *droit naturel* déterminé par la puissance de chacun et impliquant l'identité du pouvoir de la volonté et de son exercice.

Il n'est certes pas indifférent que la position de Spinoza soit ici rabattue sur celle de Hobbes, c'est-à-dire sur la représentation d'un pouvoir « de calculer et d'évaluer à l'avance [qui] coïncide plutôt avec les questions que se pose le *moi* quant aux moyens en vue d'une fin ou quant à la capacité de résoudre les énigmes et les problèmes mathématiques[11] ». Car le commentaire arendtien s'inscrit dans l'analyse heideggerienne de l'avènement de la modernité. Lorsque Heidegger s'interroge sur les conditions auxquelles la philosophie en vient à construire des systèmes, il assigne le début de la modernité (lequel implique également une nouvelle configuration de l'État et un nouveau type de pensée et de revendication politique sous la figure de la Souveraineté) à cet instant « historialement décisif où le *Dasein* de l'homme se saisit et s'accomplit en tant que libération pour une maîtrise de l'être fondée sur soi-même[12] ». La modernité réside dans « l'entrelacement décisif [...] de ces deux processus : que le monde devienne image conçue et l'homme sujet[13] ».

De même que Heidegger rabat Spinoza sur Descartes (sur une « philosophie du système »), de même Arendt renvoie conjointement Spinoza et Hobbes au *mente concipere* galiléen. La *mathesis universalis* donne lieu à la possibilité d'une politique galiléenne ou d'un galiléisme politique, à une rationalité politique issue de la raison calculante. Or s'il est vrai que des normes de la science galiléenne on peut déduire la nécessité normative du pacte de soumission, la démarche spinoziste échappe, à mon sens, à de telles modalités.

Dans *Vérité et Politique*, Hannah Arendt écrit encore : « Ainsi Spinoza qui croyait encore à l'infaillibilité de la raison humaine et qui est souvent prôné à tort comme un champion de la liberté de pensée et de parole soutenait que "tout homme est, par droit naturel et imprescriptible, le maître de ses propres pensées", que "chacun abonde dans son propre sens et que la différence entre les têtes est aussi grande qu'entre les palais", d'où il concluait qu'"il vaut mieux accorder ce qui ne peut être aboli" et que les lois prohibant la libre pensée peuvent avoir pour seul résultat que "les hommes pensent une chose et en disent une autre", et en outre la "corruption de la bonne foi" et l'"encouragement à la perfidie". Cependant Spinoza ne demande nulle part la liberté de parole ; l'argument selon lequel la raison humaine a besoin d'entrer en communication avec d'autres et par conséquent doit être rendue publique dans son propre intérêt, brille par son absence. Il compte même le besoin de communication de l'homme, son incapacité à cacher ses pensées et à rester silencieux, parmi les défauts communs que ne partage pas le philosophe[14]. »

Par ces références quelque peu elliptiques au *Traité théologico-politique*, Hannah Arendt entend montrer que Spinoza se tient aux antipodes de Kant pour qui « nous pensons pour ainsi dire en communauté avec les autres, à qui nous communiquons nos pensées comme ils nous communiquent les leurs ». Alors que Kant fait de la communication (de l'usage public de la raison) la condition de la liberté de pensée, Spinoza, au fond, pense l'homme au singulier. Il demeure ainsi dans cette tradition de philosophie politique qui ne conçoit pas d'emblée la vérité comme communicative ; il méconnaît cette idée – principielle aux yeux d'Arendt – que « les concepts politiques sont fondés sur la pluralité, la diversité et les limitations réciproques[15] ».

Nul doute que la lecture arendtienne (ou plutôt sa non-lecture) de Spinoza est, sur ce point, entièrement suspendue, comme je l'ai indiqué tout à l'heure, aux fondements de la critique heideggerienne de la modernité. Cette dernière advient, rappelons-le, « lorsque l'homme est devenu sujet et le monde image conçue ». La croyance spinoziste en « l'infaillibilité de la raison » est donc rapportée (par Arendt comme par Heidegger) au principe de raison dont l'usage assure à l'homme (au sujet) la maîtrise théorique, spéculative et pratique du monde. « La puissance de l'exigence mathématique de savoir » (*ordine geometrico*) révèle une nouvelle manière d'être homme (« une mutation de l'être – là – de l'homme »), elle exprime les injonctions (*Verfügung*) d'un savoir visant à la fois à rendre compte de l'étant, soit « en le calculant d'avance » soit en vérifiant son compte lorsqu'il est passé[16].

Et du point de vue d'une phénoménologie de l'action qui fonde la critique arendtienne de la domination (là où Hannah Arendt, s'écartant de Heidegger, s'attache à la désintrication du philosophique et du politique), nul privilège n'est non plus accordé à Spinoza. À l'inverse des « politiques », Machiavel, Bodin ou Montesquieu par exemple, mais qui eux n'étaient guère concernés par la philosophie, Spinoza aurait volontiers souscrit à l'idée qu'il ne faut pas prendre trop au sérieux le domaine des affaires humaines[17]...

De tels préalables n'autorisent donc ni une analyse effectuée à partir des seules références explicites et ponctuelles ni une lecture « arendtienne » de Spinoza, sur le modèle de la lecture arendtienne de Kant, puisqu'il n'y a pas, en définitive, de « manière politique » de la philosophie de Spinoza.

Mais ils incitent peut-être à franchir une espèce de saut qualitatif, dans un libre rapport auquel Hannah Arendt elle-même nous convie, lorsqu'elle reprend à son compte ce passage de Kant dans la *Critique de la raison pure* : « il n'y a rien d'extraordinaire à ce que, [...]

par le rapprochement des pensées qu'il exprime, on comprenne bien mieux un auteur qu'il ne s'est compris lui-même, cela parce qu'il n'avait pas suffisamment déterminé sa conception et qu'ainsi il parlait et même pensait contrairement à ses propres vues[18]. »

Il ne s'agit pas tant de penser avec Arendt contre Arendt que de se demander, en suivant le chemin qu'elle a contribué à frayer, quelle philosophie politique permettrait de reformuler « l'attitude du philosophe envers le domaine politique ou le rapport entre l'homme en tant que philosophe et l'homme en tant qu'être politique ou encore la relation entre la pensée et l'action[19] ».

Quelle(s) philosophie(s) politique(s) pourrai(en)t nous aider à interroger « la signification et les conditions de l'activité de penser pour un être qui n'existe jamais au singulier, mais dont la pluralité est loin d'être explorée lorsqu'on a simplement ajouté la relation je-tu à la compréhension traditionnelle de l'homme et de la nature humaine[20] » ?

Certes, la difficulté est considérable si l'on admet, comme le fait Arendt, qu'il est dans la nature de la philosophie (d'une certaine philosophie) de s'adresser à l'homme au singulier alors que la politique ne pourrait même pas être conçue si les hommes n'existaient pas au pluriel…

Qu'Arendt, comme Heidegger, et pour les raisons déjà schématiquement esquissées, ait méconnu, ignoré ou laissé en suspens la philosophie de Spinoza n'interdit nullement, bien au contraire, d'y rechercher ces fragments venus du passé. Après avoir cité ces quelques vers de *La Tempête* de Shakespeare :

> Par cinq brasses sous les eaux
> Ton père étendu sommeille
> De ses os naît le corail
> De ses yeux naissent les perles
> Rien chez lui de périssable

Que le flot marin ne change
En tel ou tel faste étrange

elle recommande à ceux qui seraient tentés de s'essayer aux techniques de démantèlement de prendre soin de ne pas détruire « le faste étrange », le « corail » et les « perles » qu'on ne peut sans doute sauvegarder qu'en fragments[21]...

Spinoza ou la persévérance du politique La politique des philosophes et la politique des politiques

Dans les deux premiers articles du chapitre I du *Traité politique*, Spinoza oppose et récuse dans un même mouvement tous ceux qui l'ont précédé en matière de réflexion (de philosophie) politique non moins que les politiques « empiriques » (les hommes politiques). Les premiers (les philosophes) ont en commun, partant d'une nature humaine fictive (« une nature humaine qui n'existe nulle part ») et concevant alors peut-être inéluctablement la politique comme *fictionnement*, d'avoir élaboré des doctrines politiques inapplicables : chimère, utopie, ou vision poétique d'un âge d'or. Aussi, nul ne serait moins qualifié que les théoriciens et les philosophes pour gouverner la *res publica*.

Quant aux seconds (les politiques), ils tentent de pallier une méchanceté qu'ils postulent nécessairement, par des procédés, des artifices (*artibus*) qui font appel à la crainte – aux passions tristes – bien plus qu'à la raison. Faut-il alors choisir entre une théorie politique inapplicable et une pratique efficace mais dénuée de principes ?

Alexandre Matheron a produit de ce texte un remarquable commentaire[22], donnant à penser que la dichotomie entre les « philosophes » et les « politiques » (dichotomie apparemment banale et non problématique : celle de l'irréalisme philosophique et de « l'empirisme sans principes ») ouvre en réalité à une réflexion sur les conditions de possibilité même du spinozisme.

Car, au-delà de cette apparente banalité, on peut s'étonner de la généralisation à laquelle procède Spinoza dans l'article 1 en amalgamant des pensées aussi diversifiées que celles de Platon, saint Thomas, Thomas More ou Hobbes. Or le présupposé spinoziste est – comme y insiste Matheron – que *toutes* les philosophies politiques (non spinozistes) sont ordonnées à une *illusion commune et fondatrice*, qui implique de surcroît une contradiction logique : l'illusion consistant à penser la politique comme science appliquée, science pratique (au sein des sciences *quae usum habent*). Car les gouvernants sont des hommes comme les autres. S'ils étaient conduits par la raison (vertueux), tous le seraient également et la cité deviendrait inutile : il n'y aurait plus ni lois ni dirigeants. C'est là le rêve d'un âge d'or qui annule précisément la nécessité de la politique, où la politique n'a plus aucune raison d'être. Or s'il y a des États, c'est parce que les hommes sont asservis à leurs passions. Pas plus les gouvernants n'échappent-ils à l'impuissance et à l'inconstance humaines. Si les hommes naissaient raisonnables, ils n'auraient pas besoin de se constituer en États. « La politique conçue comme science pratique est une contradiction dans les termes, parce qu'elle requiert une condition d'application qui, si par impossible elle se trouvait réalisée, ferait disparaître son objet[23]. »

Or ce qui permet à Spinoza d'unifier toutes les philosophies politiques (non spinozistes) sous le primat d'une même illusion, c'est précisément le « défi des machiavéliens » dont se soutient toute l'analyse de l'article 2[24].

Défi des machiavéliens ou plutôt des « machiavéliques » ; ils présupposent une méchanceté humaine qu'ils préviennent par des artifices, des ruses efficaces en raison de la crainte qu'ils inspirent : habiles, trompeurs mais lucides.

Mais le principe de fermeture du système réside précisément dans le postulat d'un pessimisme anthropologique : certes, le « pari » fait sur la méchanceté humaine assure tactiquement le minimum de risques (il permet l'art de la manipulation) en même temps qu'il répond, en un sens, à l'invention du politique moderne et à l'effondrement d'un ordre téléologique au sein duquel l'homme était naturellement inséré.

Dans ces conditions, la réalisation de la vertu ou d'un Bien commun par le moyen de la vertu n'a plus de sens. L'efficacité se substitue à la visée du Bien ; il s'agit désormais de contenir la multitude, d'« imposer une direction à la masse ou de la tenir quelque peu en bride » (*Traité politique*, I, 3). Ainsi résumé par Spinoza, « le bréviaire du machiavélien moyen » est alors le second pôle de la pensée du (et de la) politique : son empirisme rusé, sans principes mais efficace, permet de renvoyer toutes les philosophies politiques (non spinozistes toujours) à la même illusion : l'idée d'une politique comme science pratique, science du politique impliquant une *pré-connaissance* fondée soit sur la fiction soit sur la *mathesis*. Dans le premier cas, la condition d'applicabilité de la *theoria* est une « *praxis* imaginaire » (une politique faite pour un âge d'or en un lieu et en un temps où les hommes n'en auraient nul besoin). Dans le second cas (il s'agit précisément de Hobbes), la *mathesis* permet d'anticiper sur l'étant à connaître : « la philosophie civile est démontrable parce que c'est nous-mêmes qui faisons le Commonwealth[25]. » Chez Hobbes, l'homme est à la fois matière et artisan, comme le spécifie l'introduction du *Léviathan* : le second (l'homme-artisan) somme le premier (l'homme-matière) de se conformer aux normes de la *mathesis*, c'est-à-dire de la raison calculante. Ainsi, les hommes doivent comprendre comment sont rigoureusement *déduits* « les droits des souverains d'institution » : ils doivent donc observer la paix sous la contrainte, laisser les souverains juges des doctrines qu'il convient d'enseigner, leur accorder le droit d'édicter des règles délimitant la propriété, comprendre enfin que l'incommodité liée à un pouvoir illimité est moindre que celle qui accompagne « soit une guerre civile, soit l'État inorganisé d'une humanité sans maîtres, qui ignore la sujétion des lois et le pouvoir coercitif capable d'arrêter le bras qui s'apprêtait à la rapine ou à la vengeance[26] ».

La fonction du représentant souverain (les « droits essentiels qui rendent la souveraineté absolue ») se fonde sur des principes rationnels analogues « à ceux qui permettent de bâtir une maison apte à durer aussi longtemps que les matériaux dont elle est faite ». La métaphore architecturale – l'édification du politique dans les termes de l'art de bâtir – manifeste ce que la *mathesis* moderne, le « savoir » du politique et son « édification » peuvent se prêter mutuellement. Car « *de même que l'art de bien bâtir dérive de principes rationnels* remarqués par des hommes industrieux à la suite d'une *longue étude de la nature, des matériaux et des divers effets de leur configuration et de leurs proportions* [...] de même, longtemps après que les hommes eussent commencé à constituer des Républiques imparfaites et susceptibles de retomber dans le désordre, *on peut, par une réflexion industrieuse, découvrir des principes rationnels propres à faire que leur constitution* (mis à part le cas d'une violence d'origine externe) *dure à jamais*[27] ». Enfin, répondant à l'objection fondée sur l'incapacité du vulgaire à comprendre la nécessité de tels principes rationnels (l'obéissance, la soumission imposée par les conditions même de la survie), Hobbes s'étonne qu'on ne puisse « par un enseignement et une prédication dispensés sous la protection de la loi, faire admettre des choses qui sont si conformes à la raison qu'un esprit sans préjugé n'a besoin, pour les apprendre, que de les entendre[28] ». À ceci, Spinoza n'eût pas manqué d'objecter[29] que si les hommes sont disposés à recevoir cet enseignement, c'est qu'ils vivent déjà sous la conduite de la raison : pourquoi faut-il alors les y contraindre ? Et surtout, pourquoi faut-il une « science politique » ?

Que conclure de la position de Spinoza ? Si la posture machiavélique (des « machiavéliens ») permet de dissoudre les présupposés de la politique des philosophes, ses artifices, mêmes efficaces, n'en sont pas moins irrecevables : ils mobilisent les passions tristes en se soutenant d'un principe de clôture (le pessimisme anthropologique) qui ne fait qu'inverser le principe de clôture postulé par l'idée d'une nature humaine fictive. Dans les deux cas, le politique ne peut s'énoncer que sous la figure d'une théorie de la *domination* : soit que le pessimisme anthropologique justifie le despotisme comme seul rempart possible contre la méchanceté humaine, soit que l'idée d'une nature humaine fictive (prendre les hommes non tels qu'ils sont mais tels qu'on les voudrait être) autorise « le fictionnement des êtres et des communautés[30] ».

Mais Spinoza dénie précisément au philosophe la capacité d'exercer la souveraineté et de gouverner la cité. S'il échappe (tout comme Kant) à la fascination pour le philosophe roi, ce n'est pas seulement qu'il doute de sa compétence (certes les philosophes sont des hommes comme les autres et la politique n'est pas le règne du devoir-être). C'est, beaucoup plus matriciellement, qu'il récuse un certain mode de surdétermination du politique par le philosophique. Celui-là même qu'énonce Heidegger dans *Nietzsche I* à propos de *La République* de Platon : « C'est pourquoi la connaissance décisive de tout ce dialogue sur l'État énonce : δει τοὺς φιλοσόφους βασιλεύειν (ἄρχειν) : il est nécessaire que les philosophes exercent la souveraineté (*Rép.*, V, 473). Cette proposition n'entend pas que les professeurs de philosophie doivent diriger les affaires de l'État mais ceci : *les modes de comportement fondamentaux qui portent et déterminent la communauté des intérêts* [*Gemeinwesen* : « le bien public »] doivent être basés sur *le savoir essentiel*, sous la condition, bien entendu, que la communauté des intérêts en tant qu'*ordre de l'Être se fonde à partir d'elle-même* et n'emprunte pas ses critères à un ordre différent[31]. »

Je tenterai plus loin d'esquisser le sens et les conditions de possibilité de l'arrachement de Spinoza à ce mode d'intrication du philosophique et du politique. Arrachement qui est tout à la fois bouleversement d'une problématique traditionnelle et condition de possibilité du spinozisme. Comme l'écrit Negri dans *L'Anomalie sauvage*[32], il y a bien une « *centralité ontologique du politique* » chez Spinoza. Mais elle requiert qu'on ne traite sa pensée politique ni comme dérivation ni comme accessoire, ni comme supplément (rien de plus traditionnel au demeurant). Qu'on implique par ailleurs sa métaphysique dans sa politique d'une manière radicalement différente de l'implication à l'œuvre dans le texte de Heidegger[33]. De cette dernière, Hannah Arendt avait scruté les signes, voire les symptômes (dans la tentation de Syracuse, par exemple). Mais cette co-appartenance qui lie, de façon majeure, l'essence du politique à celle du philosophique lui paraissait si prégnante qu'elle désespérait peut-être de la possibilité pour une « philosophie politique » de s'y arracher. Aussi, récusant pour elle-même – dont le séjour était « au milieu du monde » – la qualité de « philosophe politique », se tournait-elle plutôt du côté des « penseurs politiques[34] ».

Mais comment, pour en revenir à Spinoza, ce dernier dépasse-t-il l'alternative par lui récusée ? Non par une synthèse dialectique ni par une subsomption ou une sublimation, mais par une subversion (un détournement, un arrachement). L'article 3 du chapitre I du

Traité politique précise en effet que *tout a déjà été dit*, du point de vue de l'*expérience*, sur « toutes les formes concevables d'organisation en nation au sein desquelles les hommes puissent vivre en bonne intelligence », ainsi que sur « tous les moyens d'imposer une direction à la *multitudo* ou de la tenir quelque peu en bride ». « Je ne crois donc pas, poursuit-il, qu'il soit possible d'inventer une solution [y a-t-il d'ailleurs des "solutions" en politique ?] tant soit peu applicable, et qui n'ait point déjà été mise en œuvre à différentes reprises. » En sorte que (article 4) « lorsque j'ai étudié les problèmes politiques je n'ai [...] nullement visé à inventer du neuf ni de l'inédit ».

Mon hypothèse est que Spinoza opère cette subversion en élaborant *une pensée de l'institution* (*et des institutions*) à travers une « dynamique constitutive[35] ». L'institutionnalisation politique de la liberté qualifie la constitution et le déploiement même du réel. D'où le nécessaire abandon de l'alternative auparavant récusée : ou bien la politique est le règne du devoir-être (et appelle ainsi le fictionnement) ou bien elle est livrée à elle-même, aux artifices et aux ruses du coup par coup (et donc nécessairement maléfique). Ni une politique de la raison (de l'infaillibilité de la raison : car les hommes ne vivent pas uniquement sous la discipline de cette dernière), ni une politique de l'entendement qui « résout les problèmes un par un » et ne « connaît d'autre stratégie que la somme de ces actions de harcèlement[36] ».

Or Kant – dans un horizon certes différent – ne récuse-t-il pas une alternative du même ordre, sinon énoncée dans les mêmes termes ? La deuxième section de *Théorie et Pratique* (sous-titrée « Contre Hobbes »), s'élève contre un pessimisme anthropologique qui justifierait le despotisme comme seul rempart devant la méchanceté humaine. Pas plus ne saurait-on redresser la « courbure » (l'homme est *curvus*), faire du droit avec du courbe[37] : se trouve donc exclue l'idée d'un fictionnement ou d'un façonnement, en l'occurrence d'une « régénération » (c'est bien le problème auquel Kant est affronté avec la Terreur révolutionnaire) qui prétendrait fonder la République en extirpant le mal du cœur des citoyens, en ôtant de leur âme « jusqu'au désir de faire le mal ». Et l'on sait que de la confusion entre un État juridico-civil (politique), régi par des « lois d'ordre public » (lois de contrainte) et un État éthico-civil (éthique), régi par « des lois de vertu », procèdent le défaut d'institutions et l'abandon de la pluralité.

De Kant, philosophe de la pluralité humaine, à Arendt, la filiation est manifeste. Mais pas plus la démarche de Spinoza n'est-elle portée vers l'illusion de la maîtrise et l'enfermement dans une politique de la vertu ou dans les arcanes de la domination.

En effet, la pensée spinoziste des institutions au sein d'une dynamique constitution ou dans une « composition de rapports » n'est pas rabattable sur l'artificialisme volontariste de Hobbes : elle « ne procède pas par artifice mais par composition naturelle de rapports ; elle ne procède pas à des calculs[38] » dérivés de la *mathesis*.

Comme le fait remarquer Jacques Taminiaux[39], s'appuyant en cela sur le commentaire heideggerien (dans *Qu'est-ce qu'une chose ?*) et sur Leo Strauss (*Droit naturel et histoire*), l'artificialisme maximal de Hobbes postule une réduction du phénomène au *poioumenon* : nous ne connaissons que ce que nous produisons ; c'est nous-mêmes qui faisons le Commonwealth. Réduction témoignant d'une oblitération de l'expérience de l'être-au-monde. Car l'accomplissement de la *mathesis* (la solution hobbesienne du problème politique consiste à rendre le politique démontrable *more geometrico*) suppose « le triomphe d'un artificialisme maximal sur une nature humaine qui par elle-même y résiste tant qu'elle n'est pas correctement manipulée[40] ». Subsiste donc un écart entre le produit de la *mathesis* – produit d'un modèle dont nous sommes maîtres – et le *subject-matter*. Ainsi la forclusion du perçu et de l'imaginé (dans le chapitre I du *Léviathan*, la sensation, élément simple, est le point de départ de la théorie de la perception) est le premier geste de la philosophie politique de Hobbes.

De cette tentative pour forclore la finitude, nous avons perçu l'écho dans le chapitre XXX du *Léviathan* : « longtemps après que les hommes eussent commencé à constituer des Républiques *imparfaites et susceptibles de retomber dans le désordre* » – voilà ce qui résiste à la manipulation – « on peut, par une réflexion industrieuse, découvrir des *principes rationnels propres à faire que leur constitution* (mis à part le cas d'une violence d'origine externe) *dure à jamais* » – voilà le triomphe de l'artificialisme maximal.

Spinoza n'est pas Hobbes et ce n'est pas en ces termes qu'il pose la question de l'institution. La méthode mathématique permet, certes, de considérer les passions humaines comme des propriétés de la nature humaine, c'est-à-dire des manifestations caractéristiques, nécessaires, au sens où elles ont des causes rigoureuses permettant de les comprendre. Voici pourquoi, précise Spinoza (par exemple dans la préface du livre III de l'*Éthique*), « j'entreprends de traiter des vices et de la futilité des hommes selon la méthode géométrique ». Telle est la condition pour ne pas tourner en dérision les actions humaines, ne pas les déplorer ni les maudire mais les comprendre. Mais nulle souveraineté de la géométrie n'autorise, comme chez Hobbes, la réduction d'un inintelligible naturel qui résisterait à la construction artificialiste. « L'homme – commente Leo Strauss, à propos de Hobbes toujours – peut garantir l'instauration de la sagesse non pas en dépit du fait que mais *parce que* l'univers est inintelligible… Puisque l'univers est inintelligible et puisque la domination de la nature n'implique pas qu'on la comprenne, il n'y a pas de limites connaissables à la conquête de la nature par l'homme[41]. »

L'inintelligible, comme résidu et comme ce qui résiste, est aussi – paradoxalement – la condition de possibilité d'une conquête et d'une maîtrise qui n'impliquent pas la compréhension de ce qu'elles n'ont pas créé : nous ne comprenons que ce que nous créons. « L'homme ne peut être souverain que parce qu'il est absolument étranger à l'univers[42]. »

Chez Spinoza, les termes et les modalités du rapport s'inversent : parce que nous ne sommes pas étrangers à l'univers (nous ne sommes pas comme un empire dans un empire), nous ne prétendons pas à la souveraineté. Parce que nous ne sommes pas forcés de régner, la domination n'est pas notre sujet. Spinoza n'a pas à résoudre le problème posé par une *finitude résiduelle*. Aussi, lorsqu'il pense l'institution, peut-il la penser dans une dynamique constitutive et non dans et par la résorption de l'imaginaire et du conflit. Dynamique constitutive irréductible à une mathématisation, à une géométrisation du social.

Un exemple : dans l'article 14 du chapitre IX du *Traité politique*, Spinoza s'interroge sur les raisons d'un échec : celui de la République aristocratique de Jean de Witt. En 1650, la maison d'Orange est écartée du pouvoir (après la mort de Guillaume II) et l'aristocratie républicaine va gouverner jusqu'en 1672 et le retour au pouvoir de la dynastie orangiste. Pourquoi la République aristocratique a-t-elle péri ? Pourquoi n'a-t-elle pu se maintenir après que le pays eut été gouverné par un comte ou un *Stathouder* (équivalent d'un régime monarchique) ? Ce ne sont pas les divisions ni les discordes qui ont perdu l'État. Ni le temps perdu en discussions. Il est vrai, certes, que Sagonte a péri pendant que les Romains délibéraient mais « il est plus vrai encore que la liberté et le bien général périssent, lorsqu'un petit nombre d'hommes prennent toutes les décisions en suivant seulement leur propre penchant passionné[43] ». La réponse est ailleurs ; la voici : « Les Hollandais se sont imaginés que, pour *gagner leur liberté*, il *suffisait de déposer* le comte et de *décapiter le corps politique*, *sans songer autrement à le reconstruire sur d'autres bases*. Ils en avaient laissé subsister tous les membres tels quels, si bien que le comté de Hollande est demeuré sans comte comme un corps sans tête et l'État lui-même sans nom de régime. Aussi n'est-il pas le moins du monde surprenant que la majorité des sujets aient ignoré en quelle personne s'incarnait la puissance souveraine de leur pays[44]. »

Il est douteux que Spinoza tente, dans ces lignes, de rendre compte d'une dynamique propre au processus révolutionnaire. D'autres textes, dans le *Traité théologico-politique*, invitent à nuancer, au moins, cette interprétation[45].

Mais le problème du politique, ainsi énoncé, est bien celui de la constitution de la liberté. Spinoza distingue clairement la nature des deux moments qui attesteront, pour Hannah Arendt, de la nature *politique* du phénomène révolutionnaire :

• L'entreprise de libération de l'oppression politique, de la misère sociale et économique. Préalables nécessaires de la liberté, le désir, la révolte, la lutte ne la résument pas.

• La liberté requiert l'existence d'un *mode de vie politique*, la constitution d'une forme nouvelle (ou redécouverte) du vivre-ensemble : *constitutio libertatis*, c'est-à-dire institutionnalisation de la liberté au sein d'une République[46]. Or précisément, la forme politique de la République hollandaise ne parvient pas à se définir : l'État lui-même n'a pas de nom qui le désigne, faute d'institutions. Les Hollandais ont bien « décapité le corps politique » en déposant le comte mais ils n'ont point songé à « le reconstruire sur d'autres bases ». Certes l'horizon d'une telle fondation institutionnelle est un horizon de crise. Non seulement la crise de la constitution du marché capitaliste et des formes neuves qu'elle élabore dans la seconde moitié du XVIIe[47], mais surtout l'horizon de crise auquel se trouve confrontée l'idée même de *res publica* (la forme république) : à savoir l'épreuve de la *finitude temporelle*. L'institution, si on l'entend comme institution politique de la liberté, rencontre inéluctablement la crise comme son corrélat. Contrairement à la forme monarchique, dont la généralité s'ordonne à l'intemporel, la République existe dans le temps, non dans l'éternité[48]. Comment peut-elle concilier la réalisation de la liberté, l'accomplissement de la nature politique de l'homme et l'affrontement à l'insécurité et aux désordres circonstanciels, à la finitude spatiale et temporelle ? Comment peut-elle commencer là où n'existe pas déjà une tradition républicaine ? Et comment peut-elle maintenir son existence ?

L'invention du politique moderne (et mon hypothèse est celle de l'enracinement machiavélien, c'est-à-dire civique et républicain, du politique chez Spinoza) appelle une réflexion sur le temps et la contingence. Réflexion à laquelle le politique classique, ordonné à l'éternité de l'Être, n'est pas d'emblée confronté. *Virtu*, *fortuna*, *corruzione* (« corruption ») sont des concepts qui, chez Machiavel, notamment, témoignent de l'affrontement de la République à sa propre finitude temporelle.

À cette épreuve de la finitude, Hobbes, on l'a vu, répond par le projet de *mathesis universalis*, par l'oblitération, voire la forclusion de l'expérience de l'être-au-monde[49]. Aussi l'imagination n'est-elle rien d'autre qu'une « sensation en voie de dégradation », « un phantasme appauvri et privé de consistance » (*Léviathan*, chap. II) : Hobbes ne peut faire droit qu'à une analytique, non à une phénoménologie de l'imagination.

De même, le *conatus* hobbesien consiste dans l'accroissement du pouvoir de l'individu sur le monde, dans l'affirmation et l'expansion du moi individuel. Ce que Macpherson a désigné comme « individualisme possessif » et qui, en un sens, s'articule avec l'instauration de la subjectivité au principe de la métaphysique des Modernes. Que l'individu soit pensé en termes de subjectivité confirme l'absolutisation de la fondation individuelle. Or, de ces égoïsmes calculateurs, étayés sur le *conatus* d'autoconservation, l'État ne peut réaliser qu'une unification externe : « les hommes ne retirent pas d'agrément (mais au contraire un grand déplaisir) de la vie en compagnie, là où il n'existe pas de pouvoir capable de les tenir tous en respect » (*Léviathan*, chap. XIII).

À cette problématique de la fondation individuelle et de son absolutisation (et donc à l'idée que le politique ne peut être pensé qu'en termes de *domination*), Spinoza répond, dès le chapitre XVI du *Traité théologico-politique*, en inversant le schéma hobbesien : « on réfléchira [...] que, faute de s'entraider, les hommes vivraient très misérablement et [...] ne parviendraient jamais à développer en eux la raison et l'on verra très clairement que pour vivre dans la *sécurité* et le mieux possible les hommes [...] ont fait que le droit que chacun avait de nature sur toutes choses appartînt à la collectivité et fût déterminé non plus par la force et l'appétit de l'individu mais par la *puissance* (*potentia*) *et la volonté de tous ensemble*... »

La « sécurité » ne nie pas la liberté, elle exprime le caractère collectif de la liberté civile de la *multitudo*. Et le vocabulaire du droit naturel ne doit pas dissimuler ce qui, de fait, est beaucoup plus qu'une inversion : le *Traité politique* ne fera, au demeurant, que confirmer l'abandon, par Spinoza, de la médiation contractuelle au profit d'un déploiement qui est la constitution de la liberté, du réel, autrement dit *l'essence du politique*.

Beaucoup plus qu'une inversion : un déplacement et un bouleversement de la problématique. Pour deux raisons au moins. La première est que l'institution du politique chez Spinoza intègre l'imaginaire, une expérience de l'être-au-monde, un mode d'exister qui renvoie à l'irréductibilité de la condition humaine.

Les chapitres V et VI du *Traité théologico-politique* (pourquoi les cérémonies ont-elles été instituées et pourquoi étaient-elles nécessaires ?) Des miracles font droit à la fonction constitutive de l'imagination dans la genèse même des institutions. Mais déjà, dans les trois premiers chapitres consacrés à l'analyse et à la critique de la prophétie, Spinoza s'attache au paradoxe de l'imagination prophétique : « nous nous demandons sur quoi donc les prophètes ont bien pu appuyer leur certitude, quant aux sujets perçus par l'imagination, sans la caution des principes sûrs de la pensée. » La question, ici, n'est pas de confirmer la vérité de la prophétie (elle est, tout au contraire, infirmée sur le plan de l'abstraction) mais de donner à l'imagination, comme activité, un statut tel qu'elle s'insère dans le tissu constitutif du réel et du monde humain, dans la chair du politique. D'où la transformation qui affecte l'idée de ce dernier : « non plus ruse et domination, mais imagination et constitution[50]. »

Deuxième raison : la condition humaine (et ceci en procède nécessairement), c'est avant tout la multitude. L'être-au-monde, c'est la condition humaine de pluralité. Penser le politique en termes de *potentia* et non de *potestas* se soutient du fait que la multitude et non l'individu est à la fois racine et horizon du politique.

Puissance et pluralité

Je me bornerai ici à quelques indications.

Qu'implique tout d'abord la disparition de la médiation contractuelle dans le *Traité politique*, c'est-à-dire le rejet d'une problématique juridique qui soumet, subsume la multiplicité sous l'ordre artificiel de la *potestas* ? Spinoza n'est pas un penseur du contrat et l'institution du social ne procède pas d'un transfert de droit : qu'il s'agisse d'un transfert de droit de la multitude sur un sujet unique, sur une pluralité de sujets ou sur le tout de la collectivité. Que le pacte soit de soumission ou d'association, il reconduit à une réduction de la multitude, à un renoncement à sa puissance. Soit que l'ordination du multiple à l'Un s'impose de l'extérieur aux multiplicités désirantes, soit que – du transfert de droit – naisse l'immanentisme de la volonté générale.

Spinoza lui-même (dans sa lettre du 2 juin 1674 à Jarig Jelles) spécifie avec la plus grande netteté ce qui l'oppose à Hobbes : « vous me demandez quelle différence il y a entre Hobbes et moi quant à la politique : cette différence consiste en ce que je maintiens toujours le droit naturel et que je n'accorde dans une cité quelconque de droit au souverain sur les sujets que dans la mesure où, par la puissance, il l'emporte sur eux ; c'est la continuation de l'État de nature. »

En aucun cas, donc, la société politique ne peut résulter de l'abandon de mon droit naturel (de ma puissance) : elle se fonde, à l'inverse, sur sa conservation. Et le paragraphe 17 du chapitre II du *Traité politique* nomme « autorité politique » le droit « défini par la puissance de la multitude », substituant au contrat l'assentiment commun.

Comment pourrait-on alors concevoir une positivité de la puissance (l'irréductibilité du multiple à l'Un), si ce n'est dans l'horizon de la pluralité ? Ce que Spinoza appelle « *multitudo* ». Une philosophie de la « *potentia* » (et non de la « *potestas* ») consomme la rupture avec le juridisme de la médiation contractuelle[51] et du même coup avec le droit de l'individu comme droit naturel, qui en est le soubassement. Si l'on admet que Spinoza n'est pas un penseur du droit naturel (au sens où ce dernier absolutise la fondation individuelle et le moment du contrat), il faut aussi admettre qu'il ne pense pas *immédiatement* en termes d'individu mais en termes de multitude ou de pluralité : puissance et pluralité ne se laissent pas dissocier.

Ce qui, par voie de conséquence, amène à poser la question du politique chez Spinoza dans les termes suivants : comment la *potestas* est-elle susceptible d'actualiser institutionnellement la *potentia* ? Comment la multitude peut-elle exister dans et par les institutions ? Et non pas : comment maîtriser sous l'unité de l'Un, du « gouvernement » (au sens où l'entend Hannah Arendt) la multiplicité des puissances désirantes ?

Spinoza écrit dans le *Traité politique* (chap. I, art. 5) que « les rapports d'homme à homme s'interrompent » au moment de la mort, lorsque la maladie a triomphé même des sentiments et que l'être humain (*homo* se dit dans le texte au singulier) gît sans forces, ou encore dans les églises, *ubi homines nullum exercent commercium*. Serait-ce à dire que *l'inter-esse*, l'*inter homines esse*, le partager-le-monde-avec-autrui – fût-ce sous la forme du conflit, fût-ce dans l'horizon de la guerre –, précède à la fois toute constitution des formes de gouvernement, toute constitution formelle du domaine public et l'isolement qui est, du même coup, renoncement à la puissance ? La *potentia*, préjuridique et précontractuelle, a pour horizon la multitude, non l'individu.

Il semble donc que la lecture arendtienne méconnaisse chez Spinoza ce qu'en droit, au moins, elle aurait pu repérer comme arrachement à la tradition qu'elle récuse : « la philosophie occidentale n'a jamais eu une conception du politique et ne pouvait pas l'avoir car elle parlait forcément de l'homme individuel et traitait accessoirement la pluralité effective[52]. » La puissance, souligne-t-elle dans *La Condition de l'homme moderne*, jaillit parmi les hommes lorsqu'ils agissent ensemble et retombe dès qu'ils se dispersent. Actualisable seulement, on ne peut jamais pleinement la posséder. N'étant que ce possible qui réside dans le rassemblement, la cohésion, elle ne peut en aucun cas prétendre à l'omnipotence. Bien plus, *l'aspiration à l'omnipotence implique toujours la destruction de la pluralité.*

Hannah Arendt n'est pas loin de penser que l'*hubris* philosophique nourrit le phantasme de l'omnipotence : aussi le « penchant au tyrannique » peut-il se constater chez presque tous les grands penseurs au titre de « déformation professionnelle ». Question de posture, sans doute : la posture du philosophe qui, comme l'indiquait déjà Kojève dans *Tyrannie et Sagesse*, sort parfois de son isolement (le séjour du penser) en vue d'agir sur le gouvernement par la pédagogie philosophique. Mais ne pouvant consacrer tout son temps à la fois à la philosophie et au gouvernement, le « conseiller philosophe » va au plus pressé et se hâte de réformer les affaires humaines pour « revenir à de plus nobles occupations ». L'attirance du philosophe pour le tyran n'est pas, tout bien considéré, le fait du hasard mais celui de l'impatience. Loin d'être fortuite, leur proximité – paradoxale et non moins « scandaleuse » – révèle que le tyran accomplit ce que peut-être le philosophe se contente de rêver. Le phantasme de la maîtrise (comme si la philosophie tenait « le monde couché à ses pieds », selon la belle expression de Merleau-Ponty) s'abrite derrière l'indignité prêtée au politique. « N'est-ce pas un incroyable malentendu si tous les philosophes ou presque se sont crus obligés d'avoir une politique alors qu'elle relève de l'“usage de la vie” et se dérobe à l'entendement ? La politique des philosophes, c'est celle que personne ne *fait*. Est-ce donc une politique ? N'y a-t-il pas bien des choses dont ils puissent plus sûrement parler ? Et quand ils tracent de sages perspectives, dont les intéressés ne veulent rien savoir, n'avouent-ils pas simplement qu'ils ne savent pas de quoi il s'agit[53] ? »

Pourquoi la philosophie de Spinoza résiste-t-elle si obstinément, si « sauvagement », à cette posture, à cette surdétermination philosophique de la fonction de commandement ? Sans doute, même si ce n'est pas tout, parce que la question du politique s'énonce en ces termes : comment et à quelles conditions la « multitude » peut-elle vivre aussi peu séparée que possible de sa puissance d'agir ? Comment la *potentia* peut-elle s'actualiser dans la *potestas* ?

Mais il y a dans la « royauté philosophique » peut-être plus qu'une posture : un certain mode de co-appartenance (ou d'entre-appartenance) du philosophique et du politique. Car le symptôme que constitue « la réduction fondamentale de l'existence au philosopher » s'ordonne à une question plus fondamentale encore : pourquoi la philosophie s'est-elle le plus souvent voulue « légiférante à l'égard du politique » ? Cette question, Philippe Lacoue-Labarthe l'a posée à partir d'une réflexion menée sur le sens de l'engagement politique de Heidegger[54]. Et il faudrait s'interroger – bien au-delà du « cas Heidegger » – sur la persistance, la permanence, dans toute une tradition philosophique, des traits que décèle son analyse : « sous-estimation relative du politique "et" sur-valorisation du philosophique » que l'on peut rapporter, en définitive, à une problématique de la fondation ou de la refondation de la métaphysique. En d'autres termes, « il n'est pas de fondation politique qui ne soit philosophique, parce que le philosophique est la fondation elle-même – c'est-à-dire *la* politique[55] ».

Peut-il y avoir, dans ces conditions, une extériorité, une existence propre du politique au regard du philosophique, habité par la logique (fût-elle inavouée) de « l'hégémonie », par la tentation du « survol », du « surplomb » que dénonçait Merleau-Ponty ? Si extériorité il y a, elle ne peut se donner que sous le signe ou la marque d'une secondarité, voire d'une destitution ou d'une déchéance originaire. On en reviendra alors au geste (au « malentendu ») qui a dominé toute une tradition : *avoir, faire, écrire* une « philosophie politique ». Kant, à la différence de tant d'autres philosophes, n'a pas accompli ce geste : c'est, aux yeux d'Arendt, son privilège. Mais on peut douter que la métaphysique de Spinoza « commande » sa politique, comme la *theoria* détermine les normes de la *praxis* : l'article 1 du *Traité politique* consomme, on l'a vu, la rupture avec l'idée d'une politique comme « science appliquée ». Spinoza a-t-il au reste une politique ? La « centralité politique » de sa métaphysique ne tient pas à la surdétermination politique du philosophique, pas plus qu'il n'y a chez lui de surdétermination philosophique du politique. Si « la vraie politique de Spinoza, c'est la métaphysique » (selon les termes de Negri dans *L'Anomalie sauvage*), c'est en tant que, précisément, elle ne réduit pas l'expérience au philosopher. Elle n'aspire pas à sa mise en ordre. Car ce qui se déploie dans l'expérience, c'est la puissance de l'être infini. La politique est le tissu (la chair) de la constitution du réel et la philosophie l'amour du monde.

Myriam Revault d'Allonnes

1. H. Arendt, *V.E.*, I, p. 237,
2. H. Arendt, *C.H.M.*, p. 249.
3. Quel était le problème platonicien, se demandait-elle dans *La Condition de l'homme moderne*, sinon s'assurer que l'homme reste maître de ce qu'il a entrepris ? Or une telle maîtrise ne peut s'accommoder de l'expérience de la pluralité politique. Platon écrit dans *Le Politique* (305) : « La véritable science royale n'a point en effet de tâches pratiques [*prattein*] elle commande au contraire à celles qui sont faites pour ces tâches, car elle sait quelles occasions seront favorables ou défavorables aux cités pour commencer ou pousser de grandes entreprises, et les autres n'ont qu'à exécuter ses ordres. » De même, dans « Qu'est-ce que l'autorité ? » (*C.C.*), Hannah Arendt tient que la capacité de subsumer la multitude variée des événements concrets prend la forme du schéma de la fabrication et que la spécialisation

« politique » (celle de l'homme d'État, du gouvernant) est conçue sur le modèle de la compétence technique, fabricatrice.

4. Je renvoie au bel article d'Étienne Tassin, « Sens commun et communauté », *C.P.*

5. Kant, *Projet de paix perpétuelle*, 2e section, 2e supplément.

6. *Lectures on Kant's Political Philosophy*, University of Chicago Press, 1982. Et la question n'est pas ici d'évaluer la justesse de son interprétation mais plutôt de comprendre les fondements de sa problématique, même si on peut lui reprocher, comme le fait J.-F. Lyotard, d'anthropologiser la notion de *sensus communis*.

7. A. Kojève, *Tyrannie et Sagesse*, Paris, Gallimard, coll. « Tel », 1983.

8. H. Arendt, *V.P.*

9. Comme le soulignait G. Canguilhem, dans *Études d'histoire et de philosophie des sciences*, l'idée de précurseur est produite par le télescopage de la durée heuristique, lequel télescopage permet de situer des auteurs dans une succession logique de commencement à achèvement, ou d'anticipation à réalisation.

10. *V.E.*, II, p. 38-39.

11. *Ibid.*, p. 40.

12. *Cf.* Heidegger, *Schelling*, trad. J.-F. Lowtine, Paris, Gallimard, 1977, notamment p. 59 et suiv.

13. « L'époque des conceptions du monde », *Chemins qui ne mènent nulle part*, Paris, Gallimard, 1962, p. 84.

14. « Vérité et politique », in *C.C.*, p. 298-299.

15. *V.P.*, p. 94.

16. Heidegger, *Schelling, op. cit.* et « L'Époque des conceptions du monde », *op. cit.*

17. *Lectures on Kant's Political Philosophy, op. cit.*

18. *V.E.*, I, p. 81.

19. « L'intérêt pour la politique... », in *C.P.*

20. *Ibid.*

21. *V.E.*, I, p. 237.

22. *Spinoza et la décomposition de la politique thomiste : machiavélisme et utopie* in *Anthropologie et politique au* XVIIe *siècle*, Paris, Vrin, 1986.

23. *Ibid.*, p. 41.

24. Il ne s'agit pas de Machiavel lui-même auquel Spi-

noza se réfère par ailleurs de manière très positive par exemple dans le *Traité politique* (chap. V, art. 7) : il le crédite – en dépit des ambiguïtés auxquelles peut prêter sa lecture – d'avoir voulu montrer qu'une multitude libre (*multitudo libera*) doit à tout prix se garder de confier son salut à un seul homme. Aussi cet homme si sage (Machiavel) aimait-il la liberté et a-t-il formulé de très bons conseils pour la sauvegarder. De même, le *Traité théologico-polilique*, (chap. XII) fait de Machiavel un auteur républicain. Serait ici visé le courant des machiavéliens français de la première moitié du XVIIe siècle : Naudé, Amelot de La Houssaye par exemple.

25. « La science de tout sujet est dérivée d'une préconnaissance des causes, de la génération et de la construction de ce sujet ; et donc là où les causes sont connues, il y a place pour la démonstration, mais non là où les causes sont seulement recherchées. C'est pourquoi la géométrie est démontrable, car les lignes et les figures à partir desquelles nous raisonnons sont tirées et décrites par nous-mêmes ; et la philosophie civile est démontrable parce que c'est nous-mêmes qui faisons le Commonwealth. »

26. *Léviathan*, chap. XVIII, trad. Paris, Sirey, 1971, p. 191.

27. *Ibid.*, chap. XXX, p. 359. Je souligne.

28. *Ibid.*, p. 360.

29. Ce qu'il fait au demeurant dans le chap. V du *Traité théologico-politique* : « Si les hommes étaient ainsi disposés par la nature qu'ils n'eussent de désir que pour ce qu'enseigne la vraie raison, certes la société n'aurait besoin d'aucune loi, il suffirait simplement d'éclairer les hommes par des enseignements moraux pour qu'ils fissent d'eux-mêmes et d'une âme libre ce qui est vraiment utile » Paris, Gallimard, coll. « Bibl. de la Pléiade », 1954, p. 684.

30. J'emprunte l'expression à Philippe Lacoue-Labarthe, dans la *Fiction du politique*, Paris, Bourgois, 1988, p. 125.

31. Trad. P. Klossowski, Paris, Gallimard, 1971, p. 152-153. Je souligne.

32. Trad. Paris, PUF, 1982.

33. Cette implication, Philippe Lacoue-Labarthe l'analyse longuement dans les textes consacrés à Heidegger dans *L'Imitation des Modernes*, Paris, Galilée, 1986. J'y reviendrai plus loin.

34. *Cf.* notamment, l'entretien avec Gaus, « Seule

demeure la langue maternelle ». Sa traduction parue dans le n° 6 de la revue *Esprit*, 1980, a été republiée dans *T.C.*, p. 221-256.

35. J'emprunte l'expression à A. Negri, *L'Anomalie sauvage*, *op. cit.*

36. M. Merleau-Ponty, *Les Aventures de la dialectique*, Paris, Gallimard, coll. « Idées », 1977, p. 10.

37. Dès 1784 (*L'Idée d'une histoire universelle du point de vue cosmopolitique*), Kant reconnaît que la solution parfaite est impossible. « Le bois dont l'homme est fait est si noueux qu'on ne peut y tailler des poutres bien droites. La nature nous oblige à ne pas chercher autre chose qu'à nous approcher de cette idée. »

38. G. Deleuze, *Spinoza et le problème de l'expression*, Paris, Minuit, 1968, p. 243.

39. *Naissance de la philosophie hégélienne de l'État*, Paris, Payot, 1984.

40. *Ibid.*, p. 172.

41. Leo Strauss, *Droit naturel et histoire*, trad. Paris Flammarion, coll. « Champs », 1986, p. 160.

42. *Ibid.*, p. 160.

43. *Op. cit.*, p. 1032.

44. *Ibid.*

45. Cette lecture est celle de Negri. Mais le chap. XVIII du *Traité théologico-politique* insiste sur la difficulté que pose l'établissement d'un régime de liberté chez un peuple accoutumé à la servitude : il est périlleux « de supprimer un monarque régnant, même si sa conduite est indiscutablement tyrannique. Car un peuple, habitué à être contenu par la rigueur du pouvoir royal, méprisera et tournera en dérision une direction politique moins autoritaire » (*ibid.*, p. 879). Si la tentation du peuple est alors de se donner un nouveau tyran, il y a quelque chose de problématique dans l'entrée dans la liberté.

46. Je renvoie notamment au chap. IV de l'*Essai sur la révolution*, trad. Paris, Gallimard, 1967.

47. L'hypothèse de Negri est que l'« anomalie hollandaise » (l'absence de solution politique absolutiste à la « crise du marché » comme dans le reste de l'Europe) est la condition de possibilité de l'« anomalie philosophique » qu'est le spinozisme.

48. Je renvoie ici à la problématique développée par

J.-G.-A. Pocock, *The Machiavellian Moment*, Princeton University Press, 1975.

49. J. Taminiaux, *op. cit.* L'achèvement d'un tel projet serait réalisé par Hegel. La « correction spéculative » de Hobbes par Hegel consisterait dans l'autofondation absolue de la production. C'est en définissant la même méthode comme mouvement même du contenu que Hegel réduit l'écart entre la *poiēsis* et le *subject-matter*. Le passage se fait d'un productivisme méthodologique à un productivisme ontologique.

50. A. Negri, *L'Anomalie sauvage*, *op. cit.*, p. 167.

51. La thèse de Negri est celle d'un arrachement de Spinoza à la traduction juridique qui va de Hobbes à Rousseau, tradition inséparable de la médiation contractuelle et de la « *potestas* ». Spinoza est ainsi par lui replacé dans la lignée anti-juridique (Machiavel – Spinoza – Marx) des pensées de la *potentia* impliquant une logique de la constitution. Je laisse de côté ici la question de savoir si Marx peut être tenu comme l'aboutissement de cette filière. Marx après Machiavel ou Machiavel contre Marx ?

52. Extrait d'une lettre à Jaspers du 4 mars 1951 (Hannah Arendt-Karl Jaspers, *Correspondance. 1926-1969*, Paris, Payot, 1996, Lettre 109, p. 244).

53. M. Merleau-Ponty, *Signes*, Préface, Paris, Gallimard, 1960, p. 10. Souligné dans le texte.

54. Je renvoie aux textes de *L'Imitation des Modernes*, notamment « La transcendance fini e/t dans le Politique » et « Poétique et Politique », Paris, Galilée, 1986.

55. *Ibid.*, p. 161.

[illegible]

La question de l'apparence

Pensée et politique se rapportent l'une à l'autre en ceci qu'une pensée du politique ne peut être envisagée que du point de vue d'une politique de la pensée. Il nous faut comprendre comment une pensée est « politique » pour comprendre comment la politique peut être pensée. Au moins peut-on dire qu'une pensée est politique quand elle ne détermine pas la vérité d'une idée mais réfléchit la justesse d'une action. Cela est insuffisant. Une politique de la pensée doit comprendre la pensée par son efficace, qui n'est pas simple efficacité pragmatique. L'efficace d'une pensée ne se mesure pas, tout au plus s'observe-t-elle dans ce qu'elle donne à penser. Augmentant la puissance de penser, donc de vivre, non seulement avec moi-même, « considération qu'ignore la politique[1] », mais avec les autres, elle fortifie la capacité de juger, l'aptitude à distinguer le beau du laid, le juste de l'injuste au regard de la communauté et de l'action. Elle augmente la puissance d'agir. Si « Socrate devait rendre la cité plus vraie en délivrant en chacun des citoyens sa propre vérité[2] », c'est que la vérité de Socrate, celle de la cité, n'était pas la vérité d'un savoir mais celle d'une fidélité : fidélité à la pensée, donc à soi, fidélité à la cité, donc au monde commun. « La fidélité est le signe de la vérité[3]. » Une politique de la pensée n'oppose pas la pensée à la vie, car elle n'envisage pas l'Esprit mais sa vie. Une vie sans pensée n'est pas tout à fait vivante, une pensée sans vie n'est pas tout à fait une pensée. Il faut aborder l'activité de penser à partir de la vie pour en déceler la condition politique et rendre non pas la cité digne de la pensée, mais la pensée digne de la cité. Cette condition, qui est aussi la condition humaine du monde, et au monde, peut être mise à jour dans la question de l'apparence.

En rapportant l'activité de penser à sa condition phénoménale, Arendt opère dans *La Vie de l'esprit* le déplacement qu'exige toute philosophie politique véritable : déplacement de la question de l'Être qui interdit une juste compréhension de la dimension politique du monde, vers la question de l'apparence qui met la pensée en demeure de ne jamais se soustraire aux conditions de la vie. En pensant à partir de l'apparence et dans son seul horizon, Arendt entend se situer hors du champ historial de la métaphysique pour dénoncer la thématisation traditionnelle du philosopher. C'est à ce prix qu'elle peut ouvrir la philosophie à la politique et faire rentrer le philosophe dans la cité sans méconnaître que les exigences de la pensée n'épousent pas celles de la vie politique ni, pour autant, reléguer la philosophie à une vérité d'exil et le philosophe à la condition d'apatride. La pensée n'a pas la garde de l'Être. Au lieu de penser l'Être à partir de la pensée, il faudra penser la pensée à partir du monde. Pris au sérieux, ce déplacement signifie que la dimension politique ne peut se comprendre ni dans la question de l'Être ou de la vérité, ni dans celle de la présence ou de l'authenticité, ni dans celle de l'œuvre ou de la *mimésis*, autant de figures de la même posture métaphysique. Plus que toute autre, la démarche d'Arendt aura peut-être permis de comprendre le politique hors de toute « fiction », si tant est, comme il ressort de l'examen des arguments spécieux de la métaphysique (*fallacies*) auquel se livre Arendt, que la première des fictions est de vouer la pensée à l'Être en l'exilant du monde. La pensée ne prend sens qu'au regard de l'apparence dans un monde phénoménal. Ce qui est premier – et, si l'on peut dire, politiquement premier – n'est pas l'Être mais l'être-en-commun. Encore faut-il remarquer que cet être-en-commun n'est pas un mode de l'Être : *l'être-en-commun est l'apparaître commun des êtres.*

La philosophie ne peut accéder à cette condition fondamentale qu'en entreprenant de « démanteler la métaphysique ainsi que la philosophie et ses catégories, telles que nous les connaissons toutes deux, depuis leurs débuts en Grèce et jusqu'à ce jour » (*V.E.*, p. 237) ; afin de raviver l'étonnement initial de la pensée que la tradition philosophique n'a cessé, à quelques exceptions près, de recouvrir dans le questionnement de l'Être. Aussi est-ce, comme le dit André Scala, « contre la philosophie qui a répété son principe qu'Arendt fonde une philosophie qui le retrouve[4] ».

Les arguments fallacieux de la métaphysique

L'argument fallacieux par excellence qui prime sur tous les raisonnements spécieux de la métaphysique est, dit Arendt, d'interpréter la signification sur le modèle de la vérité. Heidegger, rabattant la « question du sens de l'Être », formulée dans *Être et Temps*, sur l'identification de l'essence de l'Être et de sa vérité, en est l'exemple moderne (*V.E.*, p. 31). Le dépassement de la métaphysique dessiné dans « Qu'est-ce que la métaphysique ? » reste prisonnier de celle-ci tant que ce dépassement (« une pensée de l'Être lui-même dans l'Être ») désigne encore « une pensée qui pense la vérité de l'Être[5] ». Cette confusion résulte de ce qu'on n'a pas pris la mesure de la distinction kantienne entre raison et intellect, entre penser et connaître. Car si l'entendement veut connaître ce qui est donné aux sens, la raison veut, elle, en comprendre la signification. Jamais les concepts ostensifs du premier ne doivent être confondus avec les concepts heuristiques de la seconde. Mais que la vérité, œuvre de la connaissance, ne se dise que du monde phénoménal, ne signifie pas que la question du sens, celle de la pensée, doive prendre nécessairement la forme de la question de l'Être. Au contraire. Qu'il faille chercher une vérité ou un sens de l'Être en deçà des apparences et qu'il faille, conjointement, penser l'apparence par opposition à l'Être, nous renvoie à un deuxième argument fallacieux par lequel on recherche « quelque chose de distinct du monde qui contienne le fondement de l'ordre du monde[6] ». Quelle qu'en soit la forme, objet transcendantal, principe créateur, cause suprême, principe de raison suffisante, cette idée d'un fondement institue une hiérarchie de l'Être qui ne peut être née de l'expérience du monde, dit Arendt, mais plutôt de celle du moi pensant. S'il y a sophisme, il résulte du transfert de l'expérience du moi pensant au monde. L'argument kantien en fournit l'exemple. L'exigence que « les phénomènes aient eux-mêmes des fondements qui ne soient pas des phénomènes » (*C.R.P.*, p. 397) provient, selon Arendt, du fait que « dans la conscience que j'ai de moi-même dans la simple pensée, je suis l'*être-même* », alors que « de cet être rien ne m'est donné par là pour la pensée » (*C.R.P.*, p. 321, 2e éd.). Parce que le moi pensant se donne comme l'être-même sans pourtant se manifester ni aux autres ni à moi, on conclut « qu'il existe des choses qui, dans leur propre sphère intelligible *sont*, de la même façon dont l'homme *est* dans le monde des phénomènes » (*V.E.*, p. 61). C'est un argument du même type qu'il faudra déjouer pour saisir la structure dialogique de la pensée dans le « deux-en-un » découvert par Socrate et comprendre, à l'inverse, que la pensée est, structurellement, de même nature que la pluralité constitutive du monde phénoménal.

C'est en tout cas par un argument similaire que s'est opéré de façon spécieuse, tout au long de l'histoire de l'Être, le dévoiement de l'étonnement inaugural du mode de penser philosophique. Au cours de cette histoire, s'est perdu ce qui constituait la vertu propre du *thaumazein*, d'être un émerveillement forçant à l'admiration devant une chose familière et pourtant invisible. S'étonner, rappelle Arendt, signifiait être saisi d'admiration devant l'imperceptible puissance que recèle l'apparence ; et de l'étonnement naissait « la louange, la glorification d'un ordre harmonieux qui sous-tend les phénomènes, ordre invisible et que les phénomènes laissent pourtant entrevoir » (*V.E.*, p. 165). En l'étonnement gît l'énigme d'une apparence détenant en elle une invisibilité qui n'est pas derrière elle. La métaphysique a transposé cette énigme dans la question de la *causa sui* leibnizienne ou de la nécessité inconditionnée kantienne (cet « abîme de la raison humaine », dit Kant), question que Schelling appellera « la question la plus désespérante » parce que « l'intellect, saisi de vertige au bord de l'abîme, disparaît à jamais devant l'intuition que "l'Être est nécessaire, c'est-à-dire [rendu tel] par l'affirmation de l'Être dans la connaissance" » (*V.E.*, p. 169). Avec Sartre, enfin, s'accomplit l'élimination de l'émerveillement puisque le scandale de l'Être est que le Néant n'a « pas de sens ». Ce passage progressif de l'Être au Néant n'est pas seulement l'histoire de la perte de l'étonnement, mais celle de la disparition de l'admiration et du désir d'affirmer la pensée. Il sanctionne « la fin de la philosophie ouverte par Platon » (*V.E.*, p. 170) et, bien plus encore, l'impuissance advenue du penser qui a sombré dans l'angoissant abîme de l'Être et s'est définitivement tu devant ce qui apparaît.

Enfin, dernier argument fallacieux que je mentionnerai parce qu'il résume à lui seul tous les autres, la métaphysique ne pouvait se développer que comme une « théorie des mondes duels », du sensible et de l'intelligible ou du supra-sensible. C'est à Nietzsche que revient d'en avoir révélé et la nature et le vice. Lorsqu'il déclare, dans *Le Crépuscule des idoles* : « En même temps que le monde vrai nous avons aussi aboli le monde des apparences[7] », c'est comme si, selon la formule de Démocrite, les sens disaient à la raison : « Ta victoire est ta défaite » (*V.E.*, p. 26). Hannah Arendt entend transformer la défaite de la raison en une victoire, non de la raison, non des sens, mais d'une pensée qui serait une pensée *du* monde, une pensée conciliée avec le monde et qui assume ce que Jacques Taminiaux a appelé « le paradoxe de l'appartenance et du retrait du penseur par rapport au monde ». Car ce n'est pas, en effet, l'Être, ou la question de l'Être, qui suscite la pensée, mais le monde. L'étonnement initial ne conduit pas la pensée à l'Être, mais conduit du monde à la pensée, de ce qui apparaît à ce qui s'en dit. Sans jamais fuir ni occulter la condition phénoménale de toute pensée, de toute parole, de toute action.

Le monde

Le monde peut être défini comme l'ensemble des choses qui ont en commun de paraître, c'est-à-dire d'être vues, entendues, touchées, senties, goûtées (*V.E.*, p. 33). Il est ce qu'il paraît, ou encore, selon la formule cardinale d'Arendt : « *Être et paraître coïncident.* » Si être et paraître coïncident, l'existence peut être dite la faculté de paraître. Exister est alors apparaître aux regards, être vu : toute vie est le spectacle d'une vie et suppose des spectateurs. La vie n'est qu'un mouvement d'épiphanie qui conduit d'une apparition (naissance) à une disparition (mort). Elle ne doit pas plus être comprise comme une donnée biologique que comme un exister pour soi ; elle ne doit pas plus être conçue comme un exister pour autrui que comme un *esse est percipi*. Être vu n'est pas être perçu, mais exister est se rendre visible. On ne vit pas dans le regard des autres, mais l'existence appelle un regard qu'elle fait naître en donnant naissance au visible, en apparaissant. Les regards des autres sont la condition du monde et ce à quoi j'apparais, sans qu'ils détiennent pour autant le secret de l'existence. Néanmoins, toute vie se déploie à des regards parce qu'elle est apparition, et donc suppose une scène où s'offrir à être vue. « Il n'y a rien au monde ni personne dont l'être même ne suppose un spectateur » (*V.E.*, p. 34). En ce sens, aucune existence ne peut être unique ou singulière, si l'on entend par là qu'elle peut être envisagée pour elle-même indépendamment de la pluralité des apparences mondaines et de la pluralité des existences. La phénoménalité du monde, qui comprend avec elle la phénoménalité des existences, exige d'être pensée dans la dimension de la pluralité. L'Être est *un* pour la métaphysique ; les apparences sont, par définition, plurielles.

Il convient de remarquer ici que la question d'autrui n'est pas, et ne peut pas être, un problème pour Arendt. Autrui n'existe pas telle une singularité indéclinable posée comme une énigme à l'aperception transcendantale d'une subjectivité constituante. Car avec le monde phénoménal est donnée la pluralité des existences. Il n'y a pas à fonder cette pluralité ni à rendre compte de la reconnaissance d'autrui. On ne part pas d'une égoïté mais au contraire de la pluralité, constitutive du monde. Là se marque la distance qui sépare Arendt de la tradition phénoménologique héritée de Husserl (et donc le caractère très sélectif de son dialogue avec Merleau-Ponty dans *La Vie de l'esprit*). Parce qu'elle enracine la visée du monde dans la position d'une égoïté (ou d'une généralité anonyme), la phénoménologie circonscrit la question de l'autre à celle de l'intersubjectivité instituée d'abord dans une relation duelle. Partant de la pluralité phénoménale, l'analyse d'Arendt aura, au contraire, à revenir de la pluralité mondaine vers l'égoïté du moi pensant. Elle le fera en inscrivant cette pluralité, sous forme d'une dualité irréductible, au cœur de la pensée individuée.

De même qu'il ne s'agit pas de penser à partir de la subjectivité, il ne s'agit pas de penser l'homme dans sa généralité. Ni « je suis », ni « l'homme existe », mais : « les hommes, ou les êtres, peuplent le monde ». *Peupler*, et non pas être ou exister, tel est l'événement ou la donne initiale que formule l'énoncé canonique : « La pluralité est la loi de la terre » (*V.E.*, p. 34). Certes, la terre n'est pas le monde, car le monde est d'être dit dans les gestes et les paroles, il est la terre apparaissant. Mais c'est qu'inversement, monde encore silencieux, la terre est non le donné – car qui donne et à qui ? – mais la donne et la loi de la donne qui précèdent toute parole et ne sont effectuées que par elle. Sans la dimension terrestre il n'y aurait pas plus de monde que d'hommes. La terre est, si l'on peut dire, comme le transcendantal du monde en ce qu'il a d'humain, « la quintessence de la condition humaine[8] ».

Peut-on pousser plus loin la compréhension de cette « donne » originelle qui n'est donnée qu'à condition d'être reçue ? Que la pluralité soit *donnée* désigne cette donne comme un *il y a*. Est-ce au sens où l'entend Merleau-Ponty quand il évoque le « *il y a* du monde[9] » ? S'il y a un monde, c'est d'abord qu'il apparaît. Le « il y a » est en ce sens un « il apparaît » dont la structure renvoie le monde aux « récepteurs d'apparences » comme le recto au verso. L'apparaître définit l'événement-monde. Mais la loi, terrestre, de cet événement est la pluralité. Que la *pluralité* soit donnée désigne alors le « il y a » comme un « *il arrive* ». Le « il apparaît que » est toujours un « il arrive que », un événement. *Evenit*, telle serait la donne qui, en deçà de la « foi perceptive » à laquelle nous renvoie Merleau-Ponty (et qu'Arendt, pour sa part, thématise sous la figure du sens commun), articule la terre au monde, la pluralité aux apparaître. La réflexion d'Arendt semble indiquer le point où, abandonnant la perspective strictement phénoménologique, il faut se risquer à une « ontologie » des événements, appelée par la question de l'apparence et commandée par la loi de pluralité.

Ainsi peut-on comprendre le monde sous trois aspects. En premier lieu, le monde est ce à quoi on vient ou ce à quoi on n'est plus. Venir au monde ou n'être plus de ce monde signifient que le monde est un lieu. On y vient de nulle part, on en disparaît pour nulle part : il est le quelque part où une parution est possible, qui donne lieu à des apparitions et des disparitions. Mais ce n'est un lieu qu'à condition de comprendre qu'il ne préexiste pas à ceux qui s'y rassemblent ou plutôt, faudrait-il dire, à ceux qui *se* rassemblent puisque le monde naît de ce rassemblement, de l'entrecroisement des apparaissants et des apparus. Aussi peut-on dire, d'un côté, que le monde n'est pas la somme indéfinie des profils esquissés dans les regards : ce serait encore adopter le point de vue de ce qu'il *est* (d'une eïdétique), le point de vue de sa vérité, et donc l'appréhender dans une perspective théorétique que la problématisation de l'apparence vise à récuser. D'un autre côté, le monde ne s'offre pas au questionnement de l'Être, ou à la question leibnizienne du « quelque chose plutôt que rien », parce qu'il commence et s'éteint avec les apparitions. Il n'y a rien avant le monde et le monde n'est rien avant de paraître. L'aporie métaphysique selon laquelle il faut des êtres pour qu'il y ait un monde alors qu'il faut un monde pour que des êtres y apparaissent est déjouée. Le monde est l'apparition des êtres. Ce qui signifie d'abord que l'apparence ne peut être pensée à partir d'autre chose qu'elle-même, et donc qu'il n'y a, derrière les apparences, que des apparences : ce qui apparaît *est* ce qui apparaît. Il faut prendre garde de ne pas répéter le « sophisme » kantien et chercher en deçà des apparences un principe qui conférerait une inconcevable unité à une irrecevable pluralité. Seule une problématique de l'unité des facultés et des formes de réceptivité l'exige, parce qu'elle part du sujet percevant et pensant. Mais alors elle conduit à un phénoménisme qui réintroduit subrepticement la question de l'Être. Ce qui signifie, ensuite, que le monde est un intervalle, de temps et d'espace, qu'il est toujours *inter homines*. C'est pourquoi exister est *inter homines esse*, apparaître parmi les hommes, et mourir *inter homines esse desinere*, cesser d'être parmi les hommes, disparaître.

Aussi, en second lieu, ne doit-on pas tant dire que les êtres vivants sont *dans* le monde (*in the world*) que dire qu'ils sont *du* monde (*of the world*), c'est-à-dire sensibles-sentants. À ce titre, la « variété quasi infinie des apparences » (*V.E.*, p. 34) prend place dans un monde à la fois synchronique et diachronique. Le monde est ce que les hommes sont, pourrait-on dire à la façon dont Thucydide dit que la *polis* ce sont les citoyens. Ainsi le monde précède-t-il et survit-il toujours au jeu des apparitions et des disparitions, ainsi est-il toujours garanti dans son apparence par l'infinité des perçus-percevants. Il faut se situer à hauteur de ce paradoxe, qui correspond à une expérience première : le monde est ce que les hommes sont et pourtant ce à quoi ils appartiennent ; le monde est condition des apparences et pourtant, lui-même, apparence effectuée. Ou encore : le monde enveloppe la pluralité des hommes mais n'est rien en dehors de cette pluralité qui les fait apparaître les uns aux autres.

C'est alors, en troisième lieu, que le monde peut être dit une scène : « Les objets vivants se *présentent* comme des acteurs sur une scène commune à tous les êtres vivants » (*ibid.*, p. 36). Scène commune aux vivants, le monde est abordé d'un point de vue éthologique (et non anthropologique). La signification politique que prendra cette scène, sous la forme d'un espace public d'apparition lui-même enté sur un espace d'apparence mondain, doit être rapportée à sa condition d'apparence la plus générale, par où se marque l'essentielle appartenance du domaine politique à l'ordre phénoménal, et donc événementiel, du monde. Que les êtres paraissent sur une scène signifie, corrélativement, qu'ils existent, ainsi que le monde, sur le mode du « il semble ». C'est pourquoi, dit Arendt dans une formule souvent reprise : « Sembler – le "il me semble" *dokei moi* – est le mode, le seul possible peut-être, selon lequel on peut prendre conscience d'un monde apparent et le percevoir » (*ibid.*). Là encore, rabattre immédiatement le « il me semble », la question de la « semblance » sur celle de la vraisemblance ou du faux-semblant serait retomber dans une argumentation métaphysique. Pourtant, on doit bien reconnaître que le « sembler correspond au fait que toute apparence, malgré sa propre identité, est perçue par une multiplicité de spectateurs » (*ibid.*). Mais il ne doit pas se comprendre dans une perspective probabilitaire qui le rapporterait à la question de la vérité. La métaphore de la scène indique que le sembler relève du problème de la pluralité avant de poser le problème de l'identité. Comme « tout acteur dépend, pour faire son entrée, des autres acteurs et des spectateurs, tout objet vivant est tributaire d'un monde d'apparences solides pour loger sa propre apparence, il a besoin d'autres créatures pour s'ébattre, de spectateurs pour relever et reconnaître son existence » (*ibid.*).

Cette métaphore (et le problème de l'identité qu'elle soulève) ne peut être appréciée qu'au regard d'une distinction importante que fait Arendt entre la présentation et la monstration. Se montrer peut signifier deux choses. En un premier sens, c'est exhiber les propriétés qui sont les siennes. La démonstration ou l'exhibition de soi tend à faire apparaître ce qui n'apparaît pas, qui n'est pas de l'ordre de l'apparence et donc du monde : elle tend à donner une réalité mondaine à ce qui n'en a pas. Toute exhibition est déjà une imposture au regard du monde, imposture qui nous invite à reconnaître une authenticité cachée derrière les apparences. En conférant à ce qui n'apparaît pas, donc à ce qui n'est pas (pour le monde), une réalité plus vraie, elle dévalue la dimension phénoménale du monde. Aussi l'im-posture de l'authenticité propre et celée est-elle de l'ordre de la simulation. En ceci elle rejoint le second sens de la monstration : se montrer signifie également exhiber une apparence inauthentique, une pure simulation, ce que Arendt appelle un « semblant inauthentique ». Il importe de comprendre que le plus inauthentique des semblants est l'exhibition d'une prétendue authenticité invisible par définition. En reprenant la distinction de l'authentique et de l'inauthentique, Arendt entreprend de dénoncer l'imposture de l'authenticité. C'est ce que j'appellerais l'argument du caméléon ou du phasme : « Découvrir l'identité "véritable" d'un animal sous la couleur temporaire qu'il prend pour s'adapter au milieu, ressemble au fait de démasquer un hypocrite. Mais ce qui apparaît alors sous une surface trompeuse n'est pas un moi interne, une apparence authentique, invariable et fiable dans sa présence. En dé-couvrant, on met fin à une tromperie : on ne découvre rien qui paraisse authentiquement » (*V.E.*, p. 55). Qui saurait quelle est la couleur authentique du caméléon ou du phasme ? Elle est, absolument, ce qu'elle paraît. Il faudra revenir sur les enjeux politiques de cette critique de l'authenticité et sur la question de l'hypocrisie.

De la démonstration, il faut distinguer la présentation. Se présenter est un choix, conscient et actif, par lequel on décide de l'image qu'on offre. Si le monde est une scène où apparaître pour les hommes, c'est qu'« en plus du besoin de se montrer, grâce auquel le vivant se taille une place dans un monde de phénomènes, les hommes se présentent aussi, en paroles et en actions, et indiquent par là comment ils entendent paraître, et ce qui à leur avis, est digne ou non d'être vu […]. On peut, jusqu'à un certain point, décider de paraître aux autres comme ceci ou comme cela». Mais, cela est fondamental, «ce qui apparaît n'est nullement la manifestation extérieure d'un penchant intérieur» (*ibid.*, p. 49). Rien ne peut *être*, en un sens plus fort, que ce à quoi on donne une existence mondaine. Car si le choix de paraître, et de paraître tel (et pas simplement le fait d'être visible), introduit la possibilité de ne paraître que pour plaire, la possibilité de tromper, ce n'est pas lui qui doit renvoyer l'apparence à l'illusion ou au faux-semblant. Il y a toujours du pur semblant dans l'apparence, mais cela ne veut pas dire que toute apparence est un pur semblant. Au contraire, le choix de paraître est un choix du monde. On choisit l'apparaître commun de la pluralité des êtres, l'épiphanie de l'*inter homines esse*. Le choix, dit Arendt, «fondé sur le seul critère d'achèvement et de perfection de l'apparence, serait complètement arbitraire si la réalité n'était pas avant tout de nature phénoménale» (*ibid.*, p. 37).

C'est précisément parce que le monde est un monde d'apparence que les hommes se présentent délibérément dans un choix conscient et actif. Mais c'est aussi précisément parce que ce choix inclut en lui la possibilité de choisir la simulation qu'il confirme la nature phénoménale du monde. Enfin, c'est en choisissant de se présenter dans sa prétendue authenticité qu'on choisit en fait de pervertir l'apparence mondaine et qu'on y disparaît à proprement parler. Ce choix-là n'est plus le choix du monde. Il peut conduire, politiquement, à sa destruction.

Le choix du monde peut être illustré par l'exemple du courage. Personne ne sait ce qu'est le courage, mais on rencontre dans le monde des hommes courageux.

Or l'homme courageux n'est pas celui dont l'âme est dépourvue de peur ou qui saurait la dominer une fois pour toutes. Le courage n'est pas une qualité de l'âme qui existerait cachée et se maintiendrait alors même que le courage ne se manifesterait pas dans des actes. L'homme courageux est « un être qui a décidé que ce n'est pas le spectacle de la peur qu'il veut donner » (*V.E.*, p. 51). C'est simplement un homme qui choisit une apparence plus belle qu'une autre. En ce sens, tout homme qui agit peut porter le nom de héros, si « héros » désigne les *andres epiphaneis*, les êtres agissant au sens le plus élevé, les hommes pleinement manifestes, qu'il est impossible de ne pas voir (*ibid.*, p. 89).

La politique de la pensée

C'est à partir de la nature phénoménale du monde qu'il faut envisager la vie de l'esprit, et plus particulièrement l'activité de penser. Au regard du monde, les activités mentales sont invisibles : elles n'apparaissent jamais. La pensée, élaborée dans un processus de « désensorialisation », possède ce caractère proprement extraordinaire de s'actualiser sans actes manifestes. Elle est hors monde et se distingue ainsi radicalement de l'action et de la parole qui, seules, exigent « un espace où apparaître – en même temps que des spectateurs et des auditeurs – afin de s'actualiser » (*ibid.*, p. 88). Le penseur, qui n'est jamais, en tant qu'il pense, un acteur, ne peut pas être un des *andres epiphaneis*. Pourtant, et là réside à la fois le problème et l'explication de l'histoire de la pensée philosophique ouverte par Platon, les activités mentales ont lieu dans le monde et sont mises en acte par un être qui participe à la phénoménalité. Mais la pensée se met en retrait, non seulement de la présence du monde, mais en retrait du monde lui-même. Penser peut apparaître comme le fait de se retirer du monde : cette façon de disparaître d'entre les hommes est une mort vivante. Comme Orphée se tournant vers Eurydice, le penseur opère un demi-tour qui fait s'évanouir le visible. Ainsi la pensée est-elle toujours hors de l'ordre. Mais si, comme le dit Heidegger, « philosopher, c'est questionner tout ce qui est en dehors de l'ordre[10] », ce n'est pas seulement suspendre les activités mondaines, renverser les rapports mondains en rendant le visible invisible et l'invisible visible, c'est aussi, selon la formule de Nietzsche que cite Heidegger, « cesser de vivre », *inter homines esse desinere*.

Ce caractère de la pensée a été renforcé et figé dans la philosophie depuis Platon. Alors que l'expérience préphilosophique de la Grèce avait placé l'excellence de l'homme dans sa quête de l'immortalité et son désir d'une gloire éternelle conquise dans l'action noble, belle et digne de louange, l'expérience philosophique va, avec Platon et Aristote, développer l'idée d'une immortalité acquise dans la contemplation de ce qui existe à jamais, à jamais invisible et hors du monde. La *theōrētika energeia*, l'action de contempler identique à l'acte divin, veut dire *athanatizein*, se rendre immortel, ainsi que l'écrit Aristote dans les fameuses pages qui achèvent l'*Éthique à Nicomaque* (X, 7, 1177 b 33). L'objet même des pensées confère l'immortalité à la pensée, à l'activité du *Nous*. Hannah Arendt montre comment on dérive de l'immortalisation par l'activité du *Nous* à la contemplation de la nécessité, c'est-à-dire à l'élimination de l'accidentel et donc du domaine des affaires humaines. Absorbé dans la contemplation ou du moins la quête de l'Être, de la vérité et de la nécessité, le philosophe s'est délivré du corps, du monde, des autres, de l'apparaître commun des êtres : il reste, pour le monde, ce cher disparu. L'accomplissement de l'étonnement initial de la pure activité théorétique entraîne une rupture définitive entre l'activité de penser et le monde phénoménal. Il importe de remarquer que penser n'est alors ni juger ni comprendre. Seul juge celui qui regarde le monde en spectateur et non celui qui contemple l'Être en voyeur. Car le spectateur qui juge occupe encore une place dans le monde puisque la phénoménalité du monde est constituée de l'entrecroisement d'une scène d'action montée par les regards des spectateurs et d'une scène d'apparition mise en place avec l'action des acteurs. Et seul peut comprendre celui dont la connaissance est enracinée dans une précompréhension commune qui fait participer au grand jeu du monde et dont il ne se départit pas.

La pensée est-elle condamnée à manquer le monde ? Quelle expérience de la pensée invoquer contre son dévoiement théorétique ? Ou encore : qu'est-ce que la vie de l'esprit si la pensée est la mort du monde ? En quoi est-ce encore une vie ? « Une vie sans parole et sans action – mode de vie qui a renoncé à toute apparence [...] – est littéralement morte au monde : ce n'est plus une vie humaine parce qu'elle n'est plus vécue parmi les hommes[11]. »

Socrate offre le modèle d'une activité de penser dans le monde, il offre l'exemple d'une pensée visant, dans l'incertitude mais avec persévérance, le sens de chaque chose et de la totalité, d'une pensée inquiète, toujours en éveil parce que refusant de se confondre avec l'activité de connaître qui fournit des réponses, définit des vérités et interrompt la recherche. L'étonnement socratique ne se termine dans la perplexité que pour réveiller l'étonnement. Et cet étonnement porte non sur l'Être mais sur le *dokei moi*. Cela n'est compréhensible que si l'on saisit l'incidence propre de l'interrogation socratique sur le mode de penser. Arendt le met en évidence à l'occasion des deux affirmations socratiques du *Gorgias* : il vaut mieux subir l'injustice que la commettre ; il vaut mieux se trouver en désaccord avec tout le monde plutôt que de l'être avec moi-même qui suis un et de me contredire[12]. Ces deux affirmations ne sont pas le fait du simple citoyen – qui en lui-même a à se préoccuper du monde plus que de lui-même –, mais de l'homme qui se consacre avant tout à la pensée. La position de Socrate est ici fondée dans une expérience propre de la pensée qui n'est ni celle du moi pensant opposé à la cité, ni celle du citoyen, mais qui révèle l'étonnante convergence entre l'expérience de pensée et l'exigence de la *polis*, parce qu'elle révèle un mode de penser qui nous apprend comment la pluralité mondaine s'inscrit au cœur de l'activité de penser.

Que signifie, en effet, cet *être-un*, cet accord d'un être seul avec soi-même ? Arendt renverse le rapport traditionnel qui oppose l'apparence à la réalité. Ce n'est que quand je parais aux autres que je suis un, car je suis alors ce que je parais. L'apparence n'est pas la faculté de paraître différent : elle a au contraire le caractère d'une essentielle unicité. À l'inverse, la réflexivité propre aux activités mentales signifie que « pour moi je ne suis *manifestement* pas un. *Il se glisse une différence dans mon unicité* » (*V.E.*, p. 208). Comment comprendre cette différence, cette altérité immiscée dans mon identité ? Si l'apparence doit être saisie dans son articulation à la pluralité, comment peut-elle être principe d'unicité ? Inversement, comment l'être pensant s'instituant comme identique à soi-même peut-il s'éprouver différent de lui-même ? Derrière ce problème, se profile la critique arendtienne de l'interprétation heideggerienne de l'identité dans l'analyse du rapport de la pensée à l'Être[13]. Pour Arendt, l'unicité apparente résulte d'une différenciation des apparaître. Seule cette « différentielle » de l'apparence peut, en s'inscrivant dans l'acte de penser, introduire la différence au cœur de la pensée sous la forme du « deux-en-un ». Aussi réfute-t-elle la formule heideggerienne selon laquelle Platon aurait avancé dans *Le Sophiste* (254d) que « chacun est lui-même à lui-même le même[14] ».

Quel est l'enjeu de cette confrontation ? En premier lieu, « rien ne peut être soi-même et en même temps pour soi-même si ce n'est le deux-en-un que Socrate a découvert être l'essence de la pensée » (*V.E.*, p. 210). L'erreur de Heidegger est de concevoir la différence dans le rapport d'une chose à elle-même, alors qu'une différence ainsi conçue ne peut s'éprouver que dans la pensée. Heidegger resterait prisonnier de l'argument spécieux de la métaphysique par lequel s'opère un transfert du moi pensant aux choses elles-mêmes, pour penser la coappartenance de la pensée et de l'Être. Au contraire, la démarche d'Arendt revient à isoler l'expérience de pensée pour comprendre comment la pluralité phénoménale s'inscrit dans l'activité de penser sous la forme d'une pluriellité originale, ce que Paul Ricœur a une fois appelé un « *cogito* pluriel ». En deuxième lieu donc, l'activité de penser n'est pas unificatrice de l'être pensant : elle n'est pas la réduction de la pluralité constitutive de la phénoménalité à une unicité égologique, le rassemblement en une synthèse de la dispersion mondaine par lequel un sujet s'institue et confère un sens – ou une vérité – aux expériences mondaines. Au contraire, le deux (en un) est l'essence de la pensée. Et ce n'est qu'au regard de la phénoménalité – quand le monde s'impose au penseur et interrompt son dialogue intérieur – que le deux-en-un s'unifie. L'unicité est imposée, par l'apparence, à une dualité constitutive de la pensée. Il y a donc à la fois un décalage et une cohérence : décalage entre la dualité de l'être pensant et l'unicité de l'être vivant ; cohérence ou continuité de l'être vivant à l'être pensant.

La solitude du penseur, solitude existentielle dit Arendt (c'est-à-dire au regard de l'existence qui est la faculté de paraître), n'est jamais l'esseulement de celui qui ne pense pas. La solitude qui apparaît distraction au monde est actualisation de la pensée, d'un dialogue qui témoigne que « l'homme existe essentiellement dans la dimension plurielle » (*V.E.*, p. 210), puisque ce dialogue, que l'existence mondaine interrompt au profit d'un autre dialogue (de paroles et d'actions), ne peut être renoué que dans la solitude. Tel est le paradoxe de la solitude qu'illustre la fameuse formule que Cicéron prête à Caton : « Jamais l'homme n'est plus actif que lorsqu'il ne fait rien, jamais moins seul que dans la solitude[15]. »

> L'actualisation, spécifique de l'être humain, qui affecte la conscience de soi, dans le dialogue pensé entre soi et soi-même, suggère que la différence et l'altérité, caractéristiques dominantes du monde des phénomènes dévolu à l'homme en tant qu'habitat, au milieu d'une pluralité de choses, représentent aussi les conditions mêmes de l'existence de l'ego mental, car celui-ci ne vit en fait que dans la dualité. Et cet ego – le je-suis-je – connaît la différence de l'identité précisément au moment où il n'a aucun lien avec les phénomènes mais ne se rattache qu'à lui-même [...]. Sans cette division originelle, ce que dit Socrate de l'harmonie chez un être *un* selon toute apparence, n'aurait aucun sens (VE., I, p. 212).

En raison de la similitude de conditions entre l'être phénoménal et l'être pensant, on peut dire que cette « *dualité inhérente laisse entrevoir la pluralité infinie qui est la loi de la terre*[16] ». La loi de la terre est inscrite dans la pensée elle-même. Il faut noter que l'activité de penser qui actualise une différence présente à l'état brut dans la conscience, une division originelle, n'est en rien l'assomption d'une conscience théorétique, intentionnelle et cognitive. La pensée ne pense pas quelque chose, mais à quelque chose : elle est la forme humanisée, par le *dialegesthai* qui la traverse, de la conscience de soi.

Que la loi de la terre soit aussi celle du *dialegesthai* permet de comprendre que le seul critère de la pensée socratique soit la conformité avec soi-même – le fait de n'être pas en désaccord avec soi – et non le critère de la vérité. Le principe de conformité ne doit pas être confondu avec le principe d'identité ou de non-contradiction qui régit la proposition. La conformité relève dans le dialogue de ce qui n'est pas de l'ordre du discours apophantique mais appartient à l'ordre de la signification (dans les *Seconds analytiques*, I, 10, 76b 23-27, la non-contradiction est un axiome, dit Arendt, parce que le syllogisme y est présenté d'abord comme ce qui s'adresse au discours intérieur de l'âme, et est ensuite transféré au discours apophantique par une généralisation doctrinale ; *cf. De interpretatione*, I, 4, 17a). Socrate a découvert dans l'expérience de pensée dialogique que les rapports qu'on entretient avec soi-même sont du même ordre que les rapports qu'on entretient avec les autres. Cette découverte est de la plus extrême importance : être en accord avec soi-même, c'est considérer l'interlocuteur qu'on constitue pour soi comme un *ami*. La relation à soi dans le deux-en-un de la pensée est formellement identique à la relation phénoménale de chacun à la pluralité mondaine lorsque cette relation prend la figure de l'apparaître commun proprement politique, la *philia*. Avec le *dialegesthai*, la loi de la terre peut s'exprimer sous la forme d'une loi fondamentale qui convient à la communauté de la *philia*, politique ou individuelle : ne te mets pas en désaccord avec toi-même pour ne pas rompre la *philia* qui te fait être ce que tu es. S'il vaut mieux être en désaccord avec le monde plutôt qu'avec soi-même, c'est que je ne puis avoir d'ami ni être l'ami de mes semblables si je ne suis pas, au préalable, mon propre ami. Aussi cette conformité avec soi-même définit-elle l'*intégrité* comme principe du deux-en-un et de la communauté. La loi de pluralité commande de préserver l'intégrité de la pensée comme de la communauté, Socrate en est l'exemple. C'est aussi pourquoi on ne peut cesser de penser sans disparaître, sans *inter homines esse desinere*. Alors que la pensée dans son déploiement métaphysique est une disparition au monde et du monde, on découvre avec Socrate que l'absence de pensée se révèle au contraire comme une possible disparition de la communauté humaine. « Une vie dépourvue de pensée n'est pas seulement dépourvue de signification ; elle n'est pas tout à fait vivante. Les hommes qui ne pensent pas sont comme des somnambules » (*V.E.*, p. 217). Ce qui valait pour l'action et la parole vaut, avec Socrate, pour la pensée.

L'expérience socratique de la pensée révèle la parenté originelle qui unit la vie dans la cité, régie par le discours persuasif adressé au véritable citoyen (celui que définissent l'amitié et l'isonomie), à la vie mondaine et à la pensée qui leur convient. Mais cette parenté n'efface en rien la solitude fondamentale de la pensée. L'ami du *dialegesthai* intime reste comme le dit Socrate dans l'*Hippias majeur*, à la maison : « même Socrate qui aime tellement la place publique, doit pourtant rentrer chez lui où il sera seul, plongé dans la solitude, pour trouver l'autre » (*VE.*, p. 215). Socrate, dit Arendt dans un cours de 1954[17], n'opposait pas, à la différence de Platon le *dialegesthai* (parcourir quelque chose par la pensée avec quelqu'un) à la persuasion et à la rhétorique politiques. Autrement dit, Socrate n'opposait pas la communauté de pensée philosophique à la communauté des citoyens. Car la *doxa* n'était pas tant pour lui l'opposé de la vérité que le *doxazein* n'était l'opposé du *thaumazein*. Alors que le *thaumazein* est l'étonnement muet qui conduit le philosophe à la contemplation hors du monde, le *doxazein* est le mode d'appréhension de ce qui apparaît, la formulation en paroles du *dokei moi*, de ce qu'il me semble comprendre du monde. La *doxa* comprend le monde tel qu'il s'ouvre à moi. Certes, le monde s'ouvre différemment à chaque homme, mais le même monde s'ouvre à tous. Le *doxazein* appartient au sens commun et la pensée qui le formule ne peut s'exprimer que dans le dialogue, avec les autres comme avec moi. C'est pourquoi la pensée socratique, au contraire de la tradition inaugurée par Platon, ne se coupe jamais du jugement ni de la compréhension. C'est en rendant manifeste dans le dialogue la vérité de ce qui apparaît et s'exprime dans l'opinion que moi, comme les autres, pouvons comprendre dans quelle disposition le monde apparaît. Arendt rappelle que cette compréhension est la perception politique par excellence, celle qui juge à partir des jugements possibles des autres. Elle n'est pas la compréhension du plus grand nombre de points de vue, mais la compréhension du plus grand nombre de mondes tels qu'ils s'ouvrent et se manifestent dans les différentes opinions. « Socrate semble avoir cru que la fonction politique du philosophe était d'aider à fonder cette forme de monde commun bâti sur la compréhension de l'amitié[18]. »

S'il y a une dimension politique de la pensée, elle n'est pas à chercher dans ce que la pensée pense, dans son objet, mais dans la manière de penser. Socrate nous apprend, pourrait-on dire, comment l'agora a toujours déjà inscrit sa phénoménalité dans l'*oikia*. Le philosophe qui transforme, dans la solitude, le deux-en-un de la pensée en une tyrannie de l'âme sur le corps, détruit, pour ainsi dire, l'isonomie de principe du *dialegesthai*. « Il détruit la pluralité de la condition humaine en lui », et la souveraineté tyrannique exercée sur lui-même s'accompagne d'une tyrannie exercée sur la multitude où règne la *doxa*. La tyrannie est la destruction de la vie politique puisqu'elle détruit l'espace d'apparence constitué en espace public dans la cité. Elle est aussi la destruction de la pensée, le désaveu du monde.

Une politique de l'apparence

Je terminerai ces remarques en essayant de dégager quelques aspects de ce qui constitue, selon moi, dans la réflexion d'Arendt une politique de l'apparence. Je ne le ferai pas en reprenant les caractères bien connus de l'espace public défini comme domaine d'apparition pour la parole et pour l'action, mais en considérant la question de la vertu.

Pour les Grecs, dit Arendt (*V.E.*, p. 151), « la vertu humaine ne s'appréciait ni sur la base d'une qualité innée ou de l'intention de celui qui agit, ni en fonction des conséquences de ses actes, mais seulement sur l'exécution, l'apparence qu'il avait pendant l'action ; la vertu était ce qu'on appellerait de nos jours *virtuosité.* » Et elle ajoute, citant Machiavel, « tout comme les arts, les actions humaines devraient "briller de leurs mérites intrinsèques" ». Arendt pense la vertu grecque sur le modèle de la *virtù* machiavélienne dont le sens est parfaitement rendu par « virtuosité[19] ». Apparence et virtuosité rapprochent la politique des arts d'exécution (à la différence des arts de fabrication) puisque « les danseurs, les acteurs de théâtre, les musiciens et leurs semblables ont besoin d'une audience pour montrer leur virtuosité, exactement comme les hommes qui agissent ont besoin de la présence d'autres hommes devant lesquels ils puissent apparaître : les deux ont besoin d'un espace publiquement organisé [...] et les deux dépendent des autres pour l'exécution elle-même » (*C.C.*, p. 200). Examinons sur un cas problématique, celui de la politique de Robespierre, ce que peut signifier une politique de la vertu. La vertu telle que l'entend Robespierre constitue le contre-exemple de la virtuosité : elle permet de préciser le sens d'une politique de l'apparence par opposition à une politique du cœur, qui se donne comme une politique de l'authenticité et se révèle une politique de l'hypocrisie s'accomplissant dans la dictature.

La vertu selon Robespierre est un effort de solidarité qui n'a rien en commun avec la vertu romaine de la *res publica* ni avec la liberté. Elle est fondée dans la compassion qui abolit la distance entre les hommes et est incapable d'établir des institutions durables. La pitié est son ressort. Or la pitié s'avère posséder un potentiel de cruauté, supérieur à la cruauté elle-même[20], qui s'affirme dans l'illimitation du sentiment. La vertu de Robespierre est sans bornes parce que la démesure de la compassion correspond à « l'illimité de l'émotion pure et simple » (*E.R.*, p. 135). L'illimité, la démesure sont l'exact contraire de la politique qui, par essence, ne peut se déployer que dans et sous la forme de la limitation. Robespierre, identifiant la vertu avec les qualités du cœur, qualités qui ne sont pas destinées à paraître, confond les motifs de l'action avec le principe de l'action que l'acte manifeste et rend visible. Mais jamais l'acte ne peut être compris à partir des motivations de l'agent, lesquelles ne confèrent aucun sens politique à l'action[21]. La motivation, ou l'intention, restent cachées, même à moi, parce que notre sentiment de la réalité est lié à la présence des autres au point que nous ne pouvons être assurés de rien en ce qui, du cœur, nous regarde. Il en résulte deux conséquences.

En faisant, premièrement, de la vertu une qualité du cœur – en affirmant par exemple que le patriotisme est une chose du cœur –, alors que le cœur n'est pas destiné à paraître, Robespierre se condamne à voir partout l'intrigue, la calomnie, la traîtrise, la duplicité. Cette disposition soupçonneuse pour laquelle tout citoyen est potentiellement un traître, toute affirmation un masque, etc., appartient essentiellement à une politique qui enracine la vertu dans « l'âme droite et un caractère moral » (*E.R.*, p. 137) au lieu de la comprendre comme un exercice de virtuosité. Pourquoi cette disposition soupçonneuse ? Le manque de confiance de Robespierre à l'égard des autres, et même de ses plus proches amis, naît d'une suspicion plus fondamentale, suspicion à son propre égard. Cette suspicion est antisocratique. Elle ne l'est pas à la manière d'Hippias qui est esseulé parce qu'il ignore l'amitié avec lui-même du *dialegesthai* : elle est antisocratique parce que Robespierre a son cœur à l'extérieur, parce qu'il fait étalage de son cœur, se présentant au public comme l'incorruptible et ouvrant au regard du monde le cœur qu'il imagine être le sien. Robespierre n'est pas un dans le domaine de l'apparence mais encore deux, scindé définitivement d'avec lui-même et donc condamné à se soupçonner. Alors qu'Hippias, intellectuel et penseur sans pensée, n'a pas d'ami, Robespierre, acteur, mais au-delà des conditions phénoménales de la politique, au-delà des limites du politique, est, lui, son propre ennemi. Sa bonté pour le monde ne peut s'exprimer autrement que dans une horreur du monde, une haine des autres[22]. Comment, dans ces conditions, demande Arendt, Robespierre aurait-il pu garder l'assurance de ce qu'il craignait le plus au monde ; n'être pas lui-même un hypocrite ?

Et donc, deuxièmement, « Robespierre portait les conflits de l'âme, et de l'âme déchirée, dans la politique où, insolubles, ils se trouvent homicides » (*E.R.*, p. 139). Par là il engageait la chasse aux hypocrites, chasse elle-même sans limites. Le règne de la vertu devait devenir dans un premier temps la dictature de l'hypocrisie – qui est le combat contre les hypocrites, combat infini, par incapacité de distinguer les vrais patriotes des faux –, et dans un deuxième temps le règne de la Terreur : démasquer le traître caché en chacun. La politique du cœur est nécessairement une politique de la traîtrise.

Avec la question de l'hypocrisie, nous accédons au centre du problème politique :

> Tout effort pour rendre la bonté manifeste à des fins publiques se termine par l'apparition du crime et de la criminalité sur la scène publique. En politique plus qu'ailleurs, nous ne possédons aucun moyen de distinguer entre l'être et l'apparaître. Dans le domaine des

affaires des hommes, l'être et l'apparence sont réellement une seule et même chose (*E.R.*, p. 140-141).

Ne posséder aucun moyen de distinguer l'être de l'apparence ne relève pas d'un constat d'échec, d'une impuissance de la pensée ou du jugement. Au contraire : nous ne sommes pas *condamnés* à l'apparence, et donc nous ne sommes pas non plus condamnés à une prétendue authenticité. Être et apparence sont *réellement* une même chose. Il n'y a de politique que d'apparence, là est sa noblesse. Le rapport de l'être à l'apparence ne doit pas être compris comme un rapport mimétique, mais il ne doit pas l'être non plus dans une opposition du caché et du présenté, du celé et de l'exhibé : la politique est toujours du côté de ce qui se présente, jamais du côté de ce qui se montre. Cette présentation est aussi étrangère à une problématique de la représentation qu'à une problématique de l'imprésentable. Les ténèbres du cœur, à supposer qu'elles fassent signe vers un irreprésentable, n'ont rien à *voir* avec le politique : elles sont vouées au cœur des ténèbres[23].

C'est dans le rapprochement entre Socrate et Machiavel à propos de l'hypocrisie qu'on peut à la fois saisir la dimension proprement phénoménale de la politique et comprendre les insuffisances du modèle socratique de la pensée, ou du moins le rapport problématique que ne peut cesser d'entretenir la vie de l'esprit et la vie politique.

Socrate croit à la vérité de l'apparence. Cette croyance se formule dans ce qu'Arendt dit de l'adage socratique : « Sois comme tu souhaiterais apparaître à autrui », qui signifie : « Apparais à toi-même comme tu souhaiterais apparaître à autrui. » Arendt lui oppose la formule machiavélienne : « Parais ce que tu souhaites être », qui signifie : « Peu importe comment tu es, la chose a peu d'importance pour le monde et la politique où seules comptent les apparences et non "l'être" véritable. Si tu réussis à paraître devant les autres ce que tu souhaiterais être, c'est tout ce que peuvent exiger de toi les juges de ce monde» (*E.R.*, p. 145). Ce qu'on pourrait prendre pour le conseil de l'hypocrisie en est en fait l'exact contraire. Socrate a découvert cette chose extraordinaire que l'acteur et le spectateur (celui qui dit *dokei moi*) sont une seule et même personne. Et donc, pour Socrate, l'apparence est vraie, la vérité s'établit à partir des *doxai* et dans le *doxazein*. Socrate ne distingue pas, structurellement si l'on peut dire, le domaine des affaires humaines et le domaine de la pensée, la vie de l'esprit et celle du citoyen. Les deux se déploient entièrement dans une structure radicalement phénoménale. Mais par là, dit Arendt, il est impossible de constater l'hypocrisie dans la conception socratique. Cet impossible constat est un problème qui engage tout le rapport du *bios* au *politikos*. «On reconnaît en fait l'hypocrisie à l'adage socratique», dit-elle dans *La Vie de l'esprit* (p. 52).

Qu'est-ce qu'un hypocrite ? L'*hupokrites*, le comédien, l'acteur, prétend faussement à la vertu : il joue un rôle et s'identifie à ce rôle. L'hypocrite est sans ami devant lequel apparaître. Sa duplicité se retourne contre lui, il est victime de son mensonge. Telle est l'excessive ambition de l'hypocrite : il veut paraître vertueux à autrui et se convaincre lui-même. Et donc, il élimine du monde, peuplé d'illusions, le seul noyau d'intégrité d'où pourraient se lever les apparences non illusoires. Le crime de l'hypocrite, contre lui et le monde, est qu'il est le faux témoin de soi-même. L'hypocrisie est le vice des vices : l'intégrité peut encore exister sous le couvert des autres vices mais non sous le couvert de l'hypocrisie. Seul l'hypocrite est pourri jusqu'au cœur. Car il efface jusqu'en lui la pluralité constitutive du *dialegesthai*, il ne peut plus être son propre juge. En faisant étalage en public d'une apparence qu'il croit coïncider avec un être authentique, il ne cherche pas en fait à être tel que les autres souhaiteraient qu'il fût, mais au contraire à convaincre les autres d'être tel qu'il apparaît. Il s'ensuit qu'il se livre dans l'illusion qu'il est ce qu'il paraît. Il exige des autres qu'ils en fassent autant et soupçonne en eux la duplicité qui le constitue, qu'il masque et qu'il leur prête. L'hypocrite est la révélation de l'inauthenticité fondamentale de toute authenticité.

Nous pouvons tirer deux conclusions de l'analyse arendtienne de l'hypocrisie. Tout d'abord, comment est-il possible que Socrate, exemple du *dialegesthai* politique de la pensée, soit aussi, contradictoirement, celui qui formule l'adage de l'hypocrisie ? Socrate n'est pas hypocrite. Mais comment peut-on savoir si un monde socratique ne l'est pas ? Cette difficulté, sur laquelle Arendt n'est pas revenue dans *La Vie de l'esprit* peut peut-être s'éclairer au regard de l'ambivalence de la figure de Socrate, figure à la fois sophistique et aristotélicienne, ainsi que l'a dégagée Barbara Cassin[24]. Néanmoins, il apparaît que Socrate ne peut être le modèle de la pensée dialogique et plurielle que dans la mesure où il n'est jamais un acteur politique (voir ce qu'il dit, dans le *Gorgias*, de sa maladresse à la *Boulē*). Socrate est un penseur politique, c'est-à-dire, au sens d'Arendt, l'exemple d'une politique de la pensée. Mais Socrate n'est pas un politique. Aussi faut-il passer de Socrate à Machiavel, qui n'est, lui, un penseur politique que dans la mesure où il est aussi, ou avant tout, un politique.

Ensuite, à la conception de l'acteur hypocrite, on pourrait substituer la conception diderotienne de l'acteur. Seul le paradoxe du comédien peut, en effet, définir en propre l'acteur politique et donner tout son sens à l'analyse qu'Arendt fait de la *persona* (*E.R.*, p. 152 et suiv.). Diderot (parlant de l'acteur) : « S'il est lui quand il joue, comment cessera-t-il d'être lui ? S'il veut cesser d'être lui, comment saisira-t-il le point juste auquel il faut qu'il se place et s'arrête ? » Et aussi : « Je lui veux beaucoup de jugement ; il me faut dans cet homme un spectateur froid et tranquille ; j'en exige, par conséquent, de la pénétration et nulle sensibilité[25]. » L'acteur devenu son propre spectateur, froid, tranquille, pénétrant, insensible, l'acteur se jugeant, accompagné de son autre, le spectateur ami, un pied sur la scène l'autre sur les gradins, les deux dialoguant. Machiavel a fait, par avance, du paradoxe du comédien l'article d'une politique de l'apparence. « Parais ce que tu souhaiterais être », dit Arendt, n'a aucun rapport avec l'hypocrisie. Pour Machiavel, « celui-qui-est et celui-qui-paraît restaient séparés, même si ce n'était pas au sens socratique de l'un-dans-l'autre de la conscience et de la connaissance, mais au sens que celui-qui-est ne peut apparaître dans son être véritable que devant Dieu ; s'il tente d'apparaître devant les hommes dans la sphère des apparences du monde, il aura déjà corrompu son être » (*E.R.*, p. 149). Et on pourrait ajouter qu'il corrompra le monde. Apparaissant sur la scène du monde sans le déguisement de la vertu, il n'est pas hypocrite et ne corrompt ni son cœur ni le monde. Il aura laissé ses vices dans l'ombre et ses vertus apparentes auront amélioré le monde. Si l'acteur cache ses vices, ce n'est pas qu'il prétend à la vertu mais qu'il sait qu'ils ne sont pas faits pour être montrés. Il choisit, pour le monde, de n'en pas donner le spectacle, peut-être immonde. L'intégrité et la *philia* commandent ce choix. Machiavel : « J'aime François Guichardin, j'aime ma patrie plus que la vie[26]. »

La nature phénoménale du monde s'accompagne d'une nature phénoménale du politique. Cette phénoménalité politique s'accomplit dans la virtuosité, opposée à la vertu, c'est-à-dire sur une scène délimitant le domaine proprement politique. Cette limitation distingue l'ordre de l'apparaître politique des ténèbres du cœur. Car il y a deux ordres, celui du cœur (avec ses raisons…) et celui de la *res publica*. Cette délimitation en entraîne une autre, celle du penser et de l'agir qu'on ne peut vouloir effacer. La pensée est socratique mais la politique est machiavélienne. Le paradoxe de l'appartenance et du retrait du penseur maintient cette tension. Dans cette tension l'acteur politique accède à une intelligence de la chose politique (Machiavel, Diderot) et le penseur à une compréhension et un jugement du domaine des affaires humaines. Mais les deux ne se confondent pas. Il y a une pensée politique qui se fonde dans une politique de la pensée (la *philia* propre au *dialegesthai*) et une action politique qui s'exécute dans une politique de l'apparence. Il y a deux manières d'éliminer cette tension, soit par un argument spécieux de la pensée qui voudrait dépasser l'apparence vers l'Être pour se soumettre la politique ; soit par un argument spécieux de la politique qui voudrait rabattre l'apparence sur l'Être pour se soumettre la communauté. Dans les deux cas, on méconnaît que la pluralité est la loi de la terre et que l'apparence est ce qui lui donne lieu.

Étienne Tassin

1. Hannah Arendt, *V.E.*, I, p. 217. Il ne sera fait référence qu'au premier volume (*La Pensée*), cité dorénavant *V.E.*, suivi de la page.

2. H. Arendt, conférence de 1954, trad. française F. Collin, in *C.G.*

3. Maxime de Karl Jaspers qu'Arendt avait prise pour devise. *Cf.* E. Young-Bruehl, *Hannah Arendt*, trad. française J. Roman, É. Tassin, V. Guini, Paris,Anthropos, 1986, p. 262.

4. A. Scala, « Hannah Arendt et la philosophie », in *C.P.*

5. M. Heidegger, *Questions I*, trad. française H. Corbin et *al.*, Paris, Gallimard, 1968, p. 26-27.

6. E. Kant, *Critique de la raison pure*, trad. française Tremesaygues et Pacaud, Paris,PUF, p. 481 ; cité in *V.E.*, p. 58.

7. F. Nietzsche, *Le Crépuscule des idoles*, trad. française J.-C. Hémery, Paris, 1974, p. 81 ; cité in *V.E.*, p. 26.

8. H. Arendt, *C.H.M.*, p. 8. Sur la dimension humaine de la terre ou de la planète, *cf.* « La conquête de l'espace et la dimension de l'homme », *in* H. Arendt, *C.C.*, p. 337-355.

9. M. Merleau-Ponty, *Le Visible et l'Invisible*, Paris, Gallimard, 1964, p. 59.

10. M. Heidegger, *Introduction à la métaphysique*, trad. française G. Kahn, Paris, Gallimard, 1958, p. 25 ; cité in *V.E.*, p. 95.

11. H. Arendt, *C.H.M.*, p. 199.

12. Platon, *Gorgias*, 474b-483ab et 482c ; cité in *V.E.*, p. 206.

13. Cf. M. Heidegger, « Identité et différence », in *Question I*, *op. cit.*, p. 257.

14. *Ibid.*, p. 258.

15. Cicéron, *République*, I, 17, t.c. Appuhn, Paris, Garnier, p. 33.

16. Arendt, *V.E.*, p. 213. La traduction française, fautive, donne : « la pluralité infinie qui est *loin de* la terre » (?).

17. *Cf. C.G.*, p. 86 et suiv.

18. *Ibid.*, p. 89.

19. H. Arendt, « Qu'est-ce que la liberté ? », in *C.C.*, p. 198.

20. H. Arendt, *E.R.*, p. 128.

21. *Cf.* H. Arendt, « Qu'est-ce que la liberté ? », *C.C.*, p. 197-198. Voir sur ce sujet, l'article d'A. Scala (cité note 4), p. 33-34.

22. C'est pourquoi Robespierre n'est pas un tyran au sens classique du terme, et que la dictature robespierrenne se prolonge en terreur. À l'inverse, Eichmann – qui ne pense pas, qui serait une sorte d'équivalent d'Hippias dans le domaine politique réduit à la seule dimension technique, opérationnelle – est, lui, entièrement absorbé dans une sphère ni authentique, ni inauthentique parce qu'elle n'est pas une sphère d'apparence. Les conditions de l'apparence y sont détruites mais, faute de spectateurs, par destruction du sens commun, du privé comme du public, dans le règne de la désolation.

23. Que la politique se déploie dans la sphère de l'apparence, c'est ce dont témoigne un fin politique. Lorsqu'on lui demande s'il pense que Gorbatchev est sincère quand il se

présente comme un homme d'ouverture, François Mitterrand répond que le problème n'est pas de savoir si Gorbatchev est sincère ou non, mais de faire *comme s'il* l'était et d'agir en sorte que les conditions de cette apparence soient maintenues.

24. *Cf.* Barbara Cassin, « Grecs et Romains, les paradigmes de l'Antiquité chez Arendt et Heidegger ».

25. D. Diderot, *Paradoxe sur le comédien*, in *Œuvres esthétiques*, Paris, Classiques Garnier, 1968, p. 306-307. Citer Diderot dans ce contexte est insuffisant et peut être trompeur. Il ne s'agit ni de simplement rabattre la problématique arendtienne du rapport acteur/spectateur sur le paradoxe formulé par Diderot, ni d'amalgamer, en un sens ou l'autre, Machiavel et Diderot. Il faudrait inscrire ces rapprochements dans une analyse plus générale de la théâtralité politique qu'Arendt évoque souvent. En faisant référence à Diderot pour marquer comment Arendt n'épouse pas sans façons le geste de la *mimésis*, je n'ignore pas non plus l'étude qu'a faite P. Lacoue-Labarthe du texte de Diderot : « Le paradoxe et la *mimésis* » (1979), in *L'Imitation des Modernes*. Ce n'est pas le lieu de se prononcer ni sur la *mimétologique* qui ferait de la logique du paradoxe celle de la *mimésis*, ni sur la lecture que Lacoue-Labarthe fait de Diderot. Mais au moins peut-on percevoir qu'Arendt ne se situe pas dans la perspective de la *mimésis* restreinte (reproductive) ou générale (productive ou poïétique) héritée d'Aristote. Elle distingue la théâtralité (art d'exécution) qui relève de la *praxis*, des arts de fabrication qui procèdent d'une *tekhnē* et relèvent de la *poiesis*. Aussi la *loi d'impropriété*, loi de la *mimésis* selon Lacoue-Labarthe, ne s'applique-t-elle aucunement à la position arendtienne de l'acteur politique. Dans la perspective d'Arendt, elle vaudrait au contraire pour Robespierre, mais pour des raisons différentes de celles qu'énonce Lacoue-Labarthe à propos de Diderot. La « profondeur » d'Arendt est de montrer que le « mimética », « pur masque ou pure hypocrisie » (Lacoue-Labarthe) est l'homme d'une politique du cœur. Le politique véritable, machiavélien, ne manque pas de cœur (l'homme de Diderot non plus, à mon avis, et je ne crois pas qu'on puisse dire sans plus de précautions que « Diderot *joue* le renoncement du sujet »), mais il le laisse dans l'ombre. De ce point de vue, une autre lecture de Diderot est possible, de

même qu'il reste, conjointement, à comprendre ce que signifient les ténèbres du cœur dans un monde et une politique définis par l'apparence. C'est l'objet d'un autre travail.

26. N. Machiavel, *Toutes les lettres de Machiavel*, Paris, Gallimard, 1955, vol. II ; lettre à F. Vettori du 16 avril 1527, p. 547. *Cf.* aussi E.R., p. 50, et H. Arendt, *Lectures on Kant's Political Philosophy*, R. Beiner (éd.), Chicago, 1982, p. 50 : « Machiavelli's "I love my native city more than my soul", is only a variation of : I love the world and its future more than my life or myself. »

Le paradoxe de l'appartenance et du retrait

Hannah Arendt, c'est bien connu, refusait d'être considérée comme une « philosophe » du politique. Ce refus, elle le justifiait : les philosophes du politique, à commencer par Platon, avaient fondé leur démarche sur une dépréciation et par conséquent une oblitération de l'action et de ses traits constitutifs. Prenant parti pour la pensée, plus précisément pour une manière de vivre consacrée à la pensée, le *bios theorētikos*, mode de vie qu'ils inventèrent, ils en proclamèrent l'excellence et au nom de celle-ci dénoncèrent les insuffisances du mode de vie que les Grecs de la Cité considéraient comme le plus haut, la vie active, le *bios politikos*. Le mode d'apparaître des objets de la *theoria*, prétendirent les philosophes, est d'un ordre infiniment supérieur au mode d'apparaître des affaires humaines. En vertu de quoi Platon prétendit que le commerce avec les idées habilitait le philosophe à régenter les cités, ou à conseiller les tyrans, sur la base du principe que la pluralité est déraisonnable et que « c'est à l'unique seulement qu'appartient la rectitude » (*Le Politique*). Convaincue, au contraire, que « *la pluralité est la loi du monde* », et que les philosophies du politique depuis Platon sont, d'une manière ou d'une autre, infectées de platonisme, Arendt déclinait le titre de « philosophe » du politique. Cependant il lui arrivait de se présenter comme « une sorte de phénoménologue ». D'autre part, dans les pages relativement rares où elle consentait à caractériser sa démarche, elle déclarait qu'elle « avait clairement rejoint les rangs de ceux qui, depuis un certain temps déjà ont tenté de démanteler la métaphysique, et la philosophie avec toutes ses catégories, telles que nous les avons connues depuis leur début en Grèce et jusqu'à ce jour » (*V.E.*, I, p. 236-237, trad. modifiée).

Ce que je me propose, c'est d'élucider les traits spécifiques, l'allure propre du démantèlement qu'elle pratiquait, en particulier concernant l'activité de penser. Puisqu'elle se disait « une sorte de phénoménologue » et que cette étiquette n'aurait aucun sens si elle n'exprimait à tout le moins un attachement au phénomène, il est à présumer que ce démantèlement a partie liée avec cet attachement. Il s'y agit donc non pas de mettre en morceaux, de briser, mais de montrer, de manifester. En quel sens démantèlement des catégories métaphysiques et manifestation des phénomènes ont-ils partie liée ? Telle est donc la question générale qui régit mon propos.

Ce lien, avant de tenter de le faire ressortir à travers quelques gestes concrets de démantèlement, rappelons-nous qu'Arendt elle-même le signalait avec suffisamment de netteté lorsque à l'occasion elle consentait à livrer quelques réflexions sur sa démarche. Le contexte de la phrase que je citais, il y a quelques instants, apporte les précisions suivantes.

D'abord le démantèlement a un *préalable*. « Il n'est possible, dit-elle, que si l'on admet que le fil de la tradition est rompu et que nous ne pourrons pas le renouer. » La rupture est celle de la triade d'origine romaine : religion – autorité – tradition. Cette triade a disparu. C'est sur elle que s'appuyait la métaphysique de l'ère chrétienne. La disparition de cette trinité, loin d'équivaloir à la disparition pure et simple de l'héritage, signifie seulement « qu'il n'est précédé d'aucun testament », d'aucun mode d'emploi convenu ou imposé. Mais cette situation même permet « de regarder le passé avec des yeux neufs qui ne soient pas alourdis et dirigés par des consignes transmises » (p. 27). Le préalable du démantèlement – la rupture de la tradition dans laquelle s'inscrivait la métaphysique – libère donc le regard. Et cette rupture est d'autant plus libératrice qu'elle s'assortit du regard de l'abolition du privilège des spécialistes, plus précisément d'une perte de crédit de la distinction immémoriale entre la multitude et les « penseurs professionnels » – ceux que Platon considérait comme les élus de la divinité.

Cependant certains phénomènes ne sont accessibles au regard qu'à travers le démantèlement de la métaphysique. Esquissant dans l'introduction à *La Vie de l'esprit* la genèse de cet ouvrage, Arendt rappelle que son livre sur la *vita activa* avait dû lever l'indifférenciation dans laquelle le privilège métaphysique de la *vita contemplativa* considérée comme quiétude absolue avait noyé les articulations phénoménales spécifiques des degrés de la vie active. Mais elle rappelle aussi que ce livre exprimait dans ses dernières pages une sorte de soupçon à l'égard de cette prétendue quiétude et passivité contemplative de la pensée. Soupçon que lui imposa le propos de Caton rapporté par Cicéron dans *De la République* : « Jamais l'homme n'est plus actif que lorsqu'il ne fait rien, jamais moins seul que dans la solitude » (p. 22). Le démantèlement ne concerne donc pas seulement les écrans que la métaphysique dispose devant ce qu'elle dédaigne (l'action) mais encore tous les obstacles qu'elle établit devant ce qu'elle honore : *la pensée au premier chef.* Ces obstacles sont les arguments spécieux, les *fallacies*, sous lesquels la métaphysique enrobe l'activité de pensée. Mais le paradoxe de ces arguments c'est qu'ils ne se bornent nullement à être des masques arbitraires qui cachent cette activité, « tout au contraire, insiste Arendt, les arguments spécieux de la métaphysique contiennent les seuls indices connus de ce que signifie la pensée pour ceux qui s'y consacrent » (p. 27). S'agissant de l'action que la métaphysique dédaigne, il est loisible d'en rechercher l'articulation phénoménale dans des textes qui n'émanent pas de philosophes : Homère, Thucydide, Machiavel, les Pères fondateurs américains, Tocqueville. S'agissant de la pensée, en revanche, il n'est d'autre accès que les arguments spécieux de la métaphysique qui fonctionnent donc à la fois comme des masques et des révélateurs indispensables.

Au surplus, le démantèlement de la métaphysique, dont le préalable est qu'elle a cessé d'être crédible dans ses catégories, ses méthodes, ses doctrines, ses prétentions à réserver la pensée à quelques élus, sans cesser pour autant de mériter qu'on s'en souvienne puisqu'elle est le seul témoignage de ce qu'est l'activité de pensée, ce démantèlement c'est à partir d'un certain *lieu* qu'Arendt déclare le pratiquer. Rapportant la phrase que Cicéron attribue à Caton elle ajoute ceci : « En admettant que Caton eût raison, les questions s'imposent : que faisons-nous lorsque nous ne faisons rien que penser ? Où sommes-nous lorsque nous sommes en notre seule compagnie ? Alors que normalement nous sommes toujours entourés de nos compagnons humains [*Our fellow-men*] ? ». Le démantèlement s'opère donc à partir d'un lieu qui est le monde commun dont la pluralité est la loi, tandis qu'elle est la condition de l'action – à la différence du labeur vital et de la production d'artefacts. Démanteler les arguments spécieux de la métaphysique, envisagés à la fois comme masques et révélateurs de l'activité de pensée c'est donc situer cette activité par rapport à l'action et à son monde.

Enfin ce démantèlement a une *visée*. Le procès d'Eichmann à Jérusalem avait imposé à Arendt une notion dont elle savait qu'elle allait à rebours de la pensée traditionnelle : la notion de la banalité du mal.

Eichmann n'était pas satanique ; il n'affectait aucun parti de s'affirmer méchant. Il n'était pas non plus stupide ou inintelligent. Simplement il ne pensait pas et les clichés qui encombraient ses propos, son inaptitude à la moindre réflexion, ses allures de pantin le rendaient ridicule. À mille lieues de certaines questions apocalyptiques récentes (telle : peut-on encore penser après Auschwitz ?) qui lui auraient paru piégées par le concept hégélien d'une fin de l'histoire, ce constat éveillait une *quaestio juris* d'une grande sobriété : de quel droit utiliser une notion comme celle de banalité du mal s'il n'est pas montré comment l'aptitude à discerner le bien du mal est en rapport avec l'activité de penser ?

Ceci dit sur les traits signalétiques les plus marquants du démantèlement, considérons comment il fait apercevoir concrètement que les arguments spécieux de la métaphysique ont la double fonction de masques et de révélateurs. En première approximation on pourrait dire que ce que ces arguments spécieux masquent c'est l'appartenance du penseur au monde des apparences. Ce qu'ils révèlent c'est la dérobade essentielle de cette activité à ce même monde des apparences. Arendt écrit qu'à propos de ces arguments « la seule question valable est de savoir s'ils sont causés par la croyance dogmatique et l'hypothèse arbitraire, simples mirages qui disparaissent dès qu'on y regarde de plus près, ou s'ils sont inséparables de la condition paradoxale d'êtres qui, bien que faisant partie du monde des phénomènes, possèdent une faculté, le pouvoir de penser, qui permet à l'esprit de prendre ses distances à l'égard du monde sans pouvoir en sortir ou le transcender » (p. 62). Pour Arendt c'est la seconde branche de l'alternative qui est vraie.

Si les arguments spécieux de la métaphysique ont la double fonction de masquer et de révéler, c'est parce qu'ils tiennent à cette condition paradoxale *d'appartenance et de retrait* par rapport au monde des phénomènes. Et puisqu'il y a paradoxe, la formule que je donnais à l'instant doit être corrigée parce qu'elle est trop duelle. Il ne suffit pas de dire que les arguments spécieux masquent l'appartenance de l'activité de penser au monde des apparences. Il faut ajouter qu'ils masquent cette appartenance sans y parvenir. Et il ne suffit pas de dire qu'ils attestent le retrait essentiel de l'activité de penser par rapport au monde des phénomènes. Il faut ajouter que ce retrait reste pris dans ce à quoi il se dérobe.

Je voudrais suivre quelques-unes des *analyses* au fil desquelles le démantèlement arendtien des arguments spécieux de la métaphysique fait apercevoir ce *paradoxe* qui s'y l'on y réfléchit est déjà tout entier dans la phrase de Caton : jamais plus actif que lorsqu'il ne fait rien, jamais moins seul que dans la solitude. Déconstruire un argument ou une catégorie métaphysique c'est à chaque fois pour Arendt exhiber une *figure du paradoxe*.

Et puisque cette déconstruction porte en exergue quelques phrases de Heidegger dans *Was heisst denken* ? (« La pensée n'apporte ni savoir ni sagesse de vie utilisable, ne résout pas les énigmes de l'univers, ne procure immédiatement aucune force pour agir »), et puisque, de surcroît, elle cite souvent Heidegger sans critique apparente – ce qui donne au lecteur pressé l'impression que ces deux démarches sont en accord profond –, je voudrais, en contrepoint de mon examen de ces figures du paradoxe, relever chemin faisant quelques indices des divergences profondes de ces deux déconstructions de la métaphysique.

À mes yeux la divergence éclate déjà dès l'introduction. Traitant des fameuses « morts de l'époque moderne – celle de Dieu, de la métaphysique, de la philosophie, et par implication du positivisme », elle écrit ceci : « aussi profondément que cette crise atteigne nos manières de penser, notre *capacité* de penser n'est pas en jeu ; nous sommes ce que les hommes ont toujours été : des êtres pensants. J'entends par là, tout simplement, que l'homme a le goût, peut-être le besoin, de penser plus loin que les limites du savoir, de tirer davantage de cette capacité que savoir et action. Parler de nihilisme, dans ce contexte n'est peut-être rien d'autre que refuser d'abandonner des concepts et des raisonnements caducs depuis quelque temps déjà... »

On ne peut s'empêcher de relever que ces propos sont opposés terme à terme à ceux de Heidegger pour qui la mort de la métaphysique signifie son abolition dans le règne de la technique, lequel signe l'obscurcissement le plus épais de la différence ontologique, donc l'avènement du *nihilisme* puisque l'être n'est plus rien et qu'il n'y a plus que des étants manipulables et calculables, et donc aussi la mise en péril de la *pensée* puisque celle-ci n'a d'autre ressource que l'écoute de la différence ontologique. Cette opposition terme à terme me paraît suggérer qu'aux yeux d'Arendt la démarche heideggerienne pourrait bien être piégée par ce qu'elle appelle les arguments spécieux de la métaphysique, ce qui signifie que les séquelles du dualisme platonicien y auraient prépondérance sur le paradoxe de l'appartenance et du retrait.

Mais considérons donc l'argument spécieux qu'est la *théorie des mondes duels*. Elle consiste à affirmer, sous des modalités diverses, la suprématie du fond sur la surface, de l'Être sur l'apparence, de la cause sur l'effet. Or, dans le monde où se déroule notre existence entre naissance et mort, ce partage n'a pas cours. Dans ce monde-là être et apparaître ne forment pas des degrés hiérarchisés, ils coïncident, et justement parce qu'ils coïncident rien de ce qui est, c'est-à-dire de ce qui apparaît n'est strictement singulier, il est offert aux regards de plusieurs spectateurs. Et ces spectateurs, au pluriel, sont aussi offerts en spectacle, ils sont à la fois percevants et perçus. *Au lieu d'être au monde ils sont du monde.* Leur identité est donc strictement relative à une scène commune sur laquelle ils se produisent. Et parce que cette production est offerte à une pluralité de perspectives, ou de points de vue, cette différence de points de vue n'est pas un obstacle à l'identité des individus apparaissants, elle en est constitutive. Ce qui signifie aussi que l'apparaître, qui est toujours un *dokei moi*, un sembler à quelqu'un d'un certain point de vue, offrande d'un aspect, joint manifestation et dissimulation. Le profil annonce et cache à la fois d'autres profils.

À ces empiétements qui caractérisent ce qu'Arendt appelle la « nature phénoménale du monde », la métaphysique oppose la théorie duelle du monde vrai et du monde apparent, de l'Être et de la simple apparence. Déconstruire ce dédoublement c'est révéler le paradoxe qui lui est sous-jacent. Le paradoxe est qu'alors même qu'il affirme par la pensée la suprématie du monde vrai sur le monde apparent, c'est dans le monde apparent que le philosophe cherche un fil conducteur censé le conduire au monde vrai, et il affirme du même coup la suprématie du monde apparent. Car ce monde vrai qui relègue le monde commun au rang de simple apparence, il est, lui aussi, censé apparaître, et la distinction du simulacre et de l'étant vrai qui répartit les deux mondes, c'est dans le monde apparent que le penseur en a fait la première expérience puisqu'il est propre à ce monde phénoménal commun de dissimuler autant que de révéler, de faire en permanence se briser certaines apparences au profit d'apparences nouvelles.

Que cette déconstruction s'inspire largement des derniers travaux de Merleau-Ponty, c'est incontestable. Que Heidegger figure parmi ses cibles, ce n'est certes pas proclamé par Arendt dans *La Vie de l'esprit*. Je crois cependant que l'insistance qu'elle met à souligner que nous sommes du monde et non pas simplement au monde, que nous appartenons à un monde commun et que c'est en son sein que notre identité personnelle, notre individuation, se constitue, va à l'encontre des vues de *Sein und Zeit* et du partage que Heidegger y établit entre un monde commun quotidien dans lequel l'individuation n'est pas possible parce qu'il est le règne du ON, et un monde au sens authentique, où l'individuation échappe aux apparences pour la bonne raison qu'elle consiste pour le *Dasein* à faire face à l'indéterminée certitude de sa disparition. Au demeurant ce partage du monde quotidien et du monde propre, c'est dans le vieux langage de l'Être et de l'apparence que Heidegger l'exprime, reprenant ainsi à son compte ce qu'Arendt appelle « le vieux préjugé de la suprématie de l'Être sur l'apparence » (p. 42).

C'est un autre préjugé, un autre argument spécieux de croire que « *notre vie intérieure serre de plus près ce que nous sommes et que ce qui paraît à l'extérieur n'est qu'illusion* » (p. 45). Ce qui me paraît en cause dans le démantèlement par Arendt de diverses variantes de cet argument spécieux, c'est une certaine idée de l'individuation qui serait soustraite au monde des apparences. En affirmant de façon assez massive que les états d'âme – émotions, sentiments, affects – sont identiques chez tous, comme sont identiques les organes intérieurs du corps, en se réclamant de la distinction aristotélicienne entre une *psukhē* étroitement associée au corps et dont les expressions ne sont ni métaphysiques ni individuées, et un *Nous* qui n'est nullement l'autre côté du corps et dont l'activité requiert les métaphores du discours, ce qu'elle veut souligner d'abord c'est que l'individuation consiste pour quelqu'un à *se présenter* à d'autres en paroles et en actes, à leur montrer comment il entend paraître et ce qui lui semble digne d'être vu par eux. « Manifestement, dit-elle, la présentation de soi et le pur être-là de l'existence ne sont pas la même chose » (p. 37). Elle ajoute, tout de suite après, que « le choix, facteur décisif dans la présentation du moi, a affaire avec les apparences ».

Ici, encore, comme pour l'argument spécieux précédent, même si Heidegger n'est pas nommé, on peut se demander si l'analyse ne prend pas implicitement pour cible le caractère en définitive non relationnel (*un-bezüglich*) de la résolution, de *l'Entschlossenheit* heideggerienne.

Une autre figure spécieuse est celle du *solipsisme* dont les variantes sont nombreuses : Descartes, Husserl, Heidegger lui-même et le solipsisme existential.

Démanteler cette figure spécieuse c'est manifester le paradoxe sur lequel elle repose et qui tient à ce que celui qui s'adonne à l'activité de penser appartient à l'apparaître, en même temps qu'il s'en retire. Le fond phénoménal pertinent du solipsisme est qu'on ne peut penser sans se distraire du monde commun dont la pluralité est la loi. Lorsque quelqu'un pense, en un sens il n'est plus parmi les autres, il est seul au monde. Mais ce retrait continue de présupposer ce dont il se retire, l'appartenance à l'apparaître. Et c'est cette appartenance que recouvrent les différentes formules du solipsisme. Celle de Descartes : seule la proposition *Je pense-je suis* est vraie et elle ne l'est que tant que je pense. Celle de Husserl : seul l'Ego réduit est doté d'une existence absolue. Celle de Heidegger dans l'ontologie fondamentale : le *Dasein* existe à dessein de soi, et cet exister est la clef des sens d'« être ». Ce que ces propositions disent, c'est que seule l'activité de penser est en commerce avec l'Être. Ce qu'elles masquent, c'est précisément que cette activité laissée à elle-même ne saurait convaincre d'aucune réalité, et que l'Être dont elles parlent en le coupant de l'apparaître commun n'a pu prendre sens pour les auteurs de ces formules qu'en coïncidant d'abord avec ce dernier. Arendt écrit : « Il ne vint jamais à l'esprit de Descartes qu'aucune *cogitatio*, aucun *cogito me cogitare*, aucune conscience d'un moi agissant qui avait suspendu toute foi en la réalité de ses objets intentionnels n'aurait jamais pu le convaincre de sa propre réalité, s'il était né dans un désert, sans corps équipé de sens pour percevoir les objets matériels, sans autres hommes pour lui assurer qu'ils partageaient ses perceptions. La *res cogitans* de Descartes, cette créature fictive, sans corps, privée de sens, délaissée, ne saurait même pas qu'il existe une réalité, une distinction possible entre le réel et l'irréel, le monde, accessible à tous, de la veille et le non-monde privé des rêves. » Ce que Merleau-Ponty reproche à Descartes, ajoute-t-elle, est d'une justesse éclatante : « Réduire la perception à la pensée de percevoir c'est prendre une assurance contre le doute dont les primes sont plus onéreuses que la perte dont elle doit nous dédommager : car c'est [...] passer à un type de certitude qui ne nous rendra jamais le "il y a" du monde » (p. 65).

Le commerce avec l'être ne demande donc pas que l'on se déprenne de l'apparaître commun. Il est au cœur de notre rapport à l'apparaître commun. Arendt écrit : « Bien que tout ce qui paraît soit perçu sur le mode du "il me semble", et par là sujet à l'erreur et à l'illusion, l'apparence en tant que telle charrie l'indication primordiale d'une réalité [*realness*]. » Le corrélat en chacun de nous de cette qualité de réel, c'est le *sensus communis*, sens du réel, qui est au point de rencontre d'une triple communauté (*a three-fold commonness*) qu'Arendt exprime comme suit :

« [...] les cinq sens, encore que radicalement différents l'un de l'autre ont *en commun* le même objet ; les membres de la même espèce ont *en commun* le contexte qui impartit à chaque objet singulier sa signification particulière ; et tous les autres êtres pourvus de sens, bien qu'ils perçoivent cet objet selon des perspectives radicalement différentes, *s'accordent* sur son identité » (p. 67).

La mise en retrait de la pensée par rapport aux phénomènes, par rapport à la coïncidence de l'Être et de l'Apparaître, se solde donc par la perte de ce sens du réel qu'apporte le *sensus communis*. Est-ce à dire que pour pallier cette perte, on pourrait et devrait se contenter du *sensus communis*, se contenter du raisonnement fondé sur ce bon sens qui en permanence s'ajuste à ce qui apparaît, corrige des illusions, dénonce des évidences anciennes au profit d'évidences nouvelles, départage à nouveaux frais le faux et le vrai ? Ce serait prétendre qu'il n'est d'autre objet de pensée que ce sur quoi s'accorde une communauté donnée. Ce serait prétendre aussi que la tâche de la pensée se réduit à départager le faux du vrai, c'est-à-dire à connaître.

Or, penser, dit et répète Arendt, n'est pas connaître. La connaissance vise la vérité. La pensée vise le sens.

L'ennui pourtant est que ceux qui s'adonnent à l'activité de penser sont les premiers à recouvrir cette distinction, en faisant passer leur démarche pour l'acquisition d'un savoir supérieur au savoir quotidien et au savoir des savants. Il y a donc lieu de démanteler cette *figure spécieuse* par laquelle les penseurs professionnels font passer la visée du sens pour la conquête de la vérité, et pour une œuvre de science. Ici encore ce qui me paraît en cause dans ce démantèlement, ce qu'il veut faire apercevoir, si je lis bien, c'est le paradoxe de l'appartenance et du retrait par rapport aux phénomènes.

La science comme telle, selon Arendt, n'est « que le prolongement, infiniment raffiné, du raisonnement de sens commun qui dissipe, sans relâche, les illusions des sens, tout comme la science corrige ses erreurs » (p. 71). « Toute science, insiste-t-elle, évolue dans le domaine d'expérience du sens commun, sujet à l'erreur et à l'illusion correctibles » (p. 71). C'est le monde de l'apparaître et son corrélat – le *sensus communis* – qui forment le berceau de la vérité. C'est à ce monde que la science reste attachée. Par sa poursuite d'une dissipation toujours reprise de l'erreur, par son appétit de voir, elle n'est pour Arendt qu'« une version affinée du sens commun » (p. 76). Plus généralement la connaissance, « dont le critère suprême est la vérité, emprunte ce critère au monde des apparences où les humains se retrouvent grâce aux perceptions sensorielles et à leur témoignage évident, c'est-à-dire qui ne cède pas à l'argumentation et ne peut être remplacé que par une autre évidence » (p. 74).

En revanche, la faculté de penser, la *Vernunft* au sens kantien, distincte de l'entendement, faculté de connaître, pose des questions de signification qui échappent au *sensus communis* et à la science et auxquelles ceux-ci ne s'intéressent nullement. Science et sens commun relancent sans trêve les questions *An sit ?* et *Quid sit ?* Jamais ils ne demandent ce que *signifie* que cela soit, tel que c'est.

Et pourtant ceux mêmes qui, comme Kant, insistaient sur cette distinction du penser et du connaître et disaient que le « besoin de raison » est autre que « le désir de savoir », cèdent à la tentation de les confondre. Connaître, c'est faire servir la pensée de moyen en vue d'une fin déterminée : l'acquisition d'un savoir qui, une fois là, compte au monde des phénomènes. La pensée, en revanche, est une activité qui n'est pas serve d'un but, qui n'est pas guidée par des intentions déterminées, comme l'est l'activité cognitive, ou l'activité productrice dans la *vita activa*, mais qui, bien plutôt s'exerce pour elle-même (*for its own sake*) (p. 82), et dont les concepts « heuristiques » et non pas « ostensibles » sont, comme dit Arendt, « des sondes qu'on lance, qui ne démontrent rien et ne font rien voir » (p. 82), ou encore dont les questions sont posées sans attente d'une réponse. Et pourtant Kant parle d'une connaissance par pure raison, d'une unité finale des choses et d'une poursuite par la raison de fins déterminées, donnant à entendre qu'il envisage quand même l'activité de penser sur le modèle de l'activité cognitive.

C'est cette confusion qui constitue selon Arendt « l'argument fallacieux de base ». Je cite : « L'argument fallacieux de base, l'emportant sur tous les arguments fallacieux de la métaphysique, consiste à interpréter la signification sur le modèle de la vérité » (p. 30).

Le paradoxe sur lequel repose cette *fallacy* consiste, à l'inverse peut-être des paradoxes sur lesquels reposaient les figures fallacieuses dont j'ai parlé jusqu'ici, à donner finalement préséance au monde phénoménal du sens commun sur la retraite par rapport à lui requise pour penser. Arendt, dans ce contexte, évoque Heidegger, et pour le critiquer cette fois. « L'exemple le plus récent, et à certains égards le plus frappant de cette *fallacy*, se trouve dans *Sein und Zeit* qui commence par poser à nouveau la question du sens de l'être. Heidegger lui-même, dans une interprétation ultérieure de sa question initiale, dit explicitement : "Sens de l'être et vérité de l'être disent la même chose". » Bien entendu, cette manière de présenter les choses est un peu cavalière dans la mesure où elle fait bon marché du fait que la « vérité de l'être » dans cette relecture par Heidegger de sa question initiale ne veut justement pas dire que l'être soit un objet de connaissance, se livre à un savoir. Il n'empêche, réserve faite de cela, que *Sein und Zeit* s'inscrivait bel et bien dans un projet, celui de l'ontologie fondamentale, qui se voulait l'achèvement de la métaphysique comme *science de l'être*, et qui assignait à la destruction de l'histoire de l'ontologie la tâche de montrer comment les catégories ontologiques de l'héritage ont leur clef ultime d'intelligibilité dans un unique foyer qui est le mode d'être du *Dasein*.

Cette préséance du monde phénoménal du sens commun sur le retrait par rapport à lui, Arendt, me semble-t-il, la relève au fond d'une autre *fallacy*, celle qui marque le discours des « penseurs professionnels » sur la mort.

Mais avant de poursuivre, je crois utile, de crainte de m'être mal exprimé, de souligner que la dénonciation par Arendt de ce qu'elle appelle les *fallacies* métaphysiques ne consiste pas à dénoncer le paradoxe de l'appartenance et du retrait mais tout au contraire à le faire valoir et à l'assumer. Il y a *fallacy* lorsque le paradoxe, loin d'être reconnu comme tel, est recouvert. Et ce paradoxe c'est celui de la condition humaine qui, pour une part, appartient au monde des apparences et qui, pour une autre part, s'en retire pour penser, vouloir, juger. C'est dans ce monde des apparences que s'inscrit notre vie active et ses degrés, celui de la vie avec ses nécessités et son cycle de besognes et de plaisirs, celui de l'activité fabricatrice par laquelle s'instaure et se maintient un habitat mondain, celui de l'action par laquelle des existants individués se présentent et se déclarent à d'autres. À chaque degré il y a apparaître, comme vivant d'abord, comme titulaire de capacités fabricatrices ensuite, comme individu enfin. À cet ensemble de l'apparaître notre *sensus communis* est ajusté. Or, penser, c'est, pour quelqu'un qui appartient à cet ensemble de l'apparaître, s'en retirer. Alors que la *vita activa* est conditionnée par la vie, par le monde, par la pluralité, l'activité de penser échappe à ces conditions, elle les surplombe. Arendt ne doute à aucun moment de l'importance de ce retrait, elle est convaincue que « les principes selon lesquels on agit et les critères selon lesquels on juge et mène son existence dépendent, en dernier ressort, de la vie de l'esprit » (p. 87). Mais elle est convaincue aussi « qu'il n'y a pas dans notre monde *d'opposition* plus claire et plus radicale qu'entre penser et agir ». Voilà le paradoxe. Les *fallacies* qu'elle dénonce consistent sans aucun doute en dernière instance à nier cette opposition. Le philosophe professionnel dont elle se rit avec la fille de Thrace qui se moquait de Thalès, c'est celui qui, pour s'être consacré totalement à l'activité de penser, élève au rang d'absolu ce qui n'est qu'une aptitude humaine parmi d'autres.

Toute *fallacy* à ses yeux consistait à brouiller des différences. La *fallacy* métaphysique consiste à brouiller les différences entre penser et agir, à masquer leur opposition, leur guerre intestine inévitable et même à résorber l'agir dans le penser. Et comme celui qui pense appartient aussi au monde des apparences dans lequel s'inscrit l'action, cette résorption consiste pour lui à porter au crédit de l'activité de penser cela même que lui oppose le *sensus communis*, à commencer, bien sûr, par son propre *sensus communis*.

Voilà la *fallacy* métaphysique qu'Arendt décèle dans les diverses variantes de l'affirmation par les penseurs professionnels d'une affinité toute particulière entre l'activité de penser et la mort. Platon, Hegel, Schopenhauer et Heidegger sont évidemment de ceux-là. « Le fait que, depuis Parménide, dit Arendt, il y ait eu des hommes qui choisissent délibérément la pensée comme mode de vie suffit à prouver que cette affinité avec la mort ne provient ni de l'activité de penser ni des expériences du moi pensant. » Sur ce point Platon a vendu la mèche en observant dans le *Phédon* que c'est à *ceux qui ne font pas de philosophie* que le philosophe semble avoir pour unique occupation, justement parce qu'il se retire du monde des apparences, de poursuivre la mort. C'est pour le *sensus communis* et par rapport à son monde commun de l'apparaître que la disparition la plus radicale est la mort, et que toute mise en retrait des phénomènes est une sorte de mort. D'une manière générale, c'est « le sens commun du philosophe qui l'amène à sentir qu'il est “hors de l'ordre” au moment où il pense. Il n'échappe pas à l'opinion commune car, après tout, il prend part à ce qui est commun à tous et c'est son propre sens du réel qui lui fait suspecter l'activité de penser. Et puisque l'activité de penser est désarmée devant les arguments du raisonnement de sens commun et l'insistance que celui-ci met à souligner l'absence de sens de la quête du sens, le philosophe est enclin à répondre dans les termes mêmes du sens commun mais en les inversant pour les besoins de la cause » (p. 97). Si le sens commun dit que la mort est le plus grand des maux, le philosophe, Platon le premier, en fera une condition favorable à l'activité de penser.

Ce renversement spécieux, cette *fallacy* métaphysique, Arendt le voit à l'œuvre dans *Sein und Zeit*, ce qui lui permet de renvoyer Heidegger et Platon dos à dos. Elle écrit : « Le jeune Heidegger de *Sein und Zeit* traitait encore l'anticipation de la mort comme l'expérience décisive à travers laquelle l'homme peut atteindre au soi authentique et se libérer de l'inauthenticité du ON, sans même s'apercevoir jusqu'à quel point cette doctrine, en réalité, comme Platon l'avait fait remarquer, jaillissait de l'opinion de la multitude » (p. 97, trad. modifiée).

On pourrait, à partir de là, multiplier les exemples de ce renversement spécieux dans lequel Arendt décèle l'oblitération du paradoxe – la guerre intestine – en quoi consiste une condition qui à la fois appartient aux phénomènes et doit s'en retirer pour viser le sens.

Alors que l'activité de penser, par la retraite qu'elle suppose à l'égard du monde phénoménal commun, implique une mise en veilleuse et un oubli de la sphère phénoménale, le penseur professionnel, à l'inverse, accuse cette sphère phénoménale d'être oublieuse, des idées, de l'Esprit, de l'Être.

De même, alors que l'activité de penser, par cette retraite même qui est solitaire, soustrait le moi pensant à la pluralité phénoménale dans laquelle seule l'individuation d'une existence singulière peut se constituer, le penseur à l'inverse accuse cette pluralité d'être une multitude anonyme (les *polloi* de Platon, le ON de Heidegger) et fait de l'activité de penser le seul véritable principe d'individuation. Ce que faisait Heidegger à l'époque de Marbourg puisque dans le temps même où il reconnaissait que le penseur, dans la mesure où il s'est totalement consacré à l'activité de penser, est sans histoire individuelle – « Aristote naquit, il travailla, il mourut » –, assurait, par ailleurs, que seule la métaphysique, non pas comme corps doctrinal mais comme *bios*, comme mode de vie, assurait la pleine concrétion de l'existence.

De même encore, alors qu'il n'est d'action qu'au cœur de la pluralité et que la pensée se dégage de l'une et de l'autre, le penseur professionnel assure que seule la pensée est authentiquement action, assurance dont on trouve la formulation aussi bien dans la *Phénoménologie de l'esprit* de Hegel que dans l'ontologie fondamentale de Heidegger, dans son *Discours de rectorat*, voire dans la *Lettre sur l'humanisme*.

Dans les trois cas, selon Arendt, la peine prise à justifier ces renversements n'émane pas de la pensée. C'est leur sens commun qui l'impose aux penseurs professionnels. Et par cette peine, ils s'avèrent infidèles à la fois à la pensée et au sens commun. Infidèles au sens commun puisqu'ils l'accusent d'une manière ou d'une autre de déchéance, infidèles à la pensée puisqu'ils lui attribuent le privilège tantôt d'agir, ce qu'elle ne fait pas, tantôt de voir ou d'entendre alors que le sens visé est aussi invisible qu'inaudible, tantôt d'atteindre des fins alors que le travail de la pensée est un travail de Pénélope, ou, si l'on veut, une finalité sans fin. Penser ce n'est donc pas, contrairement à ce que prétend le penseur professionnel, se mettre en position de spectateur privilégié, de voyant. En toute rigueur, il n'est de spectateur que celui qui ne se met pas radicalement en retrait par rapport au monde commun. Il n'est de spectateur que celui qui prend ses distances par rapport à ce monde où les phénomènes et les événements sont divers, neufs, particuliers, non pas pour abandonner cette particularité mais pour la juger, démarche qui, comme Kant le souligne dans son analyse du jugement réfléchissant, comporte à la fois responsabilité personnelle et prise en compte d'autrui. Un tel spectateur existe au pluriel, il est attaché à la pluralité. En revanche, le regard spéculatif prétendu du penseur professionnel n'existe plus qu'au singulier. En vertu de quoi il peut dire que c'est l'histoire du monde qui est le jugement du monde.

En ce point, et c'est là-dessus que je voudrais terminer, on peut se demander ce que ce démantèlement apporte à la question qui l'avait mise en branle, la question de savoir quel lien il y a entre l'aptitude à discerner le bien du mal et l'activité de penser. C'est ici que surgit une dernière *fallacy*.

À la question de savoir ce qui fait penser, Platon, prototype du penseur professionnel en même temps qu'authentique penseur, a répondu dans le *Théétète* : l'étonnement, le *thaumazein*. Des méandres de l'analyse qu'Arendt consacre aux échos qu'a soulevés cette réponse dans l'histoire de la philosophie, à ne pas confondre, dit-elle, avec celle de la pensée, je retiendrai seulement ceci. D'abord cet étonnement est un *pathos* qui consiste à être forcé d'admirer. Ensuite, cet étonnement admiratif que subit le philosophe ne peut jamais concerner quoi que ce soit de *particulier* mais est toujours suscité par la totalité qui, à la différence de l'ensemble des étants, n'est jamais manifeste (p. 166). C'est, dit-elle, l'harmonie invisible d'Héraclite. Enfin, cette phrase qui me paraît cruciale : « l'étonnement admiratif conçu comme le point de départ de la philosophie ne laisse pas de place à l'existence factuelle de la disharmonie, de la laideur, et finalement du mal » (p. 172-173). En d'autres mots, il y a, dans l'activité de penser pour peu qu'elle radicalise son retrait des phénomènes, pour peu qu'elle se prenne pour un savoir, pour peu qu'elle se prenne pour une vue de l'invisible, *bref pour peu qu'elle oblitère la guerre intestine de la pensée et du sens commun au lieu d'en assumer le paradoxe*, il y a alors dans cette activité, devenue métaphysique, une tendance à l'aveuglement face à la distinction du bien et du mal, une tendance à se porter par-delà bien et mal, une tendance à s'interdire de juger. Tendance symétrique donc de celle qui avait tant frappé Arendt dans le personnage d'Eichmann, l'homme qui ne pensait ni ne jugeait. Outre Héraclite, Arendt évoque dans ce contexte Nietzsche et Hegel. Elle fait allusion brièvement au *Denken ist Danken* de Heidegger. Elle aurait pu, à meilleur escient, mais elle ne les connaissait pas, évoquer les cours de la période nazie de Heidegger et, par exemple, le premier cours sur Hölderlin qui date de 1934-1935, et dans lequel on trouve pêle-mêle le thème platonicien du philosophe solitaire et demi-dieu, le thème héraclitéen de l'harmonie invisible, et des proclamations de proximité pensante avec Nietzsche et Hegel. Dans ce cours, Heidegger prend beaucoup de soin à reléguer dans la sphère de l'inauthenticité quotidienne le racisme, l'organisation de masse, la brutalité, la normalisation des universités, moyennant quoi l'inévitable tension de l'apparence et de l'Être l'autorise à conclure un geste héraclitéen : « Devant une telle dévastation de toute pensée authentique seul peut s'émouvoir celui qui ne comprend pas ce qui est authentique. La surprise et l'horreur sont ici aussi déplacées que si quelqu'un, face à une superbe ferme, trouvait à redire au fait que la cour contient un imposant tas de fumier. Que serait-elle donc sans son fumier ! » (*Gesamtausgabe*, Bd 39, p. 42.) Dans les figures spécieuses de ce type il se pourrait une fois encore que ce soit son sens commun qui joue des mauvais tours au penseur professionnel puisque l'ajustement de ce sens du réel à son monde s'exprime par quelque chose comme : "THERE WE ARE", et pas de question » (p. 76, trad. modifiée).

Est-ce à dire que l'activité de penser est aussi préjudiciable que son absence au discernement du mal ? Non, bien sûr. Dans les diverses variantes du pathos admiratif qui se place par-delà bien et mal, l'activité de penser cède à l'imposture métaphysique, elle ne pense plus, elle prétend voir ou agir, elle pactise avec le sens commun dans le moment même où elle lui crie son mépris.

Autant dire que l'activité de penser n'est effective que si elle assume pleinement le paradoxe de l'appartenance et du retrait. Y a-t-il un modèle d'une telle capacité ? On sait qu'Arendt le trouve chez Socrate : « penseur non professionnel en qui s'unifient deux passions contradictoires, la pensée et l'action », « quelqu'un qui ne compte ni au rang de la multitude ni à celui des élus, n'aspire nullement à gouverner les hommes, ne prétend pas non plus être à même, grâce à son immense sagesse, de conseiller les gens au pouvoir, mais qui ne se soumette pas non plus à la domination » (p. 191), penseur sans doctrine, dont l'argumentation est strictement aporétique, ne mène nulle part ou tourne en rond, et qui réclame seulement le droit de réfléchir aux opinions des autres en leur demandant de faire de même. Penseur qui, comme le dit Heidegger avec qui pour une fois Arendt s'accorde pleinement, « n'a rien fait d'autre sa vie durant que de se tenir dans le vent du mouvement de la pensée, qui pour cette raison est le plus pur penseur de l'Occident, et qui pour cette raison aussi, n'a rien écrit » (cité p. 52).

Parmi les rares affirmations attribuées à Socrate, Arendt retient deux propositions du *Gorgias*. La première dit : « Il vaut mieux *subir* l'injustice que de la commettre » ; et la seconde : « Mieux vaut me trouver en désaccord avec tout le monde que d'être en *disharmonie* avec moi-même, en étant un, et de me contredire. » Ni l'une ni l'autre de ces propositions n'est le *résultat* d'une enquête, le *terme* d'une visée cognitive. Ni l'une ni l'autre ne consiste non plus à poser une *maxime* de moralité. Ni l'une ni l'autre n'émane non plus de l'homme d'action, du *citoyen*, puisque pour un Grec subir l'injustice n'est pas digne du citoyen, c'est le sort de l'esclave, et puisque surtout du point de vue de la Cité lorsque délit il y a, c'est le délit (l'injustice) comme tel qui requiert châtiment sans que la question de savoir qui en profite, auteur ou victime, entre en ligne de compte. C'est bien plutôt de l'expérience même de l'activité de penser qu'émanent l'une et l'autre propositions non comme un résultat mais comme un aperçu de son mouvement. Par la première Socrate dit à Calliclès qui s'y oppose : si tu étais comme moi en quête de sens, si tu t'interrogeais sans relâche sur la Justice, la Beauté, la Sagesse, tu comprendrais ce que je dis. Mais la première proposition est conditionnée par la seconde sur laquelle repose l'admirable lecture arendtienne. Proposition étrange, dit-elle, puisqu'en disant qu'il est un, Socrate semble – logiquement – devoir impliquer qu'il ne saurait être ni en harmonie ni en disharmonie avec lui-même. En réalité, ce que la proposition exprime c'est le mouvement même de la pensée – être-soi et, en même temps, pour soi –, être deux-en-un – se tenir compagnie à soi-même. L'activité de penser instaure une dualité de moi-même avec moi-même. « Rien peut-être n'indique avec plus de force que l'homme existe essentiellement dans la pluralité que ce fait que durant l'activité de penser sa solitude actualise sa simple conscience de soi en une dualité » (p. 210). Dans cette compagnie que l'on se tient à soi-même, la pluralité, qui est la loi du monde commun, est impliquée. De même qu'est impliqué le sens du mal. Penser c'est s'arranger pour que les interlocuteurs du deux-en-un s'entendent, soient *amis*. Et qui serait l'ami d'un meurtrier ? Et à quoi l'impératif catégorique de Kant fait-il appel sinon à cet accord de soi avec soi ? Un tel accord, selon Arendt, suppose l'activité de penser. La banalité du mal tient à ce que ceux qui s'y adonnent ne se soucient nullement ni de cet accord, ni de son contraire parce qu'ils sont incapables de se tenir compagnie à eux-mêmes.

« Celui qui ne sait pas ce qu'est ce rapport silencieux (dans lequel on soumet à l'examen critique ce qu'on dit ou ce qu'on fait) ne craint pas de se contredire, ce qui signifie qu'il n'aura jamais ni la possibilité ni le désir de justifier ce qu'il dit ou fait ; pas plus qu'il ne se laissera arrêter par l'idée d'un crime, puisqu'il peut compter le voir oublier dans l'heure qui suivra » (p. 216).

Qu'en est-il alors dans le cas de Socrate du paradoxe de l'appartenance et du retrait ? Socrate l'assume pleinement et évite de le travestir métaphysiquement. C'est que, d'une part, il soutient qu'une vie (par définition individuée dans l'apparence au cœur de la pluralité) qui ne se réfléchit pas, qui ne demande pas ce que c'est que bien vivre, ce que c'est que vertu, beauté et sagesse, n'est pas vraiment digne d'être vécue. Mais, d'autre part, la méditation infiniment reprise de ces thèmes ne l'entraîne pas vers la contemplation solitaire d'un ordre invisible – comme celui de la *Phusis* – que prétendaient apercevoir les physiologues qu'il détestait. En effet, pour infinie qu'elle soit, la méditation de ces thèmes ouvre un retour dans l'apparence, car, en définitive, c'est toujours *hic et nunc*, dans une situation particulière qui concerne un destin singulier face à d'autres, qu'il s'agit de décider – c'est-à-dire de juger de ce qui est sage, de ce qui est juste, de ce qui est beau.

Jacques Taminiaux

Le récitant

Il restera toujours un survivant
pour raconter l'histoire
H. Arendt.

Dévasté par une chaîne de catastrophes déclenchée par la Première Guerre mondiale, le monde moderne, réduit à un champ de ruines et un amas de décombres, aura fait l'épreuve de la destruction, aura enduré les maîtres de la mort. Non pas que le maître en soit venu du dehors ou en grand créancier, mais en son accomplissement – consommation, impérialisme, totalitarisme – le monde moderne se sera révélé *œuvre* de mort, il aura manifesté l'essence de l'*œuvre* : la mort. « Tout ce qui est produit par l'homme, écrit Hannah Arendt, peut être détruit par l'homme. [...] Seul avec son image du futur produit, l'*homo faber* est libre de produire et de même, confronté seul à l'œuvre de ses mains, il est libre de détruire[1]. » Ayant désormais déblayé l'espace pour le servile *homo laborans et* « *consommans* », l'époque moderne aura d'abord déchaîné la violence du producteur, elle aura libéré la puissance de l'œuvre, son *hubris* cachée. L'essence de la production – œuvre, *poiēsis* – est destruction. Ce qui s'érige et s'édifie, ce qui se tient et requiert tenue et maintenance, peut par le même geste de décision souveraine qui l'avait produit et promu, se voir ordonner la destruction. Car détruire est aujourd'hui la forme du produire. Ce qui vaut, se mesure, s'évalue, est promis à la dévaluation et à la démesure. Le maître de la valeur, « de l'utilité et de la beauté[2] », est lui-même déterminé par la contingente abstraction de l'équivalent général et emporté dans le vain cycle de la production-destruction. Par le « dangereux supplément » de la *mimēsis*, la *tekhnē* heideggerienne promouvait la *phusis* à sa vérité, faisait éclore et émerger l'étant comme étant. Bien plutôt faut-il que la *tekhnē* ou *poiēsis* lutte contre ce qui décroît et se referme, arrache à la terre ses entrailles, la viole pour en extirper les forces secrètes, les mener à l'aveuglante lumière du jour, pour s'en rendre maître et les anéantir.

Comment dire le désastre ou la catastrophe de l'œuvre ? Comment transmettre l'interruption, écrire l'oubli, tisser sans fils ? Comment encore livrer, délivrer, une tradition ? Avec le déchaînement de la *poiēsis*, ne s'est pas seulement brisée et interrompue une très ancienne tradition, mais s'est éteinte la possibilité de la tradition, de la transmission, d'une garde. Quand « le passé n'éclaire plus l'avenir » (selon une formule de Tocqueville reprise par Arendt), tout héritage à nous légué par des héroïsmes inédits, n'est plus précédé d'aucun testament et est voué à rester mort-né. Tel un trésor abandonné là sans sertissure, sans *kosmos*, sans ornement, il attend la délivrance de ses promesses mondaines, comme en souffrance de son nom et de son histoire. Quel dire en sauvegardera l'immémoriale advenue ? Si tout récit compose (assemble et négocie, arrange et s'arrange avec), fait tenir ensemble, synthétise, répare et cicatrise, y a-t-il place pour un récit « non poiétique » ? Abandonné à la question « comment juger », l'homme moderne l'est aussi à celle de savoir comment réciter. Car l'événement qui ne cesse d'arriver, de se faufiler dans les mailles du présent, exige une réponse ou une réplique, attend un écho ou une correspondance, requiert d'être livré et légué. Le monde demande à être parlé, raconté, chanté pour être maintenu en une libre ouverture, il a à être soigné, préservé, transmis par la parole. « Car le monde n'est pas humain pour avoir été fait par les hommes et il ne devient pas humain parce que la voix humaine y résonne, mais seulement lorsqu'il est devenu objet de dialogue [...]. Les choses du monde [...] ne deviennent humaines pour nous qu'au moment où nous pouvons en débattre avec nos semblables[3]. » Le monde ne se déploie comme monde et ne se soustrait à l'immonde que mis en parole, récité, conté ; il ne résiste à la destruction de la *poiēsis* que lorsque, reçu en phrases, il est adressé, envoyé puis repris, relayé par une autre parole. Le monde naît et renaît, vient à être lorsqu'il est mimé par la parole, lorsqu'il est présenté, re-présenté dans un dire. Tel est le poète, l'homme de la parole mimétique. Quelle est donc l'essence de la parole et de la *mimēsis* ? Quelle est l'essence du récit et de l'Art si elle n'est pas « poiétique » ?

En ce point le texte d'Arendt semble nous compliquer la tâche. D'une part, en effet le récit arendtien est un mode de l'œuvre. Le poète est un « *Dichter*[4] », il *fait* des poèmes, compose des histoires en vers et lègue à l'humanité une histoire bien agencée. Et la beauté de la « poésie », son plaisir propre, comme l'avait déjà noté Aristote, est double : il est un effet de composition, de mise en forme, mais il est aussi un effet de la beauté représentée, mimée, à savoir celle des belles paroles et des grandes actions. Car la beauté de l'œuvre ne saurait être mesurée que par ce qui, seul, donne sens et mesure : la *praxis* et la *lexis*. *Poiēsis mimēsis praxeōs* (la poésie est représentation d'action), la formule aristotélicienne est bonne.

D'autre part, c'est la *lexis* qui humanise le monde. Non pas celle qui se contente d'accompagner la *praxis* en l'annonçant, la préparant ou la commentant, mais celle qui fait événement : parole publique qui, d'un geste opportun, interrompt un processus et, lancée à l'adresse d'une autre qui la relaie, noue une intrigue, ouvre un chemin, éclaire le monde, s'impose et fait autorité. Parole rhétoricienne qui persuade par *logoi*, convainc par *aretē* (par *virtu*), par son à-propos entreprenant, judicieux, habile, elle sauve le monde de la fermeture, de l'assombrissement, du retrait dans l'ombre muette et privée de l'*oikos* (du « privé ») ou de l'*hubris* du « tout est possible » ou du « tout veut dire n'importe quoi ». Même mise en scène, théâtralisée, composée en drame et portée à la représentation, l'intrigue langagière, pourtant ainsi « poiétisée » demeure *praxis* en acte (*energeia*), comme si le théâtre « art politique par excellence[5] » était la politique sur scène, la scène politique même, comme si la *tekhnē* théâtrale, en sa *mimēsis*, portait la scène politique à son accomplissement, à sa vérité de scène, à sa vérité de *mimēsis*. Mais alors il nous faut retourner la proposition : ce n'est pas le théâtre qui est politique, mais c'est le politique qui est théâtral, hanté par la passion de la représentation, le désir de se montrer et de regarder, l'amour de la scène. Mais c'est dire du même coup que l'acteur politique parle un « pâtir » (*pathein*) plus qu'un « agir » (*prattein*), que la passion, la passibilité de la *mimēsis* (de l'agonistique comme de la représentation), entament la virile parole praxique. Le héros est héros du « pâtir » ; seul celui qui, à l'écoute de la pointe aiguë du monde, se laisse porter à ses limites extrêmes, et se laisse affecter par ce qui arrive dans le présent même, sait prendre la mesure de la destruction, la teneur en catastrophe et sait répondre, en un geste opportun à ce que le monde lui demande de prendre en charge et en soin. Portant le fer dans l'entre-deux du temps, se faufilant entre deux impossibles, le trop tard du déjà passé et le trop tôt du pas encore arrivé, creusant le chemin d'une éclaircie, l'acteur (l'*hupokritēs*) ne convertit pas son « pâtir » en « agir », il ne s'érige pas en maître de lui-même, bien plutôt répond-il à l'appel du monde, en le reprenant dans une parole, en tricotant le fil d'une alliance, il accueille et expérimente ce qui lui est donné et attend de lui qu'il le représente, qu'il le mime, qu'il en porte l'annonce, comme si, en lui, à cet instant, le monde enfin vivait, revivait, enfin, oui, maintenant, oui enfin venait, était bientôt là.

Mais sans doute nous faut-il aller plus loin. Miracle d'une correspondance ou d'une alliance, chance du monde, la parole héroïque n'est que commencement muet, atopique et vide de sens si elle ne s'enchaîne pas à une autre parole, si elle ne noue pas une intrigue qui, articulant un avant et un après, lance une histoire. Enveloppant, ouvrant, promettant une histoire, la parole ou l'action héroïque attend du récit (de la *mimēsis*) qu'il accomplisse la synthèse du temps, que l'interruption héroïque interdit et appelle tout à la fois. Toute parole, tout commencement aura supposé avant même tout début, une possibilité d'histoire, une récitabilité, une *Urgeschichte*, une synthèse anticipée du temps. Au lieu même de l'action : déjà la *mimēsis*. Au cœur du héros : déjà le récitant. Toujours déjà passible de récit, le héros est en dette de récit à promettre et à préserver, en charge d'histoires à annoncer.

Mais n'allons pas trop vite. Arendt ne semble pas emprunter ce chemin, mais celui, on le sait, de la culture, nom romain sans doute de la *poiēsis*. C'est en la culture (la *cultura animi* de Cicéron, l'*humanitas* des Romains en général, le goût du XVIIe et du XVIIIe européens) que s'allient, pour Arendt, *lexis* (parole rhétoricienne) et *poiēsis* (parole poétique). Déchiffrant la distinction que faisaient les Grecs entre l'amour de la contemplation des belles choses et le mépris des producteurs serviles de l'art (voyez, par exemple, encore au Ier siècle, Plutarque : « souvent nous prenons plaisir à l'œuvre [*ergon*], mais nous méprisons l'ouvrier[6] », comme le conflit entre *praxis* (politique) et *poiēsis* (art), Arendt note que, si les

Grecs ont maintenu la tension, ouvrant un espace libre pour la pure production de l'art, les Romains ont les premiers clairement indiqué que le Beau devait être jugé, apprécié, discerné, dé-limité, et qu'avoir du goût et du jugement autorise à classer (et à distribuer éloges ou blâmes) tout autant que cela vous classe : « Le goût débarbarise le monde du beau en ne se laissant pas submerger par lui[7]. » Le goût déciderait de ce qui, dans l'apparaître d'une forme, non pas dans une forme apparaissante, mais plutôt dans la brillance d'un paraître, ce qui mérite de faire forme, de faire monde, de mondaniser. Le goût ne limiterait pas le Beau, bien au contraire, puisque tout apparaître, parce qu'il est l'offre d'une nouvelle et bienheureuse apparition, est en soi beau, mais il jugerait ce qui, du Beau, peut embellir le monde, ce qui peut le *cultiver* (ce qui s'en préoccupe, s'en soucie, le protège, le préserve, mais aussi ce qui exerce par là même le goût et le jugement), ce qui peut l'entretenir (comme on dit : entretenir une maison ou ses facultés, mais aussi librement s'entretenir avec des amis). Beau ne se dirait pas de l'œuvre, mais du monde quand, éclairé par une belle ou bonne parole, une grande action, il s'ouvre et se maintient en une libre et éclairante ouverture.

Les risques pris par Arendt nous semblent à la mesure de sa tentative héroïque de « dépoiétiser » l'art et la beauté. D'une part elle s'interdit sans doute d'entendre dans le Beau, dans les belles formes, un lointain écho du sublime et de la folie de l'Informe. Sourde à la puissance d'outre ou d'infra-monde d'une écriture, elle prend le risque de se fermer, pour faire vite, à toute « écriture du désastre ». Et paradoxalement, en rappelant que l'œuvre est endettée vis-à-vis du monde, du monde commun ou public, en phénoménologisant la beauté, elle se contraint à faire de tout apparaître l'objet d'une belle contemplation ravie. Le tribut à payer est d'importance pour qui a voulu soustraire l'art à sa détermination spéculative, romantique et postromantique, de Hegel à Heidegger inclus. En sa version romantique (la *Bildung* ou le Génie) ou en sa version heideggerienne (le grand art historial), qu'il soit auto-engendrement de soi comme œuvre ou mise en œuvre de l'Être, l'Art, tel que la philosophie allemande en a frappé l'essence, est et reste *œuvre*, *poiēsis*, *Dichtung*, mise en œuvre de la langue d'un sujet ou de l'Être : « La poésie (*Poesie*) advient à elle-même dans la langue parce que celle-ci garde en elle l'essence originelle de la *Dichtung*[8]. »

Or, dans le délabrement d'un monde emporté par une chaîne de catastrophes, ce qui fut bien emporté par le fond, ce sont les deux genres poétiques qui destinèrent l'art occidental en ses deux figures, le typèrent, le modelèrent, c'est-à-dire le signèrent, pour reprendre une expression de Philippe Lacoue-Labarthe, comme typographies : nous avons nommé la tragédie et la narrativité (soit le roman). Dans la tragédie (version ancienne de la *poiēsis*), prend forme, sur la pointe du néant, s'auto-engendrant dans le temps de la représentation, le héros du savoir ou de la conscience de soi, le héros tragique. Dans le roman (version moderne de la *poiēsis*) un héros se forme lui-même, conquiert en totalisant sa vie, la totalité de son *Selbst*.

Qu'on reprenne, un instant, le héros tragique, frappé au sceau de la *poiēsis* même, depuis au moins Schelling. Homme solitaire et mutique, se mesurant aux dieux, rivalisant avec eux dans l'ivresse de l'*hubris*, de l'orgueil, le héros tragique (Œdipe est ici exemplaire) découvre la conscience de soi (la liberté) dans le châtiment, dans le face-à-face avec son néant ; et s'il meurt, vaincu par les dieux, il lègue et délègue à son peuple l'exemple d'une grande forme, d'une force plastique capable de se styler, de s'autocomposer en se (trans) portant au devant du néant. Ce n'est pas que, abandonné par les dieux, il aurait accompli sa tâche et configuré l'humanité en une nouvelle forme, mais bien que la grandeur est *poétique* et que l'œuvre poétique (de la représentation) est l'auto-œuvrer du héros. À ce titre c'est en son nom moderne, le génie, que le héros tragique se révèle puissance d'œuvre, puissance mondaine, puissance poétique. Mais il suffira alors de contourner le retournement tragique (le renversement du bonheur en malheur, de l'Être en Néant) qui signe l'écriture tragique, pour se trouver devant le vrai héros moderne : le héros romanesque. En contant l'apprentissage progressif et téléologique d'une subjectivité maîtresse d'elle-même, en déroulant l'entreprise de formation d'un moi psychologique, le roman semblerait, à l'encontre de la tragédie, chanter l'intrigue et l'alliance d'une vie et d'un monde, la jetée d'un monde à la face d'une vie qui tente d'en prendre la mesure. En fait, réplique d'un monde envahi par le souci du privé et la puissance du social, le roman n'aura jamais conté que l'aliénation au monde d'un moi privé de soi et la puissance destructrice de la *poiēsis* et de la *Bildung*. Quand l'époque s'assombrit et qu'un monde se referme, le temps, d'être « inagi » revient aux hommes sous la figure vengeresse et justicière du destin auquel seul ferait exception un Moi d'exception doué d'un génie d'exception. Et même si, à la manière d'une Rahel Varnhagen à l'aube du XIXe siècle, le héros romanesque veut recevoir sa vie « sans parapluie », s'exposer nu et sans fard à tout ce qui arrive, c'est sous la figure mensongère du malheur personnel et d'un moi confronté au destin que lui revient, insatisfait, le monde, faute d'avoir été joué et rejoué, faute d'avoir été tissé dans un réseau d'histoires. Se regarder sentir, penser, vouloir pour y cerner et délimiter la retraite inviolable d'un moi, interroger son « que suis-je ? » pour, notant ses propriétés et impropriétés, ses forces et ses faiblesses, se préserver d'un monde ou s'armer contre lui, c'est se condamner à cultiver son moi comme une œuvre, à s'autostyliser comme œuvre, à « vivre sa vie comme si c'était une œuvre d'art[9] ». Autocomposition, autoformation d'une vie (roman) ou auto-engendrement d'un sujet gardien du néant (tragédie), dans les deux figures, l'Art (et par suite la *mimēsis*) reste en son essence, *poiēsis*, *autopoiēsis*.

Or le désastre moderne ne contraint pas seulement à renoncer à la posture héroïque du fondateur législateur d'une œuvre, il ne requiert pas seulement une *Kehre* d'un héros endetté et obligé vis-à-vis du monde et d'un *Volk* désormais espace ouvert par des agissements libres et égaux, par des héros intriguant et rivalisant entre eux, c'est l'essence même de la *Dichtung* qui est à reprendre à nouveaux frais, soit celle de la *Sprache* ou de la *Rede* : langue anonyme et historiale de l'Être ou récit de l'entrelacs d'un monde et d'une vie, de la *fortuna* et de la *virtu* ?

Déconstruire la théorie du roman comme celle de la tragédie telle que l'aura fixée la philosophie spéculative et romantique allemande aura passé, on le sait, pour Arendt, par la relecture de la *Poétique* d'Aristote. Toute poésie, dit le célèbre premier chapitre, est composition, agencement d'histoires (*sunistasthai tous muthous*). Et l'histoire, poursuit le chapitre VI, en tant qu'elle est représentation d'actions (*mimēsis praxeōs*) et agencement des faits (*sunthesis tōn pragmatōn*). Elle fait tenir ensemble, ajointe, rassemble des choses agies, des résultats d'actions, elle met en ordre, dispose dans le tout représenté et représentatif d'un discours, d'un récit, ce qu'Arendt a coutume de traduire par « les affaires humaines » (*ta pragmata tōn anthrōpōn*). Toute poésie est donc récit d'actions, ou mieux d'agissants (*prattontes*). Non pas que la poésie se propose à la manière de l'éthique ou du roman psychologique moderne, d'en figurer ou même d'en chanter les passions (*pathē*), mais bien que, articulant, rapportant les unes aux autres les actions et les réactions, composant une synthèse successive des interventions, entreprises et événements, un récit déploie le jeu de la *tukhē* (mauvaise ou bonne fortune) et de l'*ēthos* (en latin, *ingenium*), le jeu de la *fortuna* et de la *virtu*, un récit raconte la manière grande ou basse, noble ou vile, belle ou laide, dont un « agissant » (un acteur, un héros) se sera confronté au monde, à tout ce qui arrive et qui l'affecte (le fait pâtir), lui aura répondu, l'aura provoqué et, ayant ainsi non seulement dessiné sa vie, mais aussi un monde, aura révélé son *ēthos*, son « qui », son *daimōn*, celui qui ne parle ni ne se cache, mais fait signe, se montre, apparaît aux auditeurs de l'histoire. « Ils [les hommes] n'agissent pas pour représenter des caractères, mais c'est au travers de leurs actions que se dessinent leurs caractères » écrit Aristote[10]. Ce qu'Arendt commente ainsi : « La question décisive est que la tragédie ne traite pas des qualités des hommes, de leur *poiotēs*, mais de ce qui est arrivé les concernant, de leurs actions, de leur vie, de leur bonne ou mauvaise fortune[11]. » Mais toute action heureuse (*eupraxis*) laisse paraître l'excellence de l'*ēthos* de son auteur et c'est bien d'ailleurs le mérite d'Homère, selon Aristote, d'avoir composé des caractères. L'*Odyssée*, c'est l'histoire d'Ulysse. Nous lisons la suite des aventures d'Ulysse et ce que nous y trouvons, c'est le caractère exemplaire (métaphorique si l'on veut) d'Ulysse : rusé, patient, courageux, ingénieux... Exemplaire *pour nous*, et c'est pourquoi, comme le savaient tous les Anciens, Grecs, Hébreux et Romains, le *daimōn* d'un héros ne parle, ne signifie, ne prend sens et ne fait signe, que pour ceux qui ont entendu l'histoire, sauf à tomber dans la faute (l'*hubris*) de se croire l'auteur de sa propre histoire.

Dans le génie romantique, ou le héros tragique s'œuvrait ou se formait un monde. L'*ingenium*, le *daimōn*, le bon ou le mauvais génie qui confère l'*eudaimonia* (une bonne vie, une vie heureuse) ne produit pas, ne modèle pas, ne « poiétise » pas. Il réplique (c'est cela mimer : répliquer et non dupliquer), armé d'ingéniosité (virtuosité, *virtu*, mais aussi *phronēsis*, vertu pratique d'une action heureuse), à la *tukhē*, à ce qui arrive. Entrelaçant son *ēthos* (caractère) aux actions et passions (*praxis* et *pathos*) un agissant mime le jeu du monde, répond dans le bonheur ou le malheur, dans l'allégresse ou la détresse, au monde qui demande à être joué et dramatisé, il ouvre et amorce une histoire. Le monde à nous offert n'a pas à être construit, modelé ou même achevé. Il est à nous donné, non pas pour que nous en composions une œuvre ou que nous l'ouvragions, que nous le fabriquions et l'ornementions, mais pour que nous le maintenions vivant, ouvert et libre, en le dramatisant, en lui rendant une histoire. Agir (*prattein*) c'est rendre possible, c'est commencer une histoire, non pas fonder, installer, restituer, mais mener, introduire à une autre action, à une suite d'actions, à une histoire.

Nul doute qu'ainsi ce ne soient les formes les plus « basses », mais non pas les moins grandes ou les moins héroïques, de la *poiēsis* – comédie (comédie de caractères) et épopée (même si Arendt oublie la comédie), qui disposent à l'effet propre (*ergon*) de l'histoire. Comme Ricœur en a instruit la démonstration[12], la frontière entre le récit (*diegēsis*) où le narrateur raconte et met en scène lui-même ce qui arrive aux agissants, et le drame (*drama*) où ce sont les agissants représentés, mimés, qui font le drame et agissent en acte, se brouille. D'une part, en effet, la mise en scène, la dramaturgie spectaculaire ne délimite pas l'idiome dramatique (tragique), et, d'autre part et surtout, le récit, soit chez Aristote l'épopée, est lui-même dramatique puisqu'il est récit d'actions (*prattōntes kai drōntas*, où *kai* signifie : « c'est-à-dire »). Ainsi Homère est-il convié à écrire des « histoires dramatiques ». Quelle est donc la fin propre de l'histoire ? Après avoir rappelé l'aptitude naturelle de l'homme à la *mimēsis* et au rythme, Aristote propose de reconnaître les premières formes de la poésie dans les déclamations, exclamations, exhortations, improvisations, soit en mètres ïambiques, destinées alors à l'invective, l'insulte ou la satire, soit en mètres dithyrambiques et vouées alors à l'exaltation et la louange. Bien avant donc sa bipartition recouvrante en poème burlesque et épopée, puis en ses formes achevées et appropriées que sont la comédie et la tragédie, le drame disait clairement sa fin : récitatif d'actions passibles de blâmes et d'éloges, tel que l'*ēthos*, la disposition, le tour, se seront révélés, grâce au récit, grands ou bas, nobles ou vils, admirables ou méprisables.

Quel est enfin l'effet propre de l'histoire ? À centrer sur celui de la tragédie, de la représentation tragique (*katharsis* des *pathē* du spectateur par la mise en scène d'événements suscitant crainte et pitié), on se condamne à oublier que le drame, histoire, comme le dit Aristote, de « péripéties et de reconnaissances », a son effet propre dans la *reconnaissance*. Non pas celle d'Œdipe se reconnaissant coupable de s'être cru innocent, se sachant mortel d'avoir voulu défier les immortels et convertissant ainsi, héros vaincu de la liberté, son *pathos* en *ēthos*, mais celle d'un Ulysse qui, héros invincible d'avoir passé des alliances avec les dieux et d'avoir trompé les démons avec ses tours et ses ruses, éclate pourtant en pleurs lorsqu'il entend de la bouche de l'aède sa *propre* histoire racontée. « Le héros tragique parvient au savoir en ré-expérimentant sur le mode du pâtir ce qui fut fait et dans ce *pathos*, dans ce pâtir de l'agi, la trame des faits devient l'histoire. La tragédie montre la conversion de l'agir en pâtir et c'est ce qui constitue la péripétie tragique[13]. » Le héros de l'histoire est donc moins tragique qu'épique ou dramatique. Ce qui confère au drame sa vertu mondaine, son effet de mondanisation, ce n'est pas la reconnaissance par le héros-acteur ou le spectateur (ou plutôt l'auditeur) du Rien indépassable de son destin, l'assomption du néant de son être, ou de l'Être, la conversion héroïque de son *pathos* en *ēthos*, mais c'est par la grâce d'un récit d'intrigues et de déroulement d'une succession d'actions, la reconnaissance que ce fut bien ainsi que le monde se dessina, se représenta, se mima, le re-souvenir, l'anamnèse de ceci : que, alors, à cette époque, c'est ainsi qu'il en allait du monde et des hommes. « La transformation du matériau brut donné des événements que l'historien comme le romancier [...] doit effectuer est étroitement apparentée à la transfiguration poétique des états d'âme ou des mouvements du cœur – la transfiguration de la douleur en lamentation ou de l'allégresse en célébration [...]. La fonction politique du raconteur d'histoire – historien ou romancier – est d'enseigner l'acceptation des choses telles qu'elles sont[14]. » Le récit ne purifie pas le cœur des passions humaines pour hausser le spectateur à la destinée sublime du héros ; il *nous* apprend à nous reconnaître dans une histoire que nous n'avons certes ni faite ni voulue, mais qui est nôtre, car il ne nous revient pas seulement d'en recevoir le legs et d'en assurer la charge, mais c'est à nous désormais de la garder, de la préserver et de la transmettre, c'est-à-dire, comme précisément le récit du meilleur de la tradition nous l'apprend, de nous exposer au monde, de le faire comparaître en comparaissant devant lui, de nous risquer, c'est-à-dire d'exposer en nous l'humain. Ni tragédie (l'héroïsme garde du néant) ni même *Trauerspiel* (ostentation de l'absence de grâce), le récit (*muthos*), et cela vaut aussi bien du récit de l'historien que de celui de l'écrivain, est une entreprise heureuse et douloureuse d'anamnèse. En racontant une suite d'actions, le récit rouvre un monde passé, décape le donné de ses embellissements mensongers et de son fini policé et, le livrant à la succession nue des actes et des événements (« Alors il fit ceci, alors s'ensuivit ceci, alors un autre fit cela, alors se produisit cela... »), il nous met face à l'insondable et muet secret : « Qu'est-ce qui s'est passé ? Pourquoi cela s'est-il passé ? Comment cela a-t-il été possible[15] ? » Seul le drame, à la différence de la tragédie qui ne convoque qu'un silence hautain et solitaire, se contente de dérouler, de ré-citer l'histoire, sans lui conférer un surplus de conscience tragique. Il n'apprend rien, ne dévoile rien, mais montre, fait apparaître, par la seule vertu de la parole, de la synthèse du temps accompli par le récit, qui en furent les actants, qui répondit, qui se présenta ou se déroba à l'appel, il enseigne s'il faut et comment espérer ou désespérer des hommes. Car le récit fait proprement voir le *daimōn* des agissants qui de lui-même ne se voit pas. Pur fait, un acte ou une parole n'accèdent à l'héroïsme ou à la vilenie qu'une fois mis en récit, raconté, transmis, approuvé ou contesté, loué ou blâmé, bref héroïsé. D'où la question : qui est le héros ? Qui est immortel ou mémorable, « celui qui agit ou celui qui raconte[16] » ?

Anamnèse non pas d'événements, du destin ou des accidents mais d'actions admirables ou méprisables enfouies dans le processus sédimenté et réifié de l'histoire, le drame, en sa nudité et sa simplicité, rouvre sa composition contingente et hasardeuse et découvre son origine oubliée. Non pas que nous racontions des histoires pour nous libérer, en finir avec un mal dont il serait temps que nous ne sachions plus rien, mais bien au contraire, nous attendons d'une histoire un savoir et le savoir de l'endurance de ce savoir, de sa nomination et de sa reconnaissance. En se reconnaissant dans le récit de sa propre histoire, homme de faute et de malheur, en pleurant sur ses souffrances causées et subies, Ulysse ne demande pas au récit de le purger de ses crimes, mais bien au contraire de lui apprendre ce qui lui échut en partage, qui il fut et de lui permettre de supporter et d'endurer cette vérité. Mieux, en commençant à raconter sa propre histoire, après avoir pleuré à l'écoute de l'un de ses pitoyables et lamentables épisodes, Ulysse (Homère) indique suffisamment qu'on ne récite pas pour en finir avec le mal ou le bien, mais que, à l'inverse, jamais l'événement ne devra cesser d'être raconté, toujours une histoire exigera d'être poursuivie, relayée par une autre histoire qui éternellement reviendra sur le lieu du crime ou de l'exploit. Tout récit, dans le moment même où il inscrit sur une peau d'écriture la mémoire et l'endurance du malheur ou du bonheur est une bonne nouvelle, une promesse de bonheur. Il est la nouvelle que toute histoire promet une autre histoire, promet d'enchaîner et que tant que seront transmises des nouvelles et racontées des histoires, le monde se maintiendra et Ulysse vivra et revivra dans la mémoire des hommes. Le monde est « un livre d'histoires[17] » et nous le lisons pour comprendre comment nous devons vivre, comment nous devons enchaîner et ouvrir à notre tour une histoire.

Toute vie racontée devient exemplaire, autrement dit politique (publique). Tout récit raconte comment une vie a répondu à l'appel et au souci du monde, comment elle s'y est exposée, a décidé d'y apparaître et comment eût-elle été vouée à l'écriture solitaire ou au simple dialogue amical, elle est politique si elle s'est laissée affecter par le présent, le maintenant-ci du monde, si elle l'a reçu de plein fouet, l'a enduré et s'y est, dans l'amertume ou dans la lucidité, engagée. Nous écoutons ou lisons des histoires parce que, comme l'avait déjà dit Aristote et comme, chez les modernes, Nietzsche fut sans doute le seul à l'entendre encore, l'unique question est celle du comment vivre, de l'*eu zein*, de l'*eudaimonia*, de la *bona vita*, non pas celle de la valeur ou du sens de la vie, mais celle de savoir, comme disaient les anciens, quel *genre* de vie suivre, comment nous devons répondre du monde, ou comment, nouveaux venus, nous devons répondre à la question : « Qui es-tu ? » Or de notre réponse, notre vie, notre histoire seules témoignent. « Qui est ou qui fut quelqu'un, nous ne le saurons qu'en connaissant l'histoire dont il est lui-même le héros – autrement dit sa biographie[18]. » Ce que nous demandons aux récits, aux *memoriae vitae*, ce sont donc des *exempla*, des monuments, aurait dit Nietzsche, non pas des modèles de vie, des législations de pères fondateurs, mais la mise en évidence de quelques faits et gestes (*res gestae*) offerts à l'*imitatio* et pour cela, aurait ajouté Plutarque, quelques hauts faits, voire quelques anecdotes, suffisent. « Je n'ai pas appris à écrire des histoires, écrit Plutarque dans les *Vies parallèles*, mais des vies seulement et les plus hauts et les plus glorieux des exploits ne sont pas toujours ceux qui montrent le mieux le vice et la vertu de l'homme, mais bien souvent une légère chose, une parole ou un jeu mettent clairement en évidence le naturel des personnes. » Toute vie racontée est mémorable, non pas parce qu'elle passe à la postérité ou s'inscrit dans le souvenir, mais parce qu'une fois racontée, sa grandeur apparaît, fait exemple et définit une tradition. C'est à Achille que nous nous adressons quand vient le temps du courage, c'est vers les Romains que les colons américains se tournèrent quand il s'agit de fonder la Nouvelle-Angleterre. Tous les écrits sont finalement des mémoires – chroniques, annales ou biographies. S'immortaliser (*athanatizein*), but d'une vie chez les anciens – et notre *daimōn*, notre *qui* est notre part d'immortel –, ce n'est pas tenter de rivaliser avec les dieux ni même de se mesurer avec eux : les dieux ont aussi des aventures et se réjouissent du spectacle de l'agonistique humaine, c'est vivre, suivre un genre de vie digne d'histoire, digne de monument, immémorial.

À ce titre, la frontière aristotélicienne à nouveau se brouille entre le *muthos* et l'*historia*, paradigme même, on le sait, de l'anti-*muthos*. Il n'est plus nécessaire, contrairement aux recommandations d'Aristote, de tisser une intrigue serrée et unifiée, comportant un commencement, un milieu et une fin, de former un nœud puis d'offrir un coup de théâtre où tout se dénoue (*lusis*), bref de composer (*eupoien*), d'agencer (*sunthesis*), de former (*bilden*) une belle ou sublime histoire. Bien au contraire, « l'action produit intentionnellement ou non des histoires[19] ». Toujours l'histoire a commencé, toujours elle se poursuit, jamais le monde n'est en paix, en exception de drames, en défaut d'événements, en manque d'actions. Toujours au bord de l'immonde, le monde exige qu'on témoigne de ce qui fut fait, dit et arriva, de la manière dont cela se passa et de la manière dont à chaque moment de ce jeu dramatique éternel, certains renoncèrent et d'autres résistèrent, certains abandonnèrent et d'autres entreprirent. Le monde est un livre de contes, il est fait de petits récits que les hommes s'envoient pour apprendre à désespérer ou espérer. Un récit (*muthos* ou *historia*) ne fait pas communauté ; il ne raconte pas aux hommes rassemblés pour l'entendre, leurs origines et leur raison d'être ainsi rassemblés. Si le mythe est « la langue sacrée d'une fondation et d'un serment[20] » que le récitant offre en partage à la communauté, si dans le récit mythique, la langue du destinataire (le peuple) se co-fonde avec celle du destinateur (le récitant) pour naître à elle-même comme origine, l'*historia* (la *story*), à l'inverse, est la langue des peuples nomades, en exil, dispersés ou vaincus, de ceux, aurait dit Benjamin qui ont perdu les clefs de l'Écriture et qui n'ont plus à leur disposition que l'écriture micrologique d'une tradition cachée. Le christianisme, en imposant à toute l'humanité une unique légende sacrée, en contraignant tous les peuples et tous les événements à s'inscrire dans les lettres d'une seule écriture légendaire, a mis fin au besoin de raconter que connaissaient tous les peuples anciens. Aujourd'hui que les corps politiques sont en miettes, nous ne connaissons plus guère que la seule idéologie qui répond au récit mythique des origines par un récit des fins dont on sait comment il obscurcit, ferme, et détruit définitivement et l'histoire et le monde. Car depuis l'échec de l'État-nation dont les commencements, tant la tradition était déjà rompue, ne donnèrent pas lieu à légende, il n'est plus de conte épique comme en eurent les Grecs (L'*Iliade* ou L'*Odyssée*), les Romains (L'*Énéide*) ou les Hébreux (l'Exode). Certes le goût du conte épique s'entend encore aux temps naissants de l'impérialisme, comme Arendt aime à le savourer dans un Kipling (les *Humorous Tales* et plus particulièrement « The first sailor »), un Conrad (*Youth and Other Tales* et de manière privilégiée *Au cœur des ténèbres*) ou encore Blixen (*Seven Gothic Tales*). Car, entre le trop tard du conte et le trop tôt de l'idéologie, la légende épique, loin de chercher à fonder en ses origines un peuple ou à ériger un mythe fondateur, raconte comment dans l'allégresse ou dans la détresse une intrigue se noua entre un monde blessant et une vie humaine, comment des acteurs, parmi les meilleurs de leur génération, jouèrent au grand jeu du monde, rêvèrent, dans l'amertume ou dans le dégrisement, d'héroïsmes ambigus, avant cependant d'être eux-mêmes emportés par l'alliance du bureaucrate et de l'idéologue.

La tradition légendaire, « promesse d'une conduite sûre à travers les espaces sans limites du futur », non fiable quant aux faits, mais « douée d'une signification vraie » est aujourd'hui rompue. Récit non des origines, mais des commencements héroïques d'un peuple en lutte pour sa liberté, elle était « le vrai commencement de l'histoire humaine[21] ». Quel récit aujourd'hui transmettra la tradition ? Quand les héros sont héros du pâtir et non plus de l'agir, quand la multitude anonyme du pâtir, du mourir pour rien, rend dérisoires même ces monuments au soldat inconnu qu'accueillaient les agoras modernes encore au début du siècle, quand ce sont les morts, pour parler comme Benjamin, qui ne sont plus en sécurité, comment encore transmettre, comment poursuivre une tradition ?

« Qui dit ce qui est – *legein ta eonta* – raconte toujours une histoire[22] », écrit Arendt. Pour comprendre le sens de ce *legein*, il faut remonter en deçà du *logos* heideggerien, héraclitéen ou parménidien, jusqu'à Homère ou du moins Hérodote, premier *histōr*, premier auteur d'*historia*. *Legein ta eonta*, c'est témoigner de ce qui arriva. C'est d'abord rapporter ce que les yeux et les oreilles ont vu et entendu, ce dont les sens furent le témoin, « la vérité de fait » ineffaçable, intraitable, indestructible. Ce n'est plus alors assez des dieux homériques qui assistaient en spectateurs olympiens, au jeu des affaires humaines, qui s'en faisaient les témoins amusés ou désolés, qui blâmaient ou approuvaient. C'est à l'acteur même de « dire ce qui fut », c'est vers le survivant que nous nous tournons pour apprendre comment l'impossible fut possible, comment l'impossible arriva. Antelme est l'un des innombrables « copains » qui peuplent *L'Espèce humaine*, comme Chalamov fut l'un des zeks et « crevards » anonymes qui composent les *Récits de la Kolyma*. Car c'est du récit que nous attendons de pouvoir comprendre et endurer l'histoire, notre histoire. C'est en ré-citant (*legein*), en rapportant les faits et les gestes de chacun, en convoquant l'entrelacs des *pathē*, des *ēthē* et des *praxeis* que le témoin comprend en même temps que le destinateur le sens de son histoire. Et ce sens, c'est que « même mort, même déjà mort, l'homme est plus endurant et plus fort qu'un cheval » (Chalamov), ou que « le bourreau peut tuer un homme, mais il ne peut le changer en autre chose ; l'espèce humaine est indivisible » (Antelme). Car le besoin de raison qui nous appelle à penser « ne diffère en rien du besoin qu'ont les hommes de raconter les événements auxquels ils ont assisté ou d'en faire des poème[23] ». Et Arendt peut faire l'éloge de Heidegger qui « avait raison d'appeler proches voisines la poésie et la pensée[24] ».

Raconter (*legein*) c'est donc témoigner de la résistance, c'est résister, c'est donner la parole aux vaincus, aux oubliés de l'histoire (aux Troyens comme aux Achéens, aux Barbares comme aux Grecs), à ceux dont la cause, comme aime à le rappeler Arendt, ne plaît pas aux dieux, mais aux hommes dont le récitant est l'obligé (*Victrix causa deis placavit*, *sed victa Catoni*[25]). Car réciter, c'est surtout transmettre, remettre un trésor, s'en remettre à un destinataire, confier à la fragile parole une dernière parole. Le témoin recueille, collecte et destinant ainsi le récepteur, l'endette à l'égard de l'envoyeur et l'oblige à transmettre à son tour. Tout récit est fait pour être récité, à s'enchâsser dans la chaîne d'un parler, tout récit promet de livrer et de délivrer la nouvelle, de ne pas la garder ou de la tenir en réserve, mais de la léguer et la déléguer, de la faire passer.

En ce lieu, Arendt se tient au plus près du *legein* heideggerien qui ne se détermine ni depuis la *phōnē* (son émis), ni même depuis le *sēmeion* (signification), mais depuis le *lesen* : collecter, recueillir, rassembler. Et de fait, avant la division en *logos* rhétorique (*praxis* ou *lexis*) et *logos* poétique, il y a le *logos apophantikos*, celui qui montre, fait voir parce qu'il répond à la convocation du monde, à l'exigence du temps qui demande à être nommé, épelé, évoqué, et ce faisant, conservé, préservé, sauvegardé. Rappelons-nous le sens homérique de *legein*[26]. C'est réunir ce qui est dispersé, comme des brindilles pour un feu ou les armures des ennemis tombés devant Troie, soit : rassembler, conserver et distinguer du reste des *eonta*. D'autre part, comme le rappelle Arendt[27], la coupure chez Homère n'est pas encore faite entre *poiēmata* (œuvres) et *pragmata* (choses agies, résultats d'actions), pas plus qu'entre rhétorique et poétique. Achille est un « faiseur de grands exploits (*erga*) et de grandes paroles (*megaloi logoi* ou *muthoi*), Achille ne parle pas, pas encore, pour persuader, convaincre ou fonder, comme un moyen en vue d'une fin. Sa parole est efficace, elle agit, elle est *ergon*, elle lance des hommes au combat, bref elle ouvre une histoire parce qu'elle s'impose, fait autorité, parce qu'elle répond au monde d'ici et maintenant, d'une manière inédite et éclairante et est digne d'être rapportée et transmise ». Le *logos* homérique « est la manière spécifiquement humaine de répondre, de répliquer, de se mesurer aux événements ou aux actes [...]. Ces paroles ne tiraient pas leur grandeur de celle des pensées qu'elles exprimaient, au contraire, comme l'indiquent les derniers vers d'*Antigone*, c'est peut-être la capacité de répondre par "de grands mots" (*megaloi logoi*) aux coups funestes qui, un jour, dans la vieillesse, inspirera des pensées[28] ». Le *logos* en son essence est donc parole recueillante, préservante et révélante. Réponse rassemblante et dévoilante, elle sauve la mémoire du monde. Elle est mémoire immémoriale. Mais mémoire de quoi ? Et quelle mémoire ?

Car ce n'est pas l'Être qui rassemble les étants quand il vient s'y dire, ce n'est plus de l'injonction de la venue en présence qu'il faut faire mémoire, ce n'est plus le retrait de l'Être qu'il faut laisser s'inscrire dans une œuvre à jamais désœuvrée. L'essence de la mémoire arendtienne n'est pas rassemblement, mais tradition ; elle ne répond pas à l'injonction de dire, de porter au dire, au langage, l'oubli de l'Être ou du divin, mais à celle de raconter des histoires et de les transmettre. Avant la bipartition en poète et en orateur, en *Dichter* et en *Redner*, il y a le récitant des *praxeis*, *pathē* et *ēthē* – Homère, Virgile, Plutarque, ou Antelme et Chalamov – qui témoigne des *erga* et des *muthoi* et les porte à leur essence, leur entéléchie : poursuivre la tradition. Aède, barde, conteur, chantre ou bateleur, aveugle, nomade ou de passage, il chante, en une ballade ou une longue ou courte histoire, un haut fait ou malheur venus de loin, il fait pleurer ou se réjouir ceux qui s'étaient rassemblés à l'annonce de son arrivée, qui étaient venus aux nouvelles, puis s'éloignant dans le lointain de l'espace et du temps, il laisse à la grappe de ses auditeurs le soin de comprendre, de se tourner vers le monde d'une manière nouvelle, de le soigner et de le sauvegarder. L'essence de la *poiēsis* n'a donc rien de poétique. Le poète n'est pas un *Dichter*, un compositeur, un œuvrant en proie aux démons de la voyance ou à l'angoisse du désœuvrement. Héritier de Schéhérazade qui, avec ingéniosité et courage, différait la mort en enchaînant conte sur conte, repoussait la menace de l'immonde en poursuivant héroïquement le récit de ses histoires, fidèle de Pénélope qui, avec ruse et ténacité, détissait son œuvre la nuit pour prendre le temps à revers et reculer l'échéance, le poète, barde aveugle, homme de la nuit et de l'exil, dont la Mémoire est la seule compagne, chante le temps confié aux mortels. Tant que le poète contera l'éternel retour du malheur et du bonheur, tant que, plainte du violon, chant de ritournelle d'enfants, mélopée de pleureuses, histoires drôles ou tristes, le monde en sa détresse sera célébré, loué, béni, le temps sera gardé et le monde, encore un temps, préservé. « Contre tout espoir », il faut raconter, malgré tout, toujours raconter. Ne jamais céder sur l'envoi d'une lettre et de sa transmission.

Celan se lamentait : « Nul ne témoigne pour le témoin » (*Strette*). Arendt, en écho, lui aura répondu : « Il restera toujours un survivant pour raconter l'histoire[29] », fût-ce de la fin ou de l'impossibilité de l'histoire. « Tant que tous les hommes raisonnables, écrit-elle ailleurs, n'auront pas été réellement et littéralement tués[30] », il y aura toujours la chance d'un bout de récit, d'une pelote de laine, d'un caillou sur le chemin ou de quelques cendres. Il est toujours possible qu'il n'y ait plus de témoin pour le témoin ou qu'une lettre ne parvienne pas à destination, mais toujours il y aura eu marque, signature, incision, envoi.

Siniavski raconte que, à la fin de la guerre, quelque

part au fond de la taïga, non loin de l'océan, de nombreux détenus se coupèrent les mains pour témoigner de leur existence et de leur travail inhumain. Les doigts coupés firent le voyage avec un bois raffiné destiné à l'exportation. Quand les Anglais défirent les chargements un à un, la vue de chair humaine entre chaque pièce de bois les fit renoncer à la poursuite du commerce et protester publiquement. Conte, conte de fées. Jamais bien sûr les mains coupées, qui existèrent pourtant, ne parvinrent à destination de l'Occident. Mais de la Kolyma nous fut bien transmis quelque chose : un récit, les *Récits*, par le misérable zek-barde Chalamov, *de la Kolyma*.

Françoise Proust

1. *C.H.M.*, p. 161-162.
2. *Ibid.*, p. 170.
3. *V.P.*, p. 34.
4. *C.H.M.*, p. 191, note.
5. *Ibid.*, p. 211.
6. Plutarque, *Vies parallèles*, Préface à la « Vie de Périclès », trad. R. Flacelière et E. Chambry, Paris, Les Belles Lettres, 1969.
7. *C.C.*, p. 286.
8. Heidegger, « L'origine de l'œuvre d'art », in *Chemins qui ne mènent nulle part*, trad. W. Brokmeier, Paris, Gallimard, 1962, p. 58.
9. *V.P.*, p. 139.
10. Aristote, *Poétique*, 6, 50a 20, trad. Dupont-Roc et Lallot, Paris, Seuil, 1980, p. 55.
11. *C.H.M.*, p. 211 note.
12. P. Ricœur, *Temps et Récit*, I, Paris, Seuil, 1983, p. 62-64.
13. *V.P.*, p. 30.
14. *C.C.*, p. 334.
15. *S.T.*, p. 7 ; *cf.* également *E.J.*, p. 13.
16. *V.E.*, I, p. 154.

17. « Travail, œuvre, action », trad. D. Lories, *E.P.*, p. 24.
18. *C.H.M.*, p. 209-210.
19. *Ibid.*, p. 207.
20. J.-L. Nancy, *La Communauté désœuvrée*, Paris, Bourgois, 1986, p. 110.
21. *I.*, p. 146-147.
22. *C.C.*, p. 333.
23. *V.E.*, I, p. 95.
24. *Ibid.*, p. 127.
25. *Ibid.*, p. 242.
26. J'emprunte ces remarques à Schürmann dans son *Principe d'anarchie*, Paris, Seuil, 1982, p. 212.
27. *C.H.M.*, p. 28, note.
28. *Ibid.*, p. 35 et 34.
29. *E.J.*, p. 256. Sur ce point, nous nous permettons de renvoyer à notre article : « Le nom du héros », *C.P.*, p. 183-198.
30. *V.P.*, p. 88.

N'être

Événement et représentation

« Si les crises dans lesquelles nous avons vécu depuis le commencement de ce siècle peuvent nous enseigner quelque chose, c'est, je pense, le simple fait qu'il n'y ait pas de normes pour déterminer nos jugements de manière infaillible, pas de règles générales sous lesquelles subsumer les cas particuliers avec quelque degré de certitude » déclarait Hannah Arendt, en 1966, au cours d'un symposium consacré à *Monde chrétien et crise*[1]. À cette perte des principes s'ajoute celle de la tradition : « Depuis que le passé a cessé de projeter sa lumière sur le présent, l'esprit humain erre dans l'obscurité », écrit-elle souvent, citant Tocqueville. Ainsi le « démantèlement de la métaphysique » n'est-il pas qu'une péripétie de l'histoire de la philosophie : il appartient aussi au politique et témoigne d'une crise, voire d'une fracture du monde moderne et de son humanisme historiciste articulé à la fiction du « genre humain » et du progrès.

Ce démantèlement dont il faut aujourd'hui prendre acte a cependant accompagné en mineur toute la pensée moderne : la crise appartient à son essor. Mais c'est aujourd'hui que les yeux sont radicalement dessillés. Les principes et les représentations supposés réguler l'agir humain ont exhibé leur faillite dans le développement contemporain des totalitarismes et de l'univers concentrationnaire. L'apparition du « mal radical » est en liaison avec un système où tous les hommes sont devenus « superflus », sans qu'ils soient susceptibles d'un tort ou d'un crime, la loi de l'histoire ou de la nature servant de caution à l'arbitraire du pouvoir. De sorte que l'humanité est en sursis, et que peut être imaginé son anéantissement.

Certes Auschwitz ou Hiroshima – que médite Arendt – ne sont pas les causes de la fracture du monde moderne mais plutôt ses révélateurs et ses symptômes. Les « sombres temps » n'appartiennent pas à un moment isolable de notre histoire mais constituent son horizon.

Cette prise en compte des « sombres temps » qui sont d'un temps et de tout temps, ne renvoie cependant pas au nihilisme qui est encore un revers de la croyance, une croyance déçue en quelque sorte : « Son credo est fait de la négation des valeurs positives auxquelles il demeure lié[2]. » La position critique, qui est celle d'Arendt dans le sillage de Kant, « se situe dans une double opposition à la métaphysique dogmatique d'une part, et au scepticisme de l'autre[3] ».

C'est donc sur les ruines du monde moderne et le constat d'impuissance de la métaphysique que s'élève la pensée d'Arendt. Le « désastre », dont l'évocation est pure de tout pathos, constitue son *a priori* plus que son objet. Mais si « Dieu est mort », si « l'Homme est mort », pour reprendre les formules consacrées, si le fil du « grand récit » révèle son artifice, il reste qu'il faut honorer l'événement. Car enfin nous ne cessons pas de parler, de vivre ensemble. D'un homme à l'autre, d'une génération à l'autre, un héritage se transmet, fût-ce sans « testament », c'est-à-dire sans mode d'emploi, héritage qui n'est pas transmission d'un objet mais d'un message dont ni le texte ni le destinataire ne sont connus. La mémoire est promesse. Le langage, qui est ici d'adresse plutôt que de célébration, dit « lève-toi » à qui se lève, le nouveau. Sur les ruines quelqu'un naît, ne cesse de naître, rouvrant le dialogue. Et ce sont les conditions de possibilité de ce parler et de ce vivre ensemble qu'interroge Arendt.

Si le langage est sans fondement, il n'est cependant pas sans butée, et cette butée est l'autre. Il communique sans que cette communication réduise l'étrangeté, sans que le commun qu'il inaugure puisse constituer un espace homogène. Ainsi ce que les philosophies postmétaphysiques ont jusqu'ici inscrit dans la dimension du poétique ou de l'art – on songe à Heidegger, mais aussi à toute la pensée française de la différence –, Hannah Arendt l'inscrit ou l'inscrit aussi dans la dimension du politique, croisant de manière apparemment paradoxale ces deux registres.

C'est la considération – qu'on peut dire réaliste – de ce fait que nous continuons à parler, à naître, à faire naître, en l'absence de l'Être, qui gouverne le pensée d'Arendt. Nous sommes là, ensemble et séparés, en ce moment même : à quelles conditions ce « miracle » est-il possible ? À quelles conditions, sur fond d'impossible, le possible est-il possible ?

Car qui parle a déjà rallié le possible. On ne peut parler au nom de l'impossible, ni au nom de ceux qui sont retournés à l'impossible. On ne peut sans imposture s'en faire le champion. (Et peut-être le malaise d'Arendt à l'égard des philosophes vient-il entre autres de ce que ceux-ci se font « couleur des morts », parlent comme s'ils ne parlaient pas, dissimulent dans ce non-lieu le fait qu'ils occupent bien un lieu).

Si Hannah Arendt s'attache ainsi à l'émergence du possible, si elle s'y obstine dans toute son œuvre, c'est qu'elle appartient effectivement et symboliquement, comme juive surtout, et peut-être aussi comme femme, au nombre des exclus, de ceux, contraints au mutisme, pour qui parler relève jour après jour de l'ordre du miracle.

Ainsi dans le débat qui oppose aujourd'hui, en une dualité simplificatrice, les néo-humanistes aux penseurs du démantèlement, Hannah Arendt occupe-t-elle une position originale, dessinant un espace post-métaphysique ou postmoderne du politique comme de l'art ou de la pensée. Cet espace qui ne se soutient d'aucune représentation, elle l'articule au jugement, seul apte à l'irruption de l'événement, et entraînant la décision. Décision qui n'est pas celle de l'une fois pour toutes mais qui a à se reformuler dans le creuset de chaque circonstance. Décision s'appuyant sur une *doxa*, une opinion, confrontée à d'autres opinions car parler est plusieurs : on ne voyage pas seul à travers les mots. D'où l'insistance d'Arendt sur le co-naître plutôt que sur le connaître : le n'Être est naissance. La langue dit : lève-toi, à la dépouille de Lazare, et pour Arendt, toujours de quelque façon Lazare se lève. Même la démocratie est en ce sens acte de foi renouvelé plutôt qu'objet de raison calculante. De cette foi – non divine – qui soulève les montagnes.

Certes l'espace public n'est pas pour Arendt tout l'espace : elle maintiendra toujours, sous des formes variées, la distinction du privé et du public, recouvrant le privé tantôt dénigré, tantôt célébré, d'un curieux silence comme s'il appartenait à l'imparlable. (Et on pourrait interroger les conditions historico-culturelles et biographiques de cette coupure.) Seule l'éthique qui parcourt toute sa réflexion de manière souterraine mais ne se formule qu'avec suspicion pourrait peut-être traverser cette frontière. Mais c'est à l'espace public qu'elle consacre l'essentiel de sa réflexion. Cet espace public, s'il a pour pièce maîtresse le politique, se distribue cependant sur trois registres à la fois indissociables et inassimilables : la pensée, le politique, l'art, que nous examinerons brièvement ici.

À la fin du tome I de *La Vie de l'esprit*, Hannah Arendt, résumant l'hypothèse fondamentale qui guide sa recherche, affirme péremptoirement : « Je me suis clairement rangée sous la bannière de ceux qui, depuis pas mal de temps, s'efforcent de démanteler la métaphysique ainsi que la philosophie et ses catégories, telles que nous les connaissons toutes deux, depuis leurs débuts en Grèce jusqu'à ce jour[4]. »

La référence à Heidegger est ici évidente. Mais Heidegger, dans son débat avec la métaphysique, reste un penseur ontologique, un penseur de l'Être – même si celui-ci n'est pas substantifié. Le démantèlement auquel Hannah Arendt dit se livrer ne vise d'ailleurs pas seulement la métaphysique : il vise aussi la philosophie. Il se produirait donc à partir d'un ailleurs de la philosophie. « Je ne suis pas philosophe » ne cesse-t-elle de dire dans un mouvement qui n'est ni de modestie ni de coquetterie. Ce qui ne signifie pas qu'elle se situe hors de la pensée car la philosophie n'en a pas le monopole.

La défiance critique de Hannah Arendt à l'égard du « philosophe professionnel » ne tient pas qu'à des motifs spéculatifs : elle s'enracine dans une expérience pour le moins troublante. Il s'agit précisément de l'attitude de Heidegger, penseur prestigieux qui fut non seulement son professeur et son maître mais aussi son amour de jeunesse, et envers lequel elle ne cessera de répéter son admiration, mais dont l'attitude politique – quel qu'ait été son degré de complicité avec le nazisme et l'antisémitisme – fait question. Qu'est-ce qui aveugla ce méditant que sa scansion de l'errance ou de l'erroire ne préserve pas de la plus tragique des erreurs ? Hannah Arendt a tendance à répondre que ce n'est pas un accident, ni même le contenu de sa pensée, mais le lieu en lequel il s'est situé pour penser, et où se situe tout « philosophe professionnel ».

Dans la philosophie « la pensée se retire du monde des phénomènes[5] » : elle n'a pas affaire au contingent. Et le philosophe, bien qu'il appartienne par une part de lui-même à la réalité du « sens commun » s'en détache autant qu'il est possible, se protège par son retrait des événements intempestifs du réel, et donc aussi de la pluralité humaine. Il s'isole pour penser. Là où il se tient il n'y a plus les hommes mais l'Homme – fût-il dit *Dasein* – et l'Homme se confond avec lui. « Dans la mesure où il pense, c'est-à-dire, selon Valéry, où il n'est pas, l'homme – un il comme l'appelle justement Kafka – et pas un quelqu'un dans l'actualité totale de son être concret, vit dans un présent qui n'a pas de temps. » Il mène une vie d'étranger, *bios xenikos*. Il est « de la couleur des morts », ayant quitté « le règne des apparences[6] ».

Que de ce « séjour », le philosophe redescende dans le domaine des « affaires humaines », en prétendant y appliquer les catégories de sa pensée, comporte un risque dont attestent entre autres les expériences de Platon ou de Hegel. « Or nous savons tous que Heidegger aussi a une fois cédé à la tentation de changer son "séjour" et de "s'insérer", comme on disait alors, dans le monde des affaires humaines. Et en ce qui concerne le monde, cela a tourné pour Heidegger un peu plus mal encore que pour Platon, parce que le tyran et ses victimes ne se trouvaient pas outre-mer mais dans son propre pays[7]. » Car lorsque Heidegger sort de sa retraite méditante pour prendre part au monde, il ne se laisse pas interpeller par la spécificité de l'événement – la montée du nazisme totalitaire –, mais lui applique ou croit y lire une figure du rapport à l'Être qu'il a élaborée dans son isolement. Il néglige les vicissitudes de ce qui apparaît, à savoir l'exclusion et l'extermination. Berger de l'Être, il descend de sa montagne en chargé de mission. « Qui, outre Heidegger, en est venu à l'idée de voir dans le national-socialisme la rencontre de la technique planétairement déterminée et de l'homme des Temps modernes à moins d'avoir lu, au lieu de *Mein Kampf* de Hitler, quelques écrits des futuristes italiens[8] ? »

Cette péripétie qui interroge encore aujourd'hui chaque penseur est liée pour Arendt au statut même du philosophe dans la mesure où il se considère comme le spécialiste de la pensée : il manque la pensée et il manque à la pensée en quelque sorte par excès. « Nous qui voulons honorer les penseurs, bien que notre séjour soit au milieu du monde, nous ne pouvons guère nous empêcher de trouver frappant et peut-être scandaleux que Platon comme Heidegger, alors qu'ils s'engageaient dans les affaires humaines, aient eu recours aux tyrans et aux dictateurs. Peut-être la cause ne s'en trouve-t-elle pas seulement à chaque fois dans les circonstances de l'époque, et moins encore dans une préformation du caractère, mais plutôt dans ce que les Français nomment une *déformation professionnelle*. Car le penchant au tyrannique se constate dans leurs théories chez presque tous les grands penseurs[9]. »

Il y a donc des accointances entre la position philosophique et la position tyrannique. Ce transport que le philosophe a éprouvé dans la solitude, le moment de l'étonnement et de l'admiration, lorsqu'il le développe dans une œuvre qui n'est jamais qu'un développement déterminé du *logos*, il tend à conférer à celle-ci une souveraineté sans réplique. S'il ne prétend pas toujours dire le vrai, du moins se met-il en position d'avoir raison, à distance du jeu « fallacieux » des opinions. Il s'applique aux affaires humaines à partir de cette hauteur méditante et en oubliant que dans ce règne, la pensée ne peut se manifester que comme *doxa*, affrontée à d'autres *doxai*, et non se constituer en expertise.

Quelques penseurs pourtant ont réussi à combiner

retrait et affrontement de la pluralité : Socrate est ici, pour Arendt, une référence exemplaire, qui n'interprète pas le « vent de la pensée » comme vent de sa pensée mais comme parcours et confrontation des opinions, dialogue toujours poursuivi et jamais conclu des hommes les uns avec les autres, « voyage à travers les mots » d'un langage dont aucune langue et nul parlant ne se fait le dépositaire. Non pas penseur du politique, mais penseur politique qui, à partir du *thaumazein*, de l'étonnement, élabore un *logos* à plusieurs voix à travers lequel se déploient et se redéploient ces « questions sans réponse » qui font le tissu de la pensée et sur fond desquelles s'enlèvent les questions auxquelles il peut être donné réponse par le savoir et la science, sans que soient confondus les deux registres, sans que la pensée bascule du côté du savoir en un domaine qui n'est pas le sien[10].

Mais la défaillance de la pensée par excès ne justifie pas pour autant le non-philosophe, ou du moins le non-pensant. Car l'autre danger est de ne pas penser du tout, de manquer la pensée par défaut. Si Heidegger illustre la première figure, Eichmann illustre la seconde.

Lorsque Hannah Arendt, au scandale de beaucoup, parle de la « banalité du mal » lorsqu'elle juge Eichmann non pas exceptionnel mais malheureusement semblable à tous ses pareils, ce qu'elle veut dire, c'est qu'il n'a jamais été « quelqu'un », qu'il n'a jamais « pensé par soi-même ». Lui non plus, à sa manière, n'examine à aucun moment la réalité concrète à laquelle il a à faire, lui aussi vit d'une certaine manière dans l'abstraction : membre d'une masse manipulable et sans jugement, unité parmi d'autres d'un tout que produit la société totalitaire.

Le phénomène : sens commun et sensus communis

La question qui anime Hannah Arendt devant l'expérience philosophique est de savoir comment cet être pensant qu'est l'homme, et tout homme, peut, sans cesser de penser, avoir affaire à la contingence du monde et y faire face, comment vie de la pensée et vie politique peuvent, sans se confondre, aller ensemble, comme retrait solitaire et communauté, non-savoir et décision. Il s'agit pour elle, comme pour tout penseur, de redéfinir le sens du mot raison. Et si pensée et politique peuvent être articulés, c'est que l'une et l'autre sont suspendus non à la représentation mais à l'événement.

« Fidélité au phénomène », c'est-à-dire à l'apparaître (et Être et apparaître coïncident) pourrait bien être le leitmotiv d'Arendt, par quoi elle est, comme elle le dit elle-même, « une sorte de phénoménologue ». Mais le phénomène apparaît à quelqu'un qui lui-même se situe dans la phénoménalité, n'en est pas le Sujet mais l'acteur, parmi d'autres acteurs, toujours situés. La suspicion dont est affecté le Sujet transcendantal dans la pensée arendtienne – à moins qu'il ne soit le point de fuite où se rejoignent les sujets pluriels – vient de ce qu'il est la projection d'un sujet empirique (comme en attestent les exemples malheureux de Platon, Hegel ou Heidegger), d'où ce « penchant » au tyrannique qu'elle dénonce. Car la prise en compte du phénomène doit impliquer pour le philosophe celle de sa propre phénoménalité.

Que l'*unum verum*, sous toutes ses formes, soit réductible à l'*ein Man ein Volk* est un raccourci provoquant et sans nuance qui n'est pas formulé comme tel par Arendt. Mais toute position de vérité détachée de l'agir comporte un tel risque dictatorial. Ce qui peut y faire résistance, c'est ce que toute philosophie comporte de doxique, la retenue du point de vue dans la vue – ou dans l'écoute car la substitution de la métaphore auditive à la métaphore visuelle ne suffit pas à en écarter le risque, et l'ontologie heideggerienne est à cet égard encore liée aux avatars de la métaphysique qu'elle dénonce.

Si Hannah Arendt se réfère à la distinction kantienne du *Verstand* et du *Vernunft*, de l'entendement et de la raison, comme du savoir et du sens, elle critique cependant l'interprétation kantienne du *Vernunft* comme ordre de la vérité. Kant « ne peut se débarrasser complètement de la conviction que le but ultime de la pensée comme du savoir est la vérité et la connaissance[11] », ce qui apparaît dans son recours constant au terme de *Vernunftkennis*, connaissance de pure raison, et l'articulation de la signification à l'ordre des Fins.

Qu'en serait-il alors d'un espace de la raison qui n'aurait pas affaire au noumène mais au phénomène pris dans le registre non de la connaissance mais de la signification ? C'est ainsi qu'il faut entendre l'apologie de la *doxa* sous la plume d'Arendt : raison partagée, chacun ayant à dire non ce qui apparaît – en quoi on resterait proche du dire de l'Être, en provenance de l'Être –, mais ce qui *lui* apparaît, comme être lui-même apparaissant. Et si la *doxa* est articulée au *peithein*, à la persuasion, c'est précisément dans la mesure où elle ne prétend pas avoir le caractère contraignant de la vérité mais nécessite un dialogue incessant avec les autres pour se faire entendre.

Bien qu'Arendt affirme parfois que « penser n'est pas juger », penser pour elle a toujours rapport au jugement. C'est pourquoi il y a dans toute pensée une responsabilité par laquelle chacun, comme Socrate, « veut et est capable de rendre compte de ce qu'il pense et dit » (*logon didonai*). C'est en quoi le penseur se distingue des « sages », qui tels les présocratiques, « lorsqu'on leur posait une question demeuraient silencieux ». Et les sophistes furent les premiers, selon

Arendt, à adopter cette position par laquelle le philosophe « est responsable de ce qu'il pense et enseigne[12] ». Ainsi Hannah Arendt oppose-t-elle au penseur solitaire, retiré du monde, la figure de celui qui tient compte dans sa pensée du point de vue des autres, dans une sorte de « mentalité élargie » : « la compagnie est indispensable au penseur » dit-elle elle-même alors, citant Kant.

L'inscription de la raison comme raison partagée dans la sphère de la *doxa*, des *doxai*, n'est pas l'abandon au scepticisme, la célébration de l'indifférence, mais au contraire la passion de la différence et des différences, l'affirmation du rien que ceci mais du tout ceci dans le foisonnement des apparences qui constitue un monde, un « sens commun ». La non-vérité est ici principe de communication par lequel les hommes s'entendent dans une langue toujours inouïe. Ce qui empêche de tomber dans le silence de l'Un, dans cette voix unanime et anonyme qui est celle, tyrannique et totalitaire, de l'idéologie, si dangereusement voisine de la prétention à la vérité.

Mais cette raison partagée n'est possible que pour qui pense sans s'ériger en professionnel de la pensée, en expert. L'ambition de Hannah Arendt, et elle l'exprime constamment, est de supprimer la frontière qui sépare les « élus » de la multitude, de rendre la pensée à la communauté non par un simple souci de justice mais parce que c'est ainsi qu'elle est elle-même. « On ne peut plus abandonner la question aux spécialistes comme si la pensée, semblable en cela aux mathématiques avancées, était le monopole d'une discipline spécialisée[13]. »

La notion de « commun », telle qu'elle apparaît dans l'expression sens commun ou monde commun, souvent utilisée par Hannah Arendt, n'est pas dépourvue d'une certaine ambiguïté. Le commun en effet appartient à la fois à l'ordre du fait (inaliénable) et à l'ordre de la décision. Il relève de la perception et du jugement. C'est ce qui se dégage en tout cas des deux éclairages successifs et différents qu'elle en donne dans *La Vie de l'esprit*, le premier à travers la lecture de Merleau-Ponty, le second à travers la lecture de Kant. Ces deux éclairages ne sont pas exclusifs mais ils méritent d'être relevés car ils soulignent une certaine oscillation de la « phénoménologie » arendtienne.

Dans le premier, elle est amenée à définir le *sens commun* dans l'ordre de la structure perceptive. Il réside alors dans ce « sentiment de réalité » qui rassemble tout à la fois la diversité des cinq sens dans l'appréhension d'un même objet, et permet la reconnaissance de cet objet par des perspectives humaines diversifiées. (Dans ce contexte elle fait d'ailleurs de la science une extension de la perception alors qu'ailleurs elle la définira plutôt comme constitutive de son objet[14].)

Dans le second, le sens commun est le fruit d'une représentation plutôt que d'une perception, mais « sans la médiation d'un concept ». Il n'est pas donné mais « sollicité » par le jugement qui est le propre de l'homme « d'esprit ouvert[15] ». C'est le *sensus communis*. Et si l'homme partage le « sens commun » avec l'animal, le *sensus communis* par contre lui est propre.

La même oscillation affecte la notion de monde commun. Celui-ci est à la fois, comme elle y insiste dans *La Condition de l'homme moderne*, le fait d'un ensemble d'objets durables en lequel chacun vient à surgir par la naissance, mais il est aussi celui qu'il faut en quelque sorte faire advenir, dont il faut décider, en se donnant à apparaître en public et en faisant apparaître ce qui peut constamment retomber dans le non-monde, et par exemple dans le social.

Ainsi, dans sa première version, le « commun » appartient à ce qui est, dans sa seconde version, il est arrachement à ce qui est : le symbolique se prélevant et s'enlevant sur le donné.

La notion de phénoménalité est pareillement double dans la pensée arendtienne : l'apparaître est l'apparaître de ce qui est, mais aussi l'apparaître est un acte, celui de faire apparaître. On peut certes trouver des formes classiques d'accord entre ces deux versions de l'apparaître en disant que le faire apparaître restaure ou sauve un apparaître toujours menacé, ou que le jugement serait fidélité à la perception, mais ce rapprochement ne peut dissimuler une tension significative.

Ce qui est occulté dans la perte du monde qu'incarne le totalitarisme, c'est l'épreuve de la diversité dans l'unité, l'idéologie fonctionnant à la manière d'un cache. Ce que préserve au contraire le monde commun à travers la démocratie, c'est cette diversité de points de vue. Or il serait certes difficile de prétendre que dans l'effondrement du monde commun c'est la perception qui disparaît : les cinq sens s'y exercent comme partout. Mais on ne voit plus ce qu'on voit, on n'entend plus ce qu'on entend. L'image dictatoriale y détruit la capacité de « juger par soi-même ».

Elle détruit la capacité de chacun d'apparaître en public, et d'être reconnu dans son apparition. Cette perte contamine jusqu'au savoir, provoquant par exemple la dénégation de l'existence des camps ou entérinant, en dépit de l'expérience, une biologie lyssenkiste contre une biologie supposée bourgeoise. Le monde commun fait place à l'indistinction de l'un que commande l'instance idéologique.

C'est dire que le seul niveau perceptif en son sens positif ne suffit pas à définir l'apparaître arendtien, le commun du sens commun et du monde commun, que celui-ci peut être aboli ou recouvert par l'uniformité de l'un et qu'il nécessite donc une constante vigilance de la pensée et du jugement pour advenir : le pluriel ne s'identifie pas à la pluralité numérique. C'est dire aussi que toute pensée ne le tient pas en sa sauvegarde et qu'elle peut l'absorber dans une problématique de la vérité, même si le vrai ne s'y définit plus comme *adēquatio rēi et intellectus*.

Le fait que la notion de monde chez Arendt soit toujours prise dans l'expression « monde commun » vient interroger toute tentative de rabattement de sa pensée sur celle de Heidegger, même si elle y a trouvé sa première inspiration, et ce malgré des similitudes apparentes. L'apparaître n'a pas même sens chez l'un et l'autre. Certes la phénoménalité heideggerienne n'est pas non plus d'ordre simplement perceptif : elle s'opère à travers le langage et plus spécifiquement à travers l'essence poétique de celui-ci. Mais le dire y est toujours dire de l'Être, en provenance de l'Être, au commandement duquel répond celui qui parle dans son penser-remercier sans que ce dire s'appréhende comme dit confronté à d'autres dits. Rien de tel chez Arendt où celui qui parle se prononce non à partir d'une provenance ontologique mais en direction d'autres parlants devant qui il s'expose. L'abîme ou la finitude ici n'est pas la mortalité en laquelle s'enracine le seul, mais l'altérité du plusieurs : le destinal s'inscrit en destinataires. Pensée laïque ou a-théologique où ce qui survit de religieux relève de l'ordre non du sacré mais du *religare*. Le langage est sans origine, non sans locuteurs.

Le politique

Dans l'approche des rapports de la philosophie et de la pensée, dans la redéfinition de la pensée, se dessine déjà la redéfinition de l'agir comme agir politique auquel est consacrée une part importante de l'œuvre d'Hannah Arendt.

Les rapports de la philosophie et du politique ont été séculairement marqués par une priorité de la contemplation sur l'action, du théorique sur le pratique, ou par un assujettissement du second au premier supposé l'éclairer. Le retournement même opéré par Marx : « le philosophe a pensé le monde, il s'agit maintenant de le transformer » en « remettant la philosophie sur ses pieds », a abouti, selon Arendt, non pas à une véritable pensée du politique mais à une philosophie de l'histoire qui inscrit l'événement dans la représentation de sa fin plutôt que d'en reconnaître la force interruptive.

Ce que tente Arendt, à l'encontre de la tradition de la philosophie politique, c'est de dégager la spécificité du politique à partir de lui-même. Démarche d'autant plus nécessaire qu'aujourd'hui le ciel est vide des principes et modèles qui avaient pu prétendre le réguler, et qu'il nous faut cependant vivre en commun. Ce faisant elle remet en chantier la pensée de la démocratie en analysant ce qui, dans toutes les révolutions, a bloqué l'esprit révolutionnaire. Toutes, à l'exception, pense-t-elle, de la révolution qui fonda les États-Unis. Elle détermine ainsi les conditions de possibilité d'une vie politique et d'une démocratie que je nommerais ici postmoderne – le terme n'est pas le sien –, d'après l'époque moderne qui y prétendit sans pouvoir l'accomplir et dont la débâcle est exhibée par la catastrophe totalitaire. Car celle-ci ne peut signifier la fin du politique : elle nous sollicite au contraire à une autre pratique et à une autre conception du politique. L'échec du moderne qu'elle révèle ne nous renvoie pas à une modalité purement esthétique du monde postmoderne et de la pensée. Si la fin de la métaphysique rouvre l'horizon du langage dans la dictature du discours, le langage connaît une version au moins de sa dissémination dans le dialogue pluriel.

L'opposition, centrale dans la pensée arendtienne, du *poieien* et du *prattein*, du fabriquer et de l'agir, inspirée d'Aristote (plus centrale que celle du *labour* et du *work*, du labeur et du fabriquer) dégage en effet les conditions du politique, comme d'ailleurs du poétique.

La fabrication est fabrication d'un objet, à partir d'un modèle. Elle nécessite la représentation préalable de sa fin et s'accomplit dans l'exécution de celle-ci. En outre, elle ne fait pas appel à l'émergence des quelqu'uns, des *qui* apparaissant dans leur unicité originale, c'est-à-dire dans leur pluralité. Le fabricant a une réalité instrumentale et même si la fabrication d'un objet requiert la collaboration de plusieurs, comme dans le travail industriel, ces plusieurs n'en font qu'un dans la mesure où ils sont interchangeables.

À la différence du fabriquer, l'agir ne connaît pas de modèle préalable qu'il aurait à exécuter. Agir c'est toujours répondre à l'appel de l'inattendu, laisser surgir le nouveau en exerçant sa vigilance dans le creuset de la circonstance. La fin de l'agir n'est pas présente et elle est irreprésentable. Agir a rapport à la naissance : c'est se remettre au monde et mettre au monde. Et la naissance est toujours co-naissance (non connaissance) : rapport à la pluralité humaine qui est l'essence même du politique (alors que la philosophie se réfère traditionnellement au mourir comme retrait dans l'isolement). Agir s'offre à l'altération de l'altérité radicale, celle de l'événement, suspendu à l'existence de l'autre, des autres, comme à l'insurmontable, Tout événement, comme tout visage, est singulier, de cette singularité non dialectisable, qui ne peut se ranger dans la généralité. La pluralité des humains dans le monde qu'ils constituent en commun n'est pas assimilable à l'unité homogène du genre humain. D'où la priorité du récit, des récits, sur l'Histoire, qu'ils percent de toutes parts.

Le nouveau n'est pas création *ex nihilo*. Quelqu'un, chacun, est acteur ou agent, mais non pas auteur, Arendt le précise, dans la mesure où il surgit dans un monde. Monde des objets déjà présents, certes, qui constituent le fond culturel sur lequel se produit l'apparition : *La Condition de l'homme moderne* insiste sur cet élément de durabilité des objets qui assurent une continuité dans la discontinuité. Monde des hommes surtout dont l'hétérogénéité ne peut être réduite que par la violence et où nul ne peut se prétendre sujet. Scène publique du monde où les acteurs s'interpellent, se donnant à voir et à entendre. La vie des hommes, les vies des hommes sont corrélatives de la mort de l'Homme. La pièce se joue entre acteurs et sans Auteur.

Ainsi ceux qui entrent en relation dans le monde commun « restent absolus dans la relation », pour reprendre une formule de Levinas qui n'est pas cité ici par hasard : on ne peut qu'être frappé en effet par la similitude des termes par lesquels est décrite la structure de pluralité qu'articule Levinas dans l'ordre éthique, Arendt dans l'ordre politique. De part et d'autre celle-ci s'arrache au fond unificateur de l'économique lié à l'ordre des besoins. De part et d'autre, la relation interhumaine fondée sur la parole et sur l'action est irréductible à un dénominateur commun. Car Dieu lui-même dans la pensée lévinassienne, qui se dit en ce sens athée, n'est pas totalisation mais infini, pas liaison mais interruption, produite par l'apparition de l'autre, de son « visage ». Pour Hannah Arendt, il n'y a d'unité du monde ni naturelle ni consensuelle mais seulement contractuelle, unité que les hommes, des hommes, constituent en se reconnaissant et en se liant par la promesse qu'ils se font.

D'où la réticence de Hannah Arendt non seulement à l'égard de l'idée du « genre humain » mais de toute communauté qui prétendrait reposer sur un genre commun. Un tel genre rassembleur, qu'il soit de race, de sexe ou même de classe, n'est que le résidu malheureux de l'oppression, qui contraint des êtres singuliers à se définir comme ensemble ou catégorie, réduits qu'ils sont au silence ou à la voix anonyme. Devoir répondre à la question : qui es-tu ? par « je suis une juive» (ou je suis une femme) est le malheur de ceux qui n'ont pas pu encore émerger sur la scène égalitaire de la *polis*. Réponse inéluctable, nécessaire pour ceux-là mais qui vise à son propre dépassement. Devoir répondre ainsi c'est n'avoir pas encore accédé à cet «autrement qu'être» qui caractérise la liberté.

À l'espace politique comme espace public, Hannah Arendt donne souvent pour figure exemplaire la *polis* grecque. Figure symbolique plus qu'historique et qu'il ne faut pas prendre *stricto sensu*. Figure exemplaire en ce que, dans la dimension restreinte d'une cité, elle permet le face-à-face effectif de ceux qui dialoguent sur l'agora : les citoyens. Figure lumineuse sur laquelle apparaissent aussitôt les traits qui vont ombrer la réflexion arendtienne du politique. Car elle révèle ses limites, ses exclusions, qu'Arendt énonce sans véritablement les dénoncer sinon sous le couvert non interrogé de la distinction du public et du privé ici sans bavure. Toute scène a son dehors, qui n'est pas en l'occurrence une autre scène mais une non-scène où sont relégués femmes et esclaves, attelés à la résolution des besoins. (Ailleurs le privé prendra un sens moins privatif, pour devenir une dimension corrélative et irréductible du public, propre à chacun, l'instance d'un «chez-soi» à partir de laquelle seulement peut se dessiner le public et dont la destruction est liée à la société moderne.) Ce que dans la cité grecque Hannah Arendt constate et entérine, sans autre commentaire, à savoir la réalité des exclus, des «privés», elle le problématisera ailleurs, dans l'analyse du monde moderne, sous la figure du paria, et plus particulièrement du paria juif. Elle dénoncera alors la douloureuse alternative à laquelle il est acculé : exclusion, ou assimilation pure et simple de ceux qu'elle nomme péjorativement «les parvenus». L'issue de cette alternative étant toujours pour elle le pacte égalitaire des citoyens, sans que soit vraiment pris en compte et analysé le passage de l'exclusion à l'inclusion, de l'inégalité à l'égalité. Tache aveugle qui se retrouve aussi bien sur l'autre figure emblématique de la scène politique qu'elle privilégie : celle de la République américaine où ceux qui se lient sont d'emblée aussi des égaux, et où la question des esclaves (noirs) ou des *natives* (indiens) n'est pas vraiment posée, comme si, de la même manière que les femmes et les esclaves dans la Grèce antique, ils appartenaient à la naturalité, au sauvage (qui n'est jamais pour elle le « bon sauvage »). Comme si cette naturalité n'était pas, de même que celle à laquelle sont acculés les juifs quand ils sont définis comme race, un produit de la domination. On peut d'ailleurs déceler chez Arendt les traces d'un certain ethnocentrisme non réfléchi : n'assimile-t-elle pas parfois les sociétés primitives à la nature, au sauvage, comme si celles-ci ne comportaient pas à leur manière l'élaboration d'un monde, une organisation symbolique, même si elles ne produisent pas de la même manière que l'Occident « des objets durables », même si par leur relative immobilité elles ne sont pas en proie à l'histoire, même si ce n'est pas l'égalité mais la hiérarchie qui les ordonne.

Mais l'apologie de la Cité grecque comporte d'emblée un élément paradoxal auquel on ne saurait être assez attentif. C'est que le meilleur de ses membres, celui qui fait exemple, Socrate, est aussi celui qui fait exception. Il rompt en quelque sorte l'harmonie de la Cité par sa position critique de telle sorte qu'il en sera écarté par la mort. L'inclusion est ainsi articulée à l'exclusion, la totalité ouverte, l'équilibre commandé par le déséquilibre, l'unité par la rupture : c'est dans cette jointure qu'il faut comprendre l'espace politique arendtien, comme communauté des exceptions.

Passant à l'examen du monde moderne, Hannah Arendt n'a pas la naïveté de croire qu'il puisse, dans sa réalité nationale et internationale, être la simple extension de la Cité grecque, permettant le contact d'homme à homme sur une agora devenue mondiale. Il importe de comprendre l'esprit et non la lettre de cette figure. Et ainsi d'analyser ce qui, dans la démocratie moderne, issue de la révolution américaine et de la Révolution française, réalise et manque tout à la fois la démocratie, laquelle serait dès lors la tâche de notre temps.

Nous ne reprendrons pas ici l'étude comparative de ces deux révolutions, à laquelle se livre Arendt à l'avantage de la première. La seconde en effet, la Révolution française, lui semble avoir échoué à inscrire dans la réalité politique ce qui l'inspirait au départ, à savoir la participation de tous au pouvoir.

Le premier dérapage de cette révolution consiste dans le rabattement du politique sur l'économique, opéré sous la pression de l'immense paupérisation de l'époque. Ainsi l'effort de libération à l'égard des contraintes matérielles se trouve-t-il indûment confondu avec la recherche de la liberté, ce qui n'est pas le cas de la révolution américaine, réalisée entre pairs.

Mais un autre dérapage s'opère au sein de la sphère politique elle-même, à travers la notion et la réalité de la représentation. La représentation fait d'ailleurs l'objet de la critique d'Arendt dans d'autres contextes que celui-ci : l'agir ne supporte pas de représentation, pas plus au sens d'imagination de sa fin qu'au sens de délégation de pouvoirs. Dans ces deux acceptions, la représentation bloque la chance de l'événement. Ainsi cite-t-elle Rousseau : « Un peuple qui est représenté n'est pas libre parce que la vérité ne peut être représentée[16] », formulation qui condense les deux acceptions et les deux modalités de la représentation : celle du peuple et celle de la vérité.

Hannah Arendt n'imagine pas pour autant que puisse être abolie la délégation de pouvoirs dans une sorte de vie autogestionnaire, et elle ne ratifie pas les thèses de Marx sur le dépérissement de l'État. L'État lui paraît au contraire indispensable sur base d'une législation et d'assemblées représentatives, toujours contrôlées par la Constitution : on ne fait pas l'économie de l'institution. Mais d'une part il importe de ne pas réduire le fonctionnement démocratique à sa seule variante électorale, d'autre part il importe de se souvenir que seule l'*autorité* appartient aux dirigeants, le *pouvoir* appartenant au peuple de manière inaliénable.

Encore faut-il entendre ce que signifie « peuple ». Rien n'est plus étranger à Hannah Arendt que la notion de consensus qui laisserait supposer que ce peuple est une sorte d'organisme alors qu'il est fait non seulement d'individus mais de groupes hétérogènes, qui n'ont ni tous les mêmes intérêts ni surtout tous les mêmes exigences, et qui peuvent constamment émerger sur la scène publique au gré des circonstances. Le contrat (tacite ou explicite) qui est à la base de toute délégation de pouvoir est un accord librement pris et non l'expression d'une unanimité naturelle et intangible.

Cette délégation ne peut donc signifier un transfert de pouvoir qui laisserait le peuple désormais hors jeu. Le système électoral incontournable n'est pas la modalité unique ni exclusive du fonctionnement démocratique. À chaque moment des exigences imprévues doivent pouvoir s'exprimer.

Or l'État-nation de type européen, tel qu'il s'est constitué à l'époque moderne, ne laisse pas d'espace de négociation entre l'autorité centralisée de l'État et la nation, ni au sein de la nation considérée indûment comme un tout homogène. « Ce que nous appelons aujourd'hui démocratie est une forme de gouvernement où le petit nombre gouverne, au moins en principe, dans l'intérêt du plus grand nombre, en ceci que le bonheur du peuple et son bonheur privé sont ses buts principaux ; mais on peut l'appeler oligarchique au sens que le bonheur et la liberté publiques sont redevenus à nouveau le privilège du petit nombre[17]. » Ainsi le peuple n'accède-t-il pas au bonheur public du débat commun mais voit seulement protéger son bonheur privé par ses représentants, dans les meilleurs des cas.

Cette conception et cette pratique de la démocratie sont une diversion ou une réduction de ce qui était à l'œuvre dans le moment de sa fondation. Dans des analyses fouillées dont nous ne reprendrons pas ici le détail, Hannah Arendt montre comment dans ce moment une autre conception et une autre pratique de la démocratie ont été en jeu, qui consistaient en l'accès de tous à la vie publique. Elle rappelle que dans toutes les révolutions, et exemplairement dans la Révolution française, la démocratie effective concrétisée par des rassemblements populaires en conseils, clubs, associations, est rapidement gommée par le développement d'une instance révolutionnaire supposée représenter les aspirations de tous, et reléguant dans la catégorie du « provisoire » ce qui en faisait pourtant l'essence. Ainsi en va-t-il aussi, selon elle, de la révolution russe où les conseils ou soviets sont rapidement étouffés sous la dictature du prolétariat assurée par le parti, comme en atteste l'écrasement du soulèvement de Cronstadt. Ainsi en va-t-il encore dans l'éphémère révolution hongroise. Or la démocratie est à l'œuvre partout où des gens se rencontrent pour reprendre langue avec l'événement.

Ainsi, si la plupart des révolutions aboutissent finalement à une « restauration », si ce qui s'y était ouvert de démocratie effective s'y referme le plus souvent au profit d'une « oligarchie » fût-elle garantie par une démocratie formelle (de type représentatif et électoral), quand ce n'est pas par un retour à la dictature, c'est que, partie d'un mouvement populaire, elle se trouve rapidement reprise en main par des révolutionnaires professionnels. Or rien n'est plus réactionnaire qu'un révolutionnaire professionnel puisqu'il croit détenir ou même incarner l'essence de la révolution et dès lors brime toute chance du nouveau de se faire reconnaître et déclare même celui-ci contre-révolutionnaire. Le propos d'Arendt adopte ici le même schéma que celui qu'il adopte quand il s'agit de l'éducation où l'école « progressiste » risque, forte de son progressisme, de réprimer ce que les nouveaux, à savoir les jeunes, pourraient faire surgir. À la limite, et c'est l'ombre de cette affirmation jamais formulée comme telle qui a été un des éléments de suspicion dont la « gauche » a pu affecter la pensée d'Arendt, le protagoniste de la révolution est le pire ennemi de la révolution en ce qu'il prétend en détenir les rênes. Rien de plus dangereux à cet égard que les « avant-gardes » lorsqu'elles nomment avant-garde ce qu'elles ont pensé ou fait et tendent à l'établir en faisant d'un moment la chose même, sans s'apercevoir que c'est un moment déjà passé.

Citoyenneté et identité

Le fonctionnement démocratique n'est possible que si chaque homme accède à la citoyenneté. La citoyenneté ne s'identifie pas ou pas nécessairement à la nationalité c'est-à-dire, en ce sens, à une tradition culturelle, linguistique, ethnique, religieuse, commune. La communauté politique ne se confond pas avec la communauté naturelle ou historique « de sorte que ne sont pas requis un passé ni des origines homogènes, homogénéité qui constitue le principe fondamental de l'État-nation[18] ».

La citoyenneté repose donc sur un pacte et elle est objectivable. L'identité quant à elle, qui n'est jamais une identité biologique mais symbolique, est négociée par chacun à travers des paramètres diversifiés (art, religion, langue, etc.) : ainsi aucun juif n'est-il juif de la même manière et ne peut-il, pour elle, se déterminer à partir de la composante ethnique. « Le » juif est une réalité contrainte par l'oppression. Parmi les communautés dont chacun relève, et choisit de relever, la seule qui permette un véritable agir en commun est la communauté politique, ou inscrite dans le politique.

La communauté politique est cependant toujours pour elle une communauté déterminée : elle est la communauté d'un État relevant d'une Constitution et d'une législation précises à partir desquelles puissent se négocier des droits et des libertés. Rien ne serait plus dangereux, selon elle, qu'un État mondial.

On peut s'étonner de l'accent mis constamment par Hannah Arendt sur la citoyenneté, comme si l'appartenance à un État suffisait à éviter l'exclusion. Or on sait, et elle le souligne elle-même, qu'il est des exclusions que ne résout pas la seule condition de citoyen : les femmes, les homosexuels, les juifs mêmes peuvent être citoyens d'un État tout en s'y trouvant minorisés, voire marginalisés, ou réduits à l'impuissance.

Mais dans le temps où écrit Arendt, la question des apatrides et des personnes déplacées a pris des proportions considérables. Et les juifs allemands, déchus de leur citoyenneté par le nazisme, se sont trouvés dépouillés de tout droit et refoulés de toutes les frontières de sorte que leur seule qualité d'homme ne leur permettait pas de se faire respecter.

Dans la revendication de Hannah Arendt à la citoyenneté sans laquelle nul ne peut faire reconnaître ses droits, il faut voir une condition nécessaire mais non suffisante de la participation à la vie politique. Celle-ci ne s'exerce que si on entend la citoyenneté au sens fort, et non pas seulement formel : la citoyenneté à part entière, qui inclut un contrôle effectif du pouvoir et une prise en compte par celui-ci de toutes les tendances « minoritaires ». Car il est bien évident que la gestion des affaires publiques peut être assurée dans l'ignorance ou la sous-estimation des exigences d'une part importante des citoyens. Au moins sont-ils en position de se faire entendre s'ils le veulent obstinément, répondrait Hannah Arendt qui tend toujours à négliger les éléments économiques et culturels qui freinent l'accès au politique.

D'autre part, le privilège accordé par Hannah Arendt à la communauté politique sur la communauté traditionnelle de langue, de religion, de culture n'implique pas une méconnaissance de celle-ci. On sait l'importance de la langue allemande pour la philosophe qui s'y sentait chez elle même lorsqu'elle eut assimilé l'anglais au point de l'écrire. (Pourtant cette importance n'a jamais la signification ontologique qu'elle revêt chez Heidegger : elle n'autorise pas l'inscription d'une essence dans sa figure particulière ; elle reste de l'ordre de la préférence.) La communauté traditionnelle est une communauté affective, que Hannah Arendt dirait volontiers d'ordre privé mais qui ne suffit pas à garantir des droits, ni une place, même si elle fait le tissu de la vie. Dans le monde actuel citoyenneté et identité ne sont plus nécessairement assimilables, l'État n'est plus fait d'une seule nation, d'un peuple unanime. Dans la mouvance des identités culturelles, une seule identité est objectivable et peut surmonter la violence des conflits, c'est l'identité politique à l'abri de laquelle peuvent s'exercer les différences individuelles ou collectives et qui surtout permet aux opinions – qui transgressent toute frontière naturelle – de se faire reconnaître. Quand Hannah Arendt revendique le droit pour chacun à une « place », cette place n'est jamais assimilable et purement et simplement à une terre ou à une culture : la Cité grecque n'est pas un lieu territorial mais une loi. On retrouve ici la réserve de Hannah Arendt par rapport aux communautés naturelles ou traditionnelles et cela malgré leur importance existentielle, dans la mesure où elles prétendraient définir l'opinion, laquelle est toujours d'ordre optatif et non expressif.

Ainsi dans le politique comme dans la pensée, c'est la reconnaissance de la pluralité qui est décisive comme fondement de la démocratie, et cette pluralité doit être garantie par la Constitution et les instances représentatives qui en sont les gardiens et non la résolution. Nulle institution ne peut être telle qu'elle rende imperméable à l'événement. À chaque moment quelque chose arrive, et ce qui arrive ultimement c'est quelqu'un, ce sont des quelqu'uns, inattendus, irréductibles à l'ordre de l'Histoire et de sa prévision, inédits.

L'espace politique, comme espace public, par lequel les humains accèdent à ce bonheur spécifique, ce bonheur public qui consiste à pouvoir apparaître – au sens fort – devant les autres, n'est certes pas pour Arendt l'espace entier de l'expérience. On peut lui préférer l'espace privé et s'en suffire. Mais il importe que nul n'en soit jamais exclu, qu'il puisse faire reconnaître collectivement ses exigences et ses valeurs. À cela la simple « satisfaction des besoins », de type économique, ne suffit pas. Il est des exclus dont « la satisfaction des besoins », c'est-à-dire la survie, est assurée. L'homme ne vit pas seulement de pain.

L'art

Les réflexions de Hannah Arendt sur l'art sont moins nombreuses, plus dispersées, et peut-être moins abouties que celles qu'elle consacre au politique ou même à la pensée. Et pourtant l'art ne cesse de la hanter comme si la philosophie n'en était pour elle qu'un substitut. « Aucune philosophie, aucune analyse, aucun aphorisme, quelque profonds qu'ils soient, ne peuvent se comparer en intensité et en plénitude avec une histoire bien racontée[19]. » Ce qui la fascine, c'est la conjonction qu'effectue l'art entre singularité et particularité d'une part – elle émane d'un *qui* et consiste en un ceci –, et son universalité : son mode spécifique de communication qui est pour elle emblématique.

Ce n'est pas sans hésitations, sans balancements, voire sans contradictions, qu'elle arrive à dégager le sens de l'œuvre d'art, à travers des contextes philosophiques ou culturels divers. Sa pensée comporte deux moments limites, structurels sinon successifs : le premier est lié au monde grec, le second à Kant. Entre les deux, et comme en manière de transition, se situe la référence romaine. Dans ce débat interne, l'œuvre se déplace du fabriquer à l'agir – de *poiēsis* à *praxis* –, de l'idée de durabilité et d'immortalité à l'idée de recommencement, du rétrospectif au prospectif, de la mémoire à l'imagination, de la restitution du connu à l'ouverture de l'inconnu.

Les quelques pages que Hannah Arendt consacre à l'œuvre d'art dans *La Condition de l'homme moderne* se situent à la fin du chapitre intitulé « L'œuvre » et consacré à la fabrication, juste avant le chapitre consacré à l'action. Elles ont pour titre : « La permanence du monde et l'œuvre d'art ». Hannah Arendt y développe une conception de l'art inspirée du monde grec : l'œuvre est immortalisation des hauts faits, et l'artiste est un fabricant parmi d'autres, son travail nécessitant une *tecknē*, un rapport des moyens à une fin. Son « métier » inscrit l'éphémère dans un matériau, produit un objet. Ainsi rappelle-t-elle que si les Grecs célébraient l'œuvre d'art, ils considéraient l'artiste comme un *banausos*. Dans ce contexte, l'artiste est proche de l'*homo faber*, et l'accent est mis sur la durabilité de l'œuvre.

Pourtant l'œuvre d'art n'est pas un objet comme un autre. Dès ce moment, Hannah Arendt, comme pour corriger ce qu'elle vient d'affirmer, privilégie parmi les arts ceux qui requièrent un minimum d'apprentissage ou de *tecknē* et dont le matériau est le moins matériel : musique et surtout littérature. (Ailleurs elle donnera sa préférence aux arts qui restituent au plus près l'action, étant eux-mêmes action, à savoir ceux du théâtre.) Dès ce moment aussi elle souligne que l'œuvre, par rapport à l'objet, se caractérise par son inutilité – elle n'a pas à être consommée ni utilisée à des fins sociales, comme le rappellera *La Crise de la culture* –, et aussi par son unicité – deux œuvres sont incomparables et ne peuvent être ramenées à un commun dénominateur, fût-ce celui de leur valeur marchande. Même lorsqu'elles servent, comme les cathédrales, leur apparaître surabonde, déborde leur usage.

L'œuvre est donc un faire, un *poeien*, mais un faire qui recueille l'agir, et qui plus est, à la différence des autres objets, est elle-même un agir : le monde qu'elle constitue n'est pas assimilable au monde des autres objets durables, sans que, dans ce passage du moins, ces deux interprétations du « monde » soient clairement distinguées.

C'est à ce premier moment d'exploration de l'œuvre, encore définie dans le contexte grec, qu'appartiennent les réflexions d'Arendt sur le récit, le roman, ou la tragédie, considérés comme imitation, *mimesis*, des hauts faits des héros, étant entendu que le héros, dans son inflexion moderne, peut être quiconque fait de sa vie une biographie, de son *zoē* un *bios*.

L'œuvre est relation de ce qui a été, relation qui, en donnant forme, donne sens sans cependant définir. Elle permet d'« endurer ce savoir » qui est souvent savoir tragique. Mais une telle relation « ne résout aucun problème et ne soulage aucune souffrance, elle ne maîtrise rien de façon définitive[20] ». C'est pourquoi le récit ne constitue pas un terme : la durabilité est déjà infléchie ici dans le sens d'un re-commencement : « Il incite à une narration toujours répétitive[21]. »

Mais la tension entre *poiēsis* et *praxis*, qui se manifeste dans cette première approche de l'œuvre d'art, va être dépassée dans *La Crise de la culture*, par le passage du monde grec au monde romain. Le passage par le romain a en effet l'avantage de déporter la pensée d'Arendt vers ce qui dans l'art ne relève ni du fabriquer, ni de l'objectivation, ni de la durabilité mais requiert une activité pure. Pour le monde romain l'accent n'est plus mis sur la maîtrise de la nature mais sur l'accueil de la nature avec quoi se confond la culture. Il ne s'agit plus de faire mais d'admirer. Et, à ce titre, les beautés naturelles s'égalent aux beautés produites : le critère du « goût » n'est plus dans le faire. Une problématique de la réception vient ainsi se substituer à une problématique de la création. Celle-ci va d'ailleurs être l'affaire de tout le XVIIIe siècle – dont émerge Kant –, lorsqu'il constitue l'espace de la « critique d'art ».

Mais le goût n'est pas pure passivité : aimer les belles choses, en avoir « le tendre souci », n'est pas moins une activité, un acte, que de les faire, et c'est même un acte purifié des scories de la *tecknē* et de l'objectivation. Ainsi s'opère une volte dans la conception arendtienne de l'art, volte qui va la conduire tout droit à Kant, le « goût » romain glissant vers le « goût » kantien.

Même si *génie* et *goût* sont distingués, tous deux sont suspendus au jugement. Le goût n'est pas indifférent : il nécessite une décision, un jugement, qui élit ce qui est « beau ». Hannah Arendt n'analyse pas la nature du « beau » mais elle précise que « le beau comporte aussi « le manque d'harmonie [...] la laideur [...] le mal ». Les réflexions qu'elle consacre dans *Vies politiques*, entre autres, à des œuvres déterminées, telle celle de Kafka ou de Karen Blixen, indiquent que le beau comprend la douleur, le traumatisme. Il y a une beauté de l'irréparable qui ne répare rien mais qui apaise : « Toutes les peines on peut les supporter si on les fait rentrer dans une histoire ou si on peut raconter une histoire sur elles[22]. »

Sous l'influence de Kant, Arendt va distinguer

résolument le beau du plaisant, et cela, non pas en fonction de leurs contenus, mais en fonction de leurs modes d'appréhension : le second relève de la perception, le premier du jugement. « Il n'est pas important que l'objet beau, de beauté artistique, plaise ou non dans la perception ; ce qui plaît surtout dans la perception est plaisant mais non pas beau[23]. » C'est ainsi d'ailleurs qu'elle distingue aussi l'esthétique de l'esthétisme, ce « trop grand amour de la beauté selon Périclès, qui s'accommode de tout sans distinction, sans discrimination, sans ce jugement qui est toujours jugement politique : vice barbare qui caractérise la décadence[24] ».

Nous voyons ainsi se détacher deux interprétations de la notion de beau, ou de goût, qu'elle continuera pourtant à utiliser avec une certaine confusion, et deux interprétations de la communicabilité, l'une simplement perceptive qui relève du « *sens commun* », l'autre réflexive, qui relève du « *sensus communis* » lequel n'est pas identifiable au premier. « Nous trouvons une claire distinction entre ce qui est habituellement appelé sens commun et *sensus communis*. Le goût, ce sens de la communauté, et sens signifie ici l'effet de la réflexion sur l'esprit[25]. »

Le jugement du beau, c'est-à-dire le jugement constitutif de l'œuvre d'art – que celui-ci s'accompagne ou non de la réalisation d'un objet – peut même aller à l'encontre de la perception et de son plaisir. La perception est immédiate, le jugement est médiatisé par une représentation qui ne relève pas du concept mais de l'imagination. En ce sens « est beau ce qui plaît dans le pur acte de jugement ».

L'art est donc bien un agir, plutôt qu'un fabriquer, constitutif d'un monde qui n'est pas le monde, celui de la nature ou des objets. Et la persistance de l'œuvre d'art est liée à sa capacité de commencer et de recommencer, de dire et redire commencement, non à sa simple durabilité matérielle qu'elle partagerait avec d'autres œuvres humaines. Elle requiert de la part du spectateur un acte qui la renvoie à son origine. Le « jugement de goût » commun au créateur et au spectateur est d'abord une décision selon laquelle « ceci est beau », ce qu'il faut entendre – pour éviter toute confusion avec l'esthétisme – comme « ceci est de l'art ». C'est dans cette détermination commune de la sphère de l'art que s'opère sa communication.

Nous avons ainsi glissé de la détermination grecque à la détermination moderne de l'œuvre d'art. Que l'œuvre relève du juger plutôt que du fabriquer, c'est ce que fait en effet apparaître l'art dit moderne. Duchamp en témoigne exemplairement lorsqu'il élimine radicalement du geste artistique l'élément de fabrication pour le ramener à une décision. Et cela en reprenant un objet fabriqué, le plus utilitaire de tous les objets – un urinoir par exemple – pour en détourner le « sens commun » en l'arrachant à son environnement et en le plaçant dans une salle d'exposition ou un musée pour le proposer au *sensus communis*. Il accomplit ainsi un acte pur, un geste d'élection qui sollicite la ratification pour prendre sens.

Ainsi l'acte artistique vise essentiellement à préserver l'espace de l'art, à ce qu'il y ait de l'art, comme l'action politique – le rapprochement est constant chez Arendt – vise essentiellement à ce que subsiste un espace politique, de sorte que le monde ne s'effondre pas dans la généralité laborieuse ou fabricatrice du genre, articulée à l'ordre des besoins, ou même – Arendt le précise – des désirs (*needs and wants*). Il ne se mesure pas à son produit. De la même manière que la liberté n'est pas libération de ce qui fut ou visée de ce qui sera mais trouve sa réalisation dans son propre exercice.

L'espace kantien de la réflexion arendtienne sur l'art l'éloigne de nombre de considérations qui l'avaient affectée dans l'espace grec. Dans la mise en question de la fabrication, se trouve mise en question aussi la notion de la *mimesis*, ou du rapport de l'œuvre à une action antérieure. L'art, qu'Arendt continue à désigner sous le terme de beau, a sa fin en soi : il produit le beau plutôt qu'il ne relate ou n'exprime les belles choses. Ainsi dans les *Lectures on Kant* écrit-elle : « Hegel a entièrement raison de dire que la philosophie, comme l'oiseau de Minerve, prend son envol seulement à la tombée du jour. Mais ce n'est pas vrai de la beauté… La beauté est, en termes kantiens, une fin en soi parce que toute sa signification possible est contenue en elle-même sans référence aux autres, sans lien pour ainsi dire avec les autres belles choses[26]… » Sans que la philosophe l'exprime explicitement, c'est à un véritable renversement de perspective sur la réalité même de l'art que nous assistons ainsi.

Le jugement esthétique, la « décision prise », n'est pas impératif : il ne porte pas en lui l'élément de la contrainte. Il sollicite, il « courtise » l'assentiment de l'autre, et ne se soutient même que de cet assentiment. Il n'y a pas d'œuvre sans lecteurs, sans spectateurs. L'instance de communication fait partie du jugement artistique. Mais cette communication n'est en rien une communication universelle de droit, relevant, comme nous l'avons dit, du sens commun perceptif. Le jugement artistique, comme le jugement politique, sollicite non pas l'humanité entière dans sa généralité, mais chacun, quelques-uns, les « pairs », les « amis » qui s'y reconnaissent et qu'il élit de cette manière. Pas plus qu'il n'y a de politique mondiale, il n'y a d'art mondial même si chaque œuvre peut élargir sa sphère d'appréhension au-delà de toute limite déterminable.

Pour analyser la nature de cette communication particulière, Arendt revient à Kant. Dans les dernières pages de *La Vie de l'esprit* comme dans les *Lectures on Kant* elle écarte explicitement tout ce qui, chez lui, pourrait fonder la communication sur autre chose que le mouvement de communication lui-même, à savoir un « troisième terme », un « terme de comparaison » qui figurerait chez Kant même dans l'idée d'humanité, ou encore dans l'idée d'une « finalité sans fin » traduisant le dessein « de plaire aux hommes et de les faire se sentir chez eux dans le monde[27] ». Arendt formule ainsi explicitement sa réticence à l'égard de ce qui, chez son philosophe favori, se réfère à la notion de genre humain. Elle dit préférer chez Kant un autre éclairage « à mes yeux beaucoup plus riche » affirme-t-elle, qui est celui de la « validité exemplaire ». L'objet beau, entendu comme objet d'art (et non comme figuration d'une beauté externe), ne représenterait pas une essence à laquelle rapporter tous les objets possibles – leur généralité –, mais proférerait en lui-même et par lui-même, dans son unicité incomparable, sa validité exemplaire.

Dans les dernières pages de *La Vie de l'esprit*, interrompues par la mort, elle hésite cependant entre ces deux interprétations de l'exemple. Tantôt celui-ci reste appréhendé dans un sens comparatif, tantôt, et de manière plus radicale, il relève de l'incomparable. C'est dans cette seconde lecture qu'elle affirme qu'il ne peut y avoir de progrès en art, ni même d'histoire de l'art. Et elle dénonce alors la contradiction interne de Kant qui tout à la fois affirme l'unicité irréductible du particulier *et* le progrès du genre humain. En effet pour elle chaque œuvre d'art comme chaque être humain résiste à son inscription dans un tout. « L'idée même de progrès – si c'est davantage qu'un simple changement et qu'une amélioration du monde – contredit l'idée que se fait Kant de la dignité de l'homme comme l'idée qu'on peut se faire de l'œuvre d'art[28]. »

À travers ce rapprochement on comprend mieux comment et pourquoi Hannah Arendt peut parfois, et de manière apparemment surprenante, indiquer la proximité du poétique et du politique, et comment elle entend ce dernier, articulés qu'ils sont tous deux au jugement comme jugement déterminant. Ce rapprochement est incontournable pour la compréhension de sa conception de la communauté. Non que les artistes aient à éclairer les politiques, comme les philosophes dans le rêve platonicien, mais parce que l'art propose de manière emblématique un mode de communication publique qui ne recouvre pas l'unicité irréductible mais se fonde sur elle, une communauté désintéressée au sens propre du terme, c'est-à-dire étrangère à tout intérêt, et qui ne met en rapport que des exceptions, des « nouveaux ». D'où aussi sa résistance constante à l'idée d'histoire comme développement continu d'une totalité entendue comme Humanité. Car le concept clef de la pensée arendtienne est bien celui de natalité par laquelle toute singularité rompt la chaîne tant biologique qu'historique. Ce dont atteste éminemment le geste artistique, qui toujours dit commencement.

Ainsi en art, comme dans la pensée ou le politique, et même sous le couvert de la *mimesis*, c'est bien d'événement et non de représentation qu'il s'agit.

Si l'on retraverse l'œuvre d'Arendt en liant d'un trait les figures exemplaires qu'elle privilégie, des sophistes à Socrate, de Socrate à Kant, de Kant à Lessing, voire à Rosa Luxemburg, en passant même par Augustin, on verra apparaître un profil certes significatif.

Ces figures sont d'abord élues comme figures d'exception (et à ce titre elle y ajoute occasionnellement Spinoza). Elles se caractérisent par leur attachement à un *selbstdenken*, un penser par soi-même, produisant une « opinion » confrontée à d'autres opinions dans un mouvement empreint de « modestie » selon le terme même d'Arendt.

Leur profil est celui d'une « pensée des lumières »

que Hannah Arendt fait remonter aux sophistes. Mais la référence à la pensée des lumières nécessite la distinction de deux interprétations. La première, qu'elle récuse, a donné lieu à une apologie de la Raison qui n'est qu'une version laïcisée de la théologie – le culte de la Raison – substituant à Dieu l'Homme entendu comme genre humain s'accomplissant dans le progrès d'une Histoire unique : version hégéliano-marxiste qui commande le monde moderne. La seconde, qu'elle fait sienne, par laquelle la raison est entendue comme instance de questionnement, inscrite dans une finitude à laquelle n'échappe pas le penseur et qui est liée à la pluralité. Il s'agit dans le *selbstdenken* d'un penser par soi-même et non d'une autonomie de l'esprit. Chacun à y attester de ce qui lui semble et lui apparaît sur fond d'obscur, la fidélité la plus grande à la singularité étant alors principe de communication, en quoi pensée et poésie s'apparentent.

Sans doute pourrait-on opérer la même distinction dans le rapport d'Arendt à la judéité – que nous n'avons pas abordé ici – dans la mesure où on la voit écarter toute notion de « peuple élu » accomplissant le dessein de l'Éternel (elle va même jusqu'à assimiler cette attitude à celle des Boers d'Afrique du Sud[29]) en faveur de ce qui dans la judéité est de l'ordre de l'inassimilable et ouvre dès lors un questionnement insupportable à toute pensée unitariste, voire totalitaire. La judéité l'intéresse plus comme différence que comme identité culturelle ou nationale, même si, pour des raisons évidentes, elle soutient le principe de la fondation d'Israël, tout en émettant de sérieuses réserves sur le caractère potentiellement ethnique de cette entité politique.

Il y a d'ailleurs un rapport de la judéité à la pensée des lumières qui reste à interroger. L'alternative du paria et du parvenu, imposée par l'antisémitisme, ne suffit pas à rendre compte. À ce titre le trait qui relie les figures élues par Arendt à travers monde grec et monde chrétien pourrait bien être dit un trait juif.

Françoise Collin

1. *Christinamity and Crisis*, 30 mai 1969, p. 112-113.
2. *V.E.*, I, p. 201.
3. *Lectures on Kant's Political Philosophy*, Chicago Press, p. 32.
4. *V.E.*, I, p. 237.
5. *Ibid.*, p. 28. « Je ne crois pas en un monde, qu'il soit passé ou futur, dans lequel l'esprit humain, capable de se placer en retrait du monde des phénomènes, puisse ou doive trouver tout le confort d'un chez soi » (*ibid.*, II, p. 183).
6. *Ibid.*, entre autres p. 70, 97, etc.
7. *V.P.*, p. 318.
8. *Ibid.*, p. 319, note.
9. *Ibid.*, p. 320.
10. « Philosophie et politique », *C.G.*, p. 85-94.
11. *V.E.*, I, p. 81.
12. *Lectures […]*, p. 41.
13. *V.E.*, I, p. 16.
14. *Ibid.*, p. 63, 66, 67.
15. *Ibid.*, II, p. 263 et suiv., et *Lectures […]*, p. 70.
16. *E.R.*, p. 237.
17. *Ibid.*, p. 399.
18. *Ibid.*, p. 256.
19. *V.P.*, p. 31.
20. *Ibid.*
21. *Ibid.*
22. *V.P.*, p. 134. Citation de Karen Blixen.
23. *Lectures […]*, p. 67.
24. *C.C.*
25. *Lectures […]*, p. 71-72.
26. *Ibid.*, p. 77.
27. *V.E.*, II, p. 267.
28. *Ibid.*, p. 268.
29. *I.*, p. 127.

Pouvoir et violence

Je parlerai presque exclusivement de la pensée politique de Hannah Arendt et j'en parlerai du point de vue de son argumentation, je veux dire de sa recherche de l'argument le meilleur.

La distinction ferme et constante entre pouvoir et violence constitue un lieu privilégié de sa pensée ; privilégié, en ce sens qu'il permet de concentrer en ce point la plupart des difficultés auxquelles cette pensée s'affronte et des objections qui lui ont été opposées.

J'ai dit : la *distinction* entre pouvoir et violence. Et tout de suite on est confronté à cette surprenante vigilance sémantique d'une pensée qui se donne pour tâche – et souvent pour première tâche – de *séparer* les concepts, de batailler contre les confusions tant dans le discours que dans l'action. Distinguer, distinguer, dit-elle. Cela commence au plan de l'anthropologie fondamentale de *La Condition de l'homme moderne*, avec la trilogie tant de fois évoquée ici entre *travailler*, *œuvrer*, *agir*. Cela continue au plan plus précisément politique avec notre paire conceptuelle pouvoir et violence, à laquelle il faudra ajouter plus loin autorité, pour ne rien dire des concepts de force et de puissance ; la même chasse aux confusions continue avec l'opposition entre régime totalitaire, régime autoritaire et les variétés de régimes dits démocratiques. Et les questions se pressent : ces distinctions portent-elles sur des entités conceptuelles sans histoire ? N'instaurent-elles pas des dichotomies qui empêchent tout usage dialectique de la médiation ? Et quand elles se cherchent des garants historiques, où les trouvent-elles, sinon chez les Grecs et les Romains ? Du coup, cette pensée en apparence détachée de toute histoire n'est-elle pas foncièrement nostalgique ? Et si ses garants sont dans le passé, la tradition qui en transmet l'énergie de sens ne tient-elle pas lieu d'argument ? Et qu'est-ce qu'un argument traditionnel, sinon une variété d'opinion, disons pour être généreux quelque chose comme l'opinion droite selon Platon ? Or, la théorie politique, pour mériter le nom de théorie, ne revendique-t-elle pas une vérité qui ne peut s'accommoder de l'opinion ? On le voit : à peu près toutes les discussions suscitées par la pensée politique d'Arendt peuvent être passées en revue à l'occasion de la paire conceptuelle pouvoir-violence. Mais je le dis tout de suite : je ne poursuis aucun dessein apologétique par le biais de l'examen critique de cette distinction cardinale. Tout au plus suis-je soucieux de contraindre les objections à se faire plus élaborées, permettant ainsi au débat de se poursuivre sans K.-O. technique. Car on ne se débarrasse pas si facilement qu'on le croit de Hannah Arendt.

Il n'est pas indifférent de noter pour commencer que l'article « Sur la violence[1] », que je prends comme premier texte de référence, date de 1970 et qu'il est très historiquement situé à l'époque des révoltes d'étudiants ; il répond donc à une conjoncture nullement imaginaire, caractérisée par la tentation du recours à la violence dans la nouvelle gauche américaine, en partie sous la pression et sur le modèle du *Black Power*, mais aussi au spectacle du recours effectif à la violence sur les campus par les autorités universitaires elles-mêmes, sans oublier le comportement violent des caciques du parti démocrate à la convention de Chicago. À l'arrière-plan, bien entendu, la guerre du Viêt Nam et la menace de la guerre nucléaire. C'est donc dans une situation très précise, en un temps où une minorité activiste s'enchante à la lecture des *Damnés de la terre* de Fanon et de la préface incendiaire de Sartre à cet ouvrage, qu'Arendt écrit, dans une situation qu'elle caractérise ainsi : « Plus la violence est devenue un instrument douteux et incertain dans les relations internationales, plus elle a paru attirante et efficace sur le plan intérieur et particulièrement dans le domaine de la révolution » (p. 122). (La révolution, nous allons y venir plus loin.) C'est à la nouvelle gauche qu'elle s'adresse au moment où celle-ci risque de basculer du côté de ce que nous avons connu en Europe un peu plus tard et qui donnera le terrorisme de l'ultra-gauche allemande et italienne et, à un moindre degré d'organisation et d'efficacité, le mouvement français d'Action directe. Mais, pour pouvoir s'écrier : « La violence peut détruire le pouvoir, elle est parfaitement incapable de le créer » (p. 166), Arendt prend du recul et s'emploie à dénouer l'écheveau de confusion qui a pu faire prendre la violence pour une entreprise génératrice de pouvoir. Ce faisant, ce n'est plus aux étudiants, aux activistes qu'elle s'adresse, mais à la science politique, à sa terminologie, à son *impuissance à distinguer*. Et voilà que tombe comme un tranchet, car il s'agit bien de trancher là où l'on confond, les fameuses distinctions que je rappelle rapidement : « *Le pouvoir* correspond à l'aptitude de l'homme à agir, et à agir de façon concertée. Le pouvoir n'est jamais une propriété individuelle ; il appartient à un groupe et continue à lui appartenir aussi longtemps que ce groupe n'est pas divisé… La *violence* […] se distingue […] par son caractère instrumental. Sous son aspect phénoménologique, elle s'apparente à la puissance, car ses instruments, comme tous les autres outils, sont tous conçus et utilisés en vue de multiplier la puissance naturelle jusqu'à ce qu'au dernier stade de leur développement, ils soient à même de la remplacer» (p. 153, p. 155).

Nous demandons : qu'y a-t-il donc derrière ces distinctions? Arendt renverse la question et demande : qu'y a-t-il derrière les *confusions*? Car ce n'est pas d'entrée de jeu qu'elle jette sur la table ces distinctions, mais au terme d'un travail de démantèlement du système de pensée qui a conduit aux confusions qui servent maintenant d'alibi aux jeunes intellectuels des campus américains. Or, ce qu'elle affronte, c'est la quasi-totalité de la philosophie politique, Max Weber compris, pour qui le rapport politique se définit comme rapport de *domination* entre gouvernants et gouvernés, lequel à son tour s'analyse en termes de commandement et d'obéissance. Le pouvoir, chez ces pacifiques penseurs, reste un pouvoir de contraindre. On peut bien, avec Max Weber, qualifier la violence par l'adjectif *légitime* : je rappelle la définition de l'État chez Max Weber : «un rapport de domination [*Herrschaft*] de l'homme sur l'homme fondé sur le moyen de la violence légitime, c'est-à-dire sur la violence qui est considérée comme légitime» (il n'est pas indifférent de rappeler que Max Weber donne cette définition dans «Le métier et la vocation d'homme politique», c'est-à-dire dans un discours adressé à d'autres étudiants, les jeunes pacifistes allemands soumis à la tentation de la non-violence à l'issue désastreuse de la Première Guerre mondiale).

Voilà la cible : avant la tentation de la violence, il y a une erreur sur la nature même du politique défini en termes de domination, c'est-à-dire de subordination d'une volonté à une autre; or, cette idée de domination, notons-le, ne figure pas dans la liste des notions clefs ici examinées : pouvoir, puissance, force, autorité, violence. La domination, c'est pour Arendt une interprétation falsifiée et falsifiante du pouvoir, entendu comme pouvoir de contraindre, comme pouvoir de l'homme sur l'homme. Voici donc Arendt extrayant son propre concept de pouvoir d'une immense polémique avec la quasi-totalité de la pensée politique. Si l'on veut continuer à lui objecter qu'elle n'a pour argument que la tradition et non la science – ce sera, on le verra, l'argument de Habermas –, on doit au préalable lui avoir rendu cette justice que c'est d'abord *contre* une immense tradition qu'elle pense. Qu'on n'aille pas dire que les Grecs et les Romains, voire les chrétiens, sortent indemnes ; pas du tout : même les Grecs ont défini les formes de gouvernement comme des variétés dans le système de la domination de l'homme sur l'homme : un seul, quelques-uns, la majorité. Quant aux juifs et aux chrétiens, leur conception impérative de la loi (qui, Arendt insiste, n'est pas le seul héritage qu'ils aient laissé) les maintient dans le même cercle magique de la domination de l'homme sur l'homme. Et à l'autre bout de l'histoire on trouve le règne anonyme de la bureaucratie qui n'est qu'une variante douce de la domination.

Alors, demandera-t-on, cette définition du pouvoir par autre chose que la domination, qu'est-ce qui la légitime ? Est-elle inscrite dans quelque ciel platonicien des idées ? Non point, feront alors remarquer les critiques qui soupçonnent toujours quelque recours à l'argument de la tradition, Arendt s'appuie sur une autre tradition, donc joue la tradition contre la tradition. Et en effet on lit dans « Sur la violence » : « Il existe cependant une autre tradition et une autre terminologie non moins anciennes et vénérables » (p. 149). Or que cite-t-elle ? Bien sûr la fameuse *Isonomie* de Solon et Périclès et la *Civitas* romaine. Et voilà l'objection de la nostalgie ! Mais, comprenons bien deux choses : *polis*, *civitas*, n'ont jamais constitué une alternative véritable à l'idée de domination, comme on le voit dans la classification antique des systèmes de gouvernement ; en outre les concepts ont fonctionné avec l'appui d'une conception de l'autorité dont on va dire quelque chose plus loin, ou plutôt de plusieurs conceptions de l'autorité qui sont mortes et archi-mortes pour nous et qui donc, c'est le cas de le dire, ne font plus autorité. Mais l'essentiel n'est pas là : les repères historiques d'Arendt ne sont pas principalement grecs ou latins, mais modernes, voire contemporains. Arendt évoque d'abord, dans un certain courant parmi les penseurs de la révolution américaine puis française, l'idée que la tâche de la révolution est de substituer la volonté du peuple à la domination de l'homme sur l'homme, de mettre fin à la domination par l'exercice de la volonté du peuple, même si, chez ces penseurs, la soumission de l'homme à la loi divine ou morale maintient encore la confusion entre pouvoir et domination. Mais les véritables repères historiques d'Arendt sont les irruptions modernes de pouvoir populaire, illustrées par les conseils ouvriers, les vrais soviets, par l'insurrection de Budapest, par le Printemps de Prague et par les multiples mouvements de résistance à une occupation étrangère. Voilà l'*autre* tradition qui, à la différence de la tradition de la domination, est faite de surgissements discontinus, de surrections, oserai-je dire, de tentatives avortées, de mouvements inchoatifs, à la limite purement *virtuels* (ce dernier mot qui n'est pas d'Arendt me rapproche de l'hypothèse d'interprétation que je proposerai tout à l'heure).

Maintenant, quels traits distinctifs caractérisent en commun ces expériences historiques disparates ? Hannah Arendt propose ici, avant même de mettre sur la table les définitions fermes qu'on a dites, une analogie qui peut être plus qu'une comparaison, mais déjà une approximation de l'essentiel, à savoir avec les règles d'un jeu. Le jeu, en effet, offre une illustration, de grande portée didactique, de la différence entre deux sortes de règles : les règles acceptées et les règles imposées. Ces dernières rentrent dans le schéma de la domination, donc du commandement et de l'obéissance, alors que, dans le jeu, l'acceptation de la règle résulte du seul désir de jouer, donc de vivre selon le mode ludique articulé par la règle. On voit là le travail de pensée d'Arendt : il consiste à expliciter un implicite qui, en quelques moments historiques privilégiés, a fait sa percée, interrompant la tradition de la domination ; en un sens curieusement proche de certaines vues aujourd'hui courantes en philosophie du langage et empruntées à la théorie des jeux, Arendt suggère que nous avons la notion de règles qui seraient directives sans être coercitives : « elles dirigent les rapports humains comme les règles dirigent le cours du jeu. Et l'ultime garantie de leur validité réside dans l'ancienne maxime romaine : *pacta sunt servanda* » (p. 211-212). On dira : « Ah, voilà les Romains ! » Certes. Mais, d'abord cette formule n'implique pas la fondation proprement romaine *de Urbe condita* à laquelle nous viendrons tout à l'heure, quand nous ajouterons à la paire pouvoir-violence le troisième terme, l'autorité, fort difficile à situer par rapport au couple pouvoir-violence ; en outre, l'idée d'un pouvoir qui ne repose que sur le consentement des acteurs politiques est en réalité subversive par rapport à toute entreprise fondatrice par en haut, par le dehors, par l'arrière : « C'est, écrit Arendt, le soutien populaire qui donne leur pouvoir aux institutions d'un pays et ce soutien n'est que la suite naturelle du consentement [*consent*] qui a commencé par donner naissance aux lois existantes » (p. 150). Voilà : nous sommes au cœur du problème : qu'est-ce que ce consentement irréductible au rapport de domination ? Qu'est-ce que cette force vive du pouvoir populaire qui, lorsqu'elle s'éclipse, laisse la place précisément à la violence ? On arrive à la définition proposée tout à l'heure et que je répète : « Le pouvoir correspond à l'aptitude de l'homme à agir, et à agir de façon concertée. Le pouvoir n'est jamais une propriété individuelle, il appartient à un groupe et continue à lui appartenir aussi longtemps que ce groupe n'est pas divisé » (p. 153). Et encore : « En fait une des différences les plus caractéristiques qui permettent de distinguer le pouvoir de la violence est que le pouvoir a toujours besoin de s'appuyer sur le nombre tandis que la violence peut s'en passer, dans une certaine mesure, du fait que pour s'imposer, elle peut recourir à des *instruments* » (p. 151).

Suivons cette piste du caractère non seulement non hiérarchique du pouvoir, à l'inverse de la relation de domination, mais encore non instrumental, à l'inverse de la relation de violence. Quelle idée peut-on se faire d'un consentement qui s'inscrit hors de la relation de domination de vouloir à vouloir et hors de la relation moyen-fin ?

Une approche provisoire est fournie par la sorte de *raisonnement par l'absurde* qui occupe la plus grande partie de l'article sur la violence. C'est quand le pouvoir manque que la violence tend à occuper le terrain ; et celle-ci révèle son incapacité à instaurer quelque lien politique que ce soit. L'argument a deux faces. Sur une face, il dit : « Le règne de la pure violence s'instaure quand le pouvoir commence à se perdre » (p. 163). Sur l'autre face, il dit : « La violence peut détruire le pouvoir, il est incapable de le créer » (p. 166). Qu'on le prenne dans un sens ou dans l'autre, il équivaut à dire que la décomposition du pouvoir est un phénomène plus instructif, quant à la nature véritable du pouvoir, que l'impuissance résultant de l'explosion de la violence. C'est ce que démontrent les révolutions, à savoir leur irruption et surtout leurs perversions et leurs échecs. Quand la révolution a-t-elle une chance ? Non quand sa violence l'emporte sur celle de l'État, qui à l'époque moderne est considérable, mais quand l'État n'est plus porté par la croyance des citoyens dans son pouvoir, c'est-à-dire dans leur propre pouvoir en tant que représenté et concentré dans l'État, bref quand le pouvoir quitte ce dernier, alors la chance des armes peut changer de camp ; mais c'est la perte de pouvoir qui est le facteur décisif, non la violence. Or cela peut arriver dans un État démocratique, comme les États-Unis, à l'époque du maccarthysme, de la guerre du Viêt Nam et de l'agitation sur les campus. Lorsque les citoyens ne reconnaissent plus leur pouvoir dans les institutions devenues violentes, alors, c'est dans la *désobéissance civile* que se réfugie le pouvoir véritable, en continuité avec l'intention des pères fondateurs (avec cette allusion aux pères fondateurs de la Constitution américaine, nous touchons encore une fois un phénomène supplémentaire, entremêlé à celui du pouvoir, à savoir le phénomène d'autorité). Pour rester dans le droit fil de la présente argumentation, il faut dire que la description et l'interprétation des phénomènes de désintégration interne, laissant le champ libre à l'irruption de la violence, constituent pour la définition proposée du pouvoir comme non-domination, non-instrumentalité, donc comme irréductible et à la domination et à la violence, une simple preuve par défaut : si pas de pouvoir, alors violence. Mais *quid* du pouvoir en tant que tel, si l'on veut aller plus loin que cette preuve par défaut ?

On pourrait penser trouver la réponse en remontant de l'analyse politique à ce qu'on peut appeler l'anthropologie fondamentale de *La Condition de l'homme moderne* et qu'André Énegren appelle « phénoménologie de l'action ». Cet auteur, dans son excellent livre[2], suit l'ordre direct, du phénoménologique au politique ce qui, du point de vue didactique et systématique qui est le sien, est parfaitement justifié. Le thème que nous avons choisi nous contraint à procéder à rebours, ce qui aura pour avantage d'aiguiser l'aporie autour de laquelle nous commençons à tourner, à savoir comment se soutient la définition du pouvoir à l'état pur en tant que non-domination et non-instrumentalité. La voie régressive nous ramène immanquablement à la trilogie : travail-œuvre-action.

La définition du pouvoir donnée plus haut nous y invite : « Le pouvoir correspond à l'aptitude de l'homme à agir et à agir de façon concertée. » Mais je ne suis pas sûr que ce recours à l'anthropologie nous fasse beaucoup avancer, tant l'argument est *circulaire*. Si on y regarde de près, on s'aperçoit que le système de distinctions du plan anthropologique (ou phénoménologique) – travail, œuvre, action – est par rapport au système de distinction du plan politique – violence, domination, pouvoir – dans une exacte relation en miroir. Action et pouvoir se définissent mutuellement. L'action est à visée politique et le pouvoir n'est autre que l'expression publique de l'action. Nous lisons dans *La Condition de l'homme moderne*[3] : « L'action, la seule activité qui mette directement en rapport les hommes, sans l'intermédiaire des objets ni de la matière, correspond à la condition humaine de la *pluralité* » (p. 15). Cette condition de pluralité est d'emblée caractérisée comme pluralité d'égaux, ce qui correspond très exactement à l'élimination au plan politique de la relation de domination dans la définition du pouvoir : « La pluralité humaine, condition fondamentale de l'action et de la parole, a le double caractère de l'égalité et de la distinction » (*ibid.*, p. 197), au sens de pluralité d'insubstituables, de différents. Mais nous n'avons pas encore atteint la notion qui soude littéralement l'une à l'autre la notion anthropologique d'action et la notion politique de pouvoir : c'est la capacité d'innovation, liée à l'action qui a sa contrepartie dans *l'imprévisibilité* des émergences, nous avons dit des surrections de *pouvoir*, quand on surprend ces surrections dans leur temps fort, comme l'insurrection de Budapest, la résistance de Prague, et sur un mode mineur les actions de désobéissance civile liées au nom de Martin Luther King. Nous approchons ici d'une sorte de point aveugle où la question de l'indémontrable ne peut pas ne pas se poser, point aveugle pointé par la métaphore, et plus que la métaphore, de la natalité – phénomène prépolitique par excellence : « Du point de vue de la philosophie, lit-on dans l'essai sur "La violence" [donc en écho à *La Condition de l'homme moderne*], l'action constitue la réponse de l'homme au fait d'être né » (p. 193).

Ce recours au thème de la natalité nous embarrasse plus qu'il ne nous aide dans notre quête d'une justification de la définition proposée du pouvoir. La natalité, la naissance, l'être – déjà – né, ces mots tirent du côté de la biologie alors que toute la pensée politique tire du côté d'un phénomène suprêmement humain et, en ce sens, sans antécédent politique ; même la violence est strictement humaine, malgré ses ténébreuses racines dans l'agressivité. Il faut donc définir la natalité par son rapport à l'action et non l'inverse. Énegren touche juste quand il écrit : « Le concept de natalité fournit [...] à l'agir un point d'ancrage ontologique, toute action pouvant se comprendre comme l'écho du commencement d'une vie elle-même promise à commencer » (*La Philosophie politique de Hannah Arendt*, p. 51). Arendt elle-même ratifie cette interprétation, quand elle déclare, comme on vient de l'entendre, que « l'action constitue la réponse de l'homme au fait d'être né » – la *réponse*, non le prolongement. Dans *La Condition de l'homme moderne* elle disait déjà : au fait d'être né « nous répondons en commençant du neuf de notre propre initiative » (p. 199). *Initiative* : voilà le mot clef au plan phénoménologique-anthropologique : à quoi correspond le *consentement* au vivre-ensemble, au plan politique. Par l'initiative, l'action s'exclut du labeur et de la fabrication ; par le consentement, le pouvoir s'exclut de la domination et de l'instrumentalité violente. Que l'action, en outre, passe par la parole, ne fait pas problème, dans la mesure où au plan politique le consentement vit de paroles échangées, plus précisément, du principe même de l'échange des paroles, à savoir la promesse (on a ici présent à l'esprit les belles pages de *La Condition de l'homme moderne* sur la promesse, que complètent les notations sur le pardon, qui n'est lui même que la capacité restituée à l'autre de recommencer). Ce sont, en dernière instance, des actes de langage qui tissent les échanges d'où naît le pouvoir, si celui-ci doit pouvoir se distinguer de l'instrumentalité violente.

Mais la question revient lancinante : d'où savons-nous tout cela ? D'où s'autorisent les définitions et plus essentiellement les distinctions tranchées à la hache, tant au plan anthropologique qu'au plan politique ?

C'est ici que je soumets à la discussion une hypothèse de travail qui, si elle ne résout pas toutes les difficultés rencontrées, a du moins l'avantage, selon moi, de porter le débat à un degré de plus grande radicalité. Cette hypothèse porte à la fois sur le statut ontologique de notions d'apparence autoréférentielle dans le discours d'Arendt, telles qu'action et pouvoir – fabrication et violence –, et sur le statut épistémologique de tout le discours arendtien.

Mon interprétation est celle-ci : la constitution du pouvoir dans une pluralité humaine, constitution préjuridique par excellence, donc précontractuelle, constitution qui fait émerger comme événement le consentement à vivre ensemble du débat des opinions, cette constitution a le statut de l'*oublié*. Mais cet oubli, inhérent à la constitution du consentement qui fait le pouvoir, ne renvoie à aucun passé qui aurait été vécu comme présent dans la transparence d'une société consciente d'elle-même et de son engendrement un et pluriel. J'insiste sur ce point : un oubli qui n'est pas du passé. En ce sens un oubli sans nostalgie. Un oubli de ce qui constitue le présent de notre vivre-ensemble. Hannah Arendt ne serait pas le seul penseur à évoquer un oubli non relatif au passé. Je ne sais si le modèle est chez Heidegger avec l'oubli de l'être. S'il fallait chercher du côté de Heidegger, j'évoquerais plutôt le texte sur la phénoménologie au paragraphe 7 d'*Être et Temps*, où il est dit que le plus proche de nous est en même temps le plus caché. C'est pourquoi la phénoménologie ne peut être qu'une herméneutique, c'est-à-dire une interprétation et non une intuition. Mais Heidegger n'est pas le seul à lier le proche et l'oublié. Son adversaire le plus vigoureux, Levinas, nous a appris à parler en termes de « traces » d'un *immémorial* dont on peut dire qu'il est plus ancien que tout remémoré, au sens qu'il n'est pas de l'ordre du remémorable, du mémorable. Et Jean-François Lyotard, dans son dernier livre *Heidegger et « les juifs »*, parle des « juifs » (entre guillemets) comme de l'oublié radical de la pensée occidentale. Il y a donc tout un courant de penseurs qui tournent autour de cette idée d'un oubli qui ne serait pas d'un passé ayant-été. Et j'admets tout à fait, et même je soutiens avec force, qu'il peut y avoir plusieurs philosophies de l'oublié qui ne se recouvrent aucunement. Hannah Arendt, selon cette interprétation (j'insiste sur le risque de cette interprétation), serait l'un d'entre eux.

Si vous admettez à titre d'hypothèse de travail cette idée que le pouvoir est à la fois la réalité la plus proche, constitutive à chaque instant du vivre-ensemble actuel, et le plus dissimulé et en ce sens toujours oublié, bien des difficultés, des paradoxes, voire des ambiguïtés dues à Hannah Arendt elle-même, sinon se dissolvent, du moins se mettent, si j'ose dire, à *faire sens*, et ainsi à élever le débat qu'on doit avoir avec la pensée de Hannah Arendt.

Pour me guider dans ces difficultés, paradoxes, ambiguïtés, je dirai que chez Arendt le citoyen est dirigé vers le fondamental constitutif – action/pouvoir –, à la fois par des *indices* plus ou moins erratiques et par des *substituts* tenaces, lesquels, tout en faisant écran, renvoient par défaut à ce fondamental constitutif. Avec ce fil en main, nous allons reparcourir une partie du terrain couvert par les précédentes analyses, avant d'introduire quelques difficultés nouvelles liées à deux concepts que nous avons délibérément tenus à l'écart, celui d'opinion et celui d'autorité, qui ouvrent le débat avec Habermas, tant au plan épistémique (quel savoir du politique ?) que normatif (quelle légitimité du politique ?).

Reprenons donc le chemin une première fois parcouru. Parlons d'abord de traces, puis d'écrans.

Traces d'abord : si vous admettez que le pouvoir pur, expression qu'on trouve plusieurs fois sous la plume d'Arendt, est le méconnu du présent politique, son évocation n'a absolument rien de nostalgique. Du pouvoir nous n'avons que des interprétations historiques, certes, mais dont la place dans l'histoire n'est pas pertinente. L'isonomie, selon Solon et Périclès, ne dit pas l'expérience vive de la cité grecque, mais son auto-interprétation ; et nous allons dire tout à l'heure, quand nous parlerons de l'autorité, ce qui précisément chez les Grecs a empêché qu'elle fût en quelque sorte vécue à nu. Cela est encore plus vrai de la *civitas* latine, inséparable du rapport *potestas* : *auctoritas* que nous discuterons dans un moment. Mais, pour en finir avec l'accusation de nostalgie, il ne faut pas manquer d'insister que les véritables *traces* du pouvoir pur se laissent repérer au mieux dans les révolutions modernes : *Räte*, soviet, insurrection de Budapest, résistance tchèque, certains aspects de la révolte des étudiants, désobéissance civile, bref dans des moments privilégiés qui constituent des *interruptions* de la relation de domination, et en ce sens des émergences d'isonomie, de pouvoir des égaux. Oui, si le proche est l'oublié, il y a des circonstances exaltantes où l'oublié devient le proche.

Voilà pour les traces. Qu'en est-il des *écrans* ? Si les points d'émergence du pouvoir sont aussi dispersés dans le temps historique, c'est que le vrai pouvoir est masqué par ces *substituts* et ne se laisse plus apercevoir que dans le filigrane de ces masques ; au premier rang, précisément, la relation de domination. Je rappelle l'étonnement du lecteur face à l'intrépidité de Hannah Arendt dénonçant la quasi-totalité de la tradition en science politique, pour qui le rapport de commandement à obéissance, le rapport de domination, est constitutif de la structure politique. Pour Hannah Arendt, c'est en conjonction avec l'invention maléfique de l'État-nation dès le haut Moyen Âge européen que s'est renforcée l'idée que le politique c'est l'État, et l'État, la relation de domination. D'où l'impression qu'elle donne encore une fois d'en appeler des Modernes aux Anciens. Mais nous avons vu que chez Platon et Aristote eux-mêmes la distinction entre les régimes politiques se fait déjà en termes de domination. En un sens, la domination a toujours – toujours déjà – masqué le pouvoir. Mais d'où puiserait-on l'énergie dénonciatrice de la mascarade de la *Herrschaft*, si nous ne savions, d'un savoir plus primitif que la soi-disant évidence du rapport de domination, que ce n'est pas ainsi que nous consentons à vivre ensemble en dépit de… et grâce à… la pluralité des opinions ? Le véritable savoir du pouvoir s'épuise presque dans le soupçon que la domination n'est pas la vraie fondation du pouvoir. Ce qui vient d'être dit de la domination vaut à plus forte raison de la violence. Si le pouvoir des égaux est l'énergie si dissimulée du vivre ensemble, on comprend aisément que la violence soit la tentation majeure de l'action politique dans sa phase d'innovation, c'est-à-dire finalement dans ses révolutions. Car la violence est l'énergie visible dont Arendt dit très justement qu'elle démultiplie la force physique. Les révolutionnaires ne veulent pas croire que leur vraie force consiste dans la mise à l'épreuve du nouveau vivre-ensemble qui les fait tenir ensemble, l'épreuve de l'*inter-esse*, et non l'instrumentalité trop visible et émotionnellement exaltante de la violence.

Telle est la relecture que je propose des termes que

vous avons parcourus jusqu'ici. Qu'en est-il maintenant des deux concepts importants que j'ai laissés à dessein de côté, afin de les ouvrir, si j'ose dire, avec la clef d'interprétation que je propose ? Le premier nous permettra d'engager le débat avec Habermas au plan épistémologique ; c'est celui d'*opinion*, pris d'abord dans le contexte de la déclaration fameuse de Madison, un des rédacteurs de la Constitution américaine à la convention de Philadelphie : « Tout gouvernement repose sur l'opinion. » Ce recours à l'opinion a suscité la critique sévère de Habermas, comme Jean-Marc Ferry le montre à merveille dans un chapitre du début de *Habermas* : *l'éthique de la communication* et dans son article d'*Esprit* (juin 1985) sur le même thème. Cette critique proprement épistémologique devient tout à fait plausible si on complète cette déclaration par l'inquiétante formule qui, elle, est d'Arendt elle-même : « L'opinion et non la vérité est une des bases indispensables de tout pouvoir » (*C.C.*, p. 29, cité *in* Énegren, *op. cit.*, p. 63). Pour mesurer la pertinence de la critique de Habermas, il faut à mon sens remettre en place ce concept d'opinion par rapport à la notion même de pouvoir. Ce qui précisément n'est pas aisé, précisément si on adopte notre hypothèse selon laquelle le pouvoir est le soutien proche et oublié du pouvoir véritable. Car l'idée d'opinion a d'abord partie liée avec un autre concept qui, à première vue, inflige un démenti sans appel à l'idée du pouvoir comme l'initiative oubliée dans le présent même du consentement constitutif du vivre-ensemble ; cet autre concept sur lequel on a beaucoup écrit est celui d'*espace public*, plus précisément d'*espace public d'apparition*. La seule expression : apparence, apparaître, apparition, semble interdire tout statut de virtualité cachée à la force d'adhésion qui fait tenir ensemble les membres du corps politique. Au contraire, le concept d'espace public d'apparition, tout en définissant le cadrage quasi spatial (et même expressément spatial en termes de territoire et de frontières dans le cas classique de l'État-nation) exprime la visibilité même du lien social, du « entre » de *inter-esse*. Cette visibilité n'exclut-elle pas toute référence à des entités cachées ? À quoi je réponds deux choses. D'abord, l'oublié est efficace, et à ce titre n'a aucunement le statut d'entité cachée, comme le serait un trésor enfoui. Je pense au mot de Hölderlin qu'affectionne Gadamer : « *Das Gespräch das wir sind* » – l'entretien que nous sommes – (je n'insiste pas ici sur le mot *Gespräch*, mais sur le présent de l'indicatif du « nous sommes »). Lyotard préférerait sans doute nous renvoyer au refoulé freudien. Soit. L'essentiel selon moi n'est pas dans le mécanisme de l'oubli, mais dans le statut de l'oublié ; l'oublié, précisément parce qu'il n'est pas un passé ayant-été, mais la force de l'être-ensemble que nous sommes sans le *voir*, n'est pas d'ordre substantiel. Il est bien notre pouvoir commun. Mais alors qu'en est-il de la visibilité de l'être en commun en tant qu'espace public d'apparition ? C'est ici que vient ma seconde réponse : l'espace public – comme l'espace kantien qui est condition d'un voir, mais non un voir – n'a pas d'autre visibilité que la *publicité* du entre de *l'inter-esse*. La spatialité politique, c'est l'*Öffentlichkeit* (le terme allemand le dit bien : publicité vaut ouverture). Dès lors, la visibilité en question n'est pas autre chose que l'ouverture de l'échange. Échange de quoi ? Eh bien, précisément, d'opinions !

Nous voilà donc aux prises avec le difficile concept d'opinion et son statut épistémique suspect ; il n'est pas douteux que pour Arendt la solidarité est étroite entre les deux sens du terme grec *doxa* : d'un côté, le contraire de l'illusion, l'apparaître au sens fort et positif, la mise en lumière, voire la mise en scène et même la *gloire*, quand l'action termine son cours éphémère dans le récit qui en recueille l'éclat, et, de l'autre côté, le contraire de la science, qui chagrine Habermas ;

mais ne faut-il pas entendre Arendt lorsqu'elle plaide pour la pluralité que l'espace public précisément déploie ? Or de quoi y a-t-il pluralité, outre celle des corps, sinon pluralité d'opinions. *Doxa*, ici, ne veut plus dire apparaître, mais opiner, être d'avis que... *meinen*. Ici la *doxa* grecque passe dans *l'Öffentlichkeit* des lumières, laquelle porte précisément au jour la différence des opinions, le différend au sens encore de Lyotard, sans quoi il n'y aurait pas de problème de consentement à vivre ensemble. On comprend alors la déclaration de Madison : « Le gouvernement repose sur l'opinion », c'est-à-dire sur le traitement consensuel des conflits... d'opinions. Mais on peut aussi comprendre le mot, malheureux je l'avoue, d'Arendt elle-même : « L'opinion et non la vérité est une des bases indispensables de tout pouvoir » (*C.C.*, p. 296). Elle ne parle pas ici de la *théorie* politique et de son ambition d'adéquation à la réalité politique, mais de la *pratique* politique elle-même, qui, en effet, ne repose pas sur la science, sur le savoir, mais bien sur l'opinion. Argumenterait-on en politique, si l'on disposait d'un savoir intellectuellement contraignant ? Allons plus loin, n'est ce pas l'erreur, parfois le crime, toujours la faute des régimes totalitaires de prétendre savoir, et savoir pour tous et à la place de tous ? Ne parle-t-on pas encore, ici ou là, de socialisme scientifique ? Je défendrai ici Arendt en disant qu'elle a aperçu la parenté entre la *lexis* appropriée à la *praxis* et le mode rhétorique de l'argumentation politique ou, si l'on veut continuer à parler grec, avec la *phronesis* plutôt qu'avec l'*epistēmē* ? On dira, avec Habermas, que le philosophe n'a pas à tenir le discours *du* citoyen, le discours pratique, mais un discours *sur* le discours du citoyen, un discours non plus pratique, mais *critique*, et que ce discours critique requiert la référence à une idée régulatrice qui, elle, prétend à la vérité et non plus à l'opinion. En ce sens la faute d'Arendt aurait été d'opposer dans la même phrase l'opinion qui relève du discours *de* l'action et la vérité qui appartient au discours *sur* l'action. Autrement dit, elle aurait confondu langage (politique) et métalangage (politologique). Admettons la thèse de Habermas. Elle n'élimine pas, selon moi, celle d'Arendt, mais en un sens la présuppose. Et cela de multiples manières : d'abord, elle présuppose comme un fait le conflit d'opinions comme pratique dont le philosophe prétend faire la critique ; mais ce n'est pas le plus important : elle présuppose des expériences privilégiées d'insurrection de pouvoir sans domination ni violence grâce auxquelles l'idée régulatrice d'une communauté sans bornes ni entraves peut être autre chose qu'une utopie exsangue. Il faut peut-être aller plus loin encore : une communication sans bornes ni entraves serait-elle encore communication si en était exclu le conflit des opinions ? Pour le dire autrement, l'idée régulatrice de Habermas a besoin d'un *schématisme* qu'elle trouve dans les expériences de pouvoir que nous avons interprétées comme traces historiques de l'oublié que nous sommes.

Au fond Arendt et Habermas ne parlent pas de la même chose. Quand Arendt parle d'opinion, elle parle de la *lexis* de la pratique politique. Elle ne caractérise pas le niveau de savoir de son propre discours, ce qu'on peut légitimement lui reprocher de ne pas faire. Quand Habermas parle d'opinion, il entend un degré épistémique inadéquat à la science critique, laquelle, en vertu de son statut transcendantal, est autoréférentielle. Mais ce qui suscite la plus vive méfiance chez Arendt, c'est précisément la prétention scientifique d'une critique qui se croirait supérieure à la pratique, c'est-à-dire finalement à l'échange public des opinions. C'est à ce point que le débat Arendt/Habermas – débat entre discours pratique et discours critique peut être poursuivi de façon fructueuse, parce que moins antagonistique.

Laissons ce débat à ce point d'incertitude pour

nous tourner vers le second concept que notre revue des concepts de base de la pensée politique d'Arendt a sciemment tenu à l'écart, celui d'*autorité*. Quel rapport a-t-il avec celui de pouvoir ? Comment vient-il en tiers entre pouvoir et violence ? Quelle lumière entre notre hypothèse de travail sur le pouvoir comme l'oublié présent de l'action politique jette-t-elle sur les rapports complexes entre pouvoir et autorité, voire sur les ambiguïtés de la position d'Arendt concernant l'autorité ? Dans l'essai « Sur la violence » l'autorité figure parmi les concepts clefs passés en revue : « L'*autorité*, qui désigne le plus impalpable de ces phénomènes et qui de ce fait est fréquemment l'occasion d'abus de langage, peut s'appliquer à la personne – on peut parler d'autorité personnelle, par exemple dans les rapports entre parents et enfants, entre professeurs et élèves – ou encore elle peut constituer un attribut des institutions, comme, par exemple dans le cas du Sénat romain (*auctoritas in senatu*) ou de la hiérarchie de l'Église (un prêtre en état d'ivresse peut valablement donner l'absolution). Sa caractéristique essentielle est que ceux dont l'obéissance est requise la reconnaissent inconditionnellement ; il n'est dans ce cas nul besoin de contrainte ou de persuasion… L'autorité ne peut se maintenir qu'autant que l'institution ou la personne dont elle émane sont respectées. Le mépris est ainsi le plus grand ennemi de l'autorité, et le rire est pour elle la menace la plus redoutable » (p. 154-155). À lire ces lignes, l'autorité semble liée à la domination plutôt qu'au pouvoir. Mais le correctif de la reconnaissance et du respect, à l'exclusion de la contrainte et de la persuasion, ramène l'autorité du côté du pouvoir. C'est précisément cette incertitude du *lieu* exact de l'autorité dans le réseau conceptuel qui intrigue. On lit en effet un peu plus loin ce qui suit : « Le pouvoir institutionnalisé prend souvent le masque de l'autorité, exigeant une reconnaissance immédiate et inconditionnée ; à défaut, aucune société ne pourrait fonctionner » (p. 155-156). Nous avons bien lu : le masque de l'autorité ; s'agit-il là de l'un des ces écrans qui empêchent de déchiffrer la nature véritable du pouvoir ? Le rapport est plus compliqué. Comme l'atteste l'essai « Qu'est-ce que l'autorité ? » dans *Between Past and Future* (traduction française *La Crise de la culture*). Il s'agit d'autre chose que ce que nous avons appelé indice ou trace, écran ou dissimulation mais d'un *complément devenu pour nous un manque, bref d'un relais à la fois indispensable et impossible.*

La première déclaration qu'on lit dans cet article est en effet assez déroutante. Il faut, dit Arendt, s'interroger non sur ce qu'est l'autorité, mais sur ce qu'elle fut, parce qu'elle s'est enfuie – *has vanished* – du monde moderne en même temps que la masse d'expériences communes à tous, expériences authentiques et indiscutables. Qu'est-ce qui a ainsi disparu et que signifie ce vide ?

Ce qui a disparu, c'est la trilogie *religion*, *tradition*, *autorité*, dont il est dit que l'autorité constitue l'élément le plus stable, parce qu'il représente la permanence, la durée, ou, pourrait-on dire, l'endurance. Or, où cette trilogie a-t-elle régné ? Eh bien, non pas chez les Grecs, mais à Rome. L'autorité est une idée *romaine*. Ce point appelle quelque attention ; dans les paragraphes consacrés aux Grecs, il n'est pas question de la pratique politique des Grecs, de leur agir, du pouvoir effectif instituant la *polis*, mais de l'entreprise de légitimation *philosophique* par Platon et Aristote, laquelle, selon Arendt, aboutit à un fiasco complet. Il y a de quoi être surpris au premier abord ; mais, pour Arendt, les philosophes ont toujours échoué, parce qu'ils ne sont pas partis de la pratique effective des citoyens, mais ont tenté d'apporter une justification extrinsèque à cette pratique. D'où l'étonnante déclaration que, chez Platon, crédité pourtant d'avoir fondé la *philosophie* politique, on ne trouve qu'une méditation sur le conflit entre la philosophie et la *polis*.

Pourquoi ? Eh bien parce que la philosophie, en soustrayant l'homme à la caverne, le conduit dans une sphère d'*Idées* intelligibles dont la contrainte rationnelle est sans effet sur le grand nombre. Les philosophes comprennent les Idées, la foule non. Alors que faut-il faire, quand on est philosophe, pour gouverner la foule ? Trois choses :

1. Reformuler la théorie des Idées dans le vocabulaire de la tyrannie : à l'enseigne du philosophe roi, les Idées deviennent des *mesures*, avec toutes les implications condamnatoires et répressives afférentes (Hannah Arendt en voit la confirmation dans le glissement de l'Idée non politique du Beau à l'Idée du Bien, laquelle, selon elle, ne fonctionne que dans un contexte essentiellement politique, ce qui est très discutable).
2. Transférer dans la sphère politique des modèles de domination empruntés à la sphère privée : figure du berger, du pilote, du médecin, du maître de maison.
3. Faire un usage politique de mythes à fonction dissuasive, essentiellement le mythe d'un enfer réservé à l'expiation des méchants, bref de mythes qui assignent une fonction politique à la peur de l'au-delà.

L'échec spéculatif de Platon signifie, si je comprends bien, que le concept d'autorité est d'emblée mal fondé parce que transcendant à la sphère terrestre du pouvoir. Cet échec reste la contribution majeure des Grecs au concept d'autorité ; car Aristote ne paraît pas avoir mieux réussi à fonder l'autorité : il ne croit plus aux Idées et tous ses modèles de domination restent empruntés à la sphère non politique, principalement celle de l'éducation des enfants, donc selon une relation essentiellement inégalitaire, inappropriée à la communauté des égaux.

Il faut avoir présent à l'esprit cet échec *philosophique* des Grecs pour mesurer à sa juste valeur l'éloge appuyé des Romains. Ce sont eux qui ont à la fois pensé et agi sous le signe de l'*auctoritas*. Mais qu'est-ce que cela signifie pour eux ? L'énergie perdurante de l'acte de fondation de la Ville : *Ab Urbe condita*. Dans cette énergie du commencement est contenue *in nuce* la cohésion de la trilogie autorité-religion-tradition. Si l'autorité est dans la fondation première, la religion est ce qui y relie immédiatement par le lien de la piété, et la tradition médiatement par la transmission des Anciens. Le pouvoir contraignant de la fondation est à la fois autorité, tradition, religion. Ce qui est spécifique à l'idée d'autorité c'est *l'augmentation* (*auctoritas* vient en effet d'*augere*, « augmenter ») que le pouvoir reçoit de cette énergie transmise. La différence entre pouvoir et autorité est donc à la fois nette dans le principe, masquée dans la réalité ; dans le principe, le pouvoir est dans le peuple, donc aujourd'hui, maintenant, l'autorité dans le Sénat, c'est-à-dire dans les *Anciens* qui, parce qu'aînés, sont plus près de la fondation. Si tel est le modèle initial de l'autorité, on comprend d'un seul coup pourquoi il a exercé une telle emprise sur l'histoire politique de l'Occident, mais aussi pourquoi il était dès l'origine condamné à l'éclipse, puis au déclin, enfin à l'effacement.

Quant à l'emprise, le modèle romain le doit au relais assuré à l'*auctoritas* romaine par l'Église romaine, entendons non pas la foi de l'Église que Hannah Arendt met soigneusement entre parenthèses – la Bonne Nouvelle avec laquelle son propre éloge de la natalité garde une affinité discrète –, mais précisément l'autorité *eccléciastique* dans laquelle Arendt voit un amalgame particulièrement efficace entre la foi dans la résurrection, l'Antiquité toute romaine de la fondation terrestre en un point de l'histoire, et l'autorité transcendante de la Vérité et du Bien selon un modèle platonicien et néo-platonicien. Sans oublier la reprise du mythe politique de l'enfer destiné à faire trembler les méchants. C'est donc en tant que romaine que l'Église a été le relais fondamental de l'*auctoritas*.

Ce constat une fois fait, que conclure ? Il faut avouer que les dernières pages de « Qu'est ce que l'autorité ? » sont bien ambiguës. Et je vais essayer de dire pourquoi, en fonction de l'interprétation que j'ai proposée du pouvoir. D'autre part, on nous dit : l'expérience romaine de la fondation semble avoir été entièrement perdue et oubliée, et, toutes les fois qu'on a voulu la restaurer – à une exception près qu'on va dire –, ce fut sous le signe de la violence. Voyez Robespierre et la Terreur, Lénine et le stalinisme. La conclusion attendue serait qu'il faut renoncer sans esprit de retour à la trinité romaine de la religion, de la tradition et de l'autorité. Et pourtant, Arendt ne donne pas sans plus congé à la notion d'autorité, comme si « l'expérience romaine de la fondation » (c'est son expression, p. 136) n'avait pas épuisé l'idée d'autorité et que celle-ci constitue, d'une manière qui reste à dire, un *complément* nécessaire à l'idée même de pouvoir. Qu'est-ce qui, en fin de compte, est essentiel à l'idée d'autorité ? Celle de *fondation*. C'est cette idée qu'il faut confronter à celle de *pouvoir* et à son noyau, l'initiative. Nous lisons en effet ceci dans les toutes dernières pages de l'essai (dont il ne faut pas sous-estimer le caractère interrogatif du titre : Qu'est ce que l'autorité ?) : « Il existe dans notre histoire politique un type d'événements pour qui la notion de fondation (*founding*) est décisive et il y a dans notre histoire de la pensée un penseur politique pour qui le concept de fondation est central, sinon prédominant. Les événements sont les révolutions de l'époque moderne et le penseur est Machiavel qui parut au seuil de cette ère et qui, sans avoir lui-même employé le mot, fut le premier à concevoir une révolution » (p. 136). Pourquoi Machiavel à ce moment du discours qui paraissait un adieu fait à l'idée même d'autorité ? Et pourquoi lier son nom à celui des révolutions modernes ? Quel besoin les révolutions ont-elles de l'idée d'autorité ? Je crois que ces questions ont un rapport étroit avec l'énigme du pouvoir comme expérience sous-jacente toujours déjà là et toujours déjà perdue.

Commençons par *Machiavel*. Il est loué, non pour son éloge de la ruse, ni même pour son mépris des traditions, de toutes les traditions, chrétiennes et grecques, réinterprétées par l'Église, mais parce qu'il a cru qu'il était possible de «*répéter* l'expérience romaine par la fondation d'une Italie unifiée qui deviendrait pour la société italienne la même pierre d'angle sacrée pour un corps politique "éternel" que la fondation de la cité éternelle l'avait été pour le peuple italique» (p. 138). Répéter l'expérience romaine de fondation, voilà l'essentiel. Malheureusement Machiavel, avant Robespierre, a lié fondation et dictature, donc violence. Pourquoi ? Parce que Machiavel et Robespierre ont identifié fondation et fabrication : «*faire*» une Italie unifiée, «*faire*» une République française. En ce sens leur notion d'autorité a contribué à la confusion entre pouvoir et violence contre laquelle toute la théorie politique d'Arendt s'élève. Et pourtant ils avaient raison de tenter de répéter la fondation romaine.

Pourquoi cette obstination à s'attacher encore à l'idée d'autorité ? À mon sens, en raison même du caractère évasif du pouvoir. J'ai insisté plus haut sur l'oublié du présent. Il faudrait insister aussi, comme je l'ai fait dans un précédent colloque, sur le caractère fragile et quasiment évanescent de l'action et donc du pouvoir. Or il est attendu du politique qu'il assure la durée et la solidité à l'action qui en manque. C'est pourquoi il est toujours besoin d'un facteur de *légitimation* qui soit en même temps un facteur de *durabilité*. C'est à cette double nécessité qu'avait répondu le modèle romain de l'autorité. Et cette double nécessité n'a pas disparu avec l'effondrement du modèle romain et de son relais ecclésiastique. C'est pourquoi Hannah Arendt, au dernier moment, se raccroche comme à une bouée de sauvetage à la révolution américaine, la seule selon elle à avoir réussi, parce que « les pères fondateurs, comme nous continuons de façon caractéristique à les appeler, ont fondé un corps politique entièrement nouveau, sans violence et avec l'aide d'une Constitution » (p. 140). Et d'ajouter : outre la relative non-violence de la révolution américaine, « il se peut aussi que les pères fondateurs, parce qu'ils ont échappé au développement européen de l'État-nation, sont restés plus près de l'esprit romain originel » (p. 140). On surprend ici l'utopie politique d'Arendt : une reprise moderne de l'expérience romaine de la fondation dans l'esprit de Machiavel, mais sans Robespierre et la Terreur, sans Lénine et le stalinisme, bref sans la rechute à la violence. Et l'on comprend, dans le système de pensée d'Arendt, la nécessité de cette utopie. Pouvoir et fondation sont également nécessaires à la constitution du politique, mais ils ne peuvent coïncider. Le pouvoir est volatile, la fondation est ce qui seul peut le rendre durable ; parce que l'action est plus fragile que l'œuvre, le pouvoir dont elle émane a toujours besoin d'être *augmenté* par quelque équivalent de l'expérience romaine de la fondation. Mais peut-être ce besoin ne peut-il plus être satisfait : c'est ce que semblent dire les dernières lignes de l'essai : « Car vivre dans un règne politique privé et d'autorité et de la conscience concomitante que la source de l'autorité transcendant le pouvoir ainsi que ceux qui sont au pouvoir, cela veut dire être confronté à nouveau, sans la confiance religieuse en un commencement sacré et sans la protection d'étalons de conduite traditionnels et donc évidents par soi aux problèmes élémentaires du vivre ensemble humain » (p. 141). Si je comprends bien, cela veut dire être remis à un pouvoir qui n'aurait d'autorité que celle que lui confère le consentement instaurateur du vivre ensemble. C'est là certainement une des pentes du texte de Hannah Arendt sur l'autorité. Par là celle-ci semble anticiper l'interprétation que Claude Lefort propose de la démocratie, à savoir un régime conscient du vide de sa fondation et donc condamné par ce vide au risque de la délibération, au traitement négocié des conflits. Mais je ne crois pas qu'Arendt consente à aller jusque-là : elle a trop insisté sur la fragilité du pouvoir et du consentement toujours à refaire sur lequel il repose pour ne pas rester en quête d'une fondation distincte de ce consentement, d'une fondation qui « augmente » et ainsi *autorise* ce consentement.

Arendt tombe-t-elle par là sous la seconde accusation articulée contre elle par Habermas : après voir mis l'opinion à la place de la vérité, ne met-elle pas la tradition à la source de la légitimité ? Honnêtement, je ne le crois pas. On ne peut pas parler chez Arendt d'une autorité de la tradition mais d'une *tradition de l'autorité*. Je ne fais là aucun jeu de mots. Ce n'est que dans une pensée politique qui oppose critique à pratique qu'il y a un problème spécifique de vérité à l'égard duquel l'autorité de la tradition est univoquement l'ennemi. À cet égard Habermas se trompe d'adversaire : il s'adresse à Leo Strauss ou à Gadamer, non à Arendt. En effet, dans une pensée pour laquelle la pratique politique et la gestion des opinions détiennent le dernier mot, il y a un problème de la tradition de l'autorité, c'est-à-dire la recherche pour le pouvoir, si fragile et volatile, d'un équivalent, pour chaque époque, de l'expérience romaine de la fondation. Parce qu'il n'est pas de consentement sans fondation, la fondation est paradoxalement non à faire mais à répéter. Y a-t-il une solution à ce paradoxe ? Voici dans quelle direction Arendt engage selon moi cette recherche. N'ont de chances de réussir, c'est-à-dire d'instituer un régime *durable*, que les révolutions qui parviennent à s'autoriser d'entreprises fondatrices antérieures, toutes les révolutions s'autorisant ainsi mutuellement, s'augmentant chacune de l'ambition fondatrice des autres. C'est en ce sens qu'il y a une tradition de l'autorité. C'est la loi du précédent dans la chaîne des éruptions de pouvoir. Existe-t-il un seul régime qui ne s'autorise de quelque acte révolutionnaire antérieur qui pour lui vaut fondation ? C'est, à mon avis, dans ce rapport entre *fondation* et *innovation* que réside une énigme bien plus grande que celle du rapport entre pouvoir et violence dont nous sommes partis – une énigme qui peut-être inclut celle moins intraitable qui nous a trop longtemps occupés. Cette énigme, l'avons-nous résolue, nous qui allons commémorer l'an prochain la Révolution française ? Échapperons-nous à la question de savoir quelle augmentation celle-ci donne encore à l'action politique d'aujourd'hui et de quelle augmentation celle-ci s'autorise à son tour ?

L'oublié du politique se scinderait-il toujours en deux, l'oublié de ce que nous *sommes* du seul fait d'agir ensemble – fût-ce sur le mode polémique –, et l'oublié de ce que nous *avons été* par la force d'une fondation antérieure toujours présumée et peut-être à jamais introuvable…

Car, derrière Rome il y avait Troie, figurée par Énée portant sur son dos son père Anchise. Et, sous Troie, combien de fondations enterrées ?

Paul Ricœur

1. « On violence », *Crises of the Republic*, trad. française *M.V.*, p. 211-217.

2. A. Énegren, *La Pensée politique de Hannah Arendt*, Paris, P.U.F., 1984.

3. *The Human Condition*, trad. française sous le titre *La Condition de l'homme moderne*.

La responsabilité du mal

Textes de Hannah Arendt

La politique a-t-elle finalement encore un sens ?

À la question du sens de la politique, il existe une réponse si simple et si concluante en elle-même qu'on pourrait penser que d'autres réponses sont totalement superflues. Cette réponse est : le sens de la politique est la liberté. Sa simplicité et son caractère concluant résident en ce qu'elle est rigoureusement aussi vieille, non certes que la question qui jaillit déjà d'un problème et est inspirée par une défiance, mais que l'existence du politique. Cette réponse justement n'est aujourd'hui ni évidente ni immédiatement claire. Cela se montre déjà à ceci que notre question d'aujourd'hui ne porte plus simplement sur le sens de la politique, comme c'était le cas auparavant, en partant pour l'essentiel d'expériences qui étaient ou bien de nature non politique ou bien même de nature antipolitique. Notre question d'aujourd'hui naît d'expériences très réelles que nous avons faites avec la politique, elle prend son point de départ dans le malheur que la politique a déjà provoqué dans notre siècle et dans le malheur plus grand qui menace de se produire à partir d'elle ; et elle s'énonce par conséquent beaucoup plus radicalement, beaucoup plus agressivement, et aussi beaucoup plus désespérément : la politique a-t-elle donc finalement encore un sens ?

Dans la question ainsi posée – et la question se pose ainsi précisément à tout le monde – se trouvent impliquées deux choses : d'une part l'expérience des formes totalitaires d'État, dans lesquelles l'existence entière de l'homme a été soi-disant totalement politisée, avec ce résultat qu'il n'y a plus du tout de liberté en elles. De ce point de vue, et cela veut dire entre autres à partir de conditions qui, précisément, sont spécifiquement modernes, apparaît la question de savoir si politique et liberté sont seulement conciliables, si la liberté en général ne commence pas justement là où la politique cesse, de telle sorte qu'il n'y a plus à proprement parler de liberté là où le politique ne trouve nulle part sa fin et sa limite. Peut-être y a-t-il eu, depuis l'Antiquité pour laquelle politique et liberté étaient identiques, un changement tel que maintenant, dans les conditions actuelles, celles-ci doivent être totalement séparées l'une de l'autre.

Deuxièmement, la question se pose infailliblement lorsqu'on considère le développement monstrueux de possibilités d'anéantissement modernes dont les États ont le monopole, qui n'auraient jamais connu un tel déploiement sans ce monopole d'État, et dont l'application relève exclusivement du domaine politique. Il n'y va pas ici seulement de la liberté, mais de la vie, de la suite de l'existence de l'humanité et peut-être de celle de toute vie organique sur la terre. La question qui jaillit ici rend problématique toute politique ; elle fait apparaître comme douteux que, dans les conditions actuelles, la politique et la conservation de la vie soient compatibles et elle contient le secret espoir que les hommes puissent s'en rendre compte et supprimer d'une façon ou d'une autre la politique avant de se perdre tous par la politique. Certes, on peut objecter que l'espoir de voir périr tous les États ou, même sans cela, de voir la politique disparaître d'une manière ou d'une autre est un espoir utopique ; et l'on peut présumer que la plupart des gens se rangeront à cette objection. Mais cela ne change rien à l'espoir et à la question. Si la politique est funeste et si l'on ne peut pas supprimer la politique, alors ne demeure précisément que le désespoir, c'est-à-dire l'espoir que rien ne sera mangé aussi chaud qu'il est sorti du four – un espoir quelque peu déraisonnable dans notre siècle, vu que depuis la Première Guerre mondiale nous avons dû manger chaque plat qui nous a été servi par la politique considérablement plus chaud qu'il n'est venu à l'idée d'aucun de ses cuisiniers de le préparer.

Ces deux expériences, dans lesquelles prend aujourd'hui son point de départ la question du sens de la politique, sont les expériences politiques fondamentales de notre siècle. Passer à côté, c'est faire comme si l'on n'avait pas vécu dans le monde qui est le nôtre. Cependant, il existe de nouveau entre elles une différence. À l'expérience de la politisation totale dans les formes totalitaires d'État et au caractère problématique du politique qui en résulte s'oppose au moins le fait que personne depuis l'Antiquité n'a plus été d'avis que le sens de la politique, c'est la liberté ; avec le fait ultérieur qu'au cours des Temps modernes, théoriquement aussi bien que pratiquement, le politique a été considéré comme un moyen d'assurer la satisfaction des besoins vitaux de la société et la productivité du libre développement social. Contre la mise en question du politique telle qu'elle se produit dans l'expérience totalitaire, il y aurait donc théoriquement un repli possible sur un point de vue historiquement parlant antérieur – comme si les formes de domination totalitaires, justement, avaient mieux que tout démontré à quel point se trouvait fondée la pensée libérale ou conservatrice du XIXe siècle. Ce qu'il y a d'embarrassant dans l'émergence d'une possibilité physique absolue d'anéantissement à l'intérieur du politique, c'est précisément qu'un tel repli est purement et simplement impossible. Car ici le politique menace très précisément ce dont il tire sa justification dans la conception des Temps modernes, à savoir la pure possibilité de vivre, en l'occurrence celle de toute l'humanité. S'il est vrai que la politique n'est rien d'autre que ce qui est malheureusement nécessaire à la conservation de la vie de l'humanité, alors elle a effectivement commencé à se faire disparaître elle-même, c'est-à-dire que son sens a viré en absence de sens.

Cette absence de sens n'est pas une aporie imaginaire ; elle est un état de choses tout à fait réel que nous pouvons expérimenter chaque jour quand nous nous donnons la peine non seulement de lire les journaux mais de nous demander dans notre mauvaise humeur face au caractère inextricable de tous les problèmes politiques importants, comment on pourrait faire mieux dans les conditions existantes. L'absence de sens où est tombée la politique en général se voit à l'absence d'issue où viennent se fourvoyer toutes les questions politiques particulières. De quelque façon que nous considérions la situation et que nous tentions d'évaluer les facteurs particuliers résultant pour nous de la double menace des formes totalitaires d'État et des armes atomiques, et surtout de la coïncidence de ces événements, nous ne pouvons même pas nous imaginer une solution satisfaisante, même si nous présupposions de tous côtés la meilleure volonté du monde – ce qui, on le sait, n'est pas possible en politique, pour la bonne raison déjà qu'aucune bonne volonté d'aujourd'hui ne garantit le moins du monde la bonne volonté de demain. Si nous partons de la logique inhérente à ces facteurs, et si nous supposons que rien d'autre ne détermine et ne déterminera le cours du monde que ce qui nous est aujourd'hui bien connu, alors, tout ce que nous pouvons dire, c'est qu'un changement salutaire décisif ne peut résulter que d'une sorte de miracle. Pour nous demander maintenant en tout sérieux ce qu'il en est de ce miracle et pour écarter le soupçon qu'espérer ou, mieux, escompter des miracles soit pure irréflexion ou sotte frivolité, nous devons tout d'abord oublier le rôle que le miracle a joué depuis toujours dans la foi et dans la superstition, donc dans le religieux et le pseudo-religieux. Pour nous libérer du préjugé selon lequel le miracle est un phénomène purement et exclusivement religieux, où quelque chose de supraterrestre et de surhumain fait irruption dans le déroulement terrestre d'affaires humaines ou de processus naturels, il convient peut-être de nous remettre en mémoire brièvement que tout le cadre de notre existence réelle : l'existence de la terre, de la vie organique sur la terre, l'existence de l'espèce humaine, repose sur une espèce de miracle. Car du point de vue des processus universels et des probabilités statistiques qui les régissent, la naissance de la terre est déjà une improbabilité infinie. Et il n'en va pas autrement pour la naissance de la vie organique à partir du processus de développement de la nature inorganique, ou pour la naissance de l'espèce homme à partir des processus de développement de la vie organique. Ces exemples font voir que, chaque fois qu'il se produit quelque chose de neuf, cela fait irruption à l'improviste, d'une façon non calculable et finalement causalement inexplicable, comme un miracle dans l'enchaînement des déroulements calculables. En d'autres termes, tout nouveau commencement est par nature un miracle, tout au moins lorsqu'il est vu et expérimenté du point de vue des processus qu'il interrompt nécessairement. En ce sens correspond à la transcendance religieuse de la croyance au miracle, la transcendance réellement démontrable de tout commencement par rapport à la continuité du processus dans lequel il fait irruption.

Cela naturellement n'est qu'un exemple pour expliquer que ce que nous appelons réel est déjà un entrelacs de réalité terrestro-organico-humaine, qui est précisément né comme réalité grâce au surgissement d'« improbabilités infinies ». Si l'on prend cet exemple comme image de ce qui se produit réellement dans le domaine des affaires humaines, alors il se met aussitôt à ne plus convenir. Car les processus auxquels nous avons affaire ici sont, comme nous disons, de nature historique, c'est-à-dire qu'ils ne se déroulent pas sous forme de développements naturels, mais sont au contraire des chaînes d'événements dans la structure desquelles ce miracle d'improbabilité infinie survient en fait si fréquemment qu'il nous paraît dès lors étrange de parler ici de miracle. Mais cela tient seulement à ce que le processus historique est né d'initiatives humaines et se trouve constamment interrompu par de nouvelles initiatives. Si l'on envisage ce processus dans son pur caractère de processus – et cela se produit naturellement dans toutes les philosophies de l'histoire, pour lesquelles le processus de l'histoire n'est pas résultat d'un agir-ensemble des hommes, mais résultat du développement et de la rencontre de forces extra-, sur- ou sous-humaines, où l'homme agissant est éliminé de l'histoire –, alors tout nouveau commencement en lui, heureux ou malheureux, est si infiniment improbable que les événements qui sortent de l'ordinaire font tous figure de miracles. D'un point de vue objectif et extérieur, les chances que demain soit exactement pareil à aujourd'hui sont toujours les plus fortes. Certainement pas tout à fait aussi fortes, mais presque aussi fortes que les chances qu'aucune terre ne naisse des événements cosmiques, aucune vie des processus inorganiques, et aucun non-animal homme de l'évolution des espèces animales.

La distinction décisive entre les « improbabilités infinies » sur lesquelles repose la vie terrestro-humaine, et les miracles-événements dans le domaine des affaires humaines elles-mêmes, est naturellement qu'ici il y a un auteur des miracles et que l'homme lui-même est manifestement, de façon extrêmement merveilleuse et mystérieuse, doué de la capacité de faire des miracles. Ce don, nous l'appelons, dans notre terminologie courante et usée : l'agir. C'est une propriété de l'agir que de déclencher des processus dont l'automatisme ensuite paraît très semblable à celui des processus naturels, et il lui est spécifique de poser un nouveau commencement, de commencer quelque chose de neuf, de prendre l'initiative ou, en termes kantiens, d'être de soi-même à l'origine d'une chaîne. Le miracle de la liberté réside dans ce pouvoir-commencer qui à son tour réside dans le fait que chaque homme, pour autant qu'il est venu par naissance en un monde qui était là avant lui et continue après lui, est lui-même un nouveau commencement.

Cette représentation de la liberté comme identique au fait de commencer ou, de nouveau en termes kantiens, à la spontanéité, nous est très étrangère parce qu'il est caractéristique de notre tradition de pensée conceptuelle et de ses catégories d'identifier liberté et libre-arbitre, et de comprendre par libre-arbitre la liberté de faire porter un choix sur quelque chose de déjà donné – de choisir entre bien et mal, pour dire vite –, mais non la liberté de vouloir simplement que ceci ou cela soit ainsi ou autrement. Cette tradition a naturellement ses bonnes raisons, dans lesquelles nous ne pouvons entrer ici, et elle a été extraordinairement renforcée par la conviction répandue depuis l'Antiquité finissante que la liberté ne réside pas dans l'agir et dans le politique, mais qu'au contraire, elle est possible seulement si l'homme renonce à l'agir, se retire du monde sur lui-même et fuit le politique. À cette tradition conceptuelle et catégoriale s'oppose non seulement l'expérience de chaque homme, qu'elle soit de nature privée ou publique, mais encore et surtout le témoignage jamais totalement oublié des langues anciennes où l'*arkhein* grec signifie commencer et commander, donc être libre, et le latin *agere* mettre quelque chose en train, donc déchaîner un processus. S'il est donc conforme à l'absence d'issue dans laquelle notre monde est tombé d'attendre des miracles, cette attente ne nous renvoie aucunement hors du domaine politique originel. Si le sens de la politique est la liberté, alors cela veut dire que nous avons effectivement le droit, dans cet espace et dans aucun autre, d'attendre des miracles. Non parce que nous nous serions mis à croire aux miracles, mais parce que les hommes, aussi longtemps qu'ils peuvent agir, sont en mesure de réaliser et réalisent constamment, qu'ils le sachent ou non, l'improbable et l'incalculable. La question : la politique a-t-elle finalement encore un sens ? dès lors qu'elle finit dans la croyance au miracle – et à quelle autre fin devrait-elle bien aboutir ? – nous renvoie infailliblement à la question du sens de la politique*.

(Traduit de l'allemand par Patrick Lévy)

* *Nach dem Sinn der [?] von Politik.* Il manque apparemment ici un mot dans le tapuscrit original.

Le « cas Eichmann » et les Allemands*

Entretien télévisé avec Thilo Koch, enregistré le 24 janvier 1964 à New York pour la série « Panorama ». Le texte a été publié pour la première fois dans le recueil Gespräche mit Hannah Arendt, *édité par Adelbert Reif Piper and Co, 1976.*

KOCH : Quelles sont les thèses que contient votre livre si controversé sur Eichmann ?

ARENDT : Ce livre ne contient à vrai dire aucune thèse. C'est un compte rendu qui se borne à exposer tous les faits dont il a été question au cours du procès de Jérusalem. Au cours des débats, aussi bien le procureur que la défense ont exposé certaines thèses dont j'ai également rendu compte et dont on a ensuite affirmé que je les avais faites miennes – ainsi par exemple de la thèse selon laquelle Eichmann n'aurait été qu'un « rouage », ou de celle selon laquelle les juifs auraient pu opposer une résistance. Je me suis insurgée de façon explicite contre ce dernier point et, en ce qui concerne la théorie du rouage, je n'ai fait que rapporter le fait

* Cet entretien a trait au livre si controversé de Hannah Arendt, *Eichmann à Jérusalem. Rapport sur la banalité du mal*, dont l'édition américaine a paru en 1963. L'édition allemande fut publiée en 1964 chez l'éditeur Reif Piper and Co, Munich. Traduction française d'Anne Guérin, Paris, Gallimard, 1966.

qu'Eichmann ne partageait pas l'opinion de son défenseur. Malheureusement, la controverse suscitée par ce livre tourne en grande partie autour de faits et non pas autour de thèses et d'opinions – autour de faits que l'on a travestis en théories afin de leur ôter leur caractère de faits. La personne de l'accusé occupe le centre du livre, et celui du procès.

Le débat sur la culpabilité d'Eichmann a permis de mettre à jour l'effondrement moral qui a affecté dans sa totalité le cœur de l'Europe, dans toute son effroyable réalité factuelle. On peut échapper à cette réalité de plusieurs manières très différentes : soit en la niant, soit, de manière réactive, en faisant des aveux de culpabilité pathétiques qui n'engagent à rien et où tout ce qui est spécifique est détruit ; on peut y échapper également en invoquant une responsabilité collective du peuple allemand, ou bien encore en affirmant que ce qui s'est passé à Auschwitz ne serait que la conséquence de la haine immémoriale du juif – le plus grand pogrom de tous les temps.

KOCH : Ce que l'on a appelé « l'indépassable passé des juifs » ne constitue donc qu'une petite part de vos pensées dans le cadre du procès de Jérusalem.

ARENDT : Puisque vous m'interrogez sur mes pensées, je me contenterais de vous répondre que « l'indépassable passé des juifs » n'y a joué d'emblée aucun rôle. Il s'est imposé au cours du procès et j'en ai rendu compte. Les actes d'Eichmann se sont déroulés dans un contexte et non pas dans le vide. Les fonctionnaires juifs faisaient partie de ce contexte. Lui-même a évoqué en détail sa « collaboration » avec les fonctionnaires juifs au cours de son interrogatoire de police à Jérusalem, et il en avait parlé auparavant au cours de l'interview qu'il avait accordée au journaliste hollandais nazi, Sassen, en Argentine.

De ce que j'en suis venue à parler de ces faits, on a conclu que j'avais prétendu fournir en quelque sorte un exposé de l'extermination du judaïsme européen, au sein duquel une place quelque peu à part doit être attribuée à l'activité des conseils juifs. Mais je n'ai jamais voulu cela. Mon livre est le compte rendu du procès et non l'exposé de cette histoire. Celui qui écrira l'histoire de cette époque ne choisira précisément pas pour point de départ le procès Eichmann. Mais, pour en revenir à notre propos, à savoir la part prise à « l'indépassable passé des juifs », je dois dire qu'en ce qui me concerne personnellement, c'est seulement la fantastique propagande des organisations juives dirigée contre moi – et dont l'effet a retenti bien au-delà des frontières du secteur juif à proprement parler – qui m'a fait mesurer le grave problème que représente manifestement ce passé indépassable, non point tant dans la conscience du peuple que dans la conscience de cette couche de fonctionnaires juifs et de ceux que l'on a baptisé à bon droit l'« *establishment* juif ».

KOCH : Comment a-t-on pu arriver à cette méprise en vertu de laquelle votre livre, votre compte rendu du procès Eichmann, serait une façon indirecte d'innocenter ou de minimiser les crimes nazis ?

ARENDT : Ici, me semble-t-il, il faut distinguer deux choses différentes : tout d'abord, une déformation malveillante et, deuxièmement, une méprise authentique. Quiconque a lu mon livre ne peut pas affirmer que j'ai « innocenté » les crimes de l'époque nazie. Il en a été de même avec le livre de Hochhuth : étant donné que Hochhuth a critiqué la position de Pacelli à l'époque de la Solution définitive, on a affirmé qu'il avait de ce fait innocenté Hitler et les S.S. et présenté Pie XII comme le vrai coupable. C'est sur la base de cette absurdité, que personne n'a soutenue d'ailleurs et qui est facile à invalider, qu'on cherche à engager la discussion. Il en va de même, au moins en partie, de la controverse autour du livre sur Eichmann. On affirme que j'aurais « innocenté » Eichmann et l'on démontre ensuite la culpabilité d'Eichmann – la plupart du temps à partir de citations tirées de mon livre ! La manipulation de l'opinion dans le monde moderne s'effectue, comme chacun sait au moyen des méthodes de l'*image making** : c'est-à-dire que l'on pose dans le monde certaines images qui non seulement n'ont rien à voir avec la réalité, mais qui, le plus souvent, ne servent qu'à dissimuler certaines réalités désagréables. C'est ce qui s'est produit dans le cas du livre sur Eichmann, et ce, avec un succès considérable. Une grande partie de la discussion que vous connaissez déjà, ici en Amérique, comme en Europe, ne mérite donc même pas de réplique car elle a trait à un livre que personne n'a écrit.

Passons maintenant à la méprise authentique. Le sous-titre « Essai sur la banalité du mal » a fait l'objet de méprises réitérées. Rien n'est plus éloigné de mon propos que de minimiser le plus grand malheur de notre siècle. Ce qui est banal n'est par conséquent ni une bagatelle, ni quelque chose qui se produit fréquemment. Je peux trouver une pensée ou un sentiment « banal », même si personne n'en a jamais exprimé de semblable auparavant, et même si les conséquences conduisent à une catastrophe. C'est ainsi par exemple que Tocqueville a réagi au milieu du siècle dernier aux théories raciales de Gobineau qui, à l'époque, passaient encore pour tout à fait originales mais, simultanément, pour aussi « néfastes » que superficielles. La catastrophe fut lourde de conséquences. Mais était-elle pour autant *lourde de signification* ? On a essayé à plusieurs reprises, comme vous le savez, de suivre à la trace le national-socialisme en plongeant dans les profondeurs du passé spirituel de l'Allemagne, voire même de l'Europe en général. Je tiens cette tentative pour fausse et également néfaste, parce qu'elle écarte de la discussion la spécificité absolument évidente du

---

* En américain dans le texte.

phénomène, à savoir son incommensurabilité et son absence de sol. Que quelque chose puisse sortir pour ainsi dire du ruisseau, sans courant profond, et gagner de la puissance sur presque tous les hommes, c'est précisément cela qui est effrayant dans le phénomène.

KOCH : C'est donc la raison pour laquelle vous estimez si important d'ôter à Eichmann et au cas Eichmann son caractère démonique ?

ARENDT : Je n'ai pas l'impression d'avoir ôté à Eichmann son caractère démonique : bien plutôt est-ce lui qui s'en est chargé et, à vrai dire, avec un tel acharnement, qu'on en arrivait à la limite du plus pur comique. J'ai simplement voulu indiquer par là ce qu'il en est du « démonique » lorsqu'on le considère de près. J'ai moi-même beaucoup appris à ce sujet et je crois en tout cas qu'il est extrêmement important que d'autres en prennent également connaissance. C'est justement ce caractère soi-disant démonique du Mal, lequel peut encore pour cette raison se réclamer de la légende de Lucifer, l'ange déchu, qui exerce une force d'attraction si extraordinaire sur les hommes. (Permettez-moi ici de vous rappeler les vers de Stefan George dans le poème « Le coupable » : « Celui qui n'a jamais considéré sur son frère la place du coup de poignard/Combien pauvre est sa vie et faible son pensé. »

C'est précisément parce que les criminels n'ont pas été mus par les mobiles mauvais et meurtriers que nous connaissons – ils ont tué non pas pour tuer, mais parce que cela faisait partie du métier – qu'il nous a été si facile de comprendre, d'invoquer les démons à propos de ce malheur et d'y découvrir une signification historique. Et j'avoue qu'il est plus facile d'être victime d'un diable à forme humaine ou, au sens du procureur au cours du procès Eichmann, d'une loi qui existe historiquement depuis Pharaon et Haarmann, que d'être la victime d'un principe métaphysique, voire d'un quelconque clown qui n'est ni un fou ni un homme particulièrement mauvais. Ce qu'aucun de nous n'arrive à surmonter dans le passé, ce n'est pas tant le nombre des victimes que précisément aussi la mesquinerie de cet assassinat collectif sans conscience de culpabilité et la médiocrité dépourvue de pensée de son prétendu idéal. « On a fait mauvais usage de notre idéalisme » – n'est-il pas rare d'entendre de nos jours de la part d'anciens nazis qui s'en étaient forgé un meilleur. Sans doute, mais quelle piètre valeur cet idéalisme n'a-t-il pas toujours eu !

KOCH : Quelle contribution, votre livre, qui paraît actuellement en Allemagne, pourrait-il apporter pour surmonter le passé des années 1933 à 1945 pour nous autres Allemands en 1964 ?

ARENDT : Là, vous m'en demandez trop. Toutefois peut-être dois-je mentionner quelque chose qui me tourmente depuis longtemps, pratiquement depuis 1949, date à laquelle je suis revenue en Allemagne pour la première fois. D'après mon expérience, tous les Allemands qui n'ont jamais commis la moindre injustice de leur vie proclament avec beaucoup d'insistance qu'ils se sentent coupables, alors qu'il suffit de rencontrer un ancien nazi pour être confronté avec la meilleure conscience du monde qui soit et ce, même s'il n'est pas présentement en train de mentir et que sa bonne conscience ne lui sert pas de camouflage ! Dans les premières années de l'après-guerre, je m'expliquais encore ces aveux de culpabilité au sens du mot grandiose de Jaspers, prononcé juste après l'effondrement de l'Allemagne : « Vivre, telle est notre faute. » Mais entre-temps, compte tenu surtout de l'insouciance étonnante avec laquelle on s'était manifestement résigné à savoir, jusqu'à la capture d'Eichmann, que les « assassins vivent parmi nous » sans pour autant leur intenter de procès et en leur permettant même, comme ce fut le cas à plusieurs reprises, de poursuivre tranquillement leur carrière – à coup sûr sans meurtre ni assassinat, cela va sans dire – comme si rien ou presque rien ne s'était passé ; donc, compte tenu du fait que tout cela a été mis au jour dans les dernières années, j'en suis venue à douter des déclarations de culpabilité des non-coupables. Ces déclarations ont précisément servi à plusieurs reprises à couvrir les coupables : là où tout le monde crie « nous sommes coupables », on ne peut effectivement plus découvrir le crime perpétré. Savoir si quelqu'un a participé au massacre de centaines de milliers d'individus ou bien s'il s'est borné à se taire en continuant à vivre caché devient une question de nuance sans importance. À mon avis, c'est intolérable. Et je considère comme tout aussi intolérable le récent bavardage sur l'« Eichmann au fond de nous », comme si chacun, ne serait-ce que parce qu'il est homme, recelait inéluctablement un « Eichmann » en lui. Sont également intolérables les récentes objections contre les procès des criminels nazis – préparées à l'occasion du procès Eichmann –, en sorte qu'on n'aboutirait qu'à trouver des boucs émissaires au prix desquels le peuple allemand se sentirait à nouveau collectivement innocent. Le peuple allemand doit assumer d'emblée de façon politique la responsabilité des crimes perpétrés en son nom et par les membres de la nation : ce dont doute encore à l'heure actuelle une infime minorité de gens. Mais cela n'a rien à voir avec les sentiments personnels de l'individu. Il me semble, politiquement parlant, que le peuple allemand ne sera autorisé à déclarer que cet effroyable passé est surmonté que lorsqu'il aura jugé les meurtriers qui vivent encore parmi lui sans être importunés, et lorsqu'il aura écarté toutes les charges réelles qui pèsent contre lui de façon publique et non à partir d'affaires relevant du domaine privé. Si tel n'était pas le cas, ce passé demeurerait, en dépit de tout bavardage, indépassé, à moins bien sûr que l'on n'attende que nous soyons tous morts.

(Traduit de l'anglais par Sylvie Courtine-Denamy)

La responsabilité collective*

Bien que je sois d'accord avec ce que j'estime être les deux principales affirmations de l'article de M. Feinberg, je dois reconnaître qu'il m'a posé quelques problèmes.

J'accepte la distinction bien nette qu'il établit entre culpabilité et responsabilité. « La responsabilité collective » dit-il, est un cas particulier de responsabilité vicariante, et il ne peut pas y avoir de culpabilité par procuration.

En d'autres termes, il existe une responsabilité pour des choses que nous n'avons pas commises, mais dont on peut néanmoins être tenu pour responsable. Mais être ou se sentir coupable pour des choses qui se sont produites sans que nous y prenions une part active est impossible. C'est là un point important qui

---

* Hannah Arendt, « Collective Responsability », copyright 1986 pour Mary McCarty West, Trustee. Repris grâce à l'autorisation de Harcourt Brace Jovanovitch, inc. in *Amor mundi.* « Explorations in the faith and thought of Hannah Arendt », Martinus Nijhoff, 1987. Il s'agit d'un article qu'Arendt a écrit en réponse à une conférence portant le même titre, de Joël Feinberg, lors d'un colloque à l'American Philosophical Association, le 24 octobre 1968. On peut lire l'article d'Arendt indépendamment de la présentation de Feinberg, publiée dans le *Journal of Philosophy*, vol. LXV, n° 20, p. 674-688. La discussion d'Arendt est tirée de *The Papers of Hannah Arendt*, Bibliothèque du Congrès, Washington, boîte 56.

mérite d'être clairement et vigoureusement souligné à un moment où tant de bons libéraux blancs avouent leurs sentiments de culpabilité face au problème noir. Il existe une foule de précédents dans l'histoire pour de tels sentiments déplacés, et dans l'Allemagne d'après-guerre où de tels problèmes se sont posés suite aux exactions du régime hitlérien contre les juifs, le cri : « Nous sommes tous coupables », qui semblait si noble et séduisant lorsqu'on l'entendait pour la première fois, n'a en fait servi qu'à disculper en grande partie les vrais coupables. Nous sommes tous coupables, personne n'est coupable. La culpabilité, contrairement à la responsabilité, est le fait d'un individu : elle est strictement personnelle. Elle se réfère à un acte, non à des intentions ou à des virtualités. Nous pouvons dire que nous nous sentons *coupables* des péchés de nos pères ou de notre peuple, voire de l'humanité, en bref, d'actes que nous n'avons pas commis, seulement de façon métaphorique, même si au cours des événements, il arrive que nous payions pour eux. Et puisque les sentiments de culpabilité, *mens rea* ou la mauvaise conscience, la conscience de mal faire, jouent un rôle si important dans notre jugement de droit et de morale, peut-être serait-il judicieux de s'abstenir de telles affirmations métaphoriques qui, prises au pied de la lettre, ne peuvent que nous conduire à une sensiblerie factice qui confond tous les problèmes réels.

Je crains bien que Feinberg lui-même ne soit parfois sur le point d'obscurcir sa propre distinction lorsque introduisant la notion d'« identification sympathique », il affirme que « quiconque est doté d'une nature imaginative et sensible peut éprouver, par substitution, les sentiments d'un autre individu ». Si tel était le cas, on se trouverait alors effectivement en présence d'un phénomène comme ce sentiment de culpabilité par substitution, dont Feinberg semble également douter. « Un sentiment que l'on pourrait authentiquement éprouver par personne interposée, à supposer qu'il puisse exister… » Nous appelons compassion ce que nous éprouvons lorsque quelqu'un d'autre souffre ; et ce sentiment est authentique seulement lorsque j'ai bien conscience de ce qu'après tout, ce n'est pas moi, mais quelqu'un d'autre qui souffre. Mais il est vrai, je pense, que « la solidarité est la condition nécessaire » de telles émotions. Ce qui, dans le cas des sentiments de culpabilité collective que nous évoquions, signifierait que le cri : « Nous sommes tous coupables », est effectivement une déclaration de solidarité avec les méchants.

Je ne sais pas quand est apparu pour la première fois le terme de « responsabilité collective » mais je suis presque convaincue que la pertinence et l'intérêt général du terme et des problèmes qu'il sous-entend relèvent des catégories politiques par opposition aux catégories juridiques ou morales. Mes difficultés à lire l'article de Joël Feinberg proviennent non pas du fait qu'il omet cet aspect de la question – il aborde les problèmes politiques dans la dernière partie de son article –, mais de ce qu'il tente dès le début d'analyser tous les problèmes en fonction de modèles qui sont pertinents soit sur le plan juridique, soit sur le plan moral, en sorte que le problème politique semble se réduire à un cas particulier de questions sujettes aux procès juridiques normaux ou aux jugements moraux normaux.

Feinberg distingue les critères juridiques des critères moraux ; les critères moraux sont plus sévères que les critères de la culpabilité juridique, la distinction n'étant à son avis qu'une question de degré. Je ne suis pas tout à fait d'accord avec son analyse : le jeu, par exemple, est juridiquement interdit, tout au moins dans ce pays et, bien que je ne sois pas une joueuse professionnelle, mes critères moraux en la matière sont beaucoup moins stricts. Mais j'admets que les critères juridiques et moraux ont un point commun très important : ils se rapportent toujours à la personne et à son acte. Si la personne est impliquée dans un projet commun, comme dans le cas d'un crime prémédité, ce qu'on juge c'est toujours la personne, son degré de participation, son rôle spécifique etc., et non le groupe. L'appartenance de la personne à un groupe ne joue un rôle que dans la mesure où cela renforce la probabilité de son crime, et cela ne diffère guère en principe de la mauvaise réputation ou du fait d'avoir un casier judiciaire. Que l'accusé ait appartenu à la Mafia, aux S.S. ou à quelque autre organisation criminelle voire politique, et qu'il affirme devant nous qu'il n'a été qu'un simple rouage exécutant les ordres de ses supérieurs et qui n'a fait que ce que n'importe qui d'autre aurait fait, dès lors qu'il se présente au palais de justice, il n'est plus qu'une personne que l'on juge en fonction de ses actes. Qu'un simple « rouage » puisse redevenir une personne, telle est ce qui fait précisément la grandeur des délibérations du tribunal. Et c'est encore plus vrai du jugement moral pour lequel l'excuse : « La seule alternative eut été le suicide », n'a pas le même pouvoir d'obligation que pour les procédures juridiques. Il ne s'agit pas de responsabilité mais de culpabilité.

Il me semble que Feinberg obscurcit par le choix de ses exemples la distinction entre responsabilité et culpabilité qui était pourtant son point de départ. Si l'on ne peut pas parler de responsabilité *collective* par exemple dans le cas de milliers de nageurs expérimentés étendus sur une plage qui laissent un homme se noyer sans venir à son secours[1], c'est parce qu'ils ne formaient pas en l'occurrence une collectivité ; et il n'y a pas de *responsabilité* collective dans le cas d'un complot pour dévaliser une banque[2] car la faute n'est pas commise par personne interposée et on est confronté à différents niveaux de culpabilité. Et si, comme dans le cas du système social en vigueur après-guerre dans le Sud[3], seuls sont innocents les « étrangers » et les

« parias », nous sommes à nouveau en présence d'un cas de culpabilité bien net car tous les autres ont commis quelque chose qui n'est en aucun cas « vicariant ».

Poursuivons la démonstration de Feinberg : je disais que, pour qu'il y ait responsabilité collective, il faut réunir deux conditions. On doit me tenir pour responsable de quelque chose que je n'ai pas commis et ce, en raison de mon appartenance à un groupe (une collectivité) dont je ne peux pas me détacher par un acte délibéré, c'est-à-dire l'appartenance à un groupe qui ne ressemble en rien au fait d'être associé en affaires, association que je peux dissoudre quand je veux. La question d'une « faute contributive du groupe » doit être laissée en suspens car on ne peut pas participer par personne interposée. Cette sorte de responsabilité est toujours politique à mon avis, qu'elle apparaisse sous la forme la plus ancienne, c'est-à-dire quand une communauté tout entière endosse la responsabilité de quelque acte que l'un de ses membres ait pu commettre, ou quand on tient une communauté pour responsable de ce qui a été commis en son nom. Ce dernier cas est bien entendu du plus grand intérêt pour nous car il s'applique, pour le meilleur et pour le pire, à toutes les communautés politiques et pas seulement au gouvernement représentatif. Chaque gouvernement assume la responsabilité des actes et des méfaits de ses prédécesseurs, et chaque nation assume la responsabilité des actes et des méfaits du passé. C'est également vrai des gouvernements révolutionnaires qui peuvent nier la responsabilité des engagements contractuels que leurs prédécesseurs auraient pu prendre. Lorsque Napoléon Bonaparte prit la tête de la France, il dit : j'assume la responsabilité de tout ce que la France a commis depuis l'époque de Charlemagne, jusqu'à la Terreur de Robespierre. En d'autres termes, dit-il, tout ceci a été fait en mon nom dans la mesure où je suis un membre de cette nation, et le représentant de ce corps politique. En ce sens, on nous tient toujours pour responsables des péchés de nos pères, de même que nous récoltons les lauriers dus à leurs mérites, mais nous ne sommes évidemment pas coupables de leurs forfaits, ni moralement ni juridiquement, pas plus que nous ne pouvons imputer leurs actions à nos propres mérites.

Nous ne pouvons échapper à cette responsabilité politique et purement collective qu'en quittant la communauté, et puisqu'aucun individu ne peut vivre sans appartenir à une communauté quelconque, cela signifierait simplement passer d'une communauté à l'autre et donc d'une sorte de responsabilité à une autre. Il est vrai que le XXe siècle a créé une catégorie d'individus qui étaient de véritables parias n'appartenant à aucune communauté internationale reconnue, je veux parler des réfugiés et des apatrides qui ne peuvent être tenus pour politiquement responsables de quoi que ce soit. Politiquement, indépendamment de leur caractère individuel ou collectif, ils sont complètement innocents, et c'est précisément cette innocence absolue qui les condamne à être en marge de l'humanité tout entière. S'il existait quelque chose comme une culpabilité par personne interposée, il y aurait également une innocence collective par personne interposée. En fait, ce sont les seules personnes complètement irresponsables et, alors que nous nous représentons d'ordinaire la responsabilité et notamment la responsabilité collective comme un fardeau, voire une espèce de punition, je pense qu'on peut montrer que le prix à payer pour l'irresponsabilité collective est beaucoup plus élevé.

J'essaie ici de tracer une ligne de partage plus nette entre la responsabilité politique (collective) d'un côté, et la culpabilité morale et/ou juridique d'un autre côté, et je pense surtout à ces nombreuses occasions où les considérations morales et politiques ainsi que les critères moraux et politiques entrent en conflit. Il me semble que la grande difficulté, s'agissant de ces questions, réside dans l'ambiguïté troublante des mots dont nous nous servons pour débattre de ces questions, à savoir s'il est question de morale ou d'éthique. Ces deux mots ne désignent originellement rien d'autre que les us et coutumes puis, en un sens supérieur, les us et coutumes qui conviennent le mieux au citoyen. De l'*Éthique à Nicomaque* jusqu'à Cicéron, l'éthique ou la morale faisaient partie de la politique, de cette partie de la politique qui traitait non des institutions mais des citoyens, et toutes les vertus grecques ou romaines sont des vertus nettement politiques. La question n'est jamais de savoir si un individu *est* bon, mais si sa conduite convient dans le monde où *il* vit. C'est le monde et non le moi qui est au centre des préoccupations. Lorsque nous abordons les questions morales et notamment la question de la conscience, nous entendons quelque chose d'entièrement différent, quelque chose pour quoi nous n'avons pas de mot tout prêt. Mais, puisque ces anciens vocables sont toujours en vigueur dans nos discussions, cette connotation très ancienne et très différente est toujours présente.

L'affirmation de Socrate : « Mieux vaut subir l'injustice que la commettre », constitue une exception ; il s'agit d'un texte classique où l'on peut trouver des considérations morales au sens où nous l'entendons. Je reviendrai sur cette affirmation dans un moment. Mais tout d'abord, je tiens à signaler une autre difficulté qui vient de l'extrême opposé, en fait du côté de la religion. Le fait que les questions morales traitent du bien-être de l'âme plutôt que du monde fait bel et bien partie de l'héritage judéo-chrétien. Si, pour prendre l'exemple le plus célèbre de l'Antiquité grecque, c'est bien sur l'ordre d'Apollon qu'Oreste, dans la pièce d'Eschyle, tue sa mère, il n'en est ensuite pas moins poursuivi par les Érinyes : l'ordre du monde a été dérangé à deux reprises, et il doit être restauré. Oreste a fait ce qu'il fallait en vengeant la mort de son père et en tuant sa mère, et pourtant il est coupable d'avoir violé un autre « tabou » comme nous dirions aujourd'hui. La tragédie est que seule une mauvaise action peut effacer le crime originel, et la solution vient d'Athéna ou, plus exactement, de la création d'un tribunal qui prendra la responsabilité d'y mettre bon ordre et ce, en interrompant le cours incessant du mal qui était jusqu'alors nécessaire pour maintenir la cohésion du monde. Telle est la version grecque de l'intuition chrétienne, selon laquelle résister au mal suppose inévitablement que l'on fasse le mal et que l'individu se sorte de cette mauvaise passe.

Avec l'avènement du christianisme, l'accent se déplaça complètement du souci du monde et des devoirs qui lui sont liés au souci de l'âme et de son salut. Au cours des siècles précédents, la polarisation des deux était absolue ; les épîtres du Nouveau Testament prescrivent en effet de fuir les engagements publics politiques pour s'occuper exclusivement de ses propres affaires, se soucier de son âme. Tertullien a résumé cette attitude dans la formule : *nec ulla magis res aliena quam publica*, « rien ne nous est plus étranger que ce qui concerne la chose publique ». Ce que nous entendons aujourd'hui encore par critères moraux et préceptes est tributaire de cet arrière-plan chrétien ; tout comme l'est Joël Feinberg lorsqu'il réclame des critères de culpabilité plus stricts en morale, et distincts du point de vue juridique. D'après les normes en vigueur de nos jours, c'est en matière de morale que les critères de sévérité sont manifestement les plus stricts et en matière d'us et coutumes qu'ils sont les plus relâchés, tandis que les critères juridiques occupent une place intermédiaire. Or je prétends que c'est l'origine religieuse de la moralité qui lui confère sa position supérieure dans notre hiérarchie de « valeurs ». Peu importe, dans ce contexte, de savoir si la loi divine prescrivant les règles de la conduite humaine a été directement révélée comme dans les Dix Commandements, ou indirectement comme dans les concepts de droit naturel.

Les règles étaient *absolues* en raison de leur origine divine et elles étaient sanctionnées par des « récompenses et des punitions dans l'autre monde ». Il est peu probable que ces règles de conduite originellement enracinées dans la religion puissent survivre au déclin de la foi en leur origine et, notamment, à la perte des sanctions transcendantes. John Adams, d'une manière étrangement prophétique, avait prédit que la perte de ces sanctions aurait pour effet de rendre le meurtre aussi indifférent que le tir au pluvier, et l'extermination de la nation Rohilla aussi innocente que le fait d'avaler un morceau de fromage moisi. Autant que je puisse en juger, il n'y a plus que deux commandements sur les dix auxquels nous soyons encore moralement liés, le : « Tu ne tueras point » et : « Tu ne feras pas de faux témoignages », encore que ces deux commandements aient été passablement bafoués par Hitler et Staline respectivement.

Le moi est au centre des considérations morales sur le comportement humain, tandis que le monde se trouve, lui, au centre des considérations politiques sur le comportement. Si nous ôtons aux impératifs moraux leurs connotations et leurs origines religieuses, il nous reste la proposition socratique : « Mieux vaut subir l'injustice que la commettre », et son étrange justification : « Car mieux vaut pour moi être en désaccord avec le monde entier que seul, être en désaccord avec moi-même. » Quelle que soit la façon dont nous interprétions l'appel au principe de non-contradiction dans les questions morales, comme si le seul et unique impératif : « Tu ne te contrediras pas », était valable pour la logique et pour l'éthique (ce qui, soit dit en passant, est toujours l'argument clef de Kant pour l'Impératif catégorique), une chose semble claire : on présuppose que je vis non seulement avec les autres mais également avec moi-même et que c'est ce dernier être-ensemble qui a en fait la préséance sur tous les autres. La réponse politique à la proposition socratique serait : ce qui importe, dans le monde, c'est qu'il n'y ait pas d'injustice ; souffrir l'injustice et commettre l'injustice sont deux choses également mauvaises. Peu importe qui endure l'injustice : il est de votre devoir de l'éviter. Ou, citons une autre parole célèbre pour sa brièveté, de Machiavel cette fois-ci, lequel, voulant précisément pour cette raison enseigner aux princes « comment ne pas être bons », écrivait à propos des patriotes florentins qui avaient osé défier le pape, qu'il les félicitait d'avoir su montrer combien « leur ville leur importait plus que leur âme ». Là où le langage religieux parle d'âme, le langage séculier parle du moi.

Il y a beaucoup d'occasions de conflits entre les critères politiques et moraux de conduite, et en politique on en vient généralement à bout avec la doctrine de la raison d'État et son prétendu double critère de la moralité. Nous ne traitons ici que d'un seul cas particulier, celui de la responsabilité collective par personne interposée dans lequel le membre d'une collectivité est tenu pour responsable d'actes qu'il n'a pas commis mais qui ont été commis en son nom. Il peut y avoir de multiples causes à une telle absence de participation : la forme du gouvernement du pays peut être que ses habitants, ou une grande partie d'entre eux, soient complètement exclus du royaume public ; en sorte que le manque de participation ne résulte pas d'un choix. À moins qu'au contraire, dans les pays libres, une certaine catégorie de citoyens ne souhaite pas participer, ne veuille rien avoir à faire avec la politique, non pour des raisons morales, mais simplement parce qu'ils ont choisi de tirer parti de l'une de nos libertés, celle à laquelle nous ne faisons généralement pas allusion parce qu'elle va de soi, la liberté politique. Cette liberté était inconnue dans l'Antiquité et elle a été effectivement abolie dans un certain nombre de dictatures du XXe siècle, notamment les dictatures totalitaires. Par opposition à l'absolutisme et à d'autres formes de tyrannie, où l'absence de participation était une donnée de fait et non un choix, nous avons affaire ici à une situation où le fait de participer qui, comme nous le savons, peut être synonyme de complicité dans des activités criminelles, est une donnée de fait, et l'absence de participation, le résultat d'un choix. Enfin dans les pays libres, nous avons le cas où l'absence de participation est en fait une forme de résistance : ainsi de ceux qui refusent d'être impliqués dans la guerre du Viêt Nam. On invoque souvent des raisons morales à l'appui de cette résistance, mais tant qu'il y a liberté d'association et avec elle l'espoir que la résistance sous forme d'un refus de participer entraînera un changement de politique, cette résistance est essentiellement politique. Ce n'est pas le moi qui est au centre des considérations – je ne m'engage pas parce que je ne veux pas me salir les mains, ce qui peut bien entendu être également un argument valable –, mais c'est bien plutôt le sort de la nation et son attitude vis-à-vis des autres nations du monde qui est en jeu.

Le fait de ne pas participer aux affaires politiques du monde a toujours été sujet au reproche d'irresponsabilité, considéré comme une dérobade aux devoirs que nous avons vis-à-vis du monde et que nous partageons avec autrui et avec la communauté à laquelle nous appartenons. Et on ne peut absolument pas parer ce reproche de façon positive si l'on plaide l'absence de participation pour des raisons morales. De récentes expériences nous ont appris qu'une résistance active et parfois héroïque à des gouvernements diaboliques est plutôt le fait d'hommes et de femmes qui y ont participé que d'étrangers purs de toute faute. Cela est vrai, avec, comme pour toute règle, des exceptions, de la résistance allemande contre Hitler, et c'est encore plus vrai des quelques cas de rébellion contre les régimes communistes – la Hongrie et la Tchécoslovaquie en sont des illustrations. Discutant ces problèmes d'un point de vue juridique, Otto Kircheimer (dans son ouvrage *Political Justice*) soulignait très justement que, s'agissant de l'innocence juridique ou morale, à savoir l'absence de toute complicité dans les crimes commis par un régime, « la résistance active » serait une « aune illusoire, le retrait de toute participation significative à la vie publique [...], la volonté de disparaître dans l'oubli » et que l'obscurité « est un critère que pourraient imposer à juste titre ceux qui font partie du tribunal » (p. 331 et suiv.). Mais qui plus est, il justifie d'une certaine manière ces accusés qui soutenaient que leur sens des responsabilités leur avait interdit de choisir cette voie, qu'ils avaient accompli leur tâche pour éviter le pire, etc. – autant d'arguments qui, bien sûr, dans le cas du régime hitlérien, paraissaient plutôt absurdes et n'étaient en fait, la plupart du temps, rien d'autre que d'hypocrites rationalisations d'un ardent désir de poursuivre sa carrière, mais c'est là un autre problème. La vérité est que ceux qui ne participaient pas ne résistèrent pas et qu'ils ne croyaient pas que leur attitude pouvait avoir des conséquences politiques.

La véritable signification de l'argument moral que j'ai cité sous la forme de la proposition socratique est la suivante : si je faisais ce que l'on attend de moi pour prix de la participation, soit par pur « conformisme », soit même comme la seule occasion d'une résistance éventuellement couronnée de succès, je ne pourrais plus vivre avec moi-même ; ma vie n'aurait plus de valeur à mes yeux. Par conséquent, mieux vaut endurer l'injustice maintenant, au prix même de la peine de mort au cas où je serais contraint de participer, plutôt que de commettre l'injustice et de devoir ensuite vivre avec un tel malfaiteur. S'il s'agit d'un meurtre, l'argument ne serait pas que le monde irait mieux si le meurtre n'avait pas été commis, mais qu'on refuse de vivre avec un assassin. On ne peut pas, me semble-t-il, répondre à cet argument, ne serait-ce que du point de vue politique le plus strict, mais il s'agit clairement d'un argument qui ne peut être valable que dans les cas extrêmes, c'est-à-dire dans les situations marginales. Ce sont souvent de telles situations qui permettent de clarifier au mieux des problèmes qui, sinon, resteraient obscurs et équivoques. L'impuissance, telle est la situation marginale dans laquelle les propositions morales deviennent absolument valables dans le domaine politique. L'impuissance qui présuppose toujours la solitude est une excuse valable pour ne rien faire. Le problème avec cet argument est qu'il est évidemment complètement subjectif ; son authenticité ne peut être démontrée que par la volonté de souffrir. Tout comme dans les procès juridiques, il n'y a pas de règle générale qui puisse être appliquée et qui soit valable pour tous. Mais je crains que ce ne soit le malheur de tous les jugements moraux qui ne sont pas soutenus par, ou dérivés de, principes religieux. Comme nous le savons, Socrate n'a jamais été capable de démontrer sa proposition, et l'Impératif catégorique kantien, unique rival en tant que prescription morale non religieuse et non politique, ne peut pas davantage être démontré. Encore plus embarrassant : cet argument ne s'applique qu'aux individus qui ont l'habitude de vivre manifestement aussi avec eux-mêmes, autrement dit, sa validité n'est plausible que pour des hommes qui ont une conscience. Et, nonobstant les préjugés de la jurisprudence qui, à chaque fois qu'elle est dans l'embarras, en appelle à la conscience comme à quelque chose que tout individu sain doit posséder, force est de reconnaître que si bon nombre d'individus en font preuve, ce n'est absolument pas le cas de tous, et que ceux qui en sont dotés se recrutent dans toutes les positions sociales, et plus particulièrement quel que soit leur niveau d'éducation ou d'ignorance. Aucun signe objectif, aucun critère social ou éducatif ne peut assurer sa présence ou son absence.

La seule activité qui semble correspondre à ces propositions morales séculières et les valider est la pensée, que l'on peut définir avec Platon, au sens le plus général et le moins spécialisé du terme, comme un dialogue silencieux entre moi et moi-même. Si on l'appliquait à des problèmes de comportement, la faculté de l'imagination serait impliquée dans cette pensée à un très haut niveau, c'est-à-dire la capacité à représenter, à me rendre présent ce qui est encore absent – tout acte contemplé. Dans quelle mesure cette faculté de penser, qui s'exerce dans la solitude, s'étend-t-elle à la sphère purement politique où je suis toujours avec autrui, c'est là une tout autre question. Mais quelle que soit notre réponse à cette question, et à laquelle le philosophe politique pourrait espérer répondre, aucun critère moral, individuel et personnel ne pourra nous décharger de la responsabilité collective. Cette responsabilité, par personne interposée, d'actes que nous n'avons pas commis, cette façon d'endosser les conséquences d'actes dont nous sommes entièrement innocents, est le prix à payer parce que nous ne vivons pas seuls, mais parmi d'autres hommes, et que la faculté d'agir, qui est après tout la faculté politique par excellence, ne peut s'accomplir que dans l'une des nombreuses et diverses formes de la communauté humaine.

(Traduit de l'anglais par Sylvie Courtine-Denamy)

1. Exemple choisi par Feinberg, de faute collective et distributive : « [...] chacun devrait utiliser ses yeux et son bon sens pour coopérer du mieux qu'il peut. Si personne ne bouge, cela signifie que personne n'a fait de son mieux dans les limites imposées par la situation, et le blâme retombe sur tout le monde. Puisque tous auraient pu sauver le nageur, il

est vrai de dire de chacun d'eux que s'*il* n'avait pas échoué à sauver le noyé compte tenu de la situation, le malheur ne se serait pourtant pas produit » (N.d.T.).

2. Deuxième exemple choisi par Feinberg de faute collective : la complicité lors d'un crime. « Une partie de la difficulté pour déterminer le degré de responsabilité des individus dans des actions collectives où la responsabilité n'est pas vicariante consiste à assigner le degré de *contribution* de chaque individu à l'action » (N.d.T).

3. « Le système social en vigueur après-guerre dans le Sud, et qui commence maintenant à s'effondrer, a été conçu en dehors des institutions politiques, et simplement toléré par la loi. Sa brutalité était "son instrument destiné à cantonner le Nègre à sa place et à asseoir la suprématie de la caste blanche" (John Diffard, *Caste and Class in a Southern Town*, cité par Macdonald in *Memoirs of a Revolutionist*, p. 45). S'ensuit-il toutefois que « les Blancs du Sud (*tous* les Blancs du Sud) en portent collectivement la responsabilité » ? J'affirme que quelques-uns d'entre eux, ayant été façonnés par les mœurs en vigueur, les approuvaient de bon cœur ; mais qu'en est-il de façon vicariante ? Ils ne doivent être tenus pour responsables que de façon vicariante, sur la base de leur grande (et difficilement évitable) solidarité avec la majorité. Mais, supposons que quelques-uns d'entre eux haïssent les traditions en vigueur, méprisent leurs voisins et ne se considèrent pas du tout comme des gens du Sud ? Peut-être peut-on alors échapper à l'argumentation de Macdonald en excluant ces âmes totalement étrangères à la communauté blanche du Sud à laquelle Macdonald assigne une responsabilité collective. Cependant, l'aliénation totale n'existe pas dans une communauté qui laisse grandes ouvertes ses portes de sortie ; et au sein d'une communauté qui applique strictement ses coutumes, comme tel est le cas du Sud, un résident étranger partagerait l'infortunée condition du Nègre. Par conséquent, la responsabilité collective est imputée à tous ces Blancs qui n'étaient pas des parias, et qui estimaient que la respectabilité et le confort matériel étaient la marque d'insertion d'un individu donné. »

Arendt,
Kant et la condition des juifs

La troisième critique de Hannah Arendt

> Vu avec l'œil souillé qu'est le nôtre en ce monde, nous sommes dans une situation de voyageur de chemin de fer retenu dans un tunnel par un accident, et ceci à un endroit où l'on ne voit plus la lumière du commencement et où la lumière de la fin est si minuscule que le regard doit sans cesse la chercher et la perd sans cesse, cependant que commencement et fin ne sont pas sûrs.
>
> Kafka.

Ce petit récit de Kafka, cette parabole du visible et de l'invisible, de la lumière et de l'ombre, si proche du « penser poétique » dont parle Hannah Arendt à propos de Benjamin pour désigner d'emblée le lieu atopique, le point instable où je me situerai. Qu'en est-il de la pensée quand elle se rapporte à la visibilité du politique et quand elle est menacée par l'invisibilité de « l'espace d'apparences », quand elle n'est plus que ce regard souillé, ce regard à la recherche d'éclats de lumière minuscules à la Kafka, d'échardes de messianisme à la Benjamin ?

Une telle orientation du penser s'originerait dans une souillure première, ce « regard mélancolique » sur l'histoire propre à Kant selon Arendt, qui l'a tant affectée : perte, lassitude et « ombre de la mélancolie » de la jeunesse, et puis cette autre mélancolie, historique et irrémédiable, dont elle parle à propos de Blücher, « une mélancolie qui sortait tout droit des chambres à gaz[1] ». À regarder cet irregardable-là, la tâche et la quête de la pensée renverront aux questionnements décisifs de *La Vie de l'esprit* qui éclaire toute sa démarche antérieure : où est-on quand on pense ? et qu'est-ce qui fait penser ? Questions de lieu et de contrainte donc, comme si dans ce monde livré à la « barbarie de l'acosmisme », à la perte du sens, la pensée n'existait qu'à œuvrer dans l'ordre de la signification, comme le *sēmainein* d'Héraclite. C'est pourquoi, en retrait du monde des phénomènes, « hors d'ordre », irréductible à tout savoir et à toute détermination cognitive de l'entendement au sens kantien, la pensée ne s'épuise pas dans un appel à l'intelligence ou à la culture : elle est « avant tout courage », comme elle l'écrira à propos de Lessing.

Mais si la pensée n'est pas politique, *a-polis* plus qu'*anti-polis*, et si le « parler ensemble avec soi-même » creuse toujours un « non-temps au cœur du temps », distinct du parler ensemble de la communauté civique, comment peut-elle relever du courage et quel type de danger l'habite ? Pour poursuivre encore « le parallélisme des forces » propre à Kafka, longuement commenté dans *La Vie de l'esprit*, ce danger semble inhérent à l'être de la pensée et plus encore à son oubli : « Nous sommes menacés d'oubli » et encore : « Il n'est pas de pensée dangereuse, c'est la pensée qui l'est[2]. » Quel est alors cet être de la pensée, s'il ne s'agit ni de la politique au sens des catégories de l'action, ni du « laisser être » de Heidegger explicitement critiqué pour avoir identifié signification et vérité, alors que « l'exigence de la raison n'est pas inspirée par la recherche de la vérité[3] ? ».

Toujours à propos de la pensée des inclassables propre aux « sombres temps », Benjamin en l'occurrence, Arendt cite à nouveau Kafka et situe le voir de la pensée du côté du mort-vivant, du survivre, du spectral au sens de Shakespeare : « Celui qui vivant ne vient pas au bout de la vie a besoin d'une main pour écarter un peu le désespoir que lui cause le destin. Mais de l'autre main, il peut écrire ce qu'il voit sous les décombres[4]. » Tel est le regard « souillé » du survivant, de celui qui est « mort de son vivant ».

Un tel regard, non grec, a traversé toute l'œuvre d'Arendt. Mais c'est sans doute avec la trilogie de *La Vie de l'esprit* et son troisième volume inachevé, consacré au Juger, que ce moment judaïco-kantien de sa pensée prend toute sa portée réflexive. Quelque chose comme la *troisième critique* d'Arendt qui aborde toute une interprétation de Kant à partir de ses écrits politiques et de la *Critique du jugement.* Au centre de cette relecture, ce vent de la pensée ainsi défini : « La manifestation du vent de la pensée n'est pas le savoir ; c'est l'aptitude à distinguer le bien du mal, le beau du laid. Aptitude qui, aux rares moments où l'enjeu est connu, peut très bien détourner les catastrophes[5]. » À se confronter aux « catastrophes », la pensée juge, porte sur la singularité de l'événement, devient éthico-esthétique pour être « politique ». Sans l'appui de traditions constituées, elle risque sa propre condition paria, son courage. En quoi, la troisième critique d'Arendt ouvrirait à une pensée de l'événement, à cette réflexion toujours prioritaire : qu'est-ce qu'un événement de pensée qui ne se formulerait pas dans l'*Ereignis* de Heidegger ?

Topologie de l'ombre : genèse d'une question

C'est sans doute le propre des situations de « catastrophe » que d'imposer à la pensée son propre impouvoir : le « manque de pensée » propre au totalitarisme et l'impensable comme forme de la politique moderne d'extermination, face cachée et soudainement révélée de l'humain : sa part inhumaine. Aussi est-ce à propos d'*Eichmann à Jérusalem* qu'apparaît la nature privative de la pensée, son manque et son creux : « Les actes étaient monstrueux, mais le responsable – tout au moins le responsable hautement efficace – était tout à fait ordinaire, comme tout le monde, ni démoniaque, ni monstrueux [...] ce n'était pas de la stupidité, mais un manque de pensée[6]. » Que la pensée puisse être en manque d'elle-même, que ce manque rende les hommes somnambules et la vie non vivante, qu'il engendre la banalité du mal et non une perversité démoniaque, renverse sans doute l'interrogation initiale : que fait-on quand on ne pense pas ? Y aurait-il des conditions négatives du mal perceptibles dans une temporalité non chronologique, après coup ? « La pensée implique toujours le souvenir et toute pensée est à proprement parler après-coup. » Cet après coup qui chez Freud est lié à la répétition d'une scène irreprésentable fait de la pensée « le pays des invisibles », une pensée-mnémosyne où l'objet absent devient personne, événement, mouvement. Et de se référer aux Grecs pour ce lien privilégié entre le voir (*idein*) et l'avoir vu (*eidenai*).

La pensée n'est que pouvoir d'absence qui peut aller jusqu'à pratiquer un langage métaphorique pour se situer dans cette zone qualifiée de « frontière » : l'impensable à penser et non l'impensé de l'Être. Or, cet impensable à penser – le courage – renvoie à une sorte de topologie secrète de l'œuvre d'Arendt, à l'envers de la passion du voir grec qu'elle partageait et qui éclairait pour elle tout l'espace du politique : « La pensée politique ne peut que suivre les articulations des phénomènes politiques proprement dits ; elle reste liée aux apparences dans le domaine des affaires humaines[7]. » Néanmoins, face à ce primat de la parole articulée et partagée, une même scène fait toujours retour : « Au commencement était le crime. » Et ce crime, cette opacité étrange qui nous sépare de l'ontologie grecque, se ramifie en tout un réseau de *concepts limites* : infamie, abîme, mal radical, désolation, banalité du mal. Au point que « la réalité humaine est devenue opaque à la lumière de la pensée ». Faire reculer cette opacité, la nommer, la circonscrire : tel est le premier « courage » de la pensée propre à la métaphoricité arendtienne.

Première figure de cette topologie secrète, l'infamie de Rahel Varnhagen, sa prédisposition au destin, comme l'écrira Arendt dans sa correspondance avec Jaspers. Celle qui « fut son amie la plus proche » et même son « auto-objectivation » représente l'extrême de la question juive : « Les juifs ne peuvent pas vivre[8]. » Entendons par là que « la vie de Rahel dès sa jeunesse, est bloquée par cette infériorité, l'infamie de naissance[9] ». Dès lors, dans cette immense odyssée de l'aliénation au malheur et à l'amour, il n'est qu'une seule issue : le refus absolu, l'impersonnalité de la pensée.

Entre le refus du monde et l'*amor mundi*, le destin de Rahel est plus qu'exemplaire des hésitations et ambivalences de Hannah. À lutter contre les faits et contre elle-même, la pensée se perd et oublie l'espace des apparences. Toute à sa honte, Rahel n'est plus « qu'ensevelie du dehors ». Mais en même temps elle y trouve la mélancolie de la pensée, une mélancolie passionnée et cette réminiscence mélancolique lui permet d'oublier son propre destin. Hannah Arendt, elle, ne l'oubliera pas, quand celui de Rahel deviendra pour elle et les « parias » un événement historique. La métaphore de l'abîme, celle « de l'infamie de rester vivante », ne cesseront de faire retour. En 1951 dans un poème, elle décrira « les fonds multicolores de mon sommeil que l'abîme abrupt du monde effraye[10] ». Et le mot abîme lui suffira pour affronter la radicalité d'Auschwitz : « À Auschwitz le sol des faits s'est engouffré dans un abîme[11]. »

Infamie ou abîme, quelque chose de l'événement surgit qui brise toute une tradition métaphysique de la pensée et oblige à penser ce qui ne relève pas de la seule empiricité. Sans reprendre ici ses analyses très connues du totalitarisme, il convient d'en souligner les dimensions kantiennes, insuffisamment perçues. Car le totalitarisme est bien *un kantisme du mal*, et même du mal radical. L'impératif catégorique de la loi se trouve retourné, perverti en universel du meurtre où tout est possible : « Ce que le bon sens et "les gens normaux" refusent de croire, c'est que tout est possible[12]. » Ce « tout est possible » concerne précisément l'abîme qui devrait séparer le monde des vivants du monde des morts, qui est nié, dénié puisque la destruction ne vise pas seulement une vie, mais « le fait de l'existence lui-même ». Aussi faut-il faire advenir cet impossible de l'horreur : « Rendre permanent le processus de la mort lui-même[13]. »

La mort permanente, c'est cela l'apparition d'un mal radical, inconnu auparavant, qui dévoile sans doute le fond non fondé de la politique moderne, son envers et revers. Comme l'écrit Hannah Arendt : « Il y a peut-être dans la politique moderne quelque chose qui n'aurait jamais dû se trouver dans la politique au sens usuel du terme, à savoir le tout ou rien[14]. » Radicalité nihiliste, radicalité qui met en échec toute tradition philosophique de la « morale » et qui oblige à penser dans l'après de la disparition de la métaphysique beaucoup plus que dans sa fin. À la loi politique des égaux qui institue un espace de liberté pluriel entre les hommes, à la loi éthique d'un universel humain possible où le cas est subsumé sous une règle, s'opposera désormais cette loi de terreur qui efface jusqu'au nom du mort, qui atteint la faculté de penser et crée la désolation : « L'expérience d'absolue non-appartenance au monde. »

Dès les essais sur le totalitarisme de 1948 surgit le cercle vicieux du crime : la loi d'un « tu tueras ».

Un tel retournement tragique de la loi autorise la reprise du concept kantien de mal radical, même si

Kant « rationalise » encore la volonté perverse. Car le « tueras », interpelle précisément ce que Kant refusait dans « La religion dans les limites de la simple raison » : une transgression si radicale qu'elle extirperait dans la loi l'autorité et l'obligation de l'éthique ; « un être diabolique » pour reprendre ses termes.

Des années plus tard, dans *Eichmann à Jérusalem* Hannah Arendt reviendra sur ce même motif, cet impensable du tout est possible dans et par la loi : « Agis de telle sorte que tu tues [...] comme loi d'État. » Volonté de meurtre, détournement de l'éthique, Arendt ne cesse d'insister sur la portée de l'utilisation nazie de Kant. Un Hans Frank n'ira-t-il pas jusqu'à reformuler l'impératif catégorique en ces termes : « Agissez de telle manière que le Führer s'il avait connaissance de vos actes les approuverait. » C'est alors toute la frontière du légal et de l'illégal qui bascule à partir du moment où le mal n'est plus une tentation, mais une loi : « La loi du pays de Hitler exigeait que la conscience de chacun lui dise : tu tueras[15]. »

Dans cette vision impérative du meurtre, l'acte non criminel devient une exception et l'on sait que face à la même question, avec la même acuité, juste avant sa mort, Benjamin écrira dans ses *Thèses sur l'histoire* que « la tradition des opprimés nous enseigne que l'exception est la règle » et qu'il convient de reformuler un concept d'histoire adéquat à cet événement.

En dépit de la parenté du diagnostic, Hannah Arendt ne cherchera pas la solution dans une conception de l'histoire abandonnant le concept de progrès pour accueillir « les échardes de messianisme », mais plutôt dans une relecture politique de Kant. Car la perte de la règle comme loi du connaître ou de l'agir repose dans toute son ampleur la question éthique du « comment juger ». Qu'est-ce qu'un événement propre au temps d'urgence et que peut la pensée ?

Une telle interrogation, une telle inversion de toutes les valeurs de la philosophie, Hannah Arendt ne cessera de la nommer, de la reprendre, comme si elle n'était jamais satisfaite de ses propres réponses. Si dans les analyses sur le totalitarisme, la terreur comme destruction du politique est bien « le mal radical » au sens kantien, par contre dans *Eichmann à Jérusalem*, elle y voit avant tout cette « banalité du mal » qui lui vaudra une correspondance assez violente avec Scholem qui lui reprochera « son insensibilité » et « son manque d'amour du peuple juif[16] ».

Qu'un tel déplacement d'accent et de concept s'explique en partie par la volonté d'Arendt de lever les équivoques d'un mal radical qui pourrait être interprété comme volonté perverse et démoniaque, c'est sûr. Mais il ne s'agit pas non plus de le rendre impensable. Aussi à une *interprétation en profondeur* – celle que réclame Scholem – qui verrait dans le mal nazi un non-pensable absolu, un caché, voire un inconscient, oppose-t-elle une curieuse *interprétation en surface* : « Le mal ne possède ni profondeur, ni démonique. Il peut tout envahir et ravager le monde entier précisément parce qu'il se propage comme un champignon. Il défie la pensée comme je l'ai dit, parce que la pensée essaie d'atteindre à la profondeur, de toucher jusqu'aux racines[17]. » Frustrée, la pensée veut aller au-delà des apparences et ne trouve rien : Eichmann était un « homme banal » comme beaucoup de tortionnaires. L'aporie du mal, c'est précisément *son effet de surface*, sa propre banalité.

Mais de tels déplacements donnent peut-être à voir une antinomie souterraine de la pensée du politique quand elle touche l'éthique et même l'esthético-éthique. Si l'état d'urgence se donne comme événement de la pensée, qui suscite « un élément de purgation permettant de la libérer », c'est bien parce qu'elle se trouve contrainte de juger pour ne pas perdre sa propre nature, son *energēia*. Une telle transformation de la pensée en jugement sur un cas particulier

« réalise la pensée » et surtout « la rend manifeste dans le monde des phénomènes[18] ».

Ce que je propose d'appeler la troisième critique d'Arendt, demeurée inachevée et fragmentaire, réélaborerait à partir d'une réinterprétation de Kant (textes sur l'histoire et *Critique du jugement*) la question initiale de la pensée en *elarged thought*, en « pensée élargie ». De là des rapports très nouveaux entre l'invisibilité ontologique du penser et la visibilité du politique, l'apparition d'une visibilité éthique, dans la défaillance de l'espace des apparences, cet état catastrophique du politique moderne. Comme si, une pensée postmétaphysique qui se propose de réfléchir le politique à partir de son espace grec et même aristotélicien rencontrait ici ses propres marges et apories. Le politique moderne ne renvoie-t-il pas dès sa naissance à ce que Hobbes appelait dans le *Léviathan* un « *kingdom of darkness* » ?

Infamie, radicalité ou banalité du mal, tout un royaume de la nuit et de l'obscurité qui met en excès les seules catégories aristotéliciennes du jugement comme *doxa* et prudence propre à la communauté des égaux, sans s'épuiser pour autant dans le mouvement de la modernité tel qu'Arendt le caractérisait dans *La Condition de l'homme moderne* : le renversement de la vie contemplative en active, l'agir dans le style du faire, le raisonner dans le calcul des conséquences.

Car les réseaux de l'ombre gouvernent toujours l'impensé du pensable. Ombre du survivre propre aux poèmes où surgit la plainte et la captivité d'un « vivre avec les morts » (Morts, que me voulez-vous ?), d'un être soi-même une ombre, exilée, paria sans « sol natal ». Ombre de la honte du *Procès* de Kafka qui n'en finit pas de faire retour. Et puis, ces ombres moins inhumaines qui cernent le « Qui suis-je ? » dans une optique augustinienne : là, on ne saurait connaître l'essence des choses, car les hommes « ne peuvent sauter par-dessus leur ombre[19] ». Seul un dieu le pourrait.

À travers toute cette archéologie de l'ombre, la question éthique du jugement sur un simple cas, dans l'urgence, ne serait-elle alors que l'ombre portée, quasi irreprésentable, de la pluralité politique et sa brillance ? Au point que comme l'écrit Blanchot dans *L'Écriture du désastre* : « C'est le désastre obscur qui porte la lumière. »

Antinomie de « la raison politique »

Où est-on quand on pense, ou plus précisément où est-on quand on ne pense pas, quand on est menacé de ne plus penser ? Questions de lieu et de monde, qui risquent bien de recouvrir cette antinomie de la raison politique dans ses relations au Penser de *La Vie de l'esprit*.

Car la pensée pensante relève de ce que l'on pourrait appeler un cogito apatride, un cogito nomade. Penser, c'est se livrer à une expérience radicale d'altérité, à un dialogue solitaire et silencieux où l'on est « fendu en deux ». Schize du sujet pensant qui ne peut qu'échapper à l'espace politique d'apparences, où règne une puissance possible de parole et d'actes, « quand les mots ne sont pas vides et les actes brutaux ». En termes grecs et même aristotéliciens, la politique est une *dynamis* qui vise le différencier comme un pluriel possible, mais la pensée est une *energēia* qui ne cherche la différence que sous la forme d'une altérité qui dé-sensorialise le monde. Ce fossé ontologique initial propre au premier volume de *La Vie de l'esprit* interdit tout engendrement de l'espace politique à partir d'un monde pensé, d'un monde intelligible d'idées ou de modèles. La pensée est l'autre du lieu : « Les essences ne se laissent pas localiser. »

Cet antiplatonisme initial interdit toute pensée

dans l'ordre de la présence ou de la seule représentation : la pensée échappe à soi, vit de retrait, d'écart et d'invisibilité. Elle est hantée par une forme d'oxymorisme théorique à la Pascal (explicitement revendiqué) : apatride, sans centre ni origine, elle est « partout et nulle part ». Vertige constitutif qui l'écarte de toute métaphysique du lieu et de l'espace pour la lier au temps et même au néant. Ce lieu atopique à partir duquel on pense « on peut très bien [le] concevoir comme le néant[20] ».

Si bien qu'en l'absence de toute topologie du lieu qui serait là comme un principe de raison destiné à assurer et rassurer l'ontologie, la pensée se placera aux frontières du philosophique et du non-philosophique. Elle usera de métaphores et de paraboles pour mieux saisir cette « petite piste discrète de non-temps » dont parle Kafka. Tel serait le pays de l'entendement, celui de « l'océan vaste et orageux » du sublime kantien qu'Arendt rapporte à un sublime tragique, celui de Shakespeare dans *La Tempête* :

> « Par cinq brasses sous les eaux
> Ton père étendu sommeille.
> De ses os naît le corail,
> De ses yeux naissent les perles.
> Rien chez lui de périssable
> Que le flot marin ne change
> En tel ou tel faste étrange. »

De la perte du père et de sa loi, surgit ce regard du sommeil et de corail, ce « faste étrange », une tempête pour un *amor mundi*. Mais jusqu'où ? Jusqu'où cette « quête errante de signification », ce *judaïsme de la pensée*, peut-il aller sans quitter pour autant le sens d'un monde commun, sans tomber dans l'insensé ? La grandeur et le courage de la pensée ne doivent-ils pas nécessairement se mesurer à l'horizon phénoménologique du politique, le « *il y a monde* » ?

Extra-mondaine et intra-mondaine, judaïco-kantienne et néanmoins grecque, la pensée aux pièges du visible dévoile sa propre antinomie. D'un côté une pensée nomade, de l'autre une raison politique interne à l'action et au monde, et exigeant une doxologie. D'un côté la négation errante du monde, de l'autre son affirmation première, la *doxa*, d'un jugement conçu sur le modèle aristotélicien et s'enracinant dans une *Urdoxa* au sens de Husserl puis de Merleau-Ponty.

Car si la pensée erre, elle ne saurait faire qu'il n'y ait pas monde, une phénoménalité du visible où les hommes se donnent, dans des effets de surface à l'opposé de toute tradition métaphysique de la profondeur et de la substance. Comme l'avait déjà voulu Gracián, Arendt ne cesse de revendiquer la coïncidence de l'Être et du Paraître, au point que le politique devrait s'épuiser entièrement dans le chiasme ontologique de la vision repris à Merleau-Ponty : « Tout ce qui voit veut être vu », « il n'y a pas de *Schein* sans *Erscheinung* ». Le monde est un théâtre et un *sensus communis* où l'agir est livré au grand mythe de l'omnivoyance.

Mais alors, que se passe-t-il quand la modernité politique redouble la perte potentielle d'un monde commun qui lui est structurelle à cette autre perte encore plus catastrophique propre aux peuples parias ? « Les juifs », le peuple paria par excellence pour Arendt, ne serait-il pas le symptôme d'une singulière invisibilité du politique qui ne cesse de faire retour ? On sait que Hannah Arendt n'a cessé de critiquer comme non politiques les valeurs propres à un peuple paria qui perd l'espace public : la chaleur, la misère et la solidarité des offensés n'engendrent au mieux qu'une « sorte d'humanité sous la forme de la fraternité ». Une chaleur qui « est pour le peuple paria le substitut de la lumière[21] ». Dans cette fascination pour la honte du monde, dans ce refuge d'invisibilité et de caché, on reste bien dans le pré-politique, voire même l'a-politique.

Et si ce pré-politique devenait à un moment donné la forme et le contenu même du politique, son événement ? À ce moment-là, on pourrait dire avec Gilles Deleuze : « Ou bien la morale n'a aucun sens, ou bien c'est cela qu'elle veut dire, elle n'a rien d'autre à dire : ne pas être indigne de ce qui vous arrive[22]. » Devenir l'homme de ses malheurs, l'éclat d'un événement sombre, le penser comme abîme du présent risque bien de définir le « courage de la pensée ». Une modification philosophique de la vie comme rapport à soi au sens spinoziste du terme : « Qu'il me faille, tant que je suis en vie, savoir vivre avec moi-même est une considération qu'ignore la politique, sauf dans les situations frontières. » À ce moment il s'agit de trouver encore du sens dans l'insensé, en affirmant la possibilité d'une pluralité humaine quand les acteurs sont fous. Mélancolie du juger et courage de la pensée deviennent identiques.

En somme une Hannah Arendt grecque contre tout judaïsme de la loi et paradoxalement juive contre toute détermination du sens dans la vérité de l'Être. Comme si entre le manque de pensée et la faute de la pensée il y avait une affinité à trancher.

Une troisième critique

La nécessité d'une troisième critique qui aurait répondu à la rédaction achevée du troisième volume de *La Vie de l'esprit* (*La Pensée*, *Le Vouloir*, *Le juger*), et dont on trouve déjà les grandes lignes dans *Lectures on Kant's Political Philosophy* édité par Ronald Beiner[23], touche les liens de grande proximité et de grand éloignement à ce « penseur passionné » que fut pour elle Heidegger. À la fin du second volume consacré au vouloir, commentant le « laisser être de la pensée » propre à la philosophie de Heidegger – son retrait, son penser poétique et son rapport à l'immémorial –, Arendt n'en critique pas moins « l'amalgame d'agir et de penser » propre à sa conception de l'histoire comme histoire de l'oubli de l'Être qui finit, écrit-elle, par « se jouer derrière le dos des hommes[24] ». À la culpabilité du *Dasein* puis à l'errance comme « erroire » elle oppose une tout autre errance : le risque d'une pensée qui se mesure à l'événement et le transforme en événement de pensée.

Aussi est-ce sur le concept d'histoire qu'elle s'éloigne le plus de Heidegger. Dans sa correspondance avec Blücher, elle écrit : « Étant donné qu'il tire son origine de la coïncidence entre pensée et événement [...] ce concept peut jeter une toute nouvelle lumière sur l'histoire plus que sur la politique... Sans doute est-ce la raison pour laquelle ce courant en philosophie est si sensible aux tendances générales de l'époque telles que la soumission du monde à la technique, l'émergence d'un monde unifié à l'échelle planétaire [...] tandis qu'en même temps il semble avoir entièrement oublié les questions permanentes de la science politique qui en un sens sont plus spécifiquement philosophiques[25]. »

Passer de ces tendances de l'époque où Arendt retrouve souvent Heidegger à la singularité du politique, au nœud de liberté et de violence qui l'habite, relèvera d'un mouvement réflexif qui finira par prendre la forme ultime d'une relecture de Kant dont la genèse remonte aux années 1950.

Dès *Understanding and Politics* le totalitarisme institue une crise du jugement cognitif et de ses modalités instrumentales. Non seulement cet événement résiste à la compréhension, mais il appelle une critique des catégories de la pensée : « Nous découvrons que nous avons perdu nos instruments pour comprendre. » Si la politique ne se réduit ni à ses objets, ni à une facticité empirique, si elle concerne ce que E. Volkrath appelle « des phénomènes et des apparences » il faut en déduire que la perte de certains instruments du comprendre touche ce qu'Arendt désigne par *morale politique*.

Entendons par « morale politique » la puissance même de la pensée au sens spinoziste du terme ou encore sa capacité d'ouvrir et de maintenir ce que l'autre pense, comme elle l'écrira dans son hommage à Jaspers : « Éclairer l'espace que la raison crée et garantit entre les hommes comme si la clarté et l'ampleur de cet espace conservait encore *le pouvoir de survivre quand bien même il ne resterait qu'un seul homme*[26]. » Ce « comme si », cet héroïsme de l'altérité envers et contre tous, ce curieux postulat pratique où l'universel peut n'être qu'un seul homme, définit la position du survivant dans la vie, celle d'un Kafka, ou d'un Benjamin. Un forage, un exorcisme où ce qui est exorcisé « est toujours ce qui a subi le *sea-change* shakespearien, la métamorphose de l'œil vivant en perle, et de l'ossature vivante en corail[27] ». Encore et toujours la métaphore de la tempête, et celle d'un regard qui se donne comme victoire sur la mort.

Regard mélancolique, regard du *comme si* (*als obs* dit Kant), il conviendra donc de trouver un nouveau type de visibilité que la clarté grecque, fût-elle tragique ou politique. L'œil du juger – œil du spectateur sur l'histoire – naît toujours d'un naufrage, d'une tempête, d'une catastrophe déclenchant l'enthousiasme (le « signe » de la Révolution française par exemple) ou l'effroi.

À ce moment-là, l'événement porte à la maxime du *sensus communis* propre au jugement réfléchissant : penser en se mettant à la place de tout autre. Aussi, l'*enlarged mind* propre au juger va-t-il d'un point de vue à une universalité présumée, d'un cas singulier à son élargissement, en mettant en œuvre une sorte d'imagination transcendantale de l'autre, qui dépasse une simple rationalité communicationnelle au sens de Habermas. Car juger renvoie à un point de vide en soi-même (« faire un vide » dit Arendt) et cette discontinuité propre au goût (le ceci est beau) installe l'autre en « absence de ». À voir et avoir de l'autre en soi.

D'où le paradoxe de cette éthique qui ne relève précisément pas d'un rapport à la loi mais du goût, d'une similitude entre jugement esthétique et jugement éthique : « Ce n'est pas par intérêt pour l'esthétique que je crois tant dans la critique de juger de Kant, mais parce que je pense que la manière dont nous disons ceci est juste n'est pas très différente de la manière dont nous disons ceci est beau, ceci est laid[28]. » Dans la tradition de Gracián auquel Hannah Arendt se réfère, le jugement relève fondamentalement du goût – de la manière – et non du sublime qui se dérobe lui à la manifestation des apparences dans son choc et sa fureur de plaisir-déplaisir où « l'imagination s'abîme » (Kant).

Au sens fort, le jugement est un tour de pensée (*Denkungsart*), une ouverture à l'universel sans la médiation d'un concept. Si Hannah Arendt privilégie le jugement sur le beau, c'est sans doute parce qu'il manifeste un affect d'altérité universel lié à une forme, alors que le sublime a affaire à l'informe, au non-représentable. Or, c'est la forme qui impose dans sa singularité d'événement (telle œuvre d'art) un *sensus communis* du jugement qui ne s'identifie nullement à un quelconque rationalisme cognitif. Aussi entre cette théorie du jugement réfléchissant de type contemplatif et sa reprise d'un statut du jugement politique à partir de la *doxa* aristotélicienne (*La Crise de la culture*) il semble bien qu'il y ait une évolution, voire même une dualité ainsi que certains commentateurs, dont Ronald Beiner, l'ont relevé[29].

À suivre l'interprétation arendtienne de Kant, on a l'impression que l'*enlarged thought* procède à une véritable recomposition de notions, dont celles d'altérité, de visibilité et de représentation. Juger, c'est en effet prendre un point de vue contemplatif sur un événement advenu ou en cours, en se mettant à la place de l'autre à partir d'un « espace potentiellement public » (*thus moves in a space that is potentially public*). Ce point de vue ne relève ni d'une simple empathie affective ni d'une généralité conceptuelle propre au savoir. L'altérité n'est que « libération des préjugés », impartialité dans l'ordre du sens, conquête d'une « citoyenneté du monde » comme l'écrit Kant. Être un spectateur et non un acteur, car « seul le spectateur est désintéressé » et « perçoit mieux le sens ultime des événements ».

Toutefois, ce primat des valeurs contemplatives sur celles de l'action n'amorce pas un retour au divin grec. L'œil, le seul regard possible dans cet espace, c'est précisément celui de Hamlet qu'Arendt cite dans la littéralité des termes : *the eyes of mind*, l'œil de la pensée. Œil mélancolique qui « voit » des spectres et des ombres, œil kantien diagnostiquant simultanément le « sublime » de la révolution et le « hasard mélancolique » qui ponctue « le cours inexplicable des affaires humaines[30] ». Si bien que la philosophie du spectateur est bien *philosophie du point de vue*, mais sans Dieu pour régler les monades. Tout juste un *word-citizen* qui est précisément un *word-spectator*.

C'est à partir de ce transcendantal-là, qui évite tout judaïsme de la loi ou même de l'écriture, que pourrait se construire un bien paradoxal espace d'apparences. Que faire, comment créer du sens quand tous les acteurs sont fous ? Que manifester ? À la frontière de l'espace de la cité se construit un autre champ plus large et plus transversal : le rendre public, la publicité, principe transcendantal qui règle toute action. Or, cette publicité renvoie le jugement esthético-éthique à l'activité productive d'une *imagination transcendantale du pluriel*, du *in-between*, qui ferait du jugement réfléchissant la forme même du passage de la pensée à l'action.

Passage au sens fort d'une résolution de l'antinomie propre à la pensée et à l'action. En unifiant toutes les facultés humaines, le jugement du spectateur « crée l'espace [*creates the space*] sans lequel aucun objet n'apparaîtrait ». Mais pourquoi le goût a-t-il cette faculté quasi phénoménologique de faire apparaître ? Si par la vue je suis directement affecté, au point que le visible est trop visible, il appartient au goût grâce au pouvoir de l'imagination qui est « une faculté de l'absence » d'introduire la distance, de préparer « une opération de réflexion ». Soit une possibilité d'approbation et de désapprobation, un choix.

Aussi est-ce bien une théorie de l'irreprésentable et de l'altérité que Hannah Arendt décèle dans la *Critique du jugement.* En introduisant une réflexion sans concept, l'imagination « présentifie l'irreprésentable » d'une altérité toujours plurielle. Elle est au sens fort « le sens de l'intersubjectivité ». Ce qui s'oppose au beau est moins le laid que le dégoût, et Hannah Arendt rappelle que le projet initial de Kant était précisément une « critique du goût moral ».

Par le biais de l'imagination comme puissance de réflexion mettant en scène un nouvel espace d'apparences où « les spectateurs n'existent que pluriels » (*spectators exist only in the plurial*), le juger discrimine, partage et atteint sans doute une sorte de *profondeur transcendantale* (et non anthropologique au sens strict) où je joue ce clivage qui a hanté Arendt : l'humain et l'inhumain.

Or cet inhumain qui peut susciter le dégoût concerne moins le droit et sa négation que le droit d'avoir des droits : être visible. Faute d'une visibilité objective dans le cadre d'une *polis* plurielle, le jugement institue un pluriel autre qui est l'effet d'une réflexion à partir d'un cas, d'un seul. Un seul homme... En cela, il manifeste « un sens de la communauté » qui n'est pas strictement cognitif et ne dépend pas d'un savoir constitué. L'intérêt pour le beau relève bien de ce que Kant appelle l'*Humanität* (paragraphe 41, *Critique du jugement*).

Certes l'humain concerne prioritairement l'espace réel entre les hommes et « toute vérité située hors de cet espace, qu'elle apporte aux hommes bonheur ou malheur, est inhumaine ». Mais quand les hommes deviennent superflus, quand le mal devient radical, quand l'infamie se fait condition « humaine », alors le regard mélancolique sur l'histoire juge par-delà et au-delà de la mort. Comme si l'imagination transcendantale qui présentifie l'irreprésentable réalisait *le fond* de la politique moderne. Le miroir d'un sens possible pour l'autre, d'un progrès toujours possible au moment où le contraire semble triompher. Comme si l'éthique coïncidait un moment avec l'errance de la pensée et sa visée de sens, brisant définitivement toute ontologie. Et c'est peut-être parce qu'elle est habitée de toutes les ombres, que Hannah Arendt peut dire aussi fortement que la moralité signifie la capacité d'être vu : *Morality means being fit to be seen*.

Sans doute est-ce cela le courage de la pensée. Sur ce qui a été, « ce qu'on peut faire de mieux c'est savoir qu'il en a été ainsi ». Savoir de mémoire, voué à la non-maîtrise définitive où la douleur s'efface sans jamais s'oublier, où réapparaît après, bien après *La Tempête*, le « corail » du penser dont parle Shakespeare.

« La douleur change, la plainte répète
De la vie l'essence labyrinthique » (Goethe).
Mélancolie et *Amor mundi* en somme.

Christine Buci-Glucksmann

1. Cité par É. Young-Bruehl, *Hannah Arendt*, Paris, Anthropos 1986, p. 291.
2. *V.E.*, I, p. 20.
3. *Ibid.*

4. *V.P.*, p. 268. Hannah Arendt cite ici Kafka.
5. *V.E.*, I, p. 215.
6. *E.*, p. 200.
7. *C.H.M.*, p. 35, 62 et 65.
8. Correspondance citée dans *La pluralità irrappresentabile*, Quatro Venti, a cura di Roberto Esposito, Appendice.
9. *R.V.*, p. 275.
10. Cité par É. Young-Bruehl, *Hannah Arendt, op. cit.*
11. Sur cet abîme, *cf. E.*, p. 31. Seule demeure la langue maternelle.
12. *I.*, p. 177.
13. *Ibid.*
14. *S.T.*, p. 181.
15. *E.*
16. Gershom Scholem, *Fidélité et utopie*, Paris, Calmann-Lévy, 1978, p. 217.
17. *Ibid.*, p. 225.
18. *V.E.*, I, p. 219.
19. *Ibid.*, p. 225.
20. *Ibid.*, p. 237. *Cf.* aussi p. 226 : « Quand on pense, on n'est pas. »
21. *V.P.*, p. 25.
22. G. Deleuze, « Signes et événements », un entretien avec R. Bellour et F. Ewald, *Le Magazine littéraire*, septembre 1988, numéro consacré à Gilles Deleuze.
23. *Lectures on Kant's Political Philosophy*, éd. R. Beiner, Chicago Press. Toutes les citations que j'ai traduites renvoient à cet ouvrage.
24. *V.E.*, I, p. 221.
25. Cité par H. Arendt.
26. *V.P.*, p. 220.
27. *V.P.*, p. 303. Cet exorcisme, ce forage est le propre de Benjamin.
28. *V.P.*, p. 29.
29. Dans sa préface à *Lectures […], op. cit.*
30. Kant, cité dans *V.E.*, I, p. 179.

Le paria chez Hannah Arendt

The Jew as pariah. Le juif comme paria. Tel est le titre que Ron Feldman avait choisi pour regrouper les textes écrits par Hannah Arendt, tout au long de son œuvre, à propos de la condition juive[1]. La comparaison du statut des juifs avec celui des intouchables du système de castes hindoues avait été faite, la première fois en 1823, par un certain Michael Beer, auteur d'une tragédie intitulée *Der Paria*, où tout un chacun pouvait reconnaître le juif allemand derrière cet Hindou mis au ban de la société à qui était refusé le droit de se battre pour son pays[2]. D'allégorie, le paria devient modèle sociologique chez Max Weber : le peuple juif, de par son expérience religieuse propre, s'est constitué comme peuple paria, dès l'Antiquité. Non sans avoir relevé de considérables différences entre la situation des parias hindous et celle des juifs dans le monde occidental, Weber caractérise un peuple paria comme étant « un peuple-hôte vivant dans un environnement étranger dont il s'est séparé rituellement[3] ». Toutefois, si bien que Hannah Arendt réfère explicitement son emprunt à Max Weber, ce sont surtout les écrits de Bernard Lazare la source essentielle de l'emploi qu'elle fait de cette notion. D'abord parce que, à l'instar de Bernard Lazare, le paria intervient constamment en opposition et en corrélation avec le parvenu. Ensuite, parce que la réflexion de Hannah Arendt concerne principalement la condition juive moderne postémancipatoire. Enfin, parce que la catégorie de paria n'est pas seulement pour Arendt une catégorie sociologique ou référencée à une situation sociale : elle devient aussi une catégorie politique. On peut repérer, en effet, trois points d'application de la catégorie de paria à la condition juive, chez Hannah Arendt : elle désigne, en premier lieu, une situation « en vertu de laquelle [les juifs] à titre d'individus, demeuraient extérieurs à la société[4] », c'est-à-dire une situation sociale d'exclusion. En second lieu, le paria comme une figure ou un modèle identificatoire. Ainsi :

> Dans la société européenne, à chaque génération, chaque juif eut à choisir son personnage : le paria totalement exclu de la société, ou celui qui s'adapte à la société au prix d'une situation dégradante[5].

Enfin, seul Bernard Lazare a su élaborer une nouvelle catégorie politique, le « paria conscient », « à partir d'une situation fondamentale de l'existence politique du peuple juif[6] ».

Un seul terme désigne ainsi alternativement une situation sociale, une figure identificatoire et une situation politique. Du propre point de vue de Hannah Arendt, cela n'est-il pas étonnant ? Les domaines du politique et du social sont généralement distingués par elle de façon très tranchée, trop tranchée aux yeux de certains critiques[7]. Dès lors, comment rendre compte de cet enchevêtrement ? N'est-ce qu'une incohérence ou un flou conceptuel dû, peut-être, au fait que le judaïsme n'est qu'un objet occasionnel de réflexion pour Hannah Arendt ? Elle n'a, en effet, jamais véritablement écrit de livre sur ce sujet en tant que tel. *Sur l'antisémitisme*, comme son titre l'indique, n'est pas un ouvrage sur le judaïsme mais sur l'antisémitisme, ainsi que le premier tome des *Origines du totalitarisme.* Il n'y a pas non plus véritablement de contenus juifs dans sa pensée. Elle fait rarement référence à la tradition juive, la tradition dont elle se revendique est la tradition philosophique allemande[8], sa source d'inspiration est généralement grecque ou romaine. Faut-il suivre alors Élisabeth Young-Bruehl qui apprécie l'importance de la distinction paria/parvenu dans l'œuvre de Hannah Arendt en fonction du moment où celle-ci l'utilise, c'est-à-dire globalement lors de son passage à Paris entre 1933 et 1941 ? Pour elle :

> En évoluant dans la pensée d'Arendt, la distinction entre les parias capables de résistance et les parvenus politiquement influençables ne perdit rien de son tranchant, mais devint un thème secondaire au sein d'une réflexion plus ample... Après la guerre, elle distingua entre le « domaine social » (patrie des parvenus) et le « domaine politique » (patrie des parias) et n'attendit que du second une quelconque possibilité de renouveau révolutionnaire[9].

Le problème, c'est que, d'une part, la situation de paria est d'abord une situation sociale et que, d'autre part, la plupart du temps, les parias sont tout aussi influençables politiquement que les parvenus. De plus, s'il y a une plurivocité de la notion de paria, la distinction social/politique ne recouvrira pas du tout la distinction parvenu/paria. S'il est exact que la réflexion d'Arendt s'est amplifiée après la guerre jusqu'à une théorie du totalitarisme, dont les concepts s'affineront et seront développés pour eux-mêmes dans *La Condition de l'homme moderne*, une autre orientation pourrait consister à prendre cette plurivocité, et de là, la réflexion d'Arendt sur la condition juive, comme une piste possible pour construire, à l'intérieur même de sa théorie, une voie de passage, une articulation légitime du social vers le politique. Cette voie sera d'autant plus étroite qu'il apparaît que Hannah Arendt – à la suite de Bernard Lazare – s'est davantage employée à dénoncer les impasses politiques dans lesquelles sa condition de peuple paria a traditionnellement mis le peuple juif. Mais la réflexion de Hannah Arendt sur Bernard Lazare nous permettra précisément de mettre cette voie au jour et ce d'autant plus qu'on pourra montrer que la catégorie de paria est à l'œuvre dans un autre domaine que l'analyse de la condition juive : celui du rôle politique des mouvements ouvriers modernes. Elle constituera donc, à certaines conditions qu'il faudra dégager, une notion charnière entre social et politique. Mais, plus particulièrement, la notion de paria sera une notion charnière en un autre sens : elle permet à Hannah Arendt, héritière en cela de Bernard Lazare, d'articuler l'existence juive et l'existence non juive, de les mettre en relation, alors même que leur histoire millénaire était celle d'une exclusion mutuelle[10]. Mise en relation dont on verra qu'elle se démarque de toute attitude de compromis, d'assimilationnisme tout en refusant le repli sur soi communautaire. Position difficile, car constamment à l'écart des unanimités et des consensus de tout bord. Ce qui suit s'ordonnera donc essentiellement autour d'une confrontation des pensées de Bernard Lazare et de Hannah Arendt concernant le paria. J'extrairai, de ce fait, Bernard Lazare de la série au sein de laquelle il apparaît dans *La Tradition cachée* aux côtés de Heine, Chaplin et Kafka.

La situation sociale de paria et ses impasses

Chez Bernard Lazare, la situation de paria désigne en premier lieu la situation originaire des juifs dans le monde occidental d'avant l'émancipation et que le juif émancipé, le plus souvent un parvenu, c'est-à-dire un assimilé disposant d'une certaine puissance économique, a tendance à oublier :

> Alors que chacun s'ingénie à se trouver des ancêtres, il veut oublier qu'il en a un. Cet ancêtre lui fait peu d'honneur, c'était généralement un pauvre hère que l'on traitait à peu près aussi bien qu'un chien [...] et qui pâtissait sordidement avec une résignation et une humilité peu esthétique[11].

Toutefois, si, pour le juif émancipé, telle est la situation d'origine, la grande majorité des juifs non émancipés au temps de Bernard Lazare, en Galicie, en Roumanie ou au Maroc, la connaît encore. Bernard Lazare insiste toujours beaucoup sur l'aspect économique de grande misère qui caractérise cette situation. Mais cela ne suffit pas à la définir. La situation de paria pour un peuple se caractérise plutôt par les deux traits que sont l'isolement, l'enfermement, le regroupement forcé, d'une part[12], et l'absence de droits pour les individus, d'autre part[13]. L'essentiel de la situation traditionnelle de paria c'est l'exclusion sociale qui délimite un certain type de rapport ou de non-rapport avec la liberté environnante.

Chez Hannah Arendt, la notion de paria est surtout utilisée à propos de la situation des juifs après l'émancipation[14]. Pourtant cette émancipation ne consiste-t-elle pas en l'octroi de droits de citoyens aux individus juifs ? Comment les juifs peuvent-ils être encore des parias dans ces conditions ? De plus, Hannah Arendt dit que l'exclusion qui est définie par la nouvelle condition des juifs dans les pays européens au XIXe siècle, ne concerne pas directement le groupe mais les Juifs « en tant qu'individus ». C'est précisément la forme qu'a prise l'émancipation politique des juifs qui éclairera ce paradoxe.

Des analyses de *Sur l'antisémitisme*, il ressort que l'émancipation a reconduit l'exclusion dans les conditions nouvelles. En premier lieu, alors qu'une bonne partie des juifs a abandonné le particularisme rituel, leur groupe ne s'intègre à aucune des nouvelles stratifications de la société du XIXe siècle : les juifs riches se fréquentent entre eux, formant aux yeux des non-juifs, une caste, il y a peu de juifs dans la classe ouvrière (dans les pays où les juifs sont émancipés). Socialement parlant, les juifs se sont trouvés « dans le vide[15] ». En second lieu, Arendt montre que l'assimilation tant souhaitée des individus à l'homogénéité ambiante définit une situation impossible dans laquelle il s'agit pour eux à la fois d'être et de ne pas être juifs. C'est la raison pour laquelle c'est *à titre d'individus* que les juifs demeurent extérieurs à la société, mais cette situation « reflétait le statut politique du peuple tout entier[16] ». En d'autres termes, l'émancipation, dans un mouvement général d'abolition des corps et états constitutifs de la société d'ancien régime, a ôté tout statut au groupe des juifs en tant que tel (le réduisant à être une religion, l'israélite, à côté de la catholique ou de la protestante), le dissociant en ses individus désormais nantis de droits identiques à ceux des non-juifs. Mais ces mêmes individus continuent de subir, un par un, une discrimination sociale. Ils ne s'intègrent pas dans les milieux non-juifs, une barrière invisible se recrée autour d'eux, ce que Bernard Lazare appelle un « ghetto moral ». C'est précisément l'invisibilité de la barrière qui fait la nouvelle difficulté : les individus s'obstinent à ne pas vouloir prendre en compte cette barrière, ils croient que le monde s'ouvre à eux à condition qu'ils deviennent comme tout le monde, qu'ils disparaissent comme juifs. Alors que c'est cela même qui est illusoire, comme le montre le développement de l'antisémitisme au XIXe siècle. La condition juive devient de plus en plus difficilement perceptible comme condition collective, elle se réduit à n'être plus qu'un problème individuel qui « hante la vie privée[17] » des individus.

Nous avons déjà ici l'indice d'un décalage entre une situation sociale et une situation politique. Cette dernière (l'accès des juifs, un par un, à la citoyenneté, c'est-à-dire l'atomisation politique de leur groupe censée les intégrer dans les différentes communautés politiques nationales) est reflétée par la situation d'exclusion que connaissent les individus par rapport à la société. La situation politique donne ainsi forme à la situation sociale, mais, en l'occurrence, elle contribue à en masquer la réalité. Ainsi, le seul octroi des droits de citoyens est insuffisant à garantir à un peuple la fin de la situation sociale de paria. D'un autre côté, cette situation, en tant que telle, est incapable d'engendrer une quelconque clairvoyance politique.

Cela ne vaut pas seulement dans le cas du paria, mais découle des analyses globales de Hannah Arendt concernant la distinction entre social et politique telle qu'elle est posée dans *La Condition de l'homme moderne*. Rappelons que, pour Arendt, le social est, dans le monde moderne, la publicité donnée au privé, à la dépendance mutuelle des hommes, enracinée dans la nécessité propre à la satisfaction des besoins (toutes choses qui, pour les Grecs, restaient abritées dans l'espace privé et caché de la famille). Les traits propres au social sont l'uniformité, le conformisme. La société connaît des intérêts de groupe, des forces anonymes, des normes. À l'opposé, le politique réalise la condition humaine de pluralité, pluralité de perspectives, au sens d'un monde commun, espace public où les hommes s'apparaissent les uns aux autres, « organisation du peuple, qui vient de ce qu'on agit et parle ensemble[18] ». De plus, tout en étant commun, l'espace politique est tel que les hommes peuvent s'y distinguer dans un rapport agonistique où chacun cherche à briller par des actes et des paroles incomparables. Autant le social est le domaine de l'indifférencié, autant le politique est-il celui de l'individualité. C'est dans la mesure où le social et le politique sont caractérisés par Arendt de façon quasi antinomique que le social n'a pas d'emblée de signification politique. Pire : l'intrusion du social tel quel dans la sphère politique tend à en éroder les caractéristiques propres. Ainsi, la Révolution française voit-elle surgir sur la scène publique la masse des malheureux qui, d'une seule voix, guidée par l'urgence du besoin, demandent du pain, ce qui relègue au second plan la tâche initiale de la Révolution : l'instauration de la liberté publique. La société bourgeoise du XIXe siècle est cependant une société structurée autour de l'existence de classes qui s'opposent sur la base d'intérêts contradictoires, structuration qui différera l'apparition publique de l'indifférencié. Les masses surgiront de l'effondrement de cette société et trouveront leur organisation politique dans les mouvements totalitaires. La situation sociale de paria, comme toute situation sociale, dessinera des conditions uniformes pour ses individus. Mais, alors que, Marx l'a montré, les classes, parce qu'elles sont en lutte, sont prises dans un rapport mutuel, la division sociale figurant une division interne dont les termes s'inscrivent dans un espace commun (Lefort), la situation sociale de paria, comme mise à l'écart, rejet, exclusion, tend plutôt à la négation même du rapport avec l'autre. Elle ne saurait, dans ces conditions, se manifester comme lutte.

Cependant, les conditions externes qui, dans une société donnée, mettent un peuple ou un groupe dans la situation de paria, sont intériorisées par celui-ci d'une manière telle que les valeurs qui émergent directement de cette situation sont antipolitiques. C'est ce que dit Arendt quand elle décrit l'« acosmie » propre aux peuples parias[19], laquelle est d'autant plus marquée quand à la mise en position de paria du peuple s'ajoute la persécution. Quel sens donner à cette notion ? On peut dire que si le monde est ce qui s'étend entre les hommes et les maintient à distance les uns des autres, préservant leurs relations mêmes, en ce sens, l'acosmie c'est l'absence de monde. Cette acosmie ne viendrait pas d'une carence interne au peuple en question. Hannah Arendt sait parfaitement qu'il y a un monde juif[20]. Le problème vient plutôt de la mise en position de paria de ce peuple et de son monde, lequel vient alors à s'atrophier : les hommes sont rapprochés de force, projetés les uns contre les autres, les ponts entre leur espace et le monde environnant sont coupés, ils n'ont plus à se soucier de celui-ci, ils en sont déchargés. Petit à petit les hommes n'en viennent plus à partager que de la souffrance, ils développent alors les uns pour les autres des sentiments de fraternité, une chaleur, une bonté, que Hannah Arendt rapproche de la compassion, élective lorsqu'elle est orientée vers l'individu, dépersonnalisée lorsqu'elle se dirige vers les masses. Toutes ces valeurs ont certainement une grande tenue morale. Mais il n'y a pas, pour Hannah Arendt, de passage continu de la dignité morale au politique comme tel, puisque, à l'inverse :

> Quel que soit le côté pécheur de l'individu, de la nature dans chaque individu, la communauté politique est le lieu et le moyen du salut, « le seul espoir raisonnable de se sauver du mal et de la méchanceté[21].

Le développement de ces qualités morales, contrepartie de la mise à l'écart du monde commun, n'a pas empêché une perte de capacité d'action ou de clairvoyance politique du peuple juif, une difficulté à se situer dans le monde des autres, des non-juifs :

> L'histoire du peuple juif offre ce spectacle extraordinaire d'un peuple unique à cet égard, qui a commencé son histoire avec une conception précise de l'histoire, une résolution presque consciente de réaliser un projet bien défini sur cette terre et qui, sans renoncer à cette conception, a évité toute action politique pendant deux mille ans[22].

Fraternité à l'intérieur, vision globalisante à l'extérieur, le monde est séparé en deux groupes : les juifs et les antisémites... On se trompe tout à fait si on pense que Hannah Arendt se pose en donneuse de leçons au peuple juif. Son propos est plutôt de rompre avec une vision apologétique de l'histoire juive qui n'appréhende les juifs que comme « objets souffrants et passifs des persécutions[23] ». Il ne s'agit pas de minimiser le fait des persécutions qui ont scandé l'histoire des juifs en Europe, mais bien plutôt de restituer l'élément de responsabilité qui est la leur dans leur propre histoire. Si responsabilité ne veut pas dire culpabilité mais bien « réponse donnée à », elle relève, dans la forme toujours spécifique qu'elle prend, quels que soient les éléments caractéristiques d'une situation, de ceux qui répondent. Elle n'est donc pas déterminée de fond en comble ou réductible à la nécessité extérieure de ceux qui rejettent ou persécutent, mais elle se manifeste par un type d'implication du peuple en question, liée à sa propre histoire et à la façon dont il a coutume de se situer dans le monde. En d'autres termes, il s'agit, jusque dans les moments les plus sombres et les plus désespérés de l'histoire, de ne jamais passer par-dessus la participation des hommes à la communauté. Les juifs ont toujours eu affaire à un double monde : le leur, qui leur est commun à eux seuls, et le monde commun tissé de la relation entre le monde juif et le monde non-juif. Il se trouve des juifs occupés à creuser l'écart entre ces mondes, comme il se trouve des antisémites attachés à les en exclure. Pour Hannah Arendt, toute mise à l'écart du monde juif soit par l'effet des persécutions, soit par un mouvement interne au monde juif, se paye d'une atrophie du monde même. Mais il faut aussi inverser la perspective et poser que le monde non juif ne sort pas indemne lorsqu'il refuse la communauté avec le monde juif.

Couper les liens avec le monde de l'autre est, de toutes parts, une atrophie pour le monde propre.

Il y avait déjà, chez Bernard Lazare, une description de l'humanité du paria et une critique de sa philosophie spontanée. Ni chez lui, ni chez Hannah Arendt, il n'y a de « pariasisme » comme il peut y avoir de l'ouvriérisme ou du populisme. Humanité du paria, d'abord :

> La douleur, cette grande rapprocheuse d'âmes, fit ce que la joie et les triomphes n'auraient pu faire… Chaque larme d'Israël, et ses larmes furent nombreuses, a créé des anneaux qui formèrent la forte chaîne dont longtemps les juifs furent liés les uns aux autres. À la terrible école de la persécution, les juifs acquirent la plus haute des vertus humaines [...] [une] intime et profonde fraternité[24].

Mais cette solidarité n'est pas une essence juive, elle est forcée par le statut même de paria :

> Vivant ensemble séparés par des lois… les coutumes, les haines et les préjugés du monde ambiant, ils ont été forcés de s'appuyer les uns sur les autres et de faire front contre l'ennemi extérieur[25].

Par là, les juifs subissent une pression extérieure vers l'uniformité. Alors que les communautés n'ont cessé d'être traversées par des divisions, elles ne peuvent exister comme groupes divisés. Cette uniformisation est présente à la fois dans la vision que les juifs ont d'eux-mêmes – lorsqu'on doit faire front contre un ennemi commun, on est unis, frères –, mais aussi, comme en miroir, dans la perception que l'extérieur a d'eux :

> La grande erreur de tous, y compris Marx, est d'avoir cru que l'hétérogénéité des juifs, leur division en classes étaient récentes et qu'avant, ils formaient une masse homogène[26]…

Dans ces conditions, voilà le trait le plus insidieux de la philosophie spontanée du paria :

> Le danger qui menace un peuple esclave depuis des siècles : le danger d'être exclusif... La volupté d'être haï[27].

Tentation de trouver dans l'intensité de la haine que l'autre vous porte une indication de votre propre existence, une ultime identité, à défaut de pouvoir exister soi-même librement.

En fin de compte, le paria fait système avec le parvenu qui « redoute en secret de redevenir un paria “alors que” le paria aspire à devenir un parvenu[28] »... Le parvenu, refusant de reconnaître son origine et son identité dans le spectacle du pauvre hère qui lui rappelle son aïeul, abandonne la grande vertu juive de solidarité, ou plutôt, il la transforme en philanthropie. Le paria, lui, a hérité du passé ce sens de la solidarité et se sent ainsi lié à la classe riche qu'il respecte. Il est devenu *schnorrer*, il a perdu sa dignité, parce qu'il mendie auprès de ceux qu'il devrait combattre. De son côté, le parvenu se dédouane de son identité juive, de la persistance de la dette à l'égard des ancêtres en s'attachant le paria par la charité, tout en s'en démarquant du même geste, victime de l'illusion du juif émancipé qui croit que la société est un champ ouvert à son humanité. Le vœu du parvenu est de se faire petit, qu'on ne parle plus d'Israël, qu'on oublie les juifs, qui finiront bien un jour par se fondre dans l'environnement, jusqu'à n'être plus qu'un mauvais souvenir.

Mais l'histoire n'a pas tardé à démentir ce désir de *cholem* ou de paix dont parlait Bernard Lazare. En effet :

> Le procès du malheureux Dreyfus avait montré au monde que dans tout juif, même noble et multimillion-

naire, subsistait quelque chose encore du paria d'antan, sans patrie, pour qui les Droits de l'homme n'existaient pas et à qui la société refuse volontairement ses bienfaits[29].

Bernard Lazare a été l'un des premiers juifs à le comprendre, lui que son passé anarchiste ne prédisposait certainement pas à s'engager pour la cause d'un bourgeois. Pourtant, au XIXe siècle, dénégation des origines, attachement fétichiste à la citoyenneté, efforts constants pour se démarquer des juifs étrangers, rien de tout cela n'a empêché « tous les parvenus de redevenir des parias[30] ». Les parias sociaux que leur statut de citoyens émancipés semblait protéger sont devenus des « parias politiques », des hors-la-loi, réduits à l'« abstraite nudité de celui qui n'est plus rien qu'un homme[31] ». Le paria politique est devenu une des figures politiques centrales du XIXe siècle.

De la figure du paria au paria conscient

Arrivés à ce point de l'analyse de la notion de paria, elle nous est apparue sous un jour plutôt négatif, soit qu'elle engendre des valeurs antipolitiques (l'acosmie), soit qu'elle en vienne à se radicaliser dans la pire situation politique qu'un peuple puisse connaître. Elle n'est donc susceptible d'être positivée qu'au prix d'une élaboration qui produira soit la « figure du paria », soit le « paria conscient », comme catégorie politique. Nous nous efforcerons donc, à partir de la position de Bernard Lazare, de dégager les conditions auxquelles une catégorie politique peut s'articuler à une situation sociale.

Si le paria – et le parvenu – sont, à même la situation sociale d'exclusion et pour chaque individu à chaque génération, des « personnages[32] » ou des rôles à incarner, seul le paria deviendra visible comme figure identificatoire lorsqu'il sera articulé dans des œuvres poétiques et littéraires. Le paradoxe de cette figure consiste en ceci : alors que l'inconfort de la situation de paria résidait dans son double éloignement à la fois de la société de ses origines et de celle des non-juifs, voilà qu'à assumer cet inconfort, à tenter de le dire, « en s'opposant passionnément à son environnement tant juif que non juif[33] », le paria retrouve le lien avec son peuple. Il se déprend des illusions de l'assimilation. Mais la figure qu'il forge n'est pas une figure particulière ou particulariste, elle a une valeur universelle, signifiante pour l'humanité moderne. Mieux : elle permet au paria de réaliser, de son propre chef, une intégration au monde environnant. L'élaboration de la figure du paria réalise une sortie de l'acosmie, du fait du statut que Hannah Arendt donne à l'œuvre d'art, en tant qu'elle survit à l'activité humaine et lui offre un cadre relativement permanent. Les œuvres d'art sont « de tous les objets tangibles, les plus intensément du monde[34] ». C'est pourquoi il faut attacher une grande importance à la requête par laquelle Arendt commence l'article « La tradition cachée », où elle déplore que la mémoire juive ait abandonné à l'entourage non-juif tous ceux des siens qui n'écrivent pas en yiddish ou en hébreu, comme étant « assimilés ». D'après elle, il faut considérer que Heine ou Kafka appartiennent de plein droit au peuple juif, mais comme représentatifs d'une tentative pour « transcender la nationalité, pour s'imbriquer dans le grand jeu des forces de l'Europe[35] ». Il faut considérer que quelque chose de nouveau, de mixte, est apparu, qui appartient à la fois à la culture juive et à la culture européenne. Transgression profonde du judaïsme, ces mélanges ? Peut-être aussi fidélité au nom même de l'hébreu qui signifie « passeur ». Prix à payer, en tout cas, à l'appel de la modernité. La figure du paria est bien, en ce sens, une figure de passage et non d'assimilation, parce qu'elle maintient et honore les deux rives qu'elle met en relation, qu'elle les intègre, dans une configuration nouvelle, critique ou analysante, d'une normalité comme de l'autre.

La figure positive du paria joue aussi comme modèle identificatoire chez Bernard Lazare, pour la première fois sans doute au moment de l'affaire Dreyfus :

> Je ne dis rien des injures et des insultes ni des accusations. Rien de l'attitude de la presse qui me fut dès ce jour fermée. Du jour au lendemain, je fus un paria. Un long atavisme m'avait préparé à cet état[36]...

Thème repris dans *Le Fumier de Job* :

> Je suis juif et j'ignore tout des juifs. Je suis désormais un paria et je sais de quels éléments me refaire une dignité et une personnalité, il faut que je sache pourquoi je suis haï et ce que je puis être[37].

Celui qui dit « je suis un paria » est donc un paria conscient. Et cette conscience lui est venue d'un combat pour la justice :

> Qu'il ne soit pas dit que, ayant devant soi un juif, on a oublié la justice. C'est au nom de cette justice que je proteste [...] au-dessus des subtilités juridiques il y a des choses plus hautes : ce sont les Droits de l'homme à sauvegarder sa liberté et à défendre son innocence si on l'accuse injustement. Resterai-je le seul à parler au nom du droit ? Je ne le crois pas[38].

La formulation « je suis un paria » suppose l'émancipation. De deux manières. D'abord parce que le langage dans lequel se dit la persécution n'est pas un langage traditionnel. Y.H. Yerushalmi montre, par contraste, comment les juifs, après les grandes catastrophes qui scandaient leur histoire, avaient coutume de subsumer les événements majeurs sous des archétypes familiers. Ainsi l'oppresseur d'aujourd'hui est

Haman, la chrétienté Édom ou Ésaü, les événements dans le monde non juif, les guerres de Gog et Magog, etc. L'identification se trouvait dans les souvenirs que libéraient les rites et la liturgie[39]. En second lieu, la référence axiologique est désormais le droit de l'homme à défendre son innocence et plus généralement les valeurs qui ont accompagné l'émancipation politique, dont celle des juifs. Mais la reconnaissance de ces valeurs ne consiste pas à fétichiser la citoyenneté comme les parvenus devenus « plus chauvins que les Français de France » :

> Que me donnera votre émancipation ? Elle me placera dans les conditions sociales qui me permettront de m'affiner ; grâce à elle j'acquerrai des capacités nouvelles de sentir et par suite une plus grande difficulté à pâtir ; elle développera chez moi une sensibilité plus grande et en même temps, elle ne fera pas disparaître les choses qui blessent cette sensibilité ; au contraire, d'un misérable que sa misère engourdit parfois elle fera un être subtil qui sentira doublement toutes les piqûres, et dont l'existence deviendra insupportable. D'un paria souvent inconscient, elle fera un paria conscient[40].

L'émancipation ne fait pas disparaître « les choses qui blessent la sensibilité », l'antisémitisme n'est pas un simple préjugé moyenâgeux voué à l'extinction, la sécurité est précaire. De sorte que c'est le constat du décalage entre la situation de fait (un juif accusé de trahison) et les valeurs de l'émancipation (l'égalité des citoyens devant la loi qui est « la même pour tous, soit qu'elle protège, soit qu'elle punisse ») qui éveille la conscience d'exiger le respect des droits. Ceci est un facteur nouveau pour la conscience engourdie du paria dont Bernard Lazare souligne souvent l'attitude traditionnelle et résignée en matière politique : « démuni d'éducation civile[41] » il a tendance à chercher la protection des puissants. Le rôle irremplaçable de l'émancipation est de permettre une éducation au sens d'une transformation de la sensibilité, laquelle s'affine, se défait de sa propension à pâtir. En d'autres termes la « terrifiante atrophie de tous les organes[42] » typique de l'acosmie du paria commence à s'estomper. Le paria conscient, loin de chercher l'assimilation par mimétisme avec l'entourage chrétien, dans un oubli de ses origines et la distance d'avec son peuple, dénonce au contraire toutes les injustices de la société d'accueil, ce qui l'opposera aussi à ceux de son peuple qui pactisent avec les forces réactionnaires et contribuent au maintien de l'oppression et de la dépendance. Ainsi :

> Le paria devient un rebelle dès lors qu'il entre activement sur la scène politique, Lazare désirant que le juif se fasse le défenseur du paria, puisqu'il est du devoir de tout être humain de résister contre l'oppression… il voulait que [le paria] se sente responsable de ce que la société lui avait fait[43].

Ainsi, chez Bernard Lazare, c'est la conscience du décalage entre l'égalité déclarée des droits et la réalité sociale de l'exclusion, qui permet la construction de la catégorie politique du paria conscient. Le cas Bernard Lazare illustrerait alors non pas tant la pensée de Hannah Arendt que celle de Claude Lefort lorsqu'il met en évidence la signification politique des droits de l'homme comme cadre symbolique de la société démocratique. Pour reprendre ses termes, les droits « n'existent pas à la manière d'institutions positives[44] », ils n'ont pas de « réalité », ne sont pas à prendre comme une idéologie close mais comme des principes d'action. Ainsi, ils ne se dissocient pas de la conscience des droits, aussi bien dans les luttes qui revendiquent le respect des droits bafoués que dans celles qui cherchent à faire reconnaître des droits nouveaux. Ils sont le langage dans lequel la société se déchiffre elle-même. De plus, par le caractère limité des revendications qu'ils articulent, on peut dire que leur intercession permet d'échapper au flot du social dans le politique, dans la mesure où ils obligent à une reformulation des exigences absolues et autocentrées des intérêts sociaux en termes de relation aux autres droits, aux autres groupes, qui se trouvent ainsi pris en compte. L'émancipation cesse d'être source d'aveuglement, elle devient outil critique, génératrice de clairvoyance politique.

Le paria : une singularité sociale, voie d'accès à la construction du monde ?

Cela dit, à proposer ainsi une interprétation « lefortienne » de Bernard Lazare, ne sommes-nous pas en train de mettre en cause la pensée de Hannah Arendt ainsi que sa convergence avec Bernard Lazare ? En effet, l'essentiel de la critique que Claude Lefort adresse à Hannah Arendt porte sur la distinction conceptuelle du social et du politique[45] qui conduit Arendt à négliger la dimension symbolique du social. Dans une société démocratique, celle-ci est fournie précisément par l'instance juridique ou le langage du droit, lequel acquiert ainsi le statut politique d'articulation du social comme tel. Ainsi, l'égalité des conditions que Hannah Arendt fait jouer dans *Sur l'antisémitisme* pour rendre compte de la ségrégation sociale des juifs au XIXe siècle, concept qu'elle sépare de l'analyse proprement politique de l'antisémitisme centrée autour du rapport des juifs à l'État, n'est pas, aux yeux de Claude Lefort, un phénomène purement social qui résulterait de la perversion de la notion d'égalité politique. Pour lui, et si l'on veut bien relire Tocqueville, on ne peut comprendre l'égalité des conditions qu'en référence à l'abolition des justifications des états et des corporations constitutifs de l'ancien régime. L'égalité des conditions est une des caractéristiques principales de la société démocratique car elle la pose dans son indétermination, dans son ouverture. En pensant le politique – dont le principe est le juridique –, comme matrice symbolique du social, Claude Lefort tempère le dualisme arendtien en posant ensemble la distinction et l'articulation du social et du politique.

Nous venons pourtant de voir que, pour Arendt, la catégorie de « paria conscient » était, par elle-même, une catégorie d'articulation de deux domaines pensés généralement par elle comme hétérogènes. De plus, cette conscience, qui fait du paria un rebelle, ne se forge que s'il agit au nom des valeurs de l'émancipation c'est-à-dire des droits humains. On retrouve une séquence analogue dans un texte de *La Condition de l'homme moderne* consacré au mouvement ouvrier.

Le mouvement ouvrier est – par définition – composé de travailleurs, d'hommes, qui dans un premier temps se situent par rapport à leur activité principale : le travail. Or, pour Hannah Arendt, les valeurs dérivées du travail sont antipolitiques, parce que sociales. En effet, le travailleur de l'industrie est d'abord intégré dans une équipe, laquelle, si elle constitue un collectif ou un groupe, n'est pas un véritable espace pluriel : sa raison d'être (la production) est hors d'elle, les individus y travaillent ensemble comme un seul homme, d'où l'effacement de l'individualité, souhaitable dans ce contexte puisqu'il allège le labeur, comme le pas cadencé facilite la marche du soldat. Dès lors, comment rendre compte du « rôle soudain et souvent extraordinairement productif qu'ont joué les mouvements ouvriers dans la politique moderne[46] » ? La gloire de ces mouvements a été d'avoir périodiquement proposé, de 1848 jusqu'à la révolution hongroise de 1956, une nouvelle forme de « gouvernement démocratique dans les conditions modernes », le « système des conseils du peuple qui eut discrédité le système continental des partis[47] ». Il ne s'agit pas ici des victoires remportées par l'action syndicale. Les syndicats n'ont jamais été révolutionnaires au point de vouloir transformer les institutions politiques. Ils ont plutôt œuvré dans le sens de l'intégration de la classe ouvrière à la société moderne. Il y a donc ici contraste entre le social et le politique. Comment l'articulation s'est-elle alors faite ?

Dans un premier temps, il nous faut distinguer deux types d'émancipation : l'émancipation du travail – qui mène vers des valeurs antipolitiques – et l'émancipation politique du travailleur qui trouve son moment décisif lors de la conquête du suffrage universel après la révolution de 1848 et qui est postérieure à l'émancipation du travail. Ainsi :

> L'émancipation moderne voulut affranchir l'activité de travail, elle-même, ce qui fut fait bien avant que l'on accordât au travailleur comme personne des droits individuels et civiques[48].

L'émancipation du travail, seule véritable émancipation pour Marx, est le critère au nom duquel il juge l'œuvre politique de la Commune de Paris. Celle-ci a réalisé le mot d'ordre de toutes les révolutions bourgeoises : gouvernement à bon marché, république fournissant la base d'institutions vraiment démocratiques. Cependant :

> Ni le gouvernement à bon marché, ni la vraie république n'étaient son but dernier : tous deux furent un résultat secondaire et allant de soi de la Commune... son véritable secret, le voici : c'était essentiellement un gouvernement de la classe ouvrière, le résultat de la lutte des classes des producteurs contre la classe des appropriateurs, la forme politique enfin trouvée qui lui permettrait de réaliser l'émancipation économique du travail[49].

Mais, d'après Arendt, c'est la société bourgeoise elle-même qui réalise l'émancipation du travail que Marx voit à l'horizon de l'émancipation humaine, au sens où « l'animal *laborans* a eu le droit d'occuper le domaine public[50] ». Déjà dans *Les Luttes de classes en France*, Marx voyait l'intérêt du suffrage universel dans le fait qu'il laisserait apparaître enfin au grand jour la « réalité sans phrases » : l'affrontement de la bourgeoisie et du prolétariat. Ainsi, toutes les revendications ouvrières qui se formulent dans le langage du droit sont prises comme des moments quasi infantiles de la conscience de la classe ouvrière non encore advenue à elle-même et qui n'y arrivera que lorsque la bourgeoisie industrielle aura achevé sa domination économique sur la société. De là, Marx instrumentalise les événements propres au domaine politique : le gouvernement démocratique mis en place par la Commune n'est là que pour donner voie à l'émancipation du travail, le suffrage universel n'est intéressant pour la classe ouvrière qu'en tant qu'il fournit le terrain où les classes vont pouvoir ouvertement s'affronter. Mais, en miroir, pour la bourgeoisie, le sens de l'instauration du suffrage universel réside dans le parachèvement de sa domination économique. Il est donc un tournant stratégique pour les classes en présence : jamais il n'est pris pour lui-même, mais – et de manière contradictoire – pour ce qu'il permet au niveau économique : émancipation du travail du point de vue ouvrier, maintien de l'exploitation pour la bourgeoisie. La perspective de Hannah Arendt est tout autre : c'est au contraire la créativité politique de la Commune dans la voie de l'institution d'un gouvernement démocratique qui serait le principal : l'intérêt du suffrage universel est politique, car il fait accéder le travailleur au statut de citoyen à part entière.

Jusqu'à présent, cependant, nous n'avons pas modifié le cadre de la séparation conceptuelle du social et du politique : rien ne nous permet encore de poser une quelconque articulation entre eux. C'est qu'il faut poursuivre l'analyse, avec Hannah Arendt. Il se trouve, en effet, que le moment où intervient l'émancipation politique coïncide avec un état social dans lequel la classe ouvrière est comme exclue de la société :

> Tout un secteur de la population fut admis ou du moins parut soudainement dans le domaine public, c'est-à-dire parut en public, sans pour autant être admis dans la société, sans jouer le moindre rôle dirigeant dans les activités économiques, et par conséquent, sans être absorbé par le domaine social, ni, pour ainsi dire, escamoté[51].

D'après *La Crise de la culture*, l'existence d'une « non-société » à l'intérieur de la population qui se manifeste en « parti révolutionnaire » constitue un pôle d'attraction pour les individus soucieux de résister aux pressions sociales car ils découvrent, « en ceux qui n'étaient pas admis dans la société, certains traits d'humanité qui avaient disparu de la société[52] ». Ailleurs, Arendt associera explicitement dans ce sens de la fraternité « les opprimés et les persécutés, les exploités et les humiliés que le XVIIIe siècle appela les malheureux et le XIXe, les misérables[53] ». Cette humanité

> trouva encore son expression dans le roman, dans les célèbres glorifications des travailleurs et des prolétaires, mais aussi plus subtilement dans le rôle assigné aux homosexuels (par exemple chez Proust) ou aux juifs, c'est-à-dire aux groupes que la société n'a jamais complètement intégrés[54].

Que le fait de l'exploitation économique ne suffise pas à rendre compte du statut social de la classe ouvrière au XIXe siècle, c'est ce qui ressort aussi de l'étude de Patrick Zylberman et Lyon Murard dans laquelle il apparaît, d'une part, que l'usine, autant qu'un lieu d'exploitation, se trouve être un lieu d'enfermement modelé sur la caserne ou l'internat et, d'autre part, que les villes, jusqu'aux grandes restructurations urbaines qui ont donné naissance aux cités ouvrières, sont bordées de mauvais quartiers pestilentiels où venait s'entasser « une même population de parias, vivant dans la crasse et la promiscuité[55] ».

Dans ces conditions, on peut penser que c'est précisément le décalage entre ce statut d'exclusion d'une part, et la portée universelle des discours émancipatoires d'autre part, que les ouvriers reprennent à leur compte, qui rend compte de la portée de l'action politique de la classe ouvrière. Ainsi : « Lorsqu'il parut en public, le mouvement ouvrier était la seule organisation dans laquelle les hommes agissaient et parlaient en tant qu'hommes et non en tant que membres de la société[56]. » D'où la force d'attraction du mouvement ouvrier qui ne s'est jamais borné aux rangs de la classe ouvrière, d'où le caractère propre aux révoltes et aux révolutions modernes qui ont toujours demandé la liberté et la justice pour tous, contrairement aux révoltes d'esclaves qui n'ont jamais « revendiqué la liberté comme droit inaliénable de tous les hommes[57] ».

Ce n'est donc pas le social en tant que tel qui est générateur de politique, mais encore une fois une position singulière dans le social : l'exclusion. Pas toute seule cependant. Car, comme dans le cas du paria, la compassion pour la souffrance ouvrière, la recherche d'une humanité fraternelle, l'ouvriérisme, menacent de même l'affirmation de l'espace politique en tant que tel. Ne peut-on pas dire alors que, de même que le langage de l'émancipation politique permettait au paria d'échapper à l'acosmie, de même, la diction de l'exclusion sociale dans ce même langage est pour quelque chose dans l'affirmation périodique d'un espace politique de liberté et d'égalité du côté du mouvement ouvrier. Dans la mesure aussi, peut-être, où il faut lire les textes déclaratifs des droits de l'homme en se donnant la peine de dépasser l'aspect idéologique qui les ancre dans une nature humaine substance des monades individuelles, pour comprendre qu'ils affirment au contraire :

> Le droit de l'homme, l'un de ses droits les plus précieux, de sortir de lui-même et de se lier aux autres par la parole, l'écriture, la pensée[58].

Toutes caractéristiques que Hannah Arendt reconnaîtrait sans peine comme constitutives de l'espace public.

Pour éviter les malentendus, je voudrais préciser qu'il ne s'est pas agi pour moi de judaïser les prolétaires ou de prolétariser les juifs. J'ai seulement voulu indiquer, chez Hannah Arendt, la présence d'une catégorie de paria dans un autre domaine que celui de l'examen de la condition juive. On peut toutefois penser que c'est sa réflexion sur cette question qui a pu la rendre sensible à certains aspects voisins présents dans l'expérience de la classe ouvrière.

Repérer ce genre de relations dans la pensée de Hannah Arendt, c'est tenter de s'orienter dans son œuvre à la lumière de ce qu'elle écrit dans la préface de *La Crise de la culture* :

> La pensée elle-même naît d'événements de l'expérience vécue et doit lui demeurer liée comme aux seuls guides propres à l'orienter[59].

En effet, lorsque Gaus posait à Hannah Arendt la question suivante :

> Madame Arendt, vous aviez quitté l'Allemagne en 1933 car vous étiez juive, vous aviez alors vingt-six ans. Y a-t-il un lien de cause à effet entre ces événements et votre préoccupation pour la politique et l'histoire[60] ?

celle-ci acquiesçait d'un : « Oui, bien évidemment. » Ceci revient donc à dire que ce n'est pas comme simple citoyenne allemande ou comme opposante politique qu'elle est contrainte à l'exil mais comme juive et que ce fait constitue une part non négligeable de son expérience, laquelle a dû, comme elle le soutient elle-même, orienter sa pensée. Qu'est-ce à dire exactement ?

Hannah Arendt s'en est quelque peu expliquée lors de son discours de réception du prix Lessing à Hambourg en 1959 :

> Si je souligne si explicitement mon appartenance au groupe des juifs tôt chassés d'Allemagne, c'est que je désire prévenir certains malentendus qui ne surgissent que trop facilement dès qu'on parle d'humanité. Dans ce contexte, je ne peux passer sous silence que pendant de nombreuses années j'ai considéré que la seule réponse adéquate à la question « qui êtes-vous ? » était « une juive ». Seule cette réponse tenait compte de la réalité de la persécution[61].

Par « une juive », elle entend :

> La reconnaissance d'un présent politique, à travers lequel [son] appartenance à ce groupe avait tranché la question de l'identité personnelle dans le sens de l'anonymat.

Comme toutes les notions, la notion d'humanité doit être « phénoménalisée », elle doit être restituée compte tenu de l'expérience au sein de laquelle elle prend sens. Ainsi, Rahel Varnhagen « être humain émancipé par les Lumières[62] », ne peut s'identifier comme telle, dans le contexte de l'Aufklärung, qu'à la condition, au début de sa vie tout au moins, de dénier la dimension juive de son être, de la mettre à l'écart, de faire comme si elle était négligeable, simple détail biographique. Mais en vain, car « ce qui n'a été raconté à personne et sombre, insignifiant, dans le chaos de l'oubli confus est condamné à se reproduire[63] ». Rahel est soumise à des retours périodiques du refoulé. Elle ne comprend pas ce qui lui arrive et c'est cette incapacité qu'elle exprime lorsqu'elle se plaint d'être une « déveinarde[64] ». Toutefois, la compréhension qui lui fait défaut n'est pas celle que Herder attendait des juifs, lorsqu'il les anticipait comme « nouveaux spécimens d'humanité[65] » à condition qu'ils comprennent leur propre histoire comme fondamentalement révolue. La compréhension qui manque à Rahel, Arendt l'attend de quiconque. C'est la même incapacité qu'elle retrouvera et ne cessera de déplorer jusque dans les circonstances tragiques qui amèneront aux États-Unis tant de juifs d'Allemagne et d'ailleurs qui continueront d'interpréter leur destin comme une « malchance personnelle[66] ». Or c'est parce que Hannah Arendt a toujours été animée par l'exigence de comprendre ce qui lui arrivait qu'elle a toujours établi un lien entre sa vie et celle d'un groupe dont les individus juifs en voie d'assimilation s'étaient séparés. Sa vie est celle d'une juive parmi d'autres, l'exil n'a pas été l'événement singulier de l'existence personnelle de madame le professeur Arendt, mais bien plutôt une chute vers l'anonymat du « petit Hans Cohn du coin[67] ». L'effet du « présent politique » sur sa vie a été de la rappeler à l'appartenance à un groupe dont elle avoue ne s'être pas beaucoup souciée avant. Hannah Arendt était, avant la persécution, l'archétype de l'être humain émancipé par les lumières.

Mais assumer, sans plus, un tel rattachement, est insuffisant pour qui est animé par le souci de penser. L'histoire n'est jamais vue par Arendt comme une détermination unilatérale sur la vie individuelle. Elle ne l'éclaire pas, au sens où elle ne la fait comprendre. Au contraire, c'est l'individualité qui est le prisme au travers duquel la lumière incolore d'une époque se réfracte, illuminant ainsi un pan de l'obscurité ambiante. L'image du prisme (qu'Arendt utilise pourtant elle-même[68]) est cependant trop mécanique, car, pour elle, c'est l'activité pensante de l'individu qui est susceptible de produire cette lumière. Penser, c'est-à-dire donner sens à son destin, en racontant et en reracontant, par exemple, au sens où Isak Dinesen (Karen Blixen) racontait des histoires. Mais l'histoire que Hannah Arendt a choisi de raconter n'est pas tout à fait du même type. Arendt a cherché à comprendre, c'est-à-dire, une fois assumé :

> le fardeau que les événements nous ont imposé, sans nier leur existence ni accepter passivement leur poids comme si ce qui est arrivé en fait devait fatalement arriver [...] regarder la réalité en face avec attention, sans idée préconçue, et [...] lui résister au besoin, quelle que soit ou qu'ait pu être cette réalité[69].

Ainsi, elle a dû examiner en quoi consistait ce lien avec le groupe des juifs persécutés, ce qu'était ce groupe et les raisons qui l'ont placé au cœur de la tourmente du XXe siècle. Comme l'écrit Ron Feldman dans son introduction au recueil *The Jew as Pariah*, Hannah Arendt « a choisi le rôle de paria conscient[70] ». L'élaboration de cette notion, retrouvée dans ce qui est une tradition occultée par l'histoire juive officielle, lui permet à la fois de comprendre la situation des juifs dans le monde moderne et, par là, la sienne propre, tout en l'orientant vers certains aspects inaperçus jusqu'alors dans l'expérience commune.

Dans le contexte postémancipatoire, dont on a vu qu'il avait recréé une barrière invisible autour du groupe des juifs, le paria conscient serait celui qui veut faire apparaître la barrière, qui cherche à donner à voir le groupe lui-même à ses membres parvenus ou assimilés. Mais, dans ce projet, la visibilité traditionnelle, à savoir la délimitation socio-religieuse d'avant l'émancipation est irrémédiablement perdue. Dans ce cas le sionisme, « seule réponse politique que les juifs aient jamais trouvé à l'antisémitisme[71] », peut être compris comme une tentative pour redessiner le groupe des juifs ; pour le rendre à nouveau visible dans les termes de la politique moderne, laquelle, en tant que telle, emprunte ses termes à la tradition grecque. En effet, Hannah Arendt accueille et juge l'expérience sioniste « non de l'intérieur de la culture juive, mais à l'aide de catégories et depuis le lieu du politique, lieu à tout jamais grec[72] ». C'est dire que, s'il y a vraiment création d'un espace politique dans ce cadre, alors, juifs ou pas, les hommes s'y apparaissent mutuellement comme hommes[73], en tant que « qui », apparition qui annule ou transcende toute spécificité culturelle ou linguistique.

Dans cette direction, nous rencontrons encore Bernard Lazare. Pour lui, l'émancipation individuelle n'est qu'une étape préliminaire, quelque chose comme une liberté négative, car seule une émancipation du peuple représenterait à ses yeux une liberté positive. De ce point de vue aussi, Bernard Lazare constitue une exception au sein de la tradition cachée. En effet, d'après Hannah Arendt, le XIXe siècle a foulé aux pieds les fondements politiques du judaïsme européen, rendant ainsi caduc le sens que pouvait avoir socialement la vie de paria comme échappatoire individuelle, dans la mesure où la barbarie nazie a dissous la distinction paria/parvenu qui faisait encore croire à Bernard Lazare que les possédants juifs s'en tiraient toujours. Mais ni le Ciel, ni la Terre, ni l'Argent

> ne constituaient plus une protection contre le meurtre. Désormais, c'est seulement au sein d'un peuple qu'un homme peut vivre en tant qu'homme parmi les hommes s'il ne veut pas mourir d'épuisement. Et seul un peuple vivant en communauté avec d'autres peuples peut contribuer à établir sur la terre habitée par nous tous un monde des hommes créé et contrôlé en commun par nous tous[74].

Bernard Lazare a toujours conçu l'émancipation dans les deux dimensions que Hannah Arendt tient ensemble dans ce texte : comme mouvement vers l'autonomie du peuple concerné d'une part, mais aussi, d'autre part, dans la perspective d'une humanité plurielle faite de groupements divers qui doivent pouvoir exister comme groupes autonomes, nantis chacun de leur propre espace politique, mais dans une interrelation avec les autres groupes, véritable forme de l'internationalisme selon Lazare. S'« il faut que le juif s'émancipe en tant que peuple et dans sa nation[75] », c'est afin de « participer à l'œuvre humaine en restant soi-même, en gardant sa personnalité[76] ».

La vie de paria n'a donc plus de sens comme échappatoire individuelle. Ce que nous lègue pourtant l'expérience des juifs européens d'avant la Shoah, c'est une tradition, à la fois récente et cachée, d'où émerge de façon privilégiée, la position du paria conscient. Car si l'on peut penser que la question contemporaine qu'aborde le sionisme se formule ainsi :

> À quelles conditions le peuple juif peut-il dans l'espace politique du sionisme faire l'épreuve de son humanité, c'est-à-dire faire accueil à la pluralité des peuples, en l'occurrence à la question arabe, sans renoncer à sa singularité ; à quelles conditions peut-il faire l'épreuve du réel, faire l'épreuve de l'altérité ? Ce qui ouvre sur une autre question : un peuple-paria qui, par situation, est doté d'une morale à structure dualiste, peut-il avoir accès au *sensus communis*[77] ?

Alors, la position du paria conscient, qui est en elle-même une position non exclusive, tenant compte à la fois de l'expérience juive et de la relation voulue et passionnément maintenue avec le monde non juif, pourrait peut-être tenir lieu de tradition manifeste pour nommer et repérer ce qui importe dans le présent.

Martine Leibovici

1. *The Jew as Pariah – Jewish Identity and Politics in the Modern Age*, New York, Grove Press Inc., 1978.

2. *Cf.* A. Momigliano, « Le judaïsme comme religion-paria chez Max Weber », in *Mélanges Léon Poliakov*, M. Olender, éd., Bruxelles, Complexe, 1981.

3. *Le Judaïsme antique*, Paris, Plon, 1971, p. 19.

4. « La traduction cachée », in *T.C.*, Paris, Bourgois, 1987, p. 181.

5. *A.*, Paris, Calmann-Lévy, 1973, p. 50.

6. *T.C.*, p. 199.

7. *Cf.* en particulier Claude Lefort, « Une interprétation politique de l'antisémitisme : Hannah Arendt », *Commentaire*, nº 20, hiver 1982-1983, p. 654-660.

8. *Cf.* l'échange de lettres avec Gershom Scholem à propos de l'affaire Eichmann, *in* G. Scholem, *Fidélité et Utopie*, Paris, Calmann-Lévy, 1978.

9. *Hannah Arendt*, Paris, Anthropos, 1986, p. 156-157.

10. *Cf.* Jacob Katz, *Exclusion et Tolérance*, Paris, Lieu commun, 1987.

11. Bernard Lazare, « Le nationalisme juif », *Kadimah*, nº 1, 1987.

12. « Quelle douleur, quand au XVIe siècle, il fallut entrer dans le ghetto. Le monde s'éveillait à la liberté, une aurore nouvelle brillait et le juif devait entrer dans la nuit, plus que jamais, être le paria, l'isolé, l'enfermé » (Bernard Lazare, *Le Fumier de Job*, Paris, Rieder, 1928, p. 81.

13. « Ma situation est abominable : j'ai des obligations, je n'ai pas de droits » (« Le nationalisme juif », *op. cit.*, p. 8).

14. Rappelons que l'émancipation des juifs eut lieu en 1791 en France et en 1812 en Prusse à l'occasion des guerres napoléonniennes.

15. *A.*, p. 46.

16. *T.C.*, p. 180.

17. *A.*, p. 151.

18. *C.H.M.*, p. 223.

19. Sur l'acosmie, *cf.* plus particulièrement « De l'humanité dans de sombres temps », *V.P.*, p. 21 et suiv.

20. « Un territoire n'est pas tant une étendue de terrain qu'un espace entre des individus faisant partie d'un groupe dont les membres sont liés entre eux, à la fois séparés et protégés les uns des autres par toutes sortes de rapports fondés sur une langue, une foi, une histoire, des coutumes,

des lois… Il n'y aurait jamais eu d'État d'Israël si le peuple juif n'avait créé et maintenu son espace propre et particulier à travers des siècles de dispersion avant de récupérer son propre territoire », *E.J.*, p. 289.

21. Patrice Canivez, « Le sentiment et le politique », *C.P.*, p. 85.

22. *A.*, p. 33.

23. *Ibid.*, p. 13,

24. *L'Écho sioniste*, n° 11, 20 avril 1901, p. 15.

25. *Le Fumier de Job*, *op. cit.*, p. 87.

26. *Ibid.*, p. 75.

27. *Ibid.*, p. 105.

28. *T.C.*, p. 198-199.

29. *A.*, p. 254.

30. « Une patience active », in *T.C.*, p. 54.

31. *I.*, p. 283.

32. Voir plus haut, première citation de *L'Antisémitisme*.

33. *T.C.*, p. 179.

34. *C.H.M.*, p. 118.

35. *T.C.*, p. 179.

36. Note Reinach, cité par Nelly Wilson, *Bernard Lazare*, Paris, Albin Michel, 1985, p. 198.

37. *Op. cit.*, p. 64.

38. « Une erreur judiciaire, l'affaire Dreyfus, deuxième mémoire », cité par Nelly Wilson, *op. cit.*, p. 195.

39. Ainsi s'exprimait un homme dans une lamentation moyenâgeuse : « Un feu m'embrase sitôt que me revient le souvenir – quand je quittai l'Égypte… Mais, mes lamentations s'élèvent aussitôt que je me souviens – quand je quittai Jérusalem. Moïse chante un chant qui ne sera jamais oublié – quand je quittai l'Égypte, etc. », cité par Y.H. Yerushalmi, *Zakhor*, Paris, La Découverte, 1984, p. 59.

40. « Le nationalisme juif », *op. cit.*, p. 8,

41. *Le Fumier de Job*, *op. cit.*, p. 123.

42. Hannah Arendt, « De l'humanité… », *V.P.*, p. 22.

43. *T.C.*, p. 196.

44. Claude Lefort, « Droits de l'homme et politique », in *L'Invention démocratique*, Paris, Seuil, 1981, p. 70.

45. « Une interprétation politique de l'antisémitisme : Hannah Arendt », *op. cit.*, p. 654-660.

46. *C.H.M.*, p. 242.

47. *Ibid.*, p. 243.

48. *Ibid.*, p. 244.

49. *La Guerre civile en France*, Paris, Éd. sociales, 1963, p. 66-67.

50. *C.H.M.*, p. 150.

51. *Ibid.*, p. 256.

52. *C.C.*, p. 256.

53. « De l'humanité… », *V.P.*, p. 23.

54. *C.C.*, p. 257.

55. « Le petit travailleur infatigable », *Recherches*, 25 novembre 1976, p. 57.

56. *C.H.M.*, p. 245.

57. Sklaverei, Westermann, cité par Arendt, in *C.H.M.*, p. 242.

58. Claude Lefort, *L'Invention démocratique*, *op. cit.* p. 59.

59. *C.C.* p. 26.

60. « Seule demeure la langue maternelle », in *T.C.*, p. 226.

61. « De l'humanité dans de sombres temps », *op. cit.* p. 27.

62. Lettre de Jaspers à Hannah Arendt à propos de Rahel Varnhagen, in *C.G.*, mars 1986, p. 122.

63. *R.V.*, Paris, Tierce, p. 134-135.

64. *Ibid.*, p. 32.

65. « Les Juifs d'exception », in *T.C.*, p. 155.

66. « Nous, réfugiés », *ibid.*, p. 64.

67. *E.J.*

68. *V.P.*, p. 44.

69. *A.*, p. 16.

70. *Op. cit.*, p. 18.

71. *A.*, p. 260.

72. Miguel Abensour, « Hannah Arendt et le sionisme en question », *Passé présent*, n° 3, 1984, p. 21.

73. Le passage au public pour un groupe s'accompagne toujours, pour Arendt, d'un accès à la visibilité. Mais il faut distinguer chez elle deux types de visibilité : une visibilité empirico-sociale et la visibilité propre au domaine politique. Ainsi, l'apparition du travailleur sur la scène publique s'accompagne d'un passage à la visibilité empirique : des sans-culottes à l'adoption du costume ouvrier, une distinction se manifeste, exprimant l'opposition des ouvriers à la société dans son ensemble. Comme si le choix d'une visibi-

lité empirico-sociale préfigurait, dans ce cas, l'accès à la visibilité empirique qui, à l'inverse, annule la visibilité sociale, la rend inutile puisque dans l'organisation politique impulsée par le mouvement ouvrier, les hommes « agissaient et parlaient en tant qu'hommes et non en tant que membres de la société » (*C.H.M.*, p. 245). Pour les juifs, le mouvement est inverse : l'émancipation a signifié pour eux le passage à l'invisibilité comme groupe, à l'invisibilité empirique. La condition empirique de l'émancipation a été, au contraire, l'abandon de leurs costumes spécifiques et de leur identité socio-religieuse. D'où l'obsession du juif assimilé de « ne pas avoir l'air ». Obsession que, soit dit en passant, Hannah Arendt n'a jamais éprouvée, puisque, dès son enfance, alors même que le mot « juif » était à peine prononcé à la maison, elle confie à Gaus : « Je savais, lorsque j'étais enfant, que j'avais l'air juive, c'est-à-dire que j'avais l'air différente des autres. J'en avais tout à fait conscience, cela ne revêtait nullement la forme d'une infériorité, c'était comme cela, voilà tout » (« Seule demeure... », *T.C.*, p. 231). Visibilité « atmosphérique » (pour reprendre une expression de Vladimir Jankélévitch), *diaphora* plus que différence, ambiguïté qui affole l'antisémite, lequel « traque à l'infini cet autre à peine autre dont l'altérité à l'infini lui échappe, cet insolent semblable-différent, caractéristique des juifs européens des grandes villes » (*Quelque part dans l'inachevé*, Paris, Gallimard, 1978, p. 138. La différence subsiste donc, mais elle s'est transmise à Hannah Arendt de façon totalement paradoxale au regard du judaïsme traditionnel : le nom est à peine prononcé, c'est le voir qui rappelle à l'altérité.

74. *T.C.*, p. 220.
75. *Le Fumier de Job*, *op. cit.*, p. 151.
76. *Ibid.*
77. Miguel Abensour, article cité, p. 23.

Les intellectuels modernes une pensée an-éthique et prétotalitaire

Je commencerai par rappeler ce que dit Hannah Arendt dans *Le Système totalitaire* : « Le sujet idéal du règne totalitaire n'est ni le nazi convaincu, ni le communiste convaincu, mais l'homme pour qui la distinction entre fait et fiction (*i.e.* la réalité de l'expérience) et la distinction entre vrai et faux (*i.e.* les normes de la pensée) n'existent plus[1]. »

Le sujet idéal du régime totalitaire est donc l'individu qui, pour une raison ou une autre, est devenu incapable d'éprouver la réalité du monde, et le sens, ou le non-sens, de ce qui s'y produit, et c'est, corrélativement, l'individu incapable de s'interroger sur la véracité et le sens des discours sur ce monde. Ce sujet idéal est donc l'individu prêt à recevoir n'importe quel discours sur le monde, ne disposant plus de la double référence qui lui permettrait de produire un véritable jugement sur le contenu de ce discours : la question du sens, et l'expérience qui est le « lieu » où s'établit le rapport concret de l'individu au sens tel qu'il se manifeste dans le monde : dans la contingence, l'indétermination, la plurivocité d'une situation concrète singulière.

C'est bien cela qui est au centre de l'analyse arendtienne et qui en fait l'originalité : l'idéologie totalitaire ne se définit pas par un corpus d'idées, par une « vision du monde », comme on l'a dit, et comme cette idéologie elle-même le prétendait, elle ne convainc pas par ses *idées*, si tant est qu'on peut parler de « conviction » à son propos, mais elle se caractérise par une mentalité, par ce qu'on peut appeler une *attitude fondamentale de la pensée* qui consiste en une indifférence foncière pour les idées qu'elle charrie, indissociable d'un mépris radical pour la réalité du monde dont elle prétend parler, en l'occurrence, pour l'existence concrète des hommes qui font ce monde.

À plusieurs reprises, Hannah Arendt met en évidence l'affinité fondamentale qui existe entre cette mentalité totalitaire et ce qu'elle nomme « la mentalité spécifique des modernes », et elle vise par là, d'un côté, certains aspects du romantisme allemand, et, d'autre part, le nihilisme qui a caractérisé la pensée de pas mal d'intellectuels des années 1920.

Pourtant, ce qui peut frapper à première vue, c'est plutôt ce qui oppose l'idéologie totalitaire à cette orientation de la pensée romantique qui intéresse Arendt : tandis que la première se caractérise par une cohérence implacable, tandis qu'elle emprisonne dans la « camisole de force » de l'idéo-logique, réduisant les idées à de simples prémices pour l'auto-mouvement d'une pensée soumise à l'exclusive contrainte de cette logique, le littérateur romantique revendique la liberté de tout dire et son contraire, au nom de l'arbitraire de son langage. Arendt ne veut certes pas réduire toute la pensée romantique allemande à cet aspect, mais elle constate que ce fut une tendance importante dans ce mouvement de pensée. En effet, s'il s'agit, au départ pour les romantiques de reprendre contact avec un sens originaire, par-delà ses retombées mondaines par trop finies, certains oublient bientôt cette visée première de sens et ne voient plus que la négation du monde, et les avantages que peut en tirer une pensée narcissique, préoccupée encore exclusivement par le scintillement de ses mots d'esprit, de ses formules réussies. Chez ces premiers intellectuels modernes que sont les littérateurs romantiques, les mots d'esprit authentiques, s'étant libérés de la tension vers le sens, s'affaissent en simples « trouvailles », et ces trouvailles sont d'autant plus réussies, c'est-à-dire surprenantes, qu'elles ont rompu toute attache avec la réalité. Les trouvailles finissent par être recherchées pour elles-mêmes, elles se ferment au sens qui ne représente plus qu'une entrave pour ce libertinage de la pensée. Il ne s'agit plus de révéler du sens mais de *surprendre* par des effets toujours plus osés, par des paradoxes toujours plus grands, et donc toujours plus arbitraires. Arendt relève l'insistance sur le « génie » qui a, selon elle, déterminé de manière décisive la figure de l'intellectuel moderne. L'arbitraire devient signe de génie : plus c'est arbitraire, plus c'est original, et donc plus c'est génial.

Arendt met donc en évidence, par-delà l'opposition entre la force contraignante de l'idéologie totalitaire et le libertinage de la pensée romantique, leur profonde affinité : il s'agit de deux figures différentes d'une seule et même émancipation radicale de la pensée vis-à-vis des contraintes, et donc des limites, que peuvent lui imposer la visée de dire vrai et de faire sens. D'un côté comme de l'autre, les idées ne sont pas prises en compte pour elles-mêmes, c'est-à-dire pour le sens sur lequel elles ouvrent, mais elles ne sont que des occasions, ou des alibis, que la pensée exploite pour une pure affirmation de son pouvoir illimité. De part et d'autre se manifeste la même irresponsabilité d'une pensée qui s'est délestée de sa tâche première, la même indifférence à la question du sens, le même mépris du monde dans lequel se révèlent sens et non-sens. Si l'idéologie totalitaire peut poursuivre de manière aussi implacable sa propre logique jusqu'aux ultimes conséquences que l'on sait, c'est précisément parce qu'elle a écarté une fois pour toutes tout ce qui peut entraver ou interrompre cette cohérence, en l'occurrence toute la réalité importune du monde. Les littérateurs romantiques se débarrassent eux aussi, à leur manière et pour d'autres raisons, de ce réel encombrant. Puisque le réel est si prosaïque, si médiocre, disent-ils, détournons-nous de lui ; ce qui demeure une entreprise légitime tant qu'elle est reconnue comme telle, et ce fut le cas chez certains d'entre eux. Mais Arendt s'attache précisément à cette orientation nihiliste de la pensée romantique dans laquelle elle voit une origine de la mentalité totalitaire, et qui prétend bien, elle, parler du réel, après avoir nié celui-ci et à partir de cette négation même. Cette vision romantique prétend donc penser le monde, et elle se rapporte tout à fait explicitement aux événements de ce monde, mais c'est en quelque sorte pour phagocyter ce monde. La pensée des trouvailles est une forme d'*hubris* de la pensée qui, au lieu de s'ouvrir à l'extériorité et à l'altérité du monde, prétend engloutir celui-ci dans sa propre réalité considérée comme unique absolu. Dans la pensée autoréférentielle des trouvailles, il ne s'agit ni de s'ouvrir au monde pour le penser, ni encore moins d'agir sur ce monde. Les événements les plus massifs deviennent de simples déclencheurs qui relancent le jeu narcissique de la pensée avec elle-même. Et celle-ci ne s'arrête pas en si bon chemin : elle ne se contente pas d'absorber l'événement particulier, elle engloutit par la même occasion le monde entier, elle fait de l'événement, métamorphosé en trouvaille, l'origine d'une recréation du monde dans sa totalité. « Adam Müller et Friedrich Schlegel témoignent au plus haut degré de cet engouement général de la pensée moderne qui permet à pratiquement n'importe quelle opinion de triompher momentanément. Il ne fut pas un fait réel, pas un événement historique, pas une idée politique pour échapper à la folie omniprésente et omnivore en vertu de laquelle tous ces maîtres littérateurs réussissaient toujours à trouver des occasions aussi nouvelles qu'originales pour répandre des opinions inédites autant que fascinantes[2]. » Chacun est libre de recréer le monde à son gré, chacun est libre de passer d'une idée à l'idée opposée, et de changer par là, une fois encore, sa vision du monde, si tel est son caprice, ou si tel est son intérêt, c'est-à-dire si la nouvelle vision est plus susceptible d'agréer à un mécène.

Sous ses dehors d'implacable cohérence, sous la rigidité de ses idées clés, l'idéologie totalitaire cache, de son côté, elle aussi, un véritable *perpetuum mobile* pour ce qui concerne le *contenu* ou la signification des idées qu'elle soutient. Cette fluctuation constante du sens n'est pas en contradiction avec la conséquence du raisonnement, mais elle n'est au contraire que l'autre face d'une conséquence qui n'est que celle d'une logique déductive fonctionnant à vide. Précisément parce qu'elle est préoccupée exclusivement par la pure conséquence logique, l'idéologie totalitaire non seulement peut se permettre d'être incohérente dans ses idées, mais elle *doit* l'être. Le discours totalitaire doit se montrer capable de se métamorphoser à l'œil, c'est-à-dire au gré des métamorphoses du réel lui-même, non pour se colleter avec celles-ci, mais pour que son sur-sens puisse continuer à faire échec à l'apparition du non-sens envahissant toujours plus la réalité. On a un bon exemple de cette « souplesse » du langage totalitaire dans ce que Soljenitsyne nous dit du destin du mot *koulak* : « En russe, on appelle koulak un revendeur de campagne, intraitable et malhonnête, qui s'enrichit non par son travail mais par celui d'autrui [...] dans chaque localité, pareils trafiquants n'étaient que des cas isolés, même avant la révolution [...]. Puis, après 1917, par un glissement de sens, on se mit à donner le nom de koulak [...] à ceux qui, d'une manière générale, louaient le travail d'ouvriers agricoles, ne fût-ce qu'en raison d'une carence provisoire de leur famille [...]. Mais le terme de koulak continua de se gonfler irrésistiblement et, vers 1930, on appelait déjà ainsi *tous les paysans solides* : solides dans leur exploitation, solides dans le travail, voire tout simplement dans leurs convictions [...]. Et puis, dans chaque village, il y avait des gens qui s'étaient mis personnellement en travers du chemin des *militants* locaux[3]. » On comprend par cet exemple comment Arendt peut voir à l'œuvre dans l'idéologie totalitaire un relativisme radical, hérité des littérateurs romantiques : ce n'est plus la réalité des choses qui décide du sens des mots, ce sont les mots qui recréent les choses à leur image ; après s'être délestés du sens qui les rattachait à une réalité par trop limitée, ils deviennent capables de dévorer la totalité du monde, ils prétendent faire de n'importe quelle réalité leur chose. Si, de son côté, Hitler avait commencé par identifier l'impur et le sous-humain avec le peuple juif, il s'agissait dans ses plans de poursuivre son œuvre d'épuration en exterminant, après les juifs, les Polonais, tous les peuples slaves, et enfin, les Allemands eux-mêmes qui n'avaient pas su se montrer à la hauteur de leur tâche.

En reprenant aux littérateurs romantiques ce relativisme radical, et après lui avoir donné l'expression épurée qui lui convient, les chefs totalitaires franchissent un pas de plus : ils passent aux actes. Mussolini a su exprimer au mieux ce nouvel esprit lorsqu'il affirme qu'« être fasciste, c'est être relativiste[4] » ; c'est pouvoir contredire aujourd'hui ce qu'on affirmait hier, et plus : c'est pouvoir affirmer en même temps et *sans sourciller* des choses contradictoires. Le « sans sourciller » est évidemment capital, car il est le signe du seul relativisme authentique : celui qui n'a pas froid aux yeux, qui ne se laisse pas intimider par la contradiction apportée à ses discours par la réalité, et qui le prouvera en passant de la négation du réel dans le discours à la négation du réel dans le réel. « Être fasciste », dit encore Mussolini, « c'est être à la fois aristocrate et démocrate, révolutionnaire et réactionnaire, prolétaire et antiprolétaire, pacifiste et antipacifiste[5] », ce qui ne signifie rien d'autre, commente Arendt, « que le fait qu'il pouvait à l'occasion trouver en faveur de chacune de ces positions une ou deux trouvailles[6] ».

En d'autres mots, il n'occupait jamais aucune de ces positions, il ne croyait en aucune des idées qu'il était prêt à défendre à l'occasion, celles-ci n'étaient rien d'autre que les remous changeants à la surface d'un discours coupé de sa profondeur de sens. Il affirme clairement par là que la seule chose qui importe c'est que rien ne soit important pour lui, qu'il n'est pas de cause qu'il ne soit prêt à défendre, précisément parce qu'il ne croit en aucune cause. Il affirme sa confiance inébranlable dans son pouvoir d'absolue domination sur l'être et sur les lois qui le régissent.

Cette radicalisation et cette auto-affirmation franche de l'arbitraire de la pensée des trouvailles signifie donc qu'il est permis de tout dire, et bientôt de tout faire, pourvu que cela soit fort, radical, culotté. Le passage à l'acte de ce nihilisme de la pensée ne pouvait s'effectuer que d'une seule manière : dans la violence destructive. Ce n'est pas un hasard si c'est précisément à la même époque que fleurissent les discours faisant l'apologie de la violence, celle-ci s'inscrivant dans le cadre de conceptions du monde par ailleurs fort différentes et même parfois opposées.

La violence terroriste fascine non seulement ceux-là mêmes qui la pratiquent mais également une bonne partie des intellectuels des années 1920 qui, marqués par le dégoût d'une société corrompue par l'hypocrisie de l'idéologie et de la morale bourgeoise, désirent voir anéanties cette fausse vie, cette fausse culture, ces fausses valeurs. Ces intellectuels sont eux aussi tombés dans le piège de leurs propres trouvailles, pratiquant une sorte d'auto-hypnose, se laissant fasciner par les exercices de haute voltige auxquels s'adonnait leur propre pensée. Face au truquage, face aux vices et aux violences cachées du monde bourgeois, ces intellectuels ne concluent pas qu'il faut restaurer un monde moins truqué, moins violent, mais qu'on a le droit d'aller jusqu'au bout et *ouvertement* dans le truquage et dans la violence ; par une sorte de glissement de sens pervers, la tâche de démasquer les violences cachées se retourne en apologie de la franche violence. On commence par critiquer radicalement, et souvent à juste titre, ce qui ne va pas dans le monde, et on finit par oublier ce au nom de quoi s'exerce cette critique, on se laisse séduire par sa radicalité qui est aimée pour elle-même, pour sa beauté et pour sa force intrinsèques. Ce radicalisme à vide est déjà, comme tel, le signe d'une fondamentale aliénation au monde. Dans son autobiographie, *Le Tournant*, Klaus Mann témoigne de cet engouement qui a pu contaminer un Gottfried Benn mais aussi un Stefan Zweig, chez ce dernier, tout au moins, sous la forme d'une complaisance pour cette jeunesse nazie radicale. Ainsi, Klaus Mann écrira-t-il à Zweig, montrant qu'il a compris de quoi il y va : « Que veulent les national-socialistes ? [...] Dans quelle direction se radicalisent-ils ? C'est tout de même là ce qu'il importerait de savoir. Le radicalisme à lui seul n'est encore rien de positif[7]. »

On se met donc à faire l'apologie de la violence, celle-ci, de moyen devient fin en soi, valeur suprême. Le refus de la réalité existante ne s'exprime plus au nom d'un plus-de-sens mais au nom d'une *franche et radicale assomption du non-sens*, compris comme vérité ultime de toute prétendue affirmation de sens. La cruauté devient la plus haute vertu puisqu'elle fait échec à l'hypocrisie bourgeoise. Ce qui séduit ces intellectuels chez les leaders totalitaires, ce qui les attire vers les masses, c'est cette absence d'hypocrisie et de respectabilité. C'est dans ce cadre qu'il faut comprendre ce que dit Arendt des discours d'un Hitler et d'un Staline : leur propagande, dit-elle, était « aussi franche que trompeuse[8] », et le paradoxe n'est qu'apparent. Cette propagande était trompeuse dans la mesure même où elle était franche : elle disait la vérité sur les intentions et les faits, elle annonçait les intentions criminelles sans fausse honte, et c'est précisément par cette franchise qu'elle trompait sur l'essentiel : sur le caractère inacceptable de ces intentions. Elle trompait dans la mesure où elle avait si bien rompu avec la visée de sens qu'elle n'éprouvait plus même la nécessité de recouvrir ses intentions de mensonges idéologiques. Ce qui trompait c'était ce vice si sûr de lui qu'il n'éprouvait plus même le besoin de rendre hommage à la vertu par le mensonge. La propagande disait la vérité, mais elle la vidait de son sens, elle trompait sur le sens. Et les intellectuels virent dans le crime non le crime lui-même mais la franche et tranquille radicalité avec laquelle il était annoncé et bientôt perpétré.

C'est encore cette même rupture d'avec le sens des réalités qui amènera les masses, et certains intellectuels à leurs côtés, à prêter main-forte à l'entreprise criminelle, et cela dans le désintéressement le plus authentique mais aussi le plus inquiétant. En effet, ce désintérêt des individus pour leur personne ne signifie pas qu'ils soient prêts à sacrifier leur intérêt personnel à une entreprise correspondant à une conviction profonde, à des exigences plus élevées – si utopiques soient-elles ; il est seulement le signe de ce que l'aliénation au réel est totale, de ce que sont rompues les dernières amarres qui ancraient l'individu dans la réalité : celles de l'intérêt précisément jusque dans sa forme la plus élémentaire, le désir de survie.

Il n'y a plus d'intérêt personnel, plus d'amour-propre à sauvegarder car il n'y a plus de propre, parce qu'en même temps que le rapport au réel, et à la réalité des autres, est détruit le rapport à soi-même. Il n'y a plus ni intérêt ni conviction personnels, car c'est la source même de l'un comme de l'autre qui est détruite ou bloquée : la spontanéité de la personne, source libre d'idées, de convictions, comme de désirs et d'intérêts.

Himmler trouvera les mots justes pour définir cette passion particulière dont étaient animés les adhérents actifs au national-socialisme, et plus particulièrement les S.S., pour lesquels « ce qui compte, c'est d'être toujours prêt à faire un sacrifice, ce n'est pas l'objet pour lequel on fait le sacrifice [9] ». Himmler, dit Arendt, « définit très justement le S.S. comme un nouveau type d'homme qui en aucun cas ne fera jamais une chose pour elle-même [10] ».

Ce qui est perdu, c'est la « chose » précisément, ce au nom de quoi on critique et détruit, ce pour quoi on se sacrifie. La radicalité pour la radicalité est à la fois le symptôme de cette perte et l'ersatz pour la « chose » perdue. Ce qui seul importe, c'est donc l'auto-affirmation désintéressée d'une volonté de puissance s'exerçant à vide, dans la pure négation de ce qui est, cette négation pouvant inclure l'individu lui-même, si besoin est. Cette passion, c'est la passion du vide. Ils se sacrifient pour rien, ils se sacrifient pour le RIEN. Ils se délestent non seulement de leur responsabilité face au monde, mais de la responsabilité pour leur propre personne, et ceci n'est que l'ultime aboutissement de cela. Leur fascination pour les idées totalitaires est essentiellement fascination pour ce qui dans ces « idées » nie toute responsabilité humaine. S'ils « pensent en continents et sentent en siècles [11] », c'est par refus de penser tout court et d'éprouver la réalité du monde, dans sa présence plus modeste. S'ils « manifestent une tendance passionnée à prendre les notions les plus abstraites comme règles de vie, et le mépris global pour les règles du bon sens même les plus évidentes [12] », c'est pour ne pas du tout avoir à prendre en compte quelque règle de vie que ce soit.

On a pu constater – toutes proportions gardées – la même indifférence au réel, accompagnée du même détachement vis-à-vis de tout intérêt particulier, dans la « logique » de l'action des terroristes italiens ou allemands des années 1970. Il s'agissait là aussi, non de lutter effectivement contre les injustices du « système », mais de contraindre ce système à mettre bas les masques, ce qui signifiait concrètement le forcer à aller toujours plus loin dans la violence répressive, c'est-à-dire, non pas supprimer la violence dénoncée, mais ajouter encore au monde sa propre violence, et contribuer par là à augmenter le non-sens dénoncé.

Sans aboutir nécessairement à sa radicalisation totalitaire, cette irresponsabilité de la pensée et de l'action, ou ce refus de « penser ce que nous faisons » peut prendre d'autres figures, et celles-ci sont multiples. On trouve à divers endroits de l'œuvre d'Arendt des analyses de ces différentes manifestations d'une même aliénation de la pensée au réel.

Dans son texte sur la violence, elle critique en particulier l'apologie de la violence telle qu'elle fut faite par un Sartre par exemple : celui-ci a succombé lui aussi à la tentation de la formule frappante dont le caractère audacieusement paradoxal recouvre le non-sens, lorsqu'en l'occurrence le philosophe prétend que « dans cette violence irrépressible [...] c'est l'homme lui-même [qui] se recompose », que c'est seulement par « la folie meurtrière » que « les damnés de la terre » peuvent « se faire hommes[13] ». Ces formules frappent si bien qu'elles étourdissent la pensée, aussi bien de leur auteur que de ses lecteurs.

Franz Fanon lui-même, auquel Sartre se réfère dans le texte cité, succombe à la même abstraction, fait preuve de la même aliénation à l'humanité réelle ; moins que ses émules cependant, parce qu'il a fait de près l'expérience de la violence. Mais il lui arrive de s'écarter de cette expérience et de préférer chercher son inspiration auprès d'intellectuels comme Sorel ou Pareto. Il trouve alors des formules réussies du genre de celle-ci : « Avoir faim dans la dignité est préférable au pain que l'on mange dans l'esclavage[14]. » En critiquant cette formule, Arendt ne veut évidemment pas dire qu'il vaut mieux manger son pain dans l'esclavage que d'avoir faim dans la dignité, mais elle veut mettre le doigt sur l'aliénation au réel : on ne peut avoir faim dans la dignité. En soulevant le voile de la formule réussie, elle découvre le non-sens de ce qui est affirmé, et elle montre comment est à l'œuvre une conception romantique du langage qui consiste à accorder ses faveurs aux belles formules, même si le prix à payer est la perte de la réalité. En effet, « si Fanon avait déclaré qu'il aimait mieux manger son pain dans la dignité que de manger du gâteau dans l'esclavage », il serait certainement demeuré plus proche des réalités, mais « la phrase aurait perdu tout son impact rhétorique[15] ». Contre cette phrase plus juste, mais par trop médiocre, Fanon choisit la belle formule, mais par là, il manifeste qu'il lui importe au moins tout autant de produire de belles phrases sur les injustices humaines que de lutter efficacement contre ces injustices.

Dans les premières pages de son essai *Sur la révolution*, Arendt dénonce la même absence de la pensée au monde et à elle-même dans la formule plus récente : « Mieux vaut rouge que mort. »

C'est encore cette identité entre l'aliénation au réel et l'action irresponsable, traduisant une irresponsabilité de la pensée, qu'Arendt met en évidence dans la manière dont les experts américains, lors de la guerre du Viêt Nam, se sont laissés fasciner « par l'ampleur de leurs exercices intellectuels, se sont enfermés dans la pure cohérence d'une pensée logico-formelle. Par leur obstination à vouloir résoudre les problèmes dans l'abstraction de leurs équations, ils manifestaient une absence de volonté de résoudre les véritables problèmes, c'est-à-dire de prendre en compte la dimension humaine de ceux-ci. En effet, cette pensée en chiffres, en pourcentages, en équations, se traduisait sur le terrain par des « solutions » telles que le transfert des populations, la défoliation, l'emploi du napalm. On trouve l'expression caricaturale de cette aliénation au réel dans la phrase fameuse de ce major américain qui, après avoir anéanti toute une ville du Viêt Nam du Sud, conclut : « Nous avons dû détruire cette ville pour la sauver. » Il y eut en outre une collusion entre cette *hubris* de la pensée et l'*hubris* du pouvoir, incapable de reconnaître que « tout pouvoir, même celui d'une très grande puissance, comporte toujours des limites ». Arendt décèle sous l'auto-appellation, répétée comme une litanie par les Américains, de « la plus grande puissance mondiale », la tentation prétotalitaire de l'omnipotence.

L'exemple américain, ou celui du terrorisme, montrent qu'en s'arrachant à ses racines réelles, à l'expérience, la pensée s'arrache par là même à ses racines éthiques. L'aliénation à la réalité est aliénation éthique dans la mesure où elle est aliénation à la dimension humaine de la réalité. La pensée se coupe des situations particulières concrètes, c'est-à-dire de ce que sont les hommes concrets, ce qui signifie, au mieux, qu'elle glisse à côté de cette humanité concrète des individus sur le voilier de ses mots « ailés », au pire, lorsqu'il s'agit d'agir, qu'on va violenter ces hommes concrets.

Si on repose la question de savoir ce qui fait l'identité de ces différentes formes d'attitudes de la pensée que sont la pensée romantique des « trouvailles », l'emphase rhétorique dans l'apologie de la violence, l'abstraction formaliste, ou l'extrême conséquence de la logique totalitaire, on peut définir celle-ci négativement : ce qui leur manque, c'est le *logon didōnai*, le « rendre raison » ; ce qui les caractérise, c'est le refus d'ouvrir les idées et la logique qui les mène à la question du sens, de les référer à une « raison » qui, tout indéterminée soit-elle, transcende le contenu positif immédiat de ces discours ; c'est le refus de reconnaître que la pensée obéit à une légalité qui la transcende, qui lui interdit de faire n'importe quoi des idées qu'elle produit.

C'est pourquoi il faut être attentif à ce qui, par-delà la présence positive des mots, des idées, fait leur profondeur (ou leur absence de profondeur) ; il faut être attentif non seulement aux idées, mais au *rapport* aux idées qui transparaît dans la manière même de développer celles-ci. Car, comme le disait Merleau-Ponty, en un sens un peu différent, le rapport aux idées est toujours un rapport aux hommes ; ce qui signifie non seulement que si on maltraite les idées, c'est le signe qu'on est prêt à maltraiter les hommes, mais que ce mépris du sens, ou cette indifférence aux idées est *comme telle* déjà indifférence aux hommes. En effet, s'il est vrai, comme le dit Jaspers que cite Arendt, que « la vérité est ce qui nous rattache les uns aux autres », alors, en abandonnant l'exigence de sens, on abandonne par le fait même l'exigence d'humanité, car on peut interpréter cette phrase dans un esprit arendtien de la manière suivante : le sens est ce dont le partage définit la condition humaine – l'intersubjectivité – et inversement, le sens commun, compris comme cette communauté du sens, est la condition du sens pour l'homme.

La pensée romantico-nihiliste des trouvailles, qui aboutit à l'affirmation que « chacun est libre de se créer sa propre idéologie », reconnaît par là clairement que la rupture d'avec le sens coïncide avec la rupture avec les autres. Répondre du sens, c'est toujours en répondre devant les autres par la communication, adresser aux autres cette visée de sens, chercher à « illuminer l'obscur », comme le dit Arendt à propos de Jaspers, et, par là même, créer le seul espace où l'obscur puisse se révéler, celui de l'intersubjectivité. Dans ce même texte sur Jaspers, Arendt dit la profonde identité qui unit *humanitas* et révélation : Jaspers, nous dit-elle, pensait et s'exprimait comme s'il avait à répondre de ses opinions devant l'humanité tout entière, non pas dans le rigorisme du devoir, mais dans le *plaisir* originel de révéler, d'illuminer l'obscur. Ce faisant, il manifestait sa confiance en l'*humanitas* de ses interlocuteurs, et, tout à la fois, il créait un espace où cette humanité devenait effective ou du moins possible, « l'espace que la raison crée et garantit entre les hommes[16] ».

Ce que la personne de Jaspers incarne, et ce qu'Arendt s'efforce ici de penser, c'est une humanité qui n'est nulle part ailleurs que dans une certaine attitude de pensée, c'est une passion pour le sens, indissociable de cette humanité de la pensée, c'est le fait que la passion pour le sens et la passion pour la « communication illimitée » sont une seule et même chose. Jaspers fut un authentique humaniste non pas tant parce qu'il exprimait des idées humanitaires, mais en tant qu'il manifestait son ouverture à l'humanité par sa manière de penser et de s'exprimer, par sa manière d'interpeller l'autre, et cette interpellation se maintenait jusque dans les polémiques les plus virulentes, jusque dans les critiques les plus radicales des opinions des autres.

Lorsque, dans une lettre au philosophe, Arendt parle de « la solidarité qui nous unit même dans les choses où nous n'avons pas la même opinion », elle se réfère à cette entente originaire qui unit les jugements même les plus opposés, et qui leur vient de ce qu'on pourrait appeler leur commune racine éthique, ou de leur commune disposition à instituer un espace d'humanité en révélant ensemble le monde. Même si nous n'interprétons pas toujours le monde de la même manière, nous l'interprétons à partir de la même exigence de sens ; c'est ce que Heinrich Blücher, le mari de Hannah Arendt, nomme, dans une lettre à Jaspers, la transcendance, comprise à la fois comme ce qui est visé, et donc à réaliser dans le futur, et ce qui est en arrière de nous, ou comme le sol sur la base duquel cette visée peut prendre son élan.

Mais, de même qu'on peut s'accorder sur l'essentiel tout en polémiquant sur le contenu particulier à lui accorder, de même on peut s'accorder avec d'autres sur certaines opinions, et pourtant éprouver un profond désaccord sur quelque chose qui est ressenti comme plus essentiel encore que ces opinions, et qui apparaît dans la manière dont ces opinions sont défendues, dans l'attitude générale de la pensée qui transparaît dans celles-ci. C'est la constatation que fait Jaspers à propos de certains littérateurs (*Literatentypen*) et dont il commence par reconnaître le talent parfois très grand ; il ajoute qu'ils accomplissent certainement une tâche essentielle en critiquant, en dénonçant les mensonges et corruptions de leur temps, et pourtant, par-delà, ou plutôt en deçà de cette proximité dans les idées, il sent comme un gouffre qui le sépare d'eux. Tout en critiquant les mêmes choses, tout en étant politiquement du même bord, ils ne réfèrent pas leurs opinions à la même source, ils ne critiquent pas à partir de la même référence ; et même plus : ces littérateurs ont perdu la référence, leur esprit est nihiliste, dit Jaspers. Ce qui manque au développement intellectuel, souvent brillant, des idées, c'est une *Grundgesinnung*, une disposition fondamentale de l'esprit ; leurs opinions, si valables soient-elles, flottent dans un vide éthique, et ils finissent par défendre le vrai en sophistes. Ce qui transparaît dans leurs critiques les plus justifiées, ce n'est pas tant la passion de révéler que le plaisir malin de dénoncer, et même parfois de rabaisser par la dénonciation. Comme dirait Nietzsche, ils sont disposés à défendre la bonne cause, mais pour de mauvaises raisons, ou plus, en l'absence de toute raison. Ces individus, poursuit Jaspers, peuvent faire preuve par ailleurs d'un authentique désintéressement, au sens où ils ne cherchent à faire triompher aucun intérêt particulier, matériel ou autre ; ils ne peuvent certes pas être dits corrompus en ce sens du terme, et pourtant ils font preuve d'une corruption particulière qui est la corruption de la pensée elle-même ; par la manière même dont ils prétendent dénoncer le non-sens et les injustices, ils sapent les fondements mêmes pour un monde sensé. Ce plaisir mauvais à blesser, à rabaisser l'adversaire, Jaspers le repère jusque chez un Voltaire ou chez un Thomas Mann, mais aussi chez des publicistes contemporains, en défendant les idées d'humanité avec bassesse, Voltaire montre qu'il ne croit pas vraiment en celles-ci.

Il n'est pas besoin d'adhérer au jugement que Jaspers porte sur tel ou tel « littérateur » particulier pour s'accorder avec lui sur l'essentiel : avant d'être l'objet d'opinions, de débats intellectuels, le sens est l'objet d'une *passion* originaire de la pensée. En se coupant de cette racine érotico-éthique, la pensée risque de se retourner contre le monde et, par là, contre elle-même et contre l'humanité qui s'institue dans cette ouverture réciproque de la pensée et du monde.

Anne-Marie Roviello.

1. Hannah Arendt, *S. T.*, p. 224.

2. *Les Origines du totalitarisme. L'Impérialisme*, Paris, Fayard, coll. « Points », 1982, p. 85.

3. A. Soljenitsyne, *L'Archipel du Goulag*, Paris, Seuil, 1974, p. 47.

4. Cité par H. Arendt, in *I.*, p. 80.

5. *Ibid.*, p. 81.

6. *Ibid.*

7. K. Mann, *Le Tournant*, Paris, Seuil, coll. « Points », 1984, p. 335.
8. H. Arendt, *I.*, p. 81.
9. *I.*, p. 52.
10. *Ibid.*, p. 46.
11. *S.T.*, p. 35.
12. *Ibid.*
13. *M.V.*, p. 123.
14. *Ibid.*, p. 124.
15. *Ibid.*
16. *V.P.*, p. 88.

Radicalité et banalité du mal

L'oubli de la contingence

> La pente naturelle est toujours celle du déclin, et une société qui s'en remet aveuglément à la nécessité des lois qu'elle renferme elle-même ne peut que décliner constamment.
>
> H. A.[1]

Le cours naturel des choses conduit donc inéluctablement au déclin, chaque vie porte en elle le sceau indélébile et terrible de cette nécessité mais seul l'homme le sait, seul il tente de lui résister, de faire échec à son verdict inévitablement mortel. La nature, indifférente au sort des individualités, sourde à la détresse de ceux qui s'abîment, belle alors qu'ils ont faim et verte alors qu'ils meurent[2], poursuit en effet sa route nécessairement impitoyable puisque nulle existence singulière n'a de sens pour elle, puisqu'elle ignore le déclin elle qui est toujours là. « C'est seulement lorsqu'ils entrent dans le monde fait de main d'homme que les processus naturels peuvent se caractériser par la croissance et le déclin ; c'est seulement lorsque nous considérons les produits de la nature, cet arbre ou ce chien, comme des êtres individuels, les ôtant ainsi à leur environnement “naturel” pour les placer dans notre monde, qu'ils commencent à croître et à décliner[3] » remarque Hannah Arendt. Ce qui est très précisément dire que la nature, régie par une nécessité implacable et éternelle selon les Grecs, se nourrit des êtres singuliers qu'elle fait apparaître, grandir puis disparaître pour que d'autres prennent la place. Mais ce qui est aussi souligner l'insoumission de l'homme à cet ordre naturel, son désir violent d'échapper à la nécessité, fût-ce au prix de la révélation si exigeante de sa fragilité et de sa mortalité.

Cette conscience du déclin va ainsi de pair avec le sentiment de constituer une individualité irremplaçable, avec la certitude que l'homme a mieux à faire décidément qu'à se laisser aller au rythme de ses peurs et de ses démissions, ou même qu'à se contenter de lutter, corps et âme, pour satisfaire ses besoins vitaux : n'a-t-il pas en effet à construire un monde marqué à la fois par la permanence et par la liberté ? N'a-t-il pas, justement, à se libérer de la nécessité de la vie et à édifier un espace politique dans lequel les hommes libres et égaux, libres parce qu'égaux, décideront des normes de leur vie commune et de leur salut. « Car c'est seulement le salut et non le déclin qui dépend de la liberté de l'homme et de sa capacité à modifier le monde et son cours naturel[4]. » Ce qui exige une vigilance constante, une mise à l'épreuve renouvelée du courage qui, selon Hannah Arendt, constitue la vertu politique par excellence. Autrement, « de même qu'il est sûr qu'une maison construite par les hommes d'après les lois humaines tombera en ruines dès que l'homme l'abandonnera à son destin naturel, de même il est sûr que le monde édifié par les hommes, et qui fonctionne en vertu de lois humaines, redeviendra une partie de la nature et s'en remettra à son déclin catastrophique, lorsque l'homme – instrument aveugle des lois de la nature mais qui opère avec la plus grande précision – décide de redevenir une partie de la nature[5] ».

Dans la mesure même où les êtres humains

demeurent incapables de se hausser au-dessus de la nécessité ou bien oublient leur pouvoir de commencer un monde qui ne soit pas sous son emprise mais sous celle, noble et difficile, de la contingence de leurs choix, ils sont enclins à la violence mutuelle et manifestent surtout leur nature d'esclaves.

La nécessité, le destin naturel qui voue à la mort, doivent donc se penser comme cette fondamentale figure du mal que chaque vie humaine – dans la mesure où elle se veut humaine – doit affronter et vaincre. Que la nécessité soit un mal en effet, les Grecs le savaient qui « jugeaient qu'il fallait avoir des esclaves à cause de la nature servile de toutes les occupations qui pourvoyaient aux besoins de la vie », selon eux, « travailler, c'était l'asservissement à la nécessité, et cet asservissement était inhérent aux conditions de la vie humaine[6] ». Dès lors l'esclavage définissait le statut social des classes laborieuses, de ceux qui n'avaient pu ou su dépasser la condition naturelle de la vie, de ceux qui ne pouvaient en aucun cas prétendre au titre de citoyens puisqu'ils restaient pris dans les rêts d'airain de la nécessité, cet éprouvant maléfice. Dans cette société esclavagiste, comme dans ses plus récents avatars, « la malédiction » de la nécessité hante donc sans cesse les consciences même si les hommes libres la vouent aux gémonies en faisant porter son fardeau et son opprobre aux esclaves, car la vie de ces derniers témoigne quotidiennement du fait que « la vie est esclavage[7] ».

Ce qui relève de la nature, en soi et autour de soi, rive ainsi à un ordre sans miséricorde et sans générosité : celui d'une nécessité aussi indifférente au destin des individus, à leurs souffrances et à leurs espérances, qu'un mécanisme aveugle. Et le mal de la nécessité correspond pour Hannah Arendt au plus redoutable des anathèmes : celui de l'exclusion du monde. Celui qui subit en effet le poids et les affres de la nécessité, que ce soit dans le cas d'un labeur qui vise à satisfaire les besoins du corps mais qui ne laisse nulle trace après lui ou dans le cas d'une douleur qui interdit de transcender les limites de son propre corps, celui-là donc est « rejeté sur soi », il « se concentre sur le fait de son existence et reste prisonnier de son métabolisme avec la nature », jamais il ne réussit à « se délivrer de la récurrence cyclique de son propre fonctionnement[8] ». Interdit de séjour dans le monde humain, hors-la-loi, il devient bien vite tributaire de la grâce toujours aléatoire de ceux qui décident du droit et de la justice. Et là encore, comme dans l'œuvre de Kafka, « même le fait d'être dans le Droit ou l'Injustice fait encore partie du destin que l'on doit subir, auquel on peut souscrire, mais que l'on ne saurait modifier[9] ».

Cette sombre vision de la nature, la certitude qu'elle broie ceux qui ne peuvent dominer sa nécessité par la contingence des choix qui instaurent un monde, qu'elle les voue à une vie infra-humaine, doit se penser en liaison avec la conception arendtienne du paria, de celui à qui, précisément, le monde est ôté et auquel ne reste plus que la nature, la nature comme consolation cette fois. Mais la nature décrite par Hannah Arendt comme le lieu de la nécessité, du déclin et de l'indifférence aux détresses individuelles a-t-elle chance de rendre un monde à celui qui l'a perdu ? Ne risque-t-elle pas, au contraire, de l'enfoncer plus avant dans le mal en lui faisant perdre le contact avec la réalité ? Et n'est-ce pas là la sourde menace qui pèse sur qui abandonne le monde : se laisser prendre par cette autre figure du mal, non moins sinistre et angoissante que celle de la nécessité, le mal de l'irréalité ?

À propos de Rahel Varnhagen déjà, elle qui ne réussissait pas à s'assurer une position dans le monde des hommes qui seul garantit une permanence, Hannah Arendt écrivait : « Tout ce qu'elle pouvait posséder du monde était le soleil qui brille également sur chacun, les belles choses qui existent pour tous[10]. »

Elle revient avec insistance sur cette idée en affirmant que l'une des voies empruntées par de nombreux juifs qui voulaient échapper à cette condition de paria les conduisait « à la contemplation de la réalité grandiose de la nature où le soleil brille sur tous également[11] ». Mais elle souligne aussi que dans des circonstances extrêmes la nature échoue complètement à consoler l'homme car « ni le Ciel ni la Terre ne constituent plus une protection contre le meurtre et l'on peut être chassé des rues et des places que l'on arpentait autrefois librement[12] ».

La nature n'est donc pas pour l'homme et l'homme n'est pas pour elle. Hannah Arendt n'admet pas qu'elle puisse en quelque façon témoigner d'autre chose que de sa nécessité implacable et de son complet détachement vis-à-vis des tourments humains. Elle n'écrirait pas ainsi ce que, dans des circonstances autrement terribles que celles vécues par Rahel Varnhagen, Etty Hillesum, jeune juive hollandaise, confiait à son journal : « Tous les jours je suis auprès des affamés, des persécutés et des mourants, mais je suis aussi près du jasmin et de ce pan de ciel bleu derrière ma fenêtre, il y a place pour tout dans une vie. Pour la foi en Dieu et pour une mort lamentable[13]. »

Selon Hannah Arendt il n'y a pas place pour tout dans une vie et la consolation auprès de la beauté de la nature non seulement ne lui suffit pas mais comme elle risque d'entraîner dans l'irréalité, elle est à dénoncer. Estimant en effet que si un monde n'est pas posé et construit comme intermédiaire entre l'homme et la nature, il ne demeure bientôt plus qu'un mouvement éternel dans lequel l'individu se perd, que toute objectivité disparaît qui seule pourtant donne consistance aux choses et aux êtres, Hannah Arendt ne peut souscrire à l'idée d'une nature consolatrice quand le monde fait défaut. Ainsi à propos de Rahel Varnhagen, elle écrit : « Sa vie n'avait-elle pas été une histoire de fantôme précisément parce qu'elle n'avait pas rencontré quelqu'un d'un rang égal au sien qui aurait confirmé le fait qu'elle aussi était réelle[14] » ? Sans le monde commun édifié par les hommes qui s'y rencontrent et s'y reconnaissent dans la liberté des égaux, même la nature la plus resplendissante, même le soleil qui brille pour tous, ne pourraient donner à l'individu la confirmation d'existence qu'il attend et espère et l'être humain ainsi interdit au monde verrait sa vie virer dans l'irréalité et la souffrance d'une existence fantomatique.

Heidegger disait que l'œuvre d'art fait surgir la nature. Ainsi à propos de cette œuvre incomparable qu'est le temple grec, il écrivait : « L'éclat et la lumière de sa pierre, qu'apparemment elle ne tient que par la grâce du soleil, font ressortir la clarté du jour, l'immensité du ciel, les ténèbres de la nuit. Sa rude émergence rend ainsi visible l'espace invisible de l'air. La rigidité inébranlable de l'œuvre fait contraste avec la houle des flots de la mer, faisant apparaître par son calme, le déchaînement de l'eau[15]. » Il semble que, pour Hannah Arendt, ce soit le monde au sens de l'espace politique où les hommes vivent et décident ensemble qui joue par excellence ce rôle que Heidegger attribue à l'œuvre d'art. Autrement, sans cet espace et la conscience de lui appartenir à titre de citoyen, sans le sentiment de durabilité que les institutions et les œuvres confèrent à la vie humaine, l'individu ne peut en aucune façon demander à la nature de lui donner ce que les autres hommes lui refusent : la certitude qu'il est. La gaieté des peuples opprimés, leur sagesse même, peut bien en effet se réfugier sous la protection de la nature et de la course ininterrompue du soleil, elle ne réussira pas à les sauver. Quand il ne reste plus à l'homme que la nature, l'aliénation croît et il sombre bientôt dans l'irréalité d'une existence privée de tous ses droits humains.

Or d'un tel malheur, de sa concrétude si pesante et si blessante mais aussi de l'irréalité existentielle où il rive, l'homme ne peut sortir facilement. Car le monde qui seul le sauverait n'a nulle chance de lui être rendu ou offert grâce à la pitié des autres et le malheureux reste radicalement incapable de se le donner à lui-même. Ainsi, à propos de la pitié des révolutionnaires français, de leur zèle compatissant envers les humiliés et les opprimés, Hannah Arendt rappelle que cette pitié soudain érigée en vertu politique, tel un absolu, a produit plus de crimes que la cruauté et elle montre que ni la compassion qui abolit la distance entre les hommes, ni la pitié qui la maintient mais qui ignore l'égalité et la solidarité, ne sont recevables comme principes d'organisation politique. Autrement elles virent dans ce qui, *a priori*, semble leur exact contraire : un mal aussi profond que l'abîme du malheur qu'elles voulaient guérir, celui du crime. L'ignorance de la mesure ne pouvant manquer d'appeler un destin tragique sur les hommes. « C'est le caractère illimité de leurs sentiments qui a rendu les révolutionnaires si curieusement insensibles à la réalité en général et à la réalité des personnes en particulier[16] » et qui, loin de les mettre sur la voie de l'instauration de l'espace politique indispensable à la liberté, les a conduits vers la terreur.

Vouloir tirer les malheureux de leur malheur et penser à leur bonheur plutôt qu'à la liberté, faire, comme Robespierre, l'éloge du pauvre et voir dans la souffrance la source même de la vertu, constitue donc un immense danger, même lorsque ce n'est pas un prétexte à la soif de pouvoir[17]. Nulle pitié ne peut sauver les exclus du monde. Mais ils ne savent pas non plus comment gagner ce monde par eux-mêmes. Selon Hannah Arendt soit ils subissent en silence et peinent pour se maintenir en vie, c'est-à-dire qu'ils ne quittent pas la stricte sphère de la nécessité biologique, celle de l'esclavage, soit ils deviennent enragés par excès de souffrance. Or ni la soumission ni la rage ne rendent la réalité à qui l'a perdue. Les enragés de la

Révolution française échouèrent car si la rage est la seule forme d'action permise au malheur à son stade ultime de désespoir, elle est toujours impuissante par définition[18]. Elle ne rompt pas avec la nécessité et si souvent sa force apparaît irrésistible, si elle effraie ceux qui se trouvent pris dans son courant sans pouvoir l'arrêter, c'est bien parce qu'elle sourd de la nécessité de la vie biologique elle-même et s'en nourrit sans cesse. Tel ce mécanisme décrit par Tolstoï évoquant l'action militaire, « l'impulsion une fois donnée se propage aussi inexorablement jusqu'au résultat final [...]. Les roues crissent sur leur axe en engrenant leurs dents, la rapidité de leur rotation fait grincer les pignons ; cependant la roue voisine est toujours immobile et pourrait, semble-t-il, le rester des siècles ; mais le moment venu un levier l'accroche, et voici qu'obéissant à l'impulsion, la roue tourne, grince et participe à l'action commune dont le résultat et le but lui sont incompréhensibles[19] ». Mais dans tout cela nulle place pour la délibération et la décision raisonnée, nul espace pour la contingence du choix qui seul pourtant ouvre au monde de la liberté. Et il faut bien se rendre à l'évidence, affirme Hannah Arendt, « aucune révolution, aucune fondation d'un nouveau corps politique n'ont été possibles là où les masses ployaient sous le poids de la misère[20] ».

La soumission et la rage échouent donc l'une et l'autre, elles restent prisonnières de l'étau de la nécessité qui broie l'humanité de la vie, une humanité qui ne respire qu'à l'air précieux et rare de la liberté et de la pensée. Autrement les parias du monde peuvent bien se réfugier dans la fraternité du malheur et la chaleur qui les consolent du monde perdu, ils ne réussissent jamais à s'extraire du mal de la nécessité et de l'irréalité qui peu à peu les détruit. Or le danger de ce mal est d'autant plus grand qu'il représente aussi une tentation pour ceux qui ne savent plus faire face à cette tâche humaine par excellence qu'est l'édification de l'espace politique de la liberté. « Dans les “sombres temps”, la chaleur qui est pour les parias le substitut de la lumière exerce une grande fascination sur tous ceux qui ont honte du monde tel qu'il est, au point de vouloir se réfugier dans l'invisibilité[21]. » Mais aucune fraternité, aucune communion dans la souffrance, aucun recours à sa propre intériorité contre les menaces souvent mortelles du monde, ne parviennent à « compenser l'irréalité mystérieuse qui affecte les relations humaines, chaque fois qu'elles se développent dans une acosmie absolue et sans être reliées à un monde commun à tous[22] ». Ce qui revient à dire encore combien ce qui relève de la nature, en soi et autour de soi, ne conjure jamais le mal de la nécessité puisqu'il s'y enracine précisément. La chaleur et la fraternité que les malheureux s'offrent les uns aux autres en guise de monde, pour tenter d'oublier qu'il les exclut, atténuent sans doute l'âpreté d'une vie placée sous le sceau de la nécessité mais elles finissent aussi par pactiser avec elle. Or, si on peut certes comprendre que les parias, ceux qui vivent en dehors de la civilisation, aient une relation plus intense avec la nature, avec ce soleil qui « se lève et se couche avec une majestueuse indifférence et brille sur toutes les créatures vivantes[23] », si on admet bien qu'ils recherchent la consolation et le refuge de la chaleur faute de pouvoir envisager la liberté, il faut aussi dire que de telles compensations ne font jamais un monde et se garder de se laisser séduire par elles. Car à vouloir « s'établir à demeure dans l'asile de sa propre intériorité », fût-elle source de générosité pour les autres, « le résultat sera toujours le même : on jettera l'humanité avec la réalité[24] ».

Ce jugement extrêmement sévère de Hannah Arendt n'implique bien entendu pas qu'elle méconnaisse la beauté de la nature, les bienfaits de la fraternité et l'importance de l'intériorité alors que tant de futilité en distraient, mais elle refuse avec une fermeté qui ne souffre aucune concession que la nature, la fraternité et l'intériorité soient suffisantes pour conduire l'homme sur la voie si exigeante de son humanité et de sa réalité. Car pour cela ne cesse-t-elle d'enseigner il faut un monde, celui de la liberté. Quand on en est privé c'est l'humanité vivante en soi qui décline, quelle que soit l'intensité de la vie intérieure que l'on réussit à maintenir et quelle que soit la bonté que l'on reste capable de donner.

Il faudra prendre la mesure de cette constante affirmation et en questionner le bien-fondé face à la consternante radicalité du mal qui en ce siècle advint, il n'est pas sûr en effet que ce point de vue sur la nature, la fraternité et l'intériorité soit acceptable dans ces circonstances si extrêmes. Auparavant cependant il convient d'analyser le dernier paramètre que Hannah Arendt associe au mal : l'absence de pensée et le mépris pour l'intelligence qui, comme le peignait déjà Goya, « enfante des monstres ».

Dans *La Vie de l'esprit* Hannah Arendt constate en effet que « la méchanceté peut être causée par l'absence de pensée[25] » et cette idée court en filigrane dans toute son œuvre. Si le monde a besoin de permanence sous peine de devenir inhumain, impropre aux besoins de l'homme, l'humanité vivante d'un homme décline au contraire « dans la mesure où il renonce à la pensée et se fie aux résultats, aux vérités reconnues ou même méconnues, les utilisant comme une monnaie pour s'acquitter de toutes les expériences[26] ». Dès lors que l'homme démissionne, par paresse souvent, par peur aussi, de sa tâche humaine – l'excellence du devoir de penser –, il devient la proie des fantasmagories les plus terribles. Renoncer à la pensée c'est opter pour le somnambulisme, s'insérer dans l'ordre de la nécessité sociale et politique en vigueur et oublier une fois de plus la contingence qui donne à l'homme le pouvoir de recommencer et d'être libre. Car celui qui ne pense pas, qui s'en remet aux idées toutes faites et aux vérités obligatoires et se contente d'être captif du « courant continu de la vie quotidienne », sans curiosité ni amour pour la beauté, la justice et la sagesse, celui-là donc s'abîme dans l'inanité et son esprit meurt. Or la pensée n'est pas l'apanage de quelques élus mais la vocation humaine même : « L'habitude de penser, de réfléchir aux conséquences de ses actes ne dépend nullement de la position sociale, de l'éducation ou de la valeur intellectuelle des individus[27] », elle reste plutôt tributaire de l'existence d'un espace commun où les hommes s'expliquent les uns aux autres comment le monde leur apparaît. Et c'est pourquoi bien sûr la disparition d'un tel espace, dans le totalitarisme par exemple, fait courir un risque majeur à la pensée qui ne peut vivre et grandir dans le seul abri de l'intériorité d'un individu. Ce qui fait dire à Hannah Arendt qu'il est plus difficile de penser que d'agir dans un système totalitaire ou sous la tyrannie[28] et ce qui la conduit aussi à revaloriser la *doxa* en tant qu'elle exprime comment le monde commun « s'ouvre différemment à chacun selon la position qu'il occupe[29] » sans pourtant cesser d'être le même monde, ce dont les uns et les autres se rendent compte lorsqu'ils se communiquent leurs différentes opinions car « pour les mortels, la chose importante est de dégager la vérité de la *doxa*, de voir dans chaque *doxa* la vérité, et de parler de telle manière que la vérité incluse dans l'opinion de chacun se révèle à lui et aux autres[30] ». Ce qui suppose donc, comme l'enseignait déjà Socrate, l'éveil au désir de ce qu'on n'a pas et qui est digne d'amour – telles la beauté, la sagesse ou la justice –, la soif d'en parler ensemble et ainsi le renoncement à une suffisance imbue d'elle-même et de son étroitesse d'esprit.

Or le danger majeur de l'ère moderne, le péril abyssal où elle s'est laissé sombrer, s'enracine dans le fait que non seulement le nombre de gens qui pensent reste aussi restreint que par le passé, mais que la plupart du temps ce qui demeure de pensée se voit mis au seul service du savoir organisé et qu'ainsi disparaît l'interrogation sur la signification qui est pourtant le propre de la pensée. Ce qui fait bientôt perdre aux individus leur faculté de jugement comme le montre Hannah Arendt à propos du désastre de la guerre du Viêt Nam lorsqu'elle analyse comment les dirigeants américains vivaient à l'écart des réalités, comment ils se dupaient eux-mêmes et comment, incapables d'apprécier la situation, ils se contentaient de faire des calculs[31].

L'absence de pensée, malheureusement si courante, l'incapacité à poser la question de la signification qui seule institue les hommes en êtres de l'interrogation, la résignation donc au sommeil et au calcul, finissent par rendre absolument indifférent au mal, par barrer la route à toute velléité de résistance à ses horreurs et c'est pourquoi, selon Hannah Arendt, le mal est souvent si affreusement banal.

La banalité du mal

> Les actes étaient monstrueux, mais le responsable [...] était tout à fait ordinaire, comme tout le monde, ni démoniaque ni monstrueux [...]. La seule caractéristique notable qu'on décelait dans sa conduite [...] ce n'était pas la stupidité, mais un manque de pensée.
>
> H. A.[32]

Dans *Le Système périodique*, *à* propos de l'un de ses anciens tortionnaires d'Auschwitz, de l'un de ceux qui avaient disposé de lui sans le regarder dans les yeux comme s'il n'avait pas d'yeux, Primo Levi affirme qu'il n'était « ni infâme ni héros ». Une fois en effet filtrés la rhétorique et les mensonges de bonne ou de mauvaise foi que ce personnage énonçait sur lui-même, il ne restait qu'« un exemplaire humain typiquement gris, un de ces borgnes qui ne sont pas rares au royaume des aveugles[33] ». Primo Levi, dans un bouleversant témoignage, choisit pour synthétiser tout le mal de notre époque l'image d'un Muselmanner, d'un « homme décharné, le front baissé et les épaules voûtées, dont le visage et les yeux ne reflètent aucune trace de pensée intérieure[34] » et il en appelle à la responsabilité de chaque Allemand et de chaque homme face à ce qui s'est passé[35].

Comment alors envisager l'affreuse banalité des êtres qui ont commis les actes innommables que l'on sait ? Comment la dire sans évacuer l'horreur et l'outrage de la destruction de l'humanité d'un homme ? Hannah Arendt a-t-elle raison d'affirmer que la seule caractéristique notable d'Eichmann était son manque de pensée et que le mal, la plupart du temps, est « le fait de gens qui n'ont jamais pu se décider à être bons ou méchants, à accomplir ou non le mal[36] ». Peut-on sans contradiction traiter du mal comme d'une affreuse banalité et malgré tout souscrire à l'idée d'une entière responsabilité de tous ceux qui n'ont pas même tremblé en envoyant hommes, femmes et enfants au crématoire ? De tous ceux qui se sont escrimés à détruire l'humanité de l'homme, à le faire douter de sa propre réalité et à tenter d'abolir en lui toute « étincelle divine[37] ». Et comment penser cette possibilité humaine, si terriblement humaine, d'une dépravation qui n'a « rien de sordide ni de sensuel[38] » selon l'expression de Melville si souvent cité avec admiration par Hannah Arendt, comment lui faire face alors qu'elle produit des crimes plus horribles que ceux du vice, des crimes qui n'en sont absolument pas aux yeux impassibles et glacés de leurs auteurs ? Ne risque-t-on pas de frôler la démence en croisant le regard de ces personnages si « effroyablement normaux » ?

Eichmann ne serait donc pas un monstre, ni pervers

ni sadique, sa « normalité » susciterait une angoisse d'autant plus lancinante que le recours à l'idée de corruption ne permettrait pas de comprendre comment un tel homme ait pu en venir à commettre tant d'atrocités. Beaucoup lui ressemblaient, dit Hannah Arendt et leur « normalité » demeure « plus terrifiante que toutes les atrocités réunies, car elle suppose [...] que ce nouveau type de criminel, tout *hostis humani generis* qu'il soit, commet des crimes dans des circonstances telles qu'il lui est impossible de savoir ou de sentir qu'il a fait mal[39] ». Et elle précise que si les nazis ont tenté d'effacer leurs crimes à la fin de la guerre, cela prouve seulement qu'ils reconnaissaient leur défaite. Il n'est pas sûr en vérité qu'ils se seraient sentis coupables s'ils avaient gagné. On sait d'ailleurs que quarante ans après ils n'éprouvent nul frisson de regret et qu'aucune larme de remords ne vient troubler la vision qu'ils ont d'eux-mêmes.

L'analyse de Hannah Arendt est-elle convaincante ? Son rapport sur la banalité du mal qu'elle établit après avoir assisté au procès d'Eichmann à Jérusalem s'organise autour des trois paramètres majeurs du mal qui viennent d'être présentés : la nécessité, l'irréalité et l'absence de pensée. Mais ceci suffit-il ? Une banalité hideuse a-t-elle seule creusé le gouffre qui sert désormais d'assises à la réflexion de ceux qui, étrangers à l'idée de médiation, ne peuvent admettre l'étonnante sérénité de ceux qui prônent le règne d'une réconciliation volontairement ou frivolement ignorante d'un mal irréparable et sans compensation ni consolation ?

La nécessité serait d'abord, dans le cas présent, celle d'un système qui somme chacun de faire corps avec sa fonction ou son poste au point d'en perdre toute identité personnelle et toute possibilité de revendiquer la responsabilité de ses actes. Comme dans les histoires de Kafka si admirablement commentées par Hannah Arendt, « les commis, les employés, les travailleurs et les fonctionnaires » se mettent à agir « dans l'hypothèse d'une efficacité surhumaine par son aptitude et son universalité » qui est « le moteur caché qui sert la *machinerie* de la destruction [...] et qui est responsable du déroulement sans heurt de ce qui par soi est insensé[40] ». Les acteurs de la société nazie en effet se conformaient, corps et âme, aux règles désastreuses d'un jeu fondé sur des principes criminels mais que nul ne semblait en mesure d'arrêter. Cette nécessité ne ressemble pas seulement, comme dans la philosophie de Heidegger, à celle du règne advenu de la technique après ce processus inexorable qui, depuis Descartes et la position de maîtrise du Cogito face à une matière réduite à l'étendue, aurait conduit à une domination universelle de la terre et des hommes. Hannah Arendt ne consent pas à cette vision purement technique de la prépotence nazie car elle rend aveugle à ses composantes essentielles : celle de l'antisémitisme et du racisme, celle du crime.

C'est bien le crime en effet, et le crime par essence antisémite, qui serait au principe de l'État nazi. Mais jamais les auteurs des tourments les plus sordides qu'il commande ne s'estimeraient criminels. « Les bourreaux eux-mêmes, écrit Hannah Arendt, se bornant à obéir aux ordres et fiers de leur efficacité froide, apparaissaient de façon inquiétante, comme les instruments “innocents” d'événements impersonnels et inhumains[41]. » L'extrémité du mal serait atteinte dans cette pleine adhésion à la nécessité de l'effroyable norme : « Tu tueras », dans cette totale soumission à une hétéronomie satanique, qui ne permettent plus que le tremblement d'un scrupule vienne faire hésiter le bras levé et prêt à s'abattre et qui interdisent de jeter un regard sur le visage des êtres livrés à la plus absolue déréliction. L'exaltation de la loi qui transforme les hommes ordinaires en criminels imposait en effet de proscrire ce regard qui seul, peut-être, aurait pu faire encore mémoire aux meurtriers de l'antique précepte qui défend l'assassinat.

Eichmann, rappelle Hannah Arendt, avait prétendu avoir vécu selon la définition que donne Kant du devoir mais en la pervertissant radicalement puisque le principe de ses actes ne s'enracinait plus dans sa volonté mais dans celle du Führer. Cependant, avec la solution finale, « il avait cessé de vivre selon les principes de Kant [...] il s'était consolé en pensant qu'il n'était plus "maître de ses actes", qu'il ne pouvait "rien changer[42]" », c'est-à-dire qu'il était voué à la nécessité d'exterminer en l'homme son humanité. Or, pour que cette servilité demeure ignorante de son abjection, il fallait la conjuguer avec l'inconscience. Hannah Arendt écrit : « Que l'on puisse être à ce point éloigné de la réalité, à ce point inconscient ; que l'inconscience puisse faire plus de mal que tous les instincts destructeurs réunis ; que cela puisse être le cas de tous les hommes – voilà une des leçons que l'on pouvait tirer du procès de Jérusalem[43]. » Et cette leçon qui ne prétendait pas servir d'explication au phénomène n'impliquait bien évidemment pas que celui qui s'était laissé aller à une telle inconscience ne fût pas responsable.

L'ignorance délibérée des sollicitations de la réalité dispense d'y répondre. Les clichés, les phrases toutes faites, les codes d'expression standardisés et conventionnels servent à protéger de la réalité[44] et ils finissent par faire vivre et agir dans un monde totalement irréel. Et c'est précisément ce à quoi visent les systèmes totalitaires. Ils posent la nécessité de se soumettre à des principes supérieurs et entreprennent de façonner la réalité à l'image de ceux-ci. « Peu importe que ce soient les "lois de l'histoire" qui "sonnent le glas" des classes et de leurs représentants, ou les "lois de la nature" qui "exterminent" tous ces éléments – démocraties, juifs, sous-hommes d'Europe de l'Est ou incurables – qui de toute façon ne sont pas adaptés à la vie[45]. » Désormais la réalité doit être rendue conforme à cette nécessité, « les faits dépendent entièrement du pouvoir de celui qui peut les fabriquer[46] ». Ce qui caractérise alors les individus aveuglés par cette propagande, terrifiés aussi par sa mise en pratique, c'est de ne plus supporter ce qui ne rentre pas dans le cadre de l'idéologie dominante et par là de fuir encore davantage devant la réalité. « Ce que les masses refusent de reconnaître, c'est le caractère fortuit dans lequel baigne la réalité. Elles sont prédisposées à toutes les idéologies parce que celles-ci expliquent les faits comme étant de simples exemples de lois et éliminent les coïncidences en inventant un pouvoir suprême et universel qui est censé être à l'origine de tous les accidents[47]. »

Abandon à la nécessité et mise à l'écart de la réalité se renforcent donc l'un l'autre et préparent la voie à ce mal si banal et si abominable que commettent les individus les plus communs. Leur absence de pensée venant encore faciliter leur assujettissement qui les rend incapables de la moindre résistance à la nécessité de retrancher du monde ceux que l'idéologie désigne. L'état de non-pensée enseigne aux gens « à s'accrocher solidement aux règles de conduite, quelles qu'elles soient, d'une société donnée à une époque donnée. Ce à quoi ils s'habituent alors est moins le contenu des règles, dont l'examen serré les plongerait dans la perplexité, que la *possession* de règles dans lesquelles on peut faire entrer les cas particuliers. Qu'apparaisse un individu qui [...] apporte un nouveau code, et il n'aura besoin que d'une force relativement réduite et d'aucune persuasion [...] pour imposer ce code. Plus les hommes se cramponnent fermement à l'ancien, plus ils seront pressés de se fondre dans le nouveau[48] ». Ce qui signifie que ceux qui pensaient le moins seront les plus prompts à obéir. « La facilité avec laquelle, dans certaines conditions, s'effectue un tel renversement laisse à penser que tout le monde dormait à poings fermés à ce moment-là[49]. » Tel fut le cas de la montée du nazisme en Allemagne et, dans une certaine mesure, du stalinisme.

L'analyse de la banalité du mal s'articule donc autour de ces trois pôles essentiels : la nécessité, l'irréalité et la disparition de la pensée. Parce que les hommes, souvent, ne veulent rien entendre de leur pouvoir de vivre au diapason de la contingence et de leur vocation à commencer, c'est-à-dire à penser et à agir en êtres libres, ils se laissent attirer par « la force écrasante de la nécessité[50] ». Ils aspirent alors à se fondre en elle et à ne fonctionner que comme de purs et simples rouages, perdant toute importance même à leurs propres yeux. La société se met à ressembler à « une énorme quantité d'alvéoles reliées entre elles et réalisant certaines opérations indépendantes de toute présence en elles. Quant aux hommes, ils ne font que se propulser dans les alvéoles (le mieux qu'ils peuvent selon leur destinée individuelle) et faire tout ce que leur dictent ces alvéoles[51] ». Lourds de sommeil donc, ils s'agitent avec inconscience, et leur agitation n'est en fait l'œuvre de personne. Ceux qui s'accommodent ainsi de vivre sans « moi » ne connaissent même plus l'angoisse primitive de perdre son nom, ils sombrent dans une folie dont ils n'ont pas conscience. Chacun identique à tous – dans son visage, sa conduite, ses mots – s'est perdu lui-même sans le savoir. D'autres, ou plutôt la nécessité, se sont mis à vivre à leur place, les ont exclus et ils n'ont pas remarqué leur propre mort.

L'aversion pour la pensée qui est le corollaire obligé de cette régression généralisée se traduit par la passion de l'idéologie. Par le désir d'échanger « la liberté inhérente à la faculté humaine de penser pour la camisole de la logique, avec laquelle l'homme peut se contraindre lui-même presque aussi violemment qu'il est contraint par une force extérieure à lui[52] ». Renoncer à la pensée pour la tyrannie de la logique non seulement permet de s'en remettre à elle pour engendrer ses idées mais cela conduit aussi à définir des crimes logiquement possibles, à les anticiper et donc à les prévenir en éliminant leurs auteurs éventuels. C'était d'ailleurs déjà, au début du siècle, l'attitude de ceux qui, en transformant le crime en vice, créaient un monde de fatalités qui prenait chacun au piège. Dans les salons parisiens évoqués par Proust on pouvait bien en effet se laisser prendre au charme discret ou indiscret du vice, de celui des juifs ou des invertis, le temps allait venir où la tentation serait grande « de se débarrasser de tous ceux qui sont "racialement" prédestinés à commettre des crimes[53] ». Or conclut Hannah Arendt, « une société qui s'était montrée prête à accepter le crime sous la forme du vice serait bientôt prête à se laver de son vice en accueillant ouvertement des criminels et en commettant publiquement des crimes », des crimes auxquels les victimes ne pourraient échapper, par la conversion par exemple pour ce qui concerne les juifs, car « pour le crime il y a le châtiment ; mais un vice ne peut qu'être exterminé[54] ».

« La vérité, aussi simple qu'effrayante, est que les personnes qui, dans des conditions normales, auraient peut-être rêvé à des crimes sans jamais nourrir l'intention de les commettre, adopteront, dans des conditions de tolérance complète de la loi et de la société, un comportement scandaleusement criminel[55]. » Cet effroyable constat plaide-t-il la cause de la perversité humaine ? Sans doute pas pour Hannah Arendt qui, dans ses réflexions sur la banalité du mal, s'intéresse bien davantage à une méchanceté sans vice qui, selon elle, caractériserait le « nouveau type de criminel » apparu avec l'ère des sociétés totalitaires. Non certes que le vice n'ait sa place dans les horreurs que l'on sait mais ce n'est pas par lui qu'il conviendrait de les expliquer. Bien plutôt faudrait-il dénoncer la démission devant le devoir de penser et l'oubli de la contingence.

Hannah Arendt se demande cependant si l'activité de la pensée fait partie des conditions qui poussent vraiment l'homme à éviter le mal et même le conditionnent négativement à son égard[56] et sa réponse reste incertaine. Peut-il d'ailleurs en être autrement quand on sait que même ceux dont le devoir était justement de penser n'ont pas su dénoncer le crime ? Et ce second constat n'est pas moins terrible que le premier. Il n'invalide pas les analyses arendtiennes mais les fragilise sans aucun doute car il faut bien se rendre à l'évidence : la pensée aussi peut se mettre au service de causes abjectes ou, plus couramment, se détourner de la réalité pour préserver ses intérêts. L'amour des idées ne suffit pas à freiner tout pacte avec le mal, toute compromission avec le crime, fût-ce par le silence qui, dans certaines circonstances singulièrement, ne peut qu'être complice. Un tel amour s'accommode trop souvent de cet égoïsme fabuleux qui rive un être à la seule urgence de ses intérêts, intellectuels ou pas, et qui rend aveugle ceux qui font face. Ne faudrait-il pas aussi chercher dans la direction de cette obnubilation par soi et de sa tragédie pour comprendre le caractère si douloureusement banal du mal ?

Cette voie ne sera pas suivie ici puisqu'elle n'est pas celle de Hannah Arendt, mais sa question hantera toute l'analyse qui doit maintenant être faite du mal radical et absolu qui, en ce siècle, advint au cœur d'une Europe héritière d'une culture qui semblait devoir la préserver de la barbarie.

> Le mal radical est, peut-on dire, apparu en liaison avec un système où tous les hommes sont, au même titre, devenus superflus.
>
> H. A.[57]

Il y aurait donc en ce siècle « un mal radical inconnu de nous auparavant[58] », un mal qui résisterait à toutes les tentatives de le penser en fonction des catégories et des concepts des traditions théologiques et philosophiques de l'Occident. Même Kant qui pourtant soupçonna l'existence d'un tel mal au point de forger l'expression de « mal radical » ne pourrait aider à concevoir l'essence d'une réalité aussi infernale. Aussi bien Hannah Arendt ne tente-t-elle pas de suppléer à cette impossibilité de la pensée mais, malgré l'angoisse qui saisit face à l'interdiction de circonscrire l'abîme qui sépare dorénavant du passé et en dépit de la désolation nihiliste qui s'est emparée du langage, elle s'efforce de décrire le processus de cette gigantesque folie qui a eu pour but de détruire toute trace d'humanité en l'homme sans nécessairement procéder à son élimination physique.

Ce processus serait méthodiquement mis en œuvre selon trois étapes qui aboutiraient de façon logique et fatale à l'horrifiante réalité des camps de concentration qui sont liés à l'essence même des systèmes totalitaires.

La première phase consisterait « à tuer en l'homme la personnalité juridique[59] », c'est-à-dire à soustraire certaines catégories de personnes à la protection des lois, à les livrer sans défense aux aléas d'une vie d'apatrides et bientôt à les confondre avec des hors-la-loi. « On est presque tenté dit Hannah Arendt, de mesurer le degré de maladie totalitaire d'après le niveau auquel les gouvernements concernés utilisent leur droit souverain de dénationalisation[60]. » Cette première mesure permet en outre d'arrêter et d'emprisonner tous ceux qui se voient ainsi déchus de leurs droits et de les traiter comme des asociaux. Et c'est dans le but de rendre plausible la propagande qui prétend que les camps sont faits pour les asociaux, que les systèmes totalitaires incluent des criminels dans les lieux de détention. Cependant alors que ces « vrais coupables » savent au moins pourquoi ils y sont et ont donc conservé un vestige de leur « personne juridique[61] », les autres, les juifs, les porteurs de maladies, les représentants des classes en voie de disparition, tous ces gens innocents dans tous les sens du terme, tous ceux à qui on peut simplement reprocher d'être, « sont les cobayes idéaux pour mener à bien l'expérience d'abolition et de destruction de la personne juridique[62] ».

La deuxième étape décisive « dans la préparation de cadavres vivants est le meurtre en l'homme de la personne morale[63] ». Il s'agit de corrompre toutes les solidarités humaines, de développer les habitudes de calomnie et de dénonciation au point que plus personne n'ait confiance même en un être cher. Certes abandonner ainsi celui que la vindicte désigne au sort de victime, renoncer à assister une vie au seuil de la mort, ne pas même en être affecté, se paie du prix de sa conscience et de son humanité mais dans la mesure où une telle société se fonde sur l'absence de pensée, nul n'est censé s'en rendre compte. Les systèmes totalitaires en effet ont créé des conditions de vie telles que la conscience ne sert plus à rien. Dans les camps l'anéantissement de la personne morale prit en outre la forme de l'impossibilité de donner à la mort la signification de terme d'une vie accomplie. Il s'agissait de déposséder « l'individu de sa propre mort, prouvant que désormais rien ne lui appartenait et qu'il n'appartenait à personne. Sa mort ne faisait qu'entériner le fait qu'il n'avait jamais vraiment existé[64] ».

L'ultime phase consiste en effet à assassiner l'individualité. Cependant cet assassinat n'est pas de fait celui de personnes singulières, irremplaçables comme telles, mais celui de simples « spécimens de l'animal humain[65] ». Les victimes ayant au préalable été détruites en tant que personnes morales, leur individualité et leur spontanéité ayant été anéanties avant qu'elles soient envoyées à la mort, il ne s'agirait plus, dit Hannah Arendt, que « d'affreuses marionnettes à faces humaines »[66]. Tel serait l'enfer, ce monstrueux enfer qui « n'est plus une croyance religieuse ni un délire de l'imagination mais quelque chose de tout aussi réel que les maisons, les pierres et les arbres qui nous entourent[67] », tel serait le mal radical de ce siècle.

Il faut ici s'arrêter. Certes ce siècle a bien en effet inventé la mort de masse avec tout son cortège d'horreurs qui ne cesse de hanter la conscience de ceux qui ne peuvent oublier ce gouffre insensé et cette Catastrophe, mais les analyses arendtiennes ne risquent-elles pas de faire négliger la part d'exceptionnelle humanité qui, en ces lieux infernaux, sut demeurer ? Ne sous-estiment-elles pas la force de l'intériorité qui, chez certains du moins, anima un visage qui n'était certainement pas celui d'une « affreuse marionnette », et cela jusqu'à l'heure la plus extrême ? La définition de l'homme en termes d'« animal politique » ne trouve-t-elle pas en ces lieux du désastre une limite qui en signale non tant l'échec que l'insuffisance radicale ?

Décrivant ce temps de malheur, Hannah Arendt affirme que les astres paraissent aux persécutés plus fiables que leurs amis[68] et ce constat est bien sûr désespéré pour celle qui, comme il a été montré, refuse de penser que la nature puisse jamais rendre un monde à celui qui en a été exclu. Pourtant fût-ce toujours le cas ?

Il vaut de prendre ainsi la mesure de quelques témoignages. Celui de Primo Levi tout d'abord qui écrit : « Aujourd'hui pour la première fois, le soleil s'est levé vif et clair au-dessus de l'horizon de boue.

C'est un soleil polonais, blanc et froid qui ne réchauffe que la peau, mais lorsqu'il s'est dégagé des dernières brumes, un murmure a couru dans la foule incolore. Quant à moi j'ai senti sa tiédeur me pénétrer, j'ai compris qu'on pouvait adorer le soleil[69]. » Or que signifie ce sursaut du désir de vivre au sein de la plus complète sidération, et fût-il sans lendemain, sinon l'affirmation qu'en dépit du mal radical que l'homme inflige à l'homme, il est une réalité – celle d'un pâle soleil ici – qui parle à l'individu, et d'abord à son corps, d'autre chose que de meurtre ? Une réalité qui ne console de rien qui ne fait rien oublier, mais qui réanime parfois l'étincelle de vie que l'on croyait à jamais éteinte.

Le second témoignage, rapporté par Éliezer Berkovits, décrit le comportement de certains juifs religieux, en l'occurrence des Hassidim, dans les camps. Ils ne se levaient pas tôt le matin, dit Berkovits, parce qu'ils le devaient, parce qu'ils craignaient le fouet ou la trique, mais parce que le matin est le moment de la prière de *Chaharit*[70]. Ce qui est dire que plus haut que la terreur que leur infligeaient les nazis, ils plaçaient le service d'un Dieu qui pourtant ne les avait pas sauvés. La contemplation de la nature là encore ne les consolait en rien de leurs souffrances et de leurs innombrables deuils, elle leur rappelait seulement que le secret de l'humanité d'un homme n'est pas dans son statut social ou politique mais dans la sanctification du Nom par celui qui fut créé à Son image. Or rien ne menace tant cette image si fragile que la faim, le froid, la terreur et la mort et c'est précisément alors que la force de la résistance intérieure pèse de tout son poids d'humanité même si, apparemment, elle n'a rien à voir avec l'héroïsme et ne change rien à la situation. Ainsi, pour ces Hassidim, la certitude inébranlable d'être porteurs de l'image de Dieu, leur donnait-elle la capacité semble-t-il surhumaine de prononcer une bénédiction sur leur affreuse pitance avant de la porter aux lèvres. Ainsi certains, comme cette jeune femme qui, voyant un arbre depuis sa baraque, disait qu'il était son seul ami, qu'il lui murmurait « je suis la vie, la vie éternelle », « bien que séparés du monde des hommes, n'étaient pas aliénés de la création divine[71] ». On sait aussi que d'autres, tel le rabbin Berek Kofman, préférèrent mourir plutôt que de transgresser le jour du Chabbat en travaillant en ces heures bénies qui, par excellence, sont le signe de l'Alliance entre Dieu et Israël. Attitude qui fut insupportable aux bourreaux car elle montrait « qu'un juif, cette vermine, même dans les camps, ne désespérait pas de Dieu[72] ».

Ces quelques témoignages n'ont bien sûr pas pour but d'édulcorer la charge si insupportable d'horreurs qui dans les camps a réussi à détruire l'humanité chez ceux qui ne purent lui résister. Ils sont sans doute exceptionnels, ils font en effet exception dans l'être puisqu'ils portent précisément au jour une dimension d'intériorité irréductible au souci qu'un être a de sa seule persévérance dans l'être, le secret peut-être de la vie d'une subjectivité animée par plus haut qu'elle et, à ce titre, capable de s'opposer au mal, fût-ce pour en mourir. Mais la mort n'était pas d'ailleurs le dernier mot où, fatalement, devaient s'abîmer ces vies habitées par une intériorité où ce qui restait d'humain en un monde gangrené par le mal s'était réfugié, car, par-delà la mort, c'est un message d'espoir que ces vies transmettent. Primo Levi le dit aussi à propos d'un civil nommé Lorenzo : « Il contribua à me rappeler, par sa présence, par sa bonté, qu'il existait un monde juste en dehors du nôtre, qu'il était encore des êtres purs et honnêtes, ni corrompus ni sauvages, sans haine et sans peur. Il m'offrait l'indéfinissable : une possibilité de droiture qui méritait qu'on fît l'effort de vivre[73]. »

Hannah Arendt en estimant que « la plus haute possibilité de l'existence humaine » était politique[74] n'a-t-elle pas méconnu cette dimension de l'intériorité ?

Ne l'a-t-elle pas réduite à un pur et simple refuge devant les atteintes du monde[75] ? Et n'est-ce pas, en fin de compte, cette méconnaissance étrange chez un philosophe qui s'interroge longuement sur Socrate lui qui, face à ses juges, avait su enseigner le chemin d'une intériorité irréductible au politique, d'une intériorité marquée par l'idée du Bien, n'est-ce pas cette méconnaissance donc qui lui fait émettre ce jugement terrible sur les « affreuses marionnettes à faces humaines » ?

Le mal radical, insiste encore Hannah Arendt, c'est ce qui est au-delà du pardon et de l'oubli. Il transcende le domaine des affaires humaines et le potentiel du pouvoir humain puisqu'il les détruit absolument[76], à ce titre il continue à hanter les consciences de ceux qui lui survivent sans qu'il soit possible d'envisager de tourner la page sur la désolation qu'il fit subir aux hommes. Il est sûr en effet que l'oubli du mal, la surdité opposée aux cris qui montent encore de la terre, seraient, s'ils triomphaient, le gage le plus certain donné à l'immoralité et aussi la plus sûre assurance de voir le mal se répandre dans une démesure toujours plus insolente. Vouloir l'oubli, s'arranger du malheur éprouvé par d'autres que soi, affirmer même que sans cet assoupissement et bientôt cette torpeur de la conscience la vie ne serait plus possible, c'est s'engager très fermement sur la voie d'une obstination dans le mal. Car s'il convient vraiment de passer outre la mort, de ne plus penser aux vies brisées et interdites, de ne pas s'attarder sur le sort de ceux dont la mémoire est à jamais meurtrie par cette indélébile tumeur, cela revient à dire que rien jamais n'a d'importance, même pas l'horreur. Par ailleurs, affirmer avec Hannah Arendt, que le pardon est lui aussi impossible et qu'aucun châtiment ne sera jamais à la hauteur du crime, c'est rappeler que le pardon implique la repentance du pécheur et qu'il ne peut être accordé par procuration mais seulement par l'offensé, deux conditions à l'évidence jamais remplies par ceux qui commirent ce mal radical. Si le pardon implique l'idée d'un nouveau commencement – et on sait que ce thème est fondamental pour Hannah Arendt – il reste incompatible avec l'idée d'un endurcissement dans la faute. Or les hommes et les femmes interrogés par exemple par Claude Lanzmann dans son film *Shoah* restent incapables de la moindre parole de contrition, du moindre soupir de pitié, résolument étrangers au don des larmes, face à ce qu'ils ont fait pendant la Catastrophe. Et le terrifiant sourire qui leur vient parfois lorsque leur interlocuteur les force à préciser des détails, laisse sans voix. Comment dès lors penser au pardon ? Qui serait donc en droit de le prononcer ? Et quel sens aurait-il pour ceux qui n'en soupçonnent pas un instant le pouvoir graciant puisqu'ils ne ressentent en eux nulle nécessité de se désavouer eux-mêmes ?

Mais si l'on s'accorde donc avec Hannah Arendt sur l'impossibilité d'oublier et l'impossibilité de pardonner, si l'on sait qu'aucun tribunal ne sera jamais à la mesure des crimes qu'il a pourtant le devoir de juger et de sanctionner, ne dit-on pas aussi que les actes mauvais qui eurent lieu dans l'espace politique, fût-ce précisément pour le détruire, appellent sur la voie d'un au-delà du politique ? Ou, plus précisément, qu'ils donnent à penser par leur radicalité même, par l'anéantissement du politique qu'ils ont produit, la nécessité de plaider la cause d'un excès de l'humain sur le politique et l'historique sous peine autrement de le voir balayer par les aléas tragiques de temps où l'homme n'est pour l'homme qu'une vermine ? Ne faut-il pas, par exemple, se souvenir que Socrate déjà enseignait la nécessité de situer l'humanité de l'homme en proximité de l'Idée du Bien qui seule permet de se conduire avec sagesse en cette vie ? Cette idée, en ces sombres temps, alors même que les institutions des hommes ont cessé de la garantir, ne trouve-t-elle pas abri dans cette demeure fragile de l'intériorité ? Car, quand aucun signe d'espérance ne vient du dehors, l'intériorité n'est sans doute pas un refuge illusoire comme le suggère Hannah Arendt, ses replis sont au contraire ce qui permet de ne pas céder au mal. Mais peut-être pour le penser vraiment, c'est-à-dire pour espérer en dépit de tout que le mal n'est pas le dernier mot des choses, faut-il aussi se taire et écouter ce qui en soi met sur la voie d'un au-delà de l'être et donc du politique.

Catherine Chalier

1. *T.C.*, p. 108.
2. *Cf.* Robert Antelme, *L'Espèce humaine*, Paris, Gallimard, 1957, p. 116 : « On peut brûler les enfants sans que la nuit remue [...]. Les étoiles sont calmes aussi au-dessus de nous. [...] ce calme, cette immobilité [...] sont le scandale de l'indifférence dernière. »
3. *C.H.M.*, p. 111.
4. *T.C.*, p. 108.
5. *Ibid.*, p. 109.
6. *C.H.M.*, p. 95.
7. *Ibid.*, p. 136.
8. *Ibid.*, p. 129.
9. *T.C.*, p. 105.
10. Rahel Varnhagen, *The Life of a Jewess*, Londres, Leo Baeck Institute, 1957, p. 69.
11. *T.C.*, p. 18.
12. *Ibid.*, p. 220.
13. *Une vie bouleversée, Journal 1941-1943.* trad. P. Noble, Paris,Seuil, 1985, p. 136.
14. Rahel Varnhagen, *op. cit.*, p. 139.
15. *Chemins qui ne mènent nulle part*, trad. W. Brockmeier, Paris, Gallimard, 1962, p. 32.
16. *On Revolution*, Londres, Penguin Books, 1963. p. 90.
17. *Ibid.*, p. 89.
18. *Ibid.*, p. 111.

19. *La Guerre et la Paix*, trad. B. de Schloezer, Paris, Gallimard, 1972, tome I, p. 344.

20. *On Revolution*, *op. cit.*, p. 222.

21. *Ibid. V.P.*, p. 25.

22. *Ibid.*

23. *Ibid.*, p. 222.

24. *Ibid.*, p. 33.

25. Tome I, p. 19.

26. *V.P.*, p. 19.

27. *M.V.*, p. 71.

28. *Cf. C.H.M.*, p. 366.

29. « Philosophie et politique », in *C.G.*, p. 87.

30. *Ibid.*, p. 89.

31. *Cf. M.V.*, p. 43.

32. *V.E.*, I, p. 18-19.

33. Trad. A. Mangé, Paris, Albin Michel, 1987, p. 263. Également p. 255.

34. *J'étais un homme*, trad. M. Causse, Paris, Buchet-Chastel, 1961, p. 98-99.

35. *Le Système périodique*, *op. cit.*, p. 265 : « Dans le monde réel, les hommes armés existent, ils construisent Auschwitz, et les honnêtes et les désarmés aplanissent leur voie ; c'est pourquoi chaque Allemand, plus, chaque homme, doit répondre d'Auschwitz, et qu'après Auschwitz il n'est plus permis d'être sans armes. »

36. *V.E.*, I, p. 205.

37. P. Levi, *J'étais un homme*, *op. cit.*, p. 98 : à propos des Muselmanner, « la masse anonyme toujours renouvelée et toujours identique des "non-hommes" en qui la divine étincelle s'est éteinte ; ils marchent et ils peinent en silence car ils sont trop vides pour souffrir véritablement ».

38. Herman Melville, *Billy Budd*, *marin*, trad. P. Leyris, Paris, Gallimard, p. 78.

39. *E.J.*, p. 303.

40. *T.C.*, p. 112. (Je souligne.)

41. *A.*, p. 35.

42. *E.J.*, p. 153.

43. *Ibid.*, p. 315.

44. *Cf. V.E.*, p. 19.

45. *S.T.*, p. 75-76.

46. *Ibid.*, p. 76.

47. *Ibid.*, p. 78.

48. *V.E.*, I, p. 202.
49. *Ibid.*, p. 202.
50. *S.T.*, p. 56.
51. Alexandre Zinoviev, *Les Hauteurs béantes*, trad. W. Berelowitch, Lausanne, L'Âge d'homme, p. 69. Également, p. 600.
52. *S.T.*, p. 218.
53. *A.*, p. 180.
54. *Ibid.*, p. 182 et p. 194.
55. *M.V.*, p. 76-77.
56. *V.E.*, I, p. 20.
57. *S.T.*, p. 201.
58. *Ibid.*, p. 180.
59. *Ibid.*, p. 185.
60. *I.*, p. 255.
61. *S.T.*, p. 187.
62. *Ibid.*
63. *Ibid.*, p. 190.
64. *Ibid.*, p. 191.
65. *Ibid.*, p. 194.
66. *Ibid.*, p. 195.
67. *T.C.*, p. 60.
68. *Ibid.*
69. *J'étais un homme*, *op. cit.*, p. 79.
70. *Cf. With God in Hell*, New York, Sanhedrin Press, 1979, p. 67.
71. *Ibid.*, p. 69.
72. Sarah Kofman, *Paroles suffoquées*, Paris, Galilée, 1986, p. 42.
73. *J'étais un homme*, *op. cit.*, p. 131.
74. *C.H.M.*, p. 75.
75. *Cf.* son analyse du stoïcisme, in *V.E.*, I, p. 184.
76. *Cf. C.H.M.*, p. 271.

Le survivant

Je commencerai par rappeler quelques lieux communs, bien connus, mal connus, relatifs au principe même de ce qui peut se penser sous le titre du « survivant ». Je le dois pour faire entendre comment ici je questionne la pensée de Hannah Arendt. Le mot « survivant » implique qu'une entité qui est morte ou devrait l'être est *encore* en vie. Avec la pensée de cet « encore », d'un sursis ou d'un *arrêt* de mort, s'introduit une problématique du temps, mais pas n'importe laquelle. Une problématique du temps dans son rapport avec la question de l'être et du non-être de ce qui est. Plus précisément, d'un temps où l'étant (l'entité) se trouve en rapport avec son commencement et sa fin, comme on dit couramment (en courant). En rapport avec l'énigme que l'entité *vient* à son être d'étant et qu'elle *s'en va* de cet être. Qu'elle est donc en rapport, deux fois, nécessairement deux fois, avec « son » non-être. Apparaît et disparaît. Mais comme quand elle n'est pas, elle n'a pas non plus « son » non-être, ou, pour le dire mieux, comme le non-être est le sans rapport, l'énigme dont je parle est celle d'un rapport avec ce qui n'a pas de rapport, avec un absolu.

Observation familière, si je puis dire. Maintenant il faut, pour essayer d'être moins familier, se demander quelle est l'*instance par rapport* à laquelle le survivant survit. Il survit toujours à une mort, mais à la mort de quelle vie ?

Hegel dit : la mort est la vie de l'esprit. Dans la phénoménologie, l'esprit ne survit pas à la mort, il est la relève de la vie immédiate, donc à la fois cette vie en tant que morte (passée) *et* ravivée, revivante. L'esprit vit en tant qu'il est mort à l'instance qu'*il fut* lui-même. Il est constitutivement en deuil, au sens de Freud, c'est-à-dire la perte de lui-même en tant que, investi d'abord dans une formation, il l'objectivise pour la connaître, en tant qu'elle devient ainsi mort(e) pour lui, et que de ce fait même il revient à soi (narcissisme du deuil) en une formation nouvelle. L'esprit n'est qu'objectivé, investi (c'est cela, une entité), et la nouvelle objectivation comporte, contient, conserve l'ancienne mais, disons, *modalisée*, selon le mode du *ne plus*. Le mode du *ne plus* est celui de la nécessité, ou de la troisième personne. La formation antérieure n'est plus vivante, l'entité que je fus ne peut plus dire « je ». *Je* ne peux plus en parler que comme d'*elle*, *alors*, à la troisième personne. Elle ne *peut pas* être autre que ce qu'elle a été (c'est sa nécessité) : elle est ayant été (« étant-été », écrit Heidegger). Hegel résout ce problème par un « nous » : lui (c'est-à-dire moi alors) et moi (maintenant). Mystère de ce *et*.

Survivre s'entend, selon cette pensée où *rien* ne se *perd*, comme être encore selon les modes du *pouvoir* (possibilité, capacité, éventualité : *event*, de l'indéterminé arrive encore) alors qu'on devrait ne plus, ne pas pouvoir, n'en plus pouvoir.

La relève hégélienne est celle d'un mode par l'autre. Elle exprime en un sens la constitution paradoxale de l'instant pour la pensée : il n'est pas *t*, mais toujours *t.dt*. Le *étant-été* (Heidegger) implique dans sa détermination à la fois qu'il n'est plus et donc ne saurait être autre, mais aussi qu'il est la puissance (la dérivée) d'un autre instant, dit « suivant », d'où il se donnera comme n'étant plus.

La formulation mathématique et phénoménologique de l'instant en *t.dt* fournit ainsi une *intelligence* de la survie. Ce qui est vif, mais contient son *pas encore*, d'où il est *déjà* mort. Le temps assure ainsi, suffisamment pour l'esprit, le fondement de son idée de la survie, dans la problématique philosophique de l'esprit ou de la conscience. La *Retention* de Husserl recèle, en un sens, tout le secret de la survie. En philosophie du langage, au sens ordinaire, on dira que le temps n'est que le jeu des modalités : ne plus pouvoir *et* pouvoir ce ne plus. L'impossibilité, *et* la possibilité de cet impossible.

Ce temps est celui de la conscience ou de l'esprit, et cette survie est sa sûreté absolue, comme sa mort est assurée. Assurée en ce qu'elle est toujours une belle mort, puisque « retenue », dans le « nous » que font ensemble le moi maintenant et le moi alors.

Une question cependant est si dans le retour sur le *ne plus*, quelque chose n'est pas oublié, qui donc ne survit pas, un reste qui ne reste pas. Ce qui semble devoir nécessairement être perdu, c'est la présence *alors* de ce qui est *maintenant* passé. Ce qui est *maintenant* nécessaire, inchangeable, était *alors* contingent, Ce qui n'a plus de pouvoir (plus de *possible*) maintenant était alors pouvoir ou puissance. Il y a une tristesse mortelle de cela même qui est retenu et transmis. Tristesse de la chouette. De ce qui est *lié*. La tradition de ce qui alors s'éprouvait au présent est sa *trahison*. Le passé est trahi de cela seul que la présence qu'il était est mise en absence. Un mode lui fait défaut, le ton du vif, alors même qu'on le rappelle.

En termes épistémologiques : sa contingence, ce qu'Arendt, citant Kant, nomme la « désolante contingence ». Désolante parce que absolument rebelle à l'enchaînement nécessitant, universalisant, par causes et effets. Mais désolante aussi en ce que la saveur singulière d'être-là (ce *goût*), qui est ontologique – la mémoire ordinaire ne peut que la perdre. (A-t-elle même jamais *lieu*, cette saveur? Ne lui est-il pas essentiel d'avoir seulement *eu lieu*? Cette saveur ne résulte-t-elle pas seulement du fait de se souvenir? Est-elle autre chose qu'un effet de manque, l'effet de ce que la mémoire manque en se remémorant? Toute photo, même récente, n'est-elle pas essentiellement jaunie?) La trahison du vivant est contenue dans sa tradition par le survivant. Elle est exigée pour que quelque trace persiste de l'ancienne présence, nécessairement altérée, «réchauffée». Le témoin est toujours un mauvais témoin, un traître. Mais enfin, il témoigne.

La question ainsi posée l'est dans le cadre d'une philosophie du sujet ou de l'esprit, dans une phénoménologie. C'est celle de la synthèse du temps, chez Augustin, Descartes, Kant, Hegel, Heidegger, qui est aussi celle du sujet.

Il faut noter maintenant que, à l'intérieur même de cette problématique, si l'on désigne la vie de l'esprit comme une survie, on met l'accent sur l'absence, sur ce qui se perd dans le conservé. Le monde est gris pour la chouette hégélienne, il est un désastre pour l'Ange de Benjamin, que le vent du passé pousse au futur à reculons. Il ne voit que désastre dans le passé, comme la chouette est aveugle à la couleur de la vie. L'Ange ne voit le passé que comme présent désastré. L'astre est le ton de ce qui est vif. Et la question revient : si le passé a été effectivement, comme présent alors, un désastre, ou si c'est de le re-voir qui le désastre. Hegel dit ceci, Benjamin dit cela. Cela fait une différence, toute la différence du spéculatif avec l'après-spéculatif. Chez Hegel le deuil se fait, chez Benjamin il est devenu impossible.

Cette impossibilité de faire le deuil de la présence passée (et de ramener sa force sur le soi présent, grâce à de nouveaux objets) s'appelle mélancolie. Sinon l'impossibilité de faire le deuil, du moins l'accent mis sur la perte irrémissible de présence, c'est-à-dire la mort, de ce qui fut là. Et selon cette pente, même ce qui est présent maintenant peut être senti comme étant déjà voué à n'être plus là, et faire l'objet d'une mélancolie « préventive » : cela n'est-il pas déjà mort, qui a à présent l'air si vif ?

La naissance elle-même, le commencement, s'estime mélancoliquement comme une illusion. Ce qui vient de la vie, c'est-à-dire l'instant comme événement – le venir hors du néant –, est déjà voué à retourner au néant. Le seul *être*-en-vérité n'est pas là. Cette inversion des apparences peut donner lieu à métaphysique. L'éternel présent, le présent vivant, est toujours absent. L'être n'est pas étant. Mélancolie qu'on dit « occidentale », depuis le platonisme, je ne sais pas trop pourquoi, on la retrouve dans toute pensée quand elle butte sur son échec, qui est aussi la possibilité, la temporalité, la modalité.

Ce serait, paraît-il, la façon pour la pensée de *ne pas trahir* la présence, que de se refuser à tout étant et de se maintenir dans la mélancolie. De veiller au perpétuel retrait de l'être vrai. La série des étants, instants, et instances ne faisant que dérouler l'indénombrable suite des fausses naissances, qui sont autant de disparitions du vrai. Les présents sont mis au chômage de la présence. Un homme dit à une femme : « Non, je ne veux pas d'enfant, ce sera un chômeur de plus. » Il dit la mélancolie, le peu de foi dans l'être de l'être-là. Il ne veut pas trahir. Il sent que la transmission, la tradition de la vie est la trahison de la vérité, laquelle est autre que la vie, « ailleurs ». Quant au mode authentique de la présence (qui le connaît ?), tout étant est un survivant.

Maintenant je retourne l'accent placé sur la disparition. La mélancolie omet l'autre énigme dans le rapport de l'âme avec le non-être ou l'être, l'énigme de l'apparition. L'être donne des étants, instants, objets, plutôt que rien. L'être se donne ainsi, en « objets » où il se fait certes oublier, mais enfin il les *donne*. Il *arrive* quand même quelque chose. Je dis « tout de même », « certes » en forme de concession à la mélancolie. Mais en concédant, évidemment je récuse. Ou plutôt je souligne ce qu'il y a de récusation dans la mélancolie. Ce que la mélancolie récuse, c'est qu'il y a « tout de même » quelque chose plutôt que rien. Et que c'est pour cela qu'il y a naissance et mort, même si l'on inverse les termes, même si l'on pense toute naissance comme mort et la mort comme naissance à la vérité.

La récusation de la mélancolie, ou la réfutation du nihilisme, consiste seulement dans cette timide question : si la vérité est qu'il n'y a rien vraiment, d'où vient qu'il paraît y avoir quelque chose ? Ou : pourquoi la vérité ment-elle, pourquoi la mort se différe-t-elle en naissance et vie ? Même si avec le Freud de *Jenseits* on soutient qu'entre vie et mort, la différence n'est que de rythme (la mort presse, la vie freine), pourquoi y a-t-il *deux* rythmes ? En termes thermodynamiques, ceux que Freud hérite de Fechner, *pourquoi* la différenciation, la complexification (nég-entropie), si la vérité physique est d'aller à l'état le plus probable, le plus simple, indifférencié, qui est la mort du système (entropie) ? Cela n'est certes que « reculer pour mieux sauter ». Mais pourquoi faut-il sauter mieux ? L'hypothèse freudienne de l'Éros reste fidèle au deuxième principe de la thermodynamique. Elle présuppose encore que la complexité *n'*est *qu'*un suspens de la simplification, et la vie qu'une survie.

Reste qu'à scruter l'énigme de ce *sur*-, de ce *sus*-, Freud à son tour n'a jamais rien pu nommer d'autre qu'un *événement*. Quel que soit le nom, et il y en a eu beaucoup. L'événement de la reproduction sexuée dans l'histoire des vivants. Et dans l'ontogenèse individuelle, l'écho de la différence sexuelle, qui est l'événement dont toute la vie de l'individu est occupée, inconsciemment, à « régler » la sauvagerie.

Or qu'est-ce que cet événement, déshabillé de sa dénomination scientifique ou cognitive ? C'est l'énigme qu'il y ait un rapport avec ce qui n'a aucun rapport : qu'en sachant qu'elle naît et meurt, l'âme (la bien nommée) témoigne qu'il n'y a pas seulement *ce qui* est, *ce qu'*elle est, mais l'autre de ce qui est. Et ce rapport, évidemment n'a pas lieu quand il a lieu, il *a eu* lieu et il *aura* lieu, donc, d'un coup, il *aura eu* lieu, apparu trop tard, disparu trop tôt, parce que seulement et toujours raconté. Ma naissance racontée par les autres, et ma mort que me racontent les récits de la mort des autres, mes récits et ceux des autres. De sorte que, étant essentiel à ce rapport avec le néant (d'où je viens et où je vais) de m'être lui-même rapporté, essentiel aussi à la présence de l'absence est le rapport avec les *autres*, de qui elle (cette présence d'absence) me *re*-vient. Et essentielle encore la *fabula* que rythme la pulsation du commencement et de la fin.

Il faut insister. Si l'être ou le néant n'est pas toute la vérité, si l'événement n'est pas tout leurre, alors je dis que le sens de « survivre » peut s'inverser. Former des complexités, des organisations ou des ordres, où s'affirme une puissance d'agencement ou de façonnement, où Arendt dira que s'exerce l'énigmatique faculté de *commencer*, cette survie-là peut devenir la vérité aussi, et la prétendue vie la survie morte de cette naissance. Cette vérité est-elle de raison ? Ce qui aura raison, aura eu raison de tout commencement, de toute *initium*, c'est la fin et la fin des fins, l'anéantissement des fins. La raison qu'on peut *avoir* ou *donner* ne peut que résoudre les polynomes les plus complexes dans de a = a de l'égalité sans reste. Cette raison aura déduit et réduit, mais il aura fallu que quelque chose ait posé le problème. Peut-être faut-il aller jusqu'au fond du nihilisme avec le dernier homme, celui qui connaît la « banalité du mal », qui le subit ou l'administre, ou les deux, pour trouver une *joie* – je reprends à dessein le mot pascalien, le mot des spirituels –, la sombre joie d'une requête d'autant plus forte qu'elle est plus improbable, donc plus menacée d'anéantissement et plus ouvertement affrontée à la vérité du néant.

Ce disant, je n'entends pas rechuter dans la pensée réparatrice d'un Hegel ou d'un Gadamer. Je dirais sans plus d'explication que cette pensée de la vie comme énigme du commencement n'est acceptable que s'il ne s'y agit pas de rémission, ni d'un défi, mais d'un *scrupule*. Le scrupule d'un *comme si*. L'esprit plongé dans l'épreuve du nihilisme, dans le passage au désespoir et au scepticisme (qui est permanent), l'esprit qui sait qu'il n'y a rien à faire et à dire, pas d'étant qui vaille, qui même *soit*, fait comme si cela était *quand même*.

L'effet de cette clause n'est nullement le cynisme, qui reste entièrement tributaire du nihilisme et persévère, à travers son activisme, dans la mélancolie du *rien ne vaut*. L'effet n'est pas non plus le *ludisme*, où un cadavre se pare des couleurs de la vie selon une irresponsabilité grimaçante et macabre. Il n'est pas non plus une métaphysique « artiste » de la volonté et des valeurs.

L'effet est l'enfance, qui s'y connaît en *comme si*, qui s'y connaît en douleur due à l'impuissance et en plainte d'être trop petite, d'être là en retard (sur les autres) et d'être arrivée trop tôt, prématurée (quant à sa force), qui s'y connaît en promesses non tenues, en déceptions amères, en défaillance, en abandon – mais aussi en songerie, en mémoire, en question, en invention, en obstination, en écoute du cœur, en amour, en véritable disponibilité aux histoires. L'enfance est l'état de l'âme habitée par quelque chose à quoi nulle réponse n'est jamais faite, elle est conduite dans ses entreprises par une arrogante fidélité à cet hôte inconnu dont elle se sent l'otage. L'enfance d'Antigone. Je comprends ici l'enfance comme obédience à une dette, qu'on peut appeler dette de vie, de temps, ou d'événement, dette d'être-là malgré tout, dont seul le sentiment persistant, le respect, peut sauver l'adulte de n'être qu'un survivant, un vivant en sursis d'anéantissement.

Il est vrai qu'on sait vite que la mort interdira de s'acquitter de la créance, qu'elle viendra toujours trop tôt, et l'on peut de cela seul rechuter dans la mélancolie, ou dans la méchanceté d'essayer de mourir le dernier, qu'analyse Canetti. (J'entends : même cette méchanceté que requiert la volonté de témoigner, de survivre pour raconter.) Mais l'enfance consiste en ce qu'on est et fait *comme si* il s'agissait quand même de s'acquitter de l'énigme d'être-là, de faire fructifier l'héritage de la naissance, du complexe, de l'événement, non pour en jouir, mais pour le transmettre et qu'il soit remis. De le faire fructifier selon sa pauvreté et misère constitutives, c'est-à-dire de le faire fructifier *comme dette* de commencement. Dette d'une tradition, et d'une tradition de la dette. Même la *croyance* que la dette de naissance sera acquittée par l'événement de la mort, que l'âme reçue sera rendue – cette croyance ne résiste pas à l'âpreté d'une enfance sans pitié. Son « comme si » fait échec à toute édification.

Et Hannah Arendt, après ces quelques remarques, en quoi sa pensée y est-elle impliquée ? Je ne suis certainement pas *juge*, comme elle eût dit, pour en décider. Non seulement parce que je n'ai pas assez habité son œuvre, mais parce que les séjours que j'y ai faits, alors même que j'y reconnais quelque chose qui peut sembler tout proche de ce peu que je viens de rappeler au titre de la *survivance*, me laissent cependant incertain si je lui suis fidèle. Je retiens seulement trois motifs où exposer cette incertitude. Les motifs de la naissance, de la tradition et du jugement, qui n'en font qu'un, évidemment, et que je n'arriverai pas à démêler comme il faut.

Le premier, la naissance, concerne précisément la dette dont je viens de parler, dette au non-être d'où l'on est issu, dont l'enfance est le témoin bien involontaire (car elle « n'a rien demandé »). Qu'il y ait une mélancolie ontologique et historique au fort de la pensée d'Arendt, on le sait. Ce que j'ai pu esquisser ici (d'un mot presque dérisoirement scientifique, l'entropie) de la vérité du non-être comme mort inéluctable, il arrive qu'Arendt le modalise en des termes parents. Ainsi, dans ce passage de *La Condition de l'homme moderne* (*The Human Condition*) au chapitre « L'action », section « L'imprévisibilité et la promesse » (p. 277-278) :

> Laissées à elles-mêmes, les affaires humaines ne peuvent qu'obéir à la loi de la mortalité, la loi la plus sûre, la seule loi certaine d'une vie passée entre naissance et mort. C'est la faculté d'agir qui interfère avec cette loi parce qu'elle interrompt l'automatisme inexorable de la vie quotidienne, laquelle, nous l'avons vu, a déjà interrompu et troublé le processus de la vie biologique. La vie de l'homme se précipitant vers la mort entraînerait inévitablement à la ruine, à la destruction, tout ce qui est humain, n'était la faculté d'interrompre ce cours et de commencer du neuf, faculté qui est inhérente à l'action comme pour rappeler constamment que les hommes, bien qu'ils doivent mourir, ne sont pas nés pour mourir, mais pour innover. Mais de même qu'au point de vue de la nature, le mouvement linéaire de la vie de l'homme entre la naissance et la mort ressemble à une déviation bizarre par rapport à la loi commune, naturelle, du mouvement cyclique, de même, au point de vue des processus automatiques qui semblent régir la marche du monde, l'action paraît un miracle. En langage scientifique c'est une « improbabilité infinie qui se produit régulièrement ».
>
> Le miracle qui sauve le monde, le domaine des affaires humaines, de la ruine normale, « naturelle », c'est finalement le fait de la natalité, dans lequel s'enracine ontologiquement la faculté d'agir. En d'autres termes : c'est la naissance d'hommes nouveaux, le fait qu'ils commencent à nouveau, l'action dont ils sont capables par droit de naissance. Seule l'expérience totale de cette capacité peut

octroyer aux affaires humaines la foi et l'espérance, ces deux caractéristiques essentielles de l'existence que l'Antiquité grecque a complètement méconnues, écartant la foi jurée où elle voyait une vertu fort rare et négligeable, et rangeant l'espérance au nombre des illusions pernicieuses de la boîte de Pandore. C'est cette espérance et cette foi dans le monde qui ont trouvé sans doute leur expression la plus succincte, la plus glorieuse dans la petite phrase des Évangiles annonçant leur « bonne nouvelle » : « Un enfant nous est né. »

Je retiens, pour le moment : « loi de la mortalité », « automatisme inexorable de la vie quotidienne », le mouvement de la vie humaine, « linéaire », comme une « déviation bizarre par rapport à la loi commune », qui est cyclique, « miracle » qu'est l'action, « improbabilité infinie », comparée aux « processus automatiques », qui régissent la marche du monde. Tous ces termes renvoient, je crois, sans qu'on les torture, à un principe général d'amortissement, à l'idée de la pente fatale qui pousse tout étant au plus probable, où il se dissipe.

Arendt oppose à ce principe mélancolique ce qu'elle nomme alors l'« action » qui dans la « ruine » inéluctable et naturelle ferait « interruption », « innovation », « improbabilité » et donnerait matière à la foi et à l'espérance.

Or j'observe que le tour pris par la pensée d'Arendt ici est explicitement humaniste : « Les hommes, bien qu'ils doivent mourir, ne sont pas nés pour mourir, mais pour innover. » Je dirais que c'est une lecture résolument anthropologisée de la solution au troisième conflit de l'Antinomie kantienne de la raison, celle qui va commander la déduction d'une réalité de la liberté dans la deuxième *Critique*. Beaucoup plus anthropologique que la leçon transcendantale que donne Kant. Et ma réserve porte évidemment sur cet assentiment non critique donné au concept d'une humanité des hommes défini comme vocation à innover. Kant dans la troisième *Critique* parvient à une conclusion sans doute analogue, mais suspendue à la clause du *comme si*, qui modalise l'idée régulatrice d'une nature œuvrant au bénéfice de la liberté. Où Arendt est réaliste, Kant est analogiste, c'est-à-dire « enfantin ».

Plus intéressant me paraît le rôle qu'Arendt fait jouer dans l'économie de cette entropie négative au « fait de la natalité ». Il est dit, dans le texte cité, que la faculté d'agir « s'enracine ontologiquement » dans le fait de natalité. Comment l'entendre ? Comme la « naissance d'hommes nouveaux », écrit-elle, comme « le fait qu'ils commencent à nouveau », et finalement dans cette nouvelle, bonne nouvelle, qu'« un enfant nous est né ».

Ici j'abonderais : un enfant ne cesse de nous être né. Le naître n'est pas seulement le fait biologique de la parturition, mais, sous le couvert et le découvert de ce fait, l'événement d'une altération radicale possible dans le cours qui pousse les choses à répéter le même. L'enfance est le nom de cette faculté, autant qu'elle apporte, au monde de ce qui est, l'étonnement de ce qui, un instant, n'est rien encore. De ce qui *est déjà* sans encore être *quelque chose* pourtant. Je dis cette naissance incessante parce qu'elle bat le rythme d'une « survie » récurrente sans mètre (sans mesure). Cette « survie »-là ne prolonge pas une vie déjà morte, elle initie, dans la mort de ce qui était là, le miracle de ce qui n'y est pas encore, de ce qui n'est pas encore identifié.

Pourtant même dans cet aperçu ontologique d'une *naissance* qui porte *défi* à la loi du retour du même, où peut s'entendre quelque chose qui consonne avec ce que j'ai nommé *enfance* – même là j'hésite à acquiescer. J'ai dit qu'il fallait émanciper l'idée d'une vie qui soit commencement, et pas seulement survie, du triomphalisme d'un défi ou de la conviction d'une rémission. Le texte cité de *La Condition de l'homme moderne* accorde au principe dit de natalité et à la force initiante de l'action de vertu d'une rédemption, une vertu que j'appellerais *protectrice*. Elle me paraît gouverner souvent l'économie ou la stratégie de la pensée d'Arendt, à travers ses détours, ses repentirs et ses hésitations, et en limiter l'enjeu. Voici le passage que j'ai omis dans la lecture de ce texte (*C.H.M.*, p. 277-278) :

> L'action est en fait la seule faculté miraculeuse thaumaturgique. Jésus de Nazareth, dont les vues pénétrantes sur cette faculté évoquent, par l'originalité et la nouveauté, celles de Socrate sur les possibilités de la pensée, Jésus le savait sans doute bien lorsqu'il comparait le pouvoir de pardonner au pouvoir plus général d'accomplir des miracles, en les mettant sur le même plan et à portée de l'homme.

Ce passage renvoie à la section précédente du même livre, « l'irréversibilité et le pardon ». Le pardon, le *aphienai*, le délier et laisser aller, Arendt l'entend précisément comme interruption de la chaîne irréversible des *effets* de l'action elle-même, où l'action ne fait que se répéter mortellement. Le pardon est une re-mise, une nouvelle donne, ce qui coupe dans la conséquence des nécessités, et qui commence... Pardon contre abandon. La grandeur de Jésus, par rapport à toute tradition, romaine, orientale ou juive, tient à ce qu'il enseigne, par la parole et par l'exemple, qu'il est au pouvoir du fils de l'homme de remettre les offenses. Ce qui offense, c'est toujours simplement ce qui est comme ayant-été. Le miracle de Jésus est qu'il fait événement dans l'ordre du nécessaire. La bonne nouvelle, celle qui dit qu'un enfant nous est né, annonce en vérité qu'avec Jésus, c'est la naissance ici même qui est née, et que l'offense d'être là, dans le monde des étants, peut être remise. Exercé ici et maintenant, le pardon dont la Nouvelle annonce la naissance n'est lui-même que la naissance du nouveau, la fêlure du pas encore dans le morne monde du toujours-le-même. C'est ainsi pardonnée que l'« action », puissance de commencement, porte avec elle, selon Arendt, la promesse de son émancipation hors de la nécessité qui reconduit son effet au néant du même.

Je ne dis pas que ce soit là, cette pensée salutiste humaniste, le dernier mot d'Arendt. Le texte est de 1958, postérieur de dix ans à la première édition allemande de *La Tradition cachée* (*Sechs Essays*) et de sept ans à la première édition américaine de *The Origins of Totalitarianism* où l'on trouve les premières méditations sur l'impossible condition « juive ». Laquelle, comme on sait, réserve à Dieu seul le pouvoir de pardonner, c'est-à-dire de commencer, et se refuse à la futile tentation d'un humanisme réparateur. Si je prends par exemple les quatre figures de cette condition telles qu'Arendt les analyse dès 1948, le « Schlemihl » des *Mélodies* de Heine, le « Paria » de Bernard Lazare, le « suspect » de Charlie Chaplin et le « K » du *Château* de Kafka qu'Arendt nomme « l'homme de bonne volonté », je n'y vois en effet rien – ou presque rien – de comparable à la foi et l'espérance que promet la bonne nouvelle de la naissance de *La Condition de l'homme moderne*. Seule (et je le déplore) la lecture qu'elle fait du *Château* paraît incliner à un certain optimisme : en restant obstinément au village, K s'y ferait le témoin (mal accepté) de ce qu'une dette reste inacquittée dans l'ordre que fait régner le château sur le petit peuple. Mais que je sache, cette dette, à suivre Arendt, n'est pas celle dont le créancier est le non-être, dans la modalité de son miracle, naissance, ou de sa menace, mort. Ce que le château doit au village n'est pas le droit de juger, de commencer, mais le droit de vivre « en tant qu'être humain : une patrie, un travail, une famille et la citoyenneté » (*T.C.*, p. 211).

L'optimisme n'est pas christique, il est politique. Il faudrait surcharger tous ces mots d'une connotation ontologique passablement arbitraire pour arriver à faire dire à ces droits élémentaires de « l'homme public » ce qui s'appelle, de façon presque benjaminienne, dépendance de l'« action » par rapport à l'événement, dans *La Condition de l'homme moderne*. Le village survit certes à l'absence de ces droits, mais la jouissance de ces droits pourrait elle-même n'être qu'une survie au regard de la « natalité ». Je veux dire tout simplement : serait-elle démocratique, la communauté n'échapperait nullement à la menace de l'entropie banale.

Il y a probablement plus de « naissance », au sens que j'ai dit, dans le « Schlemihl » selon Heine, revu par Arendt, mais la teneur en est si populaire, pour ne pas dire populiste, et si poétique au sens du paganisme comique de Rabbi Faibusch (Phébus-Apollon), que je ne saurais confondre cette *gaieté* avec la *joie* dont nous parlions. Naissance certes, mais à la présence « du soleil, de la musique, des arbres et des enfants » (*T.C.*, p. 187). Donc : vie poétique du peuple de Heine (« il n'y a pas de poète sans peuple », répète-t-elle : et Celan ?), vie publique du citoyen démocratique chez Kafka (ô combien « revisité »), rien dans ces figures ne rappelle la figure inversée de la survie dont nous parlions, la naissance et l'enfance comme interruption de l'inéluctable procès d'amortissement. La culture d'un peuple, l'organisation démocratique ne sont-elles pas aussi des modes possibles de perpétuation de l'identité ?

C'est plutôt dans un texte antérieur comme « Nous autres réfugiés » (1943) repris dans *La Tradition cachée* que quelque chose de la pensée de l'interruption nous revient. Nous revient vraiment sans pardon, et au moment même où la communauté du pardon en la personne de son pape, Pie XII, aura « oublié » de faire pardon. Ici Arendt ne s'y trompe pas qui voit dans le sort fait au *Vicaire* de Hochhut (*der Stellvertreter*), en 1964, la réplique de celui que vient de subir son *Eichmann* (1963). Car pour ces *réfugiés* il n'y a nul refuge offert, pas même celui de l'assimilation, poétique ou civile, au peuple de la terre d'asile, c'est-à-dire nulle inscription dans une tradition prémoderne (païenne) ou moderne (républicaine) ni, bien sûr, chrétienne. Impossible de survivre ainsi en Europe (écrit-elle en 1943, au même moment où la *Judenfrage* va trouver sa solution finale) parce que « la mise hors la loi du peuple juif y a été suivie de près par celle de la plupart des nations européennes » (*T.C.*, p. 75). De sorte que les réfugiés que « nous » sommes représentent « l'avant-garde de ces peuples », et que l'histoire juive cesse ainsi d'être séparée de celle des nations.

On voit à quel prix atroce l'interminable hésitation entre tradition et assimilation trouve sa « solution », si j'ose employer ce terme désormais maudit. Ce texte, « Nous autres réfugiés », a quelque chose de terrible. Dans son contenu et dans son ton. Une amertume affreuse. Elle rit des juifs qui sont Doktor à Berlin et Schnorrer à Paris. Qui disent : « Nous avons été de bons Allemands en Allemagne et nous serons de bons Français en France » (*T.C.*, p. 71).

Qui ne *parviennent* plus à être des *parvenus*, à s'assimiler à la bourgeoisie. Il leur faut fuir trop vite, ça va trop vite. Et en tout cas, comme elle le disait dans le *Rahel Varnhagen* : les juifs ne peuvent s'assimiler sans assimiler en même temps l'antisémitisme. Quant à leur tradition propre, elle ne peut pas se maintenir. Ce n'est pas seulement que les shtetel et les ghettos sont incendiés, les communautés expulsées, déportées ou massacrées. C'est que le principe même d'une installation n'est sans doute pas conforme à l'étrange tradition, où les rois, les politiques auront toujours été dénoncés par les prophètes au nom d'une Parole qui désinstalle. Les juifs ne font pas un peuple, au sens d'une *nation*. Sans *nature*, sans terre. Seulement liés par la loi du livre et la dette d'une alliance et d'une promesse.

Arendt ne le dit pas si clairement ici, mais l'éloge qu'elle fait ailleurs du *paria* selon Bernard Lazare m'autorise à le dire à sa place. Car si elle peut, en 1943, voir en eux l'« avant-garde » (mot terrible) de l'Europe, alors persécutée par le nazisme, et entretenir l'espoir désespéré de leur inscription dans l'histoire moderne, c'est pour autant qu'ils ne sont justement pas un peuple naturel ou national, et qu'ils préfigurent un état de l'être-ensemble auquel tous ces peuples européens sont et vont être voués par le désastre totalitaire. Un être-ensemble sans racine. Et qui n'a pour se conduire que le jugement, sans critère établi, dernière ressource du survivant. Il n'est pas de nécessité, d'*être nécessiteux*, qui puisse en principe priver l'esprit de la capacité de faire la différence entre ce qui est bien et ce qui est mal. La diaspora, la persécution, la Shoah, tous ces modes accélérés de l'expédition au néant, ne laissent pas à l'âme le secours d'une tradition, ils ne laissent à sa désolation que la responsabilité de dire oui ou non à l'abjection, que l'enfance de l'esprit, qui est la capacité de juger. Dans la nuit de Wiesel enfant, dans le cri : « Pourquoi m'as-tu abandonné ? Est-ce donc que tu n'es pas ? », s'entrevoit, se balbutie faiblement le rappel d'une promesse d'alliance. De naissance donc.

Et c'est évidemment cela, cet esprit à l'état naissant, qu'Arendt ira vers la fin chercher dans l'Analytique du goût. Car il est vrai, même si elle ne le voit pas ainsi, que ce qui se joue dans le jugement réfléchissant, c'est à chaque fois, singulièrement, la naissance d'un sujet et donc d'une communauté, mais seulement *promis*. De sorte qu'avec le beau, c'est bonheur pur, miracle de la promesse. Mais avec le sublime, c'est son impossibilité, et la menace imminente du non-être. Le beau, événement de la naissance, le sublime, de la mort. (Et si Arendt ne s'est pas attachée, dans les séminaires de 1970 à l'Analytique du sublime, où retentit pourtant l'épouvante de l'abandon, c'est, je pense, que le désir de protéger et d'être protégée contre l'insupportable, auquel j'ai fait allusion, l'emporte pour cette fois sur l'intrépidité obstinée de son enquête.)

(Problème de survie. Tout esprit est l'enfant de ses parents, et leur survit. La mère d'Arendt ne l'a jamais abandonnée, et elle n'a jamais abandonné sa mère. Quel esprit peut se dire libre de la machinerie de défense, de la résistance oublieuse à une totale mélancolie ? On écrit parce qu'on a manqué son suicide. Arendt parle beaucoup du suicide des juifs dans « Nous autres réfugiés ».)

(Je vous rappelle que ce qui se discute dans les caves de Jotapata assiégée par les troupes de Néron, entre les derniers résistants juifs, en l'année 67, c'est s'ils ont droit au suicide. Et que c'est Josèphe, le chef, le traître et le survivant, qui préconise la « solution » (justement) : chacun tuera l'autre, à son tour et sera tué par le suivant – et qui se débrouille pour être le dernier dans le tirage au sort, et négocie son sort chez les Romains. Où il écrira *La Guerre des Juifs*. Arendt écrit dans son *Eichmann* (p. 256) : « Il y aura toujours un survivant pour raconter l'histoire. » Qu'en saitelle, qu'en savons-nous ? La Shoah, une *Vernichtung* presque parfaite, il s'en est fallu de peu que nul ne puisse la raconter. Et les témoins qui parlent sont dans l'horreur d'avoir été choisis par le mal de survivre pour pouvoir raconter.)

(Et rappelons-nous encore ceci : que *nous* écrivons et pensons dans une paix relative, sans guetter le coup de sonnette à six heures du matin. Sans la menace immédiate et constante de l'anéantissement le plus abject. La protection contre l'abandon perd de son urgence dans la pensée quand la persécution est ainsi écartée. La pensée peut s'avancer un peu plus du côté de la catastrophe, du sublime par exemple, du côté du non-être, parce que nul aujourd'hui, à l'exception de quelques terroristes, ne nous « refuse [à celui qui pense] le droit de partager la terre » avec lui, comme ce fut le cas des Eichmann [*E.J.*, p. 305]. Je dirais, plutôt que « partager la terre », le droit de *partager le récit*, la naissance et la mort de l'improbable, de partager le jugement. Le refus de ce partage, cet abandon, qui peut le pardonner, le remettre ? Et le geste de protection qu'on peut percevoir chez Arendt ne procède-t-il pas de ce qu'elle pensait plus près que nous aujourd'hui de l'horreur engendrée par ce refus ?)

Je reviens à la tradition. La tradition est toujours menacée de n'être qu'une survie. Un état de complexité, un état des œuvres, est par elle maintenu (au moins) d'une génération à l'autre, de sorte que les enfants déploient leur plainte et leur responsabilité à partir d'un agencement sophistiqué et bien fondé des savoirs, des savoir-faire, des sentiments, ou de l'être-ensemble au sens le plus général. Je renvoie aux belles pages sur l'*auctoritas* romaine comme fondation, tradition et religion dans *La Crise de la culture* (p. 158 et suiv.). À mesure que la tradition s'enrichit, s'autorise, les enfants naissent de moins en moins de rien ; moins nus. Ils peuvent perdre jusqu'au sentiment du non-être, assurés qu'ils sont d'être inscrits dans une continuité qui enjambe les morts et les naissances, soit tout rapport au néant, à ce qui n'a pas de rapport. Toutefois, même dans la tradition la plus « augmentée », la plus autorisée et la plus « reliante », l'énigme d'un quelque chose à quoi il n'est pas de réponse dans cette tradition doit continuer à habiter secrètement l'esprit, la question « pourquoi moi ? », l'énigme de la singularité de la naissance, qui est impartageable, comme celle de la mort. La persistance de cette énigme suffit à rendre l'esprit accessible à un en deçà du monde de la culture et de la tradition. À le maintenir en enfance, c'est-à-dire impréparé.

C'est seulement en préservant la possibilité que cette énigme vienne à l'esprit, que la tradition n'est pas la survivance placidement implacable du déjà là, et mort imposée à l'improbabilité du naissant. Mais par là même, l'incertitude, mélancolique ou émerveillée, si sa possibilité est réservée, ne cesse à travers les générations de pouvoir ébranler l'assise de la tradition et du consensus qui s'en nourrit.

Je voudrais en quelques mots situer le totalitarisme, certains aspects du totalitarisme, tel qu'Arendt l'analyse par rapport à cette problématique d'une tradition du commencement. Dans *La Crise de la culture* (1961) (p. 130 et suiv.), l'organisation du système totalitaire, déjà explorée (en 1951) dans *Le Système totalitaire* (p. 93-95), est comparée à la structure d'un oignon. L'autoritarisme hiérarchise le pouvoir comme dans une pyramide, tandis que la tyrannie le suspend indifféremment au-dessus de toutes les têtes mises à niveau. L'oignon totalitaire a cette propriété, remarque Arendt, que chaque strate regardée depuis le cœur, où réside le chef, apparaît comme plus « réaliste », moins « radicale » à proportion qu'elle est plus éloignée du cœur. Vue depuis le dehors (la « réalité »), elle paraît au contraire plus engagée, plus militante, plus « dure » que celles qui la précèdent en surface. (Ésotérisme, exotérisme : la distinction pythagoricienne des *mathēmatikoi* et des *politikoi* par l'initiation à la radicalité de la doctrine est-elle autoritaire ou déjà totalitaire ?)

Ma question ici porte sur le « réalisme » de l'analyse, et, en général, de la pensée d'Arendt.

« La structure en oignon, écrit-elle, permet au système d'être, par son organisation, à l'épreuve du choc dont le menace la factualité du monde réel » (p. 132). À l'épreuve, c'est-à-dire à l'abri. Système d'amortissement des événements et de confrontation. Le totalitarisme est ainsi un vaste organisme « *pare-excitation* », comme disait Freud. Mais il me semble qu'il faut alors entendre la « factualité » non pas tant au sens du fait établi par l'historien, comme Arendt la décrit dans le chapitre « Vérité et politique » dans *La Crise de la culture* (écrit en 1967 après le tumulte provoqué par son *Eichmann à Jérusalem*), mais plutôt, en mettant l'accent sur ce qu'elle souligne elle-même à la fin de ce chapitre, comme « ce que l'on ne peut pas changer » (p. 336).

Par hypothèse, la politique se présente comme pouvant changer la réalité, la politique totalitaire comme pouvant la changer totalement. De là l'oignon, qui est un système de filtrage complet (aller et retour) du réel – aux fins de transformation de la réalité en idéologie ou culture. Mais si je l'interprète selon Freud et selon ce que je crois essentiel, ce qui doit être filtré dans la réalité, ce n'est pas le fait dit « brut » (au sens de Clemenceau : nul ne peut et ne pourra jamais dire que c'est la Belgique qui a envahi l'Allemagne en août 1914), c'est sa teneur en angoisse, sa valeur d'attraction et de répulsion, sa force d'excitation. Or cette valeur du fait ne vient pas de sa factualité établie, mais de ce qu'il échappe au refoulement et traverse les strates de l'oignon protecteur. Le réel est à comprendre comme *le fait* du désir et non comme *un fait* établi dans le domaine de référence d'un discours cognitif. Car le fait dit « réel » n'a cette puissance d'angoisse que parce qu'il a un allié au cœur de l'oignon. Cet allié, c'est le quelque chose dont l'esprit reste l'otage et pour lequel il n'a pas de répondant ou, comme dit Freud, de représentant, avec quoi il n'a pas de rapport (de récit). C'est la « présence » du néant, de la naissance et de la mort, et de la singularité impartageable. Si bien qu'il n'y a à se défendre de la réalité dite extérieure qu'autant qu'elle peut éveiller cette « vérité » dite intérieure, ce quelque chose que, par excellence, on ne peut pas changer ni échanger. Les catégories d'extérieur et d'intérieur ici ne valent guère. Quand je dis : la réalité extérieure peut *éveiller* la vérité intérieure, je me place avec la métaphore de l'éveil (si chère à Proust) dans un espace-temps qui n'est pas tranchable ou décidable, qui est « hors » ou « avant » scène, au double sens de l'espace du théâtre et du temps de la *short story*, fantasmatique ou non. « Avant » et « hors » sont mal dits. Simplement : le découpage des lieux et des moments n'a pas lieu ni moment quand il s'agit de la Chose. Hitler terré au cœur de son oignon n'est pas moins exposé à la Chose qu'un petit étudiant souabe au-dehors. Le soi est toujours nu, quant à la naissance et à la mort et donc quant à la différence, sexuelle ou ontologique. Mais le chef veut oublier et faire oublier l'enfance qui est cette nudité terrible. Il faut donc en conclure que la Chose doit se montrer bien menaçante, le rapport au réel du désir se trouver bien démuni, pour qu'un appareil de forclusion, d'oubli, aussi puissant que le totalitarisme doive et puisse se fabriquer. C'est là qu'on doit trouver l'origine du totalitarisme.

Or à lire *Le Système totalitaire*, on trouve, à ma connaissance, peu de notations sur cette « origine »-là du totalitarisme. La description se fait essentiellement en extériorité, d'un point de vue historico-politologique. Même la terreur est analysée principalement au titre de son usage, comme le moyen de briser la légalité précédente. J'excepte cette observation : « Le *besoin* de la terreur naît de la peur qu'avec la naissance de chaque être humain un nouveau commencement n'élève et ne fasse entendre sa voix dans le monde » (*S.T.*, p. 223). Mais « peur » me paraît peu dire, et la remarque conserve je ne sais quoi de nataliste.

Cette objectivation, ce réalisme prédominants dans le texte de 1951 ne retirent certes rien à l'importance de l'analyse. Mais ils en limitent la portée pour nous. Car s'il est vrai qu'il faut enter la tendance totalitaire sur une levée d'angoisse sans pareille dans l'histoire culturelle, politique et philosophique de l'Occident européen, alors la défaite des seuls *régimes* totalitaires n'aura sans doute pas suffi à tarir la source de l'esprit du totalitarisme.

Je note trois voies offertes à la résurgence, à la survie de cet esprit après le totalitarisme politique qu'analyse Arendt. Elle montre que pour réaliser le système de la domination totale, il n'est pas besoin de recourir à la « populace » et que Himmler doit son pouvoir d'avoir su que « la masse coordonnée des philistins était un matériau bien meilleur et capable de crimes bien plus grands que les soi-disant criminels professionnels, pourvu que ces crimes fussent soigneusement organisés et eussent l'apparence de travaux de routine » (*S.T.*, p. 65). Ce que Himmler comprend, ajoute-t-elle, c'est que « la plupart des gens ne sont ni des bohèmes, ni des fanatiques, ni des aventuriers ni des sadiques ou des illuminés, ni des ratés, mais d'abord et avant tout des employés consciencieux et de bons pères de famille » (*ibid*). Autant dire des âmes ordinaires qui, du rapport au néant et de la dette d'enfance, ne veulent rien entendre, et qui s'en « divertissent » dans l'affairement. Or cet état de l'esprit qui récuse la dette me semble aussi vrai, plus vrai, des sociétés développées de cette fin de siècle que de l'Europe en crise dans les années 1930. La mise en masse et la mise en activité des forces de la pensée pour consécration exclusive à ce qui s'appelle vie active aujourd'hui, y sont plus accomplies qu'alors. Et sans doute aussi ce qu'Arendt nomme désolation. Il n'est pas besoin d'oignon pour cela.

J'enchaîne sans plus sur un deuxième germe persistant de totalitarisme aujourd'hui : la mobilisation totale, comme disait Jünger (*S.T.*, p. 207, 210, 210-211).

> Dans l'interprétation totalitaire, toutes les lois sont devenues des lois de mouvement. Ques les nazis parlent de la loi de la Nature ou que les Bolcheviks parlent de celle de l'Histoire, ni la Nature ni l'Histoire ne sont plus

la source d'autorité qui donne stabilité aux actions des mortels ; elles sont en elles-mêmes des mouvements.

La terreur est la réalisation de la loi du mouvement, son but principal est de faire que la force de la Nature ou de l'Histoire puisse emporter le genre humain tout entier dans son déchaînement, sans qu'aucune forme d'action humaine spontanée ne vienne y faire obstacle. Comme telle, la terreur cherche à « stabiliser » les hommes en vue de libérer les forces de la Nature ou de l'Histoire. C'est ce mouvement qui distingue dans le genre humain les ennemis contre lesquels libre cours est donné à la terreur ; et aucun acte libre, qu'il soit d'hostilité ou de sympathie, ne peut être toléré, qui viendrait faire obstacle à l'élimination de l'« ennemi objectif » de l'Histoire ou de la Nature, de la classe ou de la race.

La terreur comme réalisation d'une loi du mouvement dont la fin ultime n'est ni le bien-être des hommes ni l'intérêt d'un homme mais la fabrication du genre humain, élimine l'individu au profit de l'espèce, sacrifie les « parties » au profit du « tout ». La force surhumaine de la Nature ou de l'Histoire a son propre commencement et sa propre fin, de sorte que seuls peuvent l'entraver ce nouveau début et cette fin individuelle qu'est en vérité une vie d'homme.

Le système contemporain, plusieurs décennies après Hitler et Staline, n'invoque certes plus l'Histoire ni la Nature pour passer outre à la légalité et à la capacité de juger. Il n'a pas besoin de déchirer les traités et les contrats ni d'exterminer les vies. Le principe qui rend les hommes superflus comme personnes juridiques, morales et singulières (Catherine Chalier) habite les « actes » même de la vie administrée (Adorno) et fait le vide dans les esprits qu'elle administre. Ce principe se nomme le Développement. C'est une entité qui n'est pas moins abstraite et anonyme que la Nature ou l'Histoire. Elle maximise l'effet que décrivait Arendt : mettre en mouvement, mobiliser totalement les énergies. Ni l'organisation politique structurée en oignon ni l'usage de la terreur pour briser la légalité et la dette de la naissance ne lui sont indispensables. Au contraire, comme Jünger le savait dès 1930, la « loi » du développement trouve dans la forme démocratique et l'aménagement incessant des légalités aux fins de mieux-être à la fois un moyen et un masque beaucoup plus puissants, parce que plus acceptables par « les philistins » justement, que l'organisation totalitaire des années 1930. La brutale propagande y est discrète, elle laisse place à l'inoffensive rhétorique des média. Et la mondialisation ne s'y fait pas par la guerre, mais par la compétition technologique, scientifique et économique. Les noms historiques de ce totalitarisme bon enfant ne sont plus Stalingrad, la Normandie, et moins encore Auschwitz, mais l'indice Dow Jones à Wall Street et l'indice Hakkaï à Tokyo.

L'idéologie partagée par tous (mais est-ce une idéologie ?) est qu'il faut développer, complexifier, pour survivre, à tout prix quand même. L'ennemi n'est pas humain, c'est l'entropie. Elle est au bout de ce qui reste de l'histoire des hommes, sous la forme de l'explosion du soleil en Nova noire, dans quatre milliards et demi d'années. Le développement est la riposte à ce défi majeur. Cela seul est juste, parce que nécessaire à la survie. Et la faculté de juger, d'imaginer, de faire hommage à la naissance de nouveau, est ici plutôt sollicitée qu'étouffée. Mais sollicité dans l'étouffant affairement de la performativité. Survie affairée. Il faudrait au moins reprendre, à partir de ce diagnostic, la question de l'idéologie. Ce n'est pas parce que le développement est délirant quant à la réalité des choses qu'il est idéologique, c'est parce qu'il forclot l'inquiétude de la naissance et de la mort comme énigme ontologique.

Troisième observation dans le même sens. Un effet inévitable du totalitarisme, c'est qu'on ne laisse pas aux enfants le temps de l'enfance, au sens ontologique que j'ai dit. Arendt écrit, dans *La Crise de la culture*, chapitre « La crise de l'éducation » : « Plus la société intercale entre le public et le privé une sphère sociale où le privé est rendu public et *vice versa*, plus elle rend les choses difficiles à ses enfants qui par nature ont besoin d'un abri sûr pour grandir sans être dérangés» (p. 241). Formulation que j'interprète ainsi : le système contemporain conserve du totalitarisme le principe de la multiplication des interfaces, mais aujourd'hui en réseau et non pas en oignon. Les «institutions» où l'enfance abritait en sécurité son insécurité, ses questions sans réponse, tout en apprenant les réponses des adultes et leur insuffisance, ces institutions qu'étaient l'école et la famille où se jouait le sort de la tradition face à l'angoisse, le système contemporain les détruit (il lui suffit d'en pervertir la finalité) en ce qu'il place l'enfance au contact immédiat de ses exigences, qui sont ses réponses à l'angoisse. L'enfance doit prendre place le plus vite possible dans les réseaux communicationnels qui ont remplacé les strates de l'oignon pour y fonctionner le plus efficacement possible, c'est-à-dire s'y faire le véhicule des messages qui y passent et, dans le meilleur cas, en optimiser l'information. Pas de temps à perdre à questionner les anciens, la tradition. Au contraire, gagner du temps, pour éviter le retour de ce qu'il faut oublier, l'hôte qui *squatte* les âmes. «Laisser les morts enterrer les morts», cela s'interprète aujourd'hui comme abandon du corps à l'administration des pompes funèbres ou à la Faculté. Il faut faire disparaître les morts ou les faire servir au développement.

Il en va des enfants comme des morts, toujours. Les uns et les autres sont les deux aspects de ce qui dans la tradition même peut en appeler à l'intransmissible.

On se souvient des deux antagonistes contre lesquels se bat en même temps le personnage de la parabole de Kafka commentée par Arendt en préface à *La Crise de la culture*. «Il a deux antagonistes : le premier le pousse de derrière, depuis l'origine, le second barre la route devant lui. Il se bat avec les deux» (p. 16). Il ne s'agit pas seulement du passé et du futur, il s'agit de la mort et de la naissance. Mais, ce que ne dit pas Arendt, si les morts ici pressent, oppressent l'âme et si les enfants lui barrent l'évasion, c'est que les uns et les autres pèsent sur elle du poids de ce qui, *déjà*, est ce qu'il est. Le passé est saturé de ses conséquences et le futur de ses programmes. Le château fait régner son temps administré sur le temps de l'âme.

Reste l'interstice, sans extension, qui est l'instant de juger, celui de lire, d'apprendre, et d'écrire, celui pour l'enfant (qui ne fait que barrer le futur s'il s'intègre trop vite à ce que le social constitué lui offre) de « grandir sans être dérangée », et le temps aussi, pour la tradition qui pousse du fond des âges de tout le poids du déjà jugé, d'être questionnée. Entre des enfants déjà morts, pressés d'être (je veux dire : adultes, « mûrs »), et des défunts encore vivants, les uns et les autres qui *survivent* donc, la pensée ainsi pressée d'être-là, « d'y être », lutte pour garder accès à sa vérité, à sa condition d'otage de quelque chose qui n'a pas été et ne sera pas, mais à quoi elle doit témoignage. Et ce témoignage, elle le rend en ceci qu'elle « juge ». Car elle ne juge de nulle part et au nom de rien ni de personne, passé ou à venir, attestant par là qu'au sein de l'immanence nécessitante et nécessiteuse, l'obédience à ce qui est *délié* peut se faire droit.

À la multiplication des couches médiatrices ou des réseaux médiatiques dans l'organisation totalitaire considérée spatialement répond l'état temporel d'urgence, de décision, d'effectuation, qui exige l'adhésion sans faille de l'instant à l'instant. Freud disait qu'après tout le temps, lui aussi, le temps chronique, doit être pensé comme un « pare-excitation ». Ce serait un temps du complet, massif, sans modalité de possible (passé ou futur), saturé, et suffisant à satiété. Total, en somme, dans la consécution. Ainsi le non-être s'en trouve exclu, l'inquiétude et l'angoisse. Et bien sûr aussi, la faculté de juger.

C'est de cela, j'imagine, de cette saturation, qu'Arendt reconnaît l'effet dans cet homme sans qualités qu'est Eichmann à Jérusalem, et qu'elle nomme la « banalité du mal ». La totalisation du temps par l'homogénéisation *des* temps, par leur banalisation, bannit le *Urteilen*, la distinction de ce qui est bien et mal. Elle est le mal parce qu'elle élimine la capacité de discerner le mal du bien. Arendt nomme, à la fin du *Système totalitaire*, cet état « la désolation » (*loneliness*), le contraire de la solitude (*S.T.*, p. 224 et suiv.). Elle n'est rien d'autre que l'envers complémentaire de la mise en masse des singularités : la mise en masse du temps. C'est un mal *nouveau*. Le vieux mal requiert que dans le rapport encore éprouvé au non-être, le privilège revienne à la disparition, à la mort, et donc à l'idée mélancolique ou criminelle de la survie. De même, le vieux bien est selon la même inquiétude, l'aveu et le respect d'une dette d'apparition ou d'enfance. Et cela se juge sans critère. Le nazisme ne dit pas seulement : Tu tueras, mais : Qu'ils disparaissent pour que nous apparaissions. Mais notre totalitarisme aujourd'hui, ce qu'il éteint, c'est l'inquiétude même de l'apparition et de la disparition.

Or la mise en masse ou en survie, la mobilisation et la saturation, la forclusion, elles peuvent s'obtenir à meilleur compte par l'organisation en réseaux communicationnels que par la politique totalitaire. Je sais combien ce diagnostic est brutal. Je sais que le développement est bel et bien un développement par rapport à la société de tradition. Je sais les avantages de la démocratie, qu'elle laisse plus d'occasion au jugement que le nazisme et permet qu'on ne tremble pas au coup de sonnette à l'aube. Et la preuve, c'est que nous sommes là. Et dans le Goethe Institut.

Mais ma question reste de savoir si la « naissance », la capacité de juger, la vocation à commencer, qui fait de la « vie administratée » une simple survie quant à la vraie vie de l'âme – je me demande si, de ce miracle encore possible, on peut attendre une alternative au système.

Un exemple parmi d'autres. Arendt a vu dans la prolifération des initiatives et des institutions civiles, notamment aux États-Unis, une sorte de protection ou de résistance contre le totalitarisme menaçant de l'État-nation, c'est-à-dire contre l'oubli du non-être. Dans le conflit et la crise entourant le *busing* des écoliers noirs et blancs, on la trouve qui soutient la résistance des familles et des activités locales contre l'application coûte que coûte des mesures fédérales propres à assurer le mixage des populations scolaires. Que la société civile puisse ainsi produire spontanément des modes d'organisation qui protège les libertés individuelles ou locales concrètes – ici particulièrement importantes parce qu'elles concernent l'enfance – contre une loi décrétée loin d'elle (comme c'est en effet souvent le cas aux États-Unis surtout dans les années 1960/1970), Arendt entend dans cette capacité l'écho d'une puissance de juger concrètement, radicalement, sans théorie ni critère, et qui est partagée par tout esprit. Tel est le « sens commun » ou le bon sens dont elle croit trouver le fondement dans la troisième *Critique* kantienne.

Je répète que c'est au prix d'une lecture abusivement sociologisante du *sensus communis* kantien. Le texte de Kant s'y prête, assurément, parce que l'anthropologie n'en est pas éliminée, comme l'analyse transcendantale l'eût exigé. Mais je n'entre pas dans la discussion philosophique des derniers séminaires, je me demande seulement ce que cette lecture du « bon sens » doit encore à l'idéologie conseilliste à laquelle la révolution hongroise de 1956 et déjà, par Blücher, l'épreuve du spartakisme ont donné une sorte d'autorisation.

Je le dis pour m'y être, comme quelques autres, et de bien meilleurs, laissé prendre alors. L'interprétation des conseils hongrois en ces termes n'est sûrement pas récusable. Ce qui l'est, c'est qu'on puisse en conclure que ce qu'on a nommé (à tort, je pense, parce que c'est une sorte de *Selbstbehauptung*) l'autogestion de l'être-ensemble par lui-même puisse constituer une alternative politique et sociale au totalitarisme, quel qu'il soit. Avec la destruction des systèmes totalitaires et l'installation du néo-totalitarisme « permissif » (je dirais plutôt : possibiliste parce que le slogan que « tout est possible », qu'Arendt reprend à Rousset, et qui est essentiel à ces organisations, y insiste plus que jamais), c'est l'idée même d'une alternative qui s'éteint, et avec elle d'une révolution.

La naissance ou l'enfance, le commencement, la capacité de juger enfin, certes demeurent, mais dans la « désolation », la *loneliness*. On ne saurait sans idéologie transférer sur la possibilité des initiatives spontanées et locales – qui du reste sont utiles à l'installation du système d'aujourd'hui, j'entends : démocratique –, l'espoir naguère mis dans le conseillisme immédiat de l'organisation des luttes des opprimés. Le transfert des formes de la résistance révolutionnaire à l'exercice libre de la citoyenneté dans le cadre des lois démocratiques, ce transfert est encore trop protecteur, et idéologique en ce sens. Il est une *survivance*.

Dans une réalité qui est tournée principalement vers la survie des complexités dans le monde physique, l'autre survie, la passibilité au non-être, quelque nom qu'on lui donne, est une dette qui persiste, où la joie pascalienne et la mélancolie kafkaïenne trouvent refuge, mais solitaires, dans le désert comblé de la désolation. Et c'est à partir de cet état des lieux de l'âme que la question de la communauté, de l'être-ensemble, peut et doit être posée maintenant.

Jean-François Lyotard
Paris, avril 1988

BIBLIOGRAPHIE

Les Origines du totalitarisme, cité *O.T.*, a été traduit séparément pour chacune des parties :

- *Le Système totalitaire* (3e partie), trad. J.-L. Bourget, R. Davreu et P. Lévy, Paris, Seuil, 1972, cité *S.T.*
- *Sur l'antisémitisme* (1re partie), trad. M. Ponteau, Paris, Calmann-Lévy, 1973, cité *A.*
- *L'Impérialisme* (2e partie), trad. M. Leiris, Paris, Fayard, 1982, cité *I.* Les trois volumes ont été réédités au Seuil, coll. « Points ».

La Condition de l'homme moderne, trad. G. Fradier, Paris, Calmann-Lévy, 1961. Cité *C.H.M.*, dans la nouvelle éd. avec une préface de P. Ricœur, 1983.

La Crise de la culture, trad. dir. par P. Lévy, Paris, Gallimard, 1972, cité *C.C.*

Eichmann à Jérusalem : rapport sur la banalité du mal, trad. A. Guérin, Paris, Gallimard, 1966, cité *E.J.*

Essai sur la révolution, trad. M. Chrestien, Paris, Gallimard, 1967, cité *E.R.*

Du mensonge à la violence, essais de politique contemporaine, trad. G. Durand, Paris, Calmann-Lévy, 1972, cité *M.V.*

Vies politiques, trad. E. Adda, J. Bontemps, B. Cassin, D. Don *et al.*, Paris, Gallimard, 1974. (L'édition inclut le texte « Martin Heidegger a quatre-vingts ans » qui ne faisait pas partie de *Men in Dark Times*), cité *V.P.*

La Vie de l'esprit, vol. 1 : *La Pensée* ; vol. 2 : *Le Vouloir*, trad. L. Lotringer, Paris, PUF, 1981 et 1983, cité *V.E.*

Rahel Varnhagen, trad. Henri Plard, Paris, Tierce, 1986, cité *R.V.*

La Tradition cachée, trad. S. Courtine-Denamy, Paris, Bourgois, 1987, cité *T.C.*

Revues :

« Hannah Arendt », *Esprit*, n° 42, 2e éd. juin 1985, cité *E.*

« Hannah Arendt », *Études phénoménologiques*, n° 2, 1985, cité *E.P.*

« Hannah Arendt », *Les Cahiers du Grif*, n° 33, printemps 1986, cité *C.G.*

« Hannah Arendt. Confrontations », *Les Cahiers de philosophie*, n° 4, automne 1987, cité *C.P.*

TABLE

ARENDT, KANT ET LA CONDITION DES JUIFS

Petite Bibliothèque Payot

Edmund Bergler, La névrose de base / **382**
Edmund Bergler, Les parents ne sont pas responsables des névroses de leurs enfants / **399**
Eric Berne, Analyse transactionnelle et psychothérapie / **37**
Roger Beteille, La chemise fendue / **288**
Alfred Binet, Le fétichisme dans l'amour / **393**
Sarah Blaffer Hrdy, La femme qui n'évoluait jamais / **425**
Ernst Bloch, La philosophie de la Renaissance / **201**
Alain Blum, Naître, vivre et mourir en URSS/ **489**
Philippe Boulu, La dynamique du cerveau / **124**
François Boureau, Contrôlez votre douleur / **60**
Jean Bourguignon/Charles Houin, Vie d'Arthur Rimbaud / **172**
Régis Boyer, La saga de saint Óláf / **77**
T. Berry Brazelton, Écoutez votre enfant / **74**
T. Berry Brazelton, L'enfant et son médecin / **139**
Jacques Brosse, Mythologie des arbres / **161**
François Burgat, L'islamisme au Maghreb / **241**
Louis-Jean Calvet, Georges Brassens / **129**
Louis-Jean Calvet, Linguistique et colonialisme / **419**
V. Campion-Vincent/J.-B. Renard,Légendes urbaines / **338**
Henri Carré, Sully / **355**
Olivier Carré, Le nationalisme arabe / **285**
Bernard Cathelat, Publicité et société / **83**
Léonce Chaleil, La mémoire du village / **192**
Jean-Pierre Chartier, Introduction à la pensée freudienne / **162**
Jean-Pierre Chartier, Les parents martyrs / **163**
Roger Chartier, Pratiques de la lecture / **167**
Serge Chaumier, La déliaison amoureuse / **493**
Malek Chebel, L'esprit de sérail / **265**
Malek Chebel,
Le livre des séductions, *suivi de* Dix aphorismes sur l'amour / **284**
Malek Chebel, La formation de l'identité politique / **331**
Malek Chebel, Psychanalyse des Mille et Une Nuits / **436**
Malek Chebel, Encyclopédie de l'amour en Islam, tome I / **456**, tome II / **457**
Léon Chertok, L'hypnose / **10**
Louis Chevalier, Juanito / **213**
B. Chevallier / C. Pincemaille, L'impératrice Joséphine / **309**
Victor Chklovski, Le voyage de Marco Polo / **127**
Noam Chomsky, Le langage et la pensée / **31**

Pascal Duret, Sociologie du sport / **506**
Albert Einstein, La relativité / **25**
Frank Elgar, Cézanne / **253**
Mircea Eliade, Religions australiennes / **352**
Richard Evans, Entretiens avec Carl Gustav Jung / **427**
E. E. Evans-Pritchard,
Des théories sur la religion des primitifs / **414**
C. Fauré, Les déclarations des droits de l'homme de 1789 / **81**
Sandor Ferenczi, Thalassa / **112**
Thomas Ferenczi, L'invention du journalisme en France / **279**
Marc Ferro, Nicolas II / **62**
Marc Ferro, Comment on raconte l'histoire aux enfants / **82**
Isabelle Fiemeyer, Coco Chanel / **500**
Moses I. Finley, Démocratie antique et démocratie moderne / **35**
S.H. Foulkes, La groupe-analyse / **514**
James G. Frazer, Mythes sur l'origine du feu / **48**
Sigmund Freud,
Cinq leçons sur la psychanalyse, *suivi de* Contribution à l'histoire du mouvement psychanalytique / **1**
Sigmund Freud, Totem et tabou / **9**
Sigmund Freud, Psychopathologie de la vie quotidienne / **11**
Sigmund Freud, Essais de psychanalyse / **15**
Sigmund Freud, Introduction à la psychanalyse / **16**
Sigmund Freud / William C. Bullitt,
Le Président T. W. Wilson. Portrait psychologique / **27**
Erich Fromm, Le langage oublié / **17**
Erich Fromm, Le cœur de l'homme / **68**
Albert Gabrieleff, Psychiatre de quartier / **367**
John Kenneth Galbraith, La crise économique de 1929 / **3**
Théodore H. Gaster, Les plus anciens contes de l'humanité / **369**
Philippe Gillet, Le goût et les mots / **144**
Eva-Marie Golder, Au seuil de l'inconscient / **381**
Alon Gratch, Si les hommes pouvaient parler / **492**
Albert Grenier, Les Gaulois / **202**
Pierre Grimal, L'amour à Rome / **231**
Mirko D. Grmek, Claude Bernard / **69**
Mirko D. Grmek, Histoire du sida / **236**
Béla Grunberger, Le narcissisme / **160**
Jean Guiloineau, Nelson Mandela / **190**

Achevé d'imprimer en août 2006
par Novoprint (Barcelone)

Dépôt légal : août 2004

Imprimé en Espagne